法律系统的自我反思
功能分化时代的法理学

泮伟江 著

商务印书馆

系统论法理学的可能性:作为对话的序言

张嘉尹[*]

一、系统论的两岸之旅

几个月前,我接到泮伟江老师的邀请,为他的论文集《法律系统的自我反思——功能分化时代的法理学》作序。泮老师是中国法学界年轻一辈中研究系统论的佼佼者,能够有机会为他的系统论论文集作序,对我而言是很荣幸的事。

五年前,我受北京航空航天大学法学院的邀请,出席一场讨论"部门宪法学"的高端论坛,首度与泮老师见面,可惜当时没有机会交换意见。这几年,在海内外的研讨会上,我有缘与泮老师见面几次,由于同为系统论的爱好者,自然而然就聊起来了,当时得知,泮老师正在翻译尼克拉斯·卢曼(Niklas Luhmann)《社会的社会》一书,备感钦佩,非常期待卢曼这部大作的中译本问世。跟泮老师几次闲聊有很大的收获,除了经典人物卢曼的思想之外,我们也针对

---

[*] 张嘉尹,东吴大学法律学系教授。

另一位知名的德国系统论者贡塔·托依布纳（Gunther Teubner）交换心得。泮老师并引介我认识几位大陆当前的系统论研究者，这让我有一种发现新大陆的惊喜，原来，在海峡彼岸，有不少系统论同好正在如火如荼地深入系统论的迷宫，而且发掘出越来越多的宝藏。

我本身的专业领域是法理学与宪法学，然而，作为系统论的爱好者，一二十年来，我因缘际会地撰写了不少篇系统论的学术论文，几年前原本有出版计划，但是总觉得在系统论的理解上仍不够成熟，因此仍有所保留。论文已经集结，出版计划仍未启动，我得知泮老师将出版他对于系统论的一系列基础与运用的研究作品，不由得产生一睹为快的欣喜，尤其是他行文流畅，可以使用浅显易懂的文字来阐释并发扬卢曼的思想，这是非常不容易的学术功力。

我最早接触卢曼的著作是在1987年，当时我仍是就读于台湾大学法律学系的本科生，选修了台湾大学张志铭老师开授的"法理论与法社会学"课程，虽然对于古典社会学理论我已经有几分掌握，但是从来没有听过卢曼，不清楚他在当代德国社会学界的经典地位，更不知道他理论的抽象难懂，于是天天拿着卢曼的法社会学成名作之一《法社会学》的英译本（1985年甫译出），土法炼钢地啃了一个学期仍如堕五里雾中。由于有了这个痛苦的阅读经验，当我1993年负笈德国慕尼黑大学就读博士班时，就下定决心，在留学期间一定要以阅读德文原典的方式，好好地研究系统论一番。当时适逢卢曼退休后的1993年冬季学期，卢曼于慕尼黑大学做了一系列系统论的演讲，并在慕尼黑大学掀起了一阵卢曼热。除了卢曼亲自的演讲之外，慕尼黑大学的社会学系、哲学系与法律学系，都有教授开授了系统论相关课程。求知若渴的我，如获甘霖般地啜饮着知识的飨宴。当时，在卢曼任教与退休的德国比勒菲尔德大学，有两名台湾留学生就读社会学系,并以系统论为博士论文的研究客体,他们后来成为台湾社会学界研究卢曼的知名学者:鲁贵显教授与汤志杰教授。除了个别的研究论文之外,他们一起或分别翻译了不少卢曼的重要著作。

卢曼是法律人出身,后来成为世界知名的社会学家,由于这个求学背景以及担任过公务员的经验,在卢曼的长期研究生涯中,法律或法律系统始终是他关注与探讨的对象。他以自创的系统论为基础撰写了许多有关法律的著作,成为法律学者想要一窥究竟的堂奥,不只在德国法学界如此,在台湾地区法学界或是我所知道的日本法学界、韩国法学界亦然。在2012年,政治大学法律学系的教授们曾自组了一个读书会,以一个学期的时间阅读与讨论卢曼晚期探讨法律的经典著作《社会中的法》,我亦以客宾的身份,受邀进行了三次导读。即使许多法律学者或学生对于卢曼的理论有兴趣,但由于入门的门槛很高,在台湾能够持续关注与研究卢曼著作的学者,多年来仍旧寥寥无几,也没有形成卢曼研究学群,所以当我认识泮老师以及当代中国卢曼研究学群时,有着他乡遇故知的欢喜。

二、系统论作为认识世界的迷宫

系统论的难以入门,即使在德国亦是学界家喻户晓之事。20世纪下半叶以来,几乎没有一个德国社会学家,有如此多学者为其思想与理论做引介与批注,持续几十年的卢曼学,已经蔚为学术奇观,而且仍在持续当中。然而,即使有二手导引书作前导,无论从卢曼的任何一本原典入手,都会遭遇如迷宫般的概念与命题。卢曼带读者进入他思想世界的方式,就是先让你跟先入为主之见保持距离,先疏离,再理解!所以要读懂系统论就必须以系统论的方式,这是着重系统自我指涉的系统论对于读者的要求。这意味着,无论你以哪里做起点,当你的思想循环进行次数已经够多,你已经逐渐熟悉系统论的思考方式,并将其内化为自身的思考方式时,你就有机会以你的方式进入卢曼的理论。作为读者,你在卢曼这本著作里无法理解的某个观念,可能在他的另外一本著作里会豁然开朗。

我在德国留学时的同门师兄——同样在战后德国公法学巨擘彼得·雷尔谢(Peter Lerche)教授指导下完成博士论文,现在是当代德国青壮派公法学者的奥利弗·雷普休斯(Oliver Lepsius)教授——对于卢曼系统论的看法与我不同,我曾经跟他谈及卢曼著作的艰涩难懂,他告诉我,一个人的著作,如果你阅读了三次还是不能理解,那就是作者的问题了。他甚至还曾经写过一篇令人瞠目结舌的论文,试图说理证成"卢曼系统论抵触德国基本法(宪法)"的命题。或许雷普休斯教授有他自己的道理,但是对于卢曼的系统论而言,恐怕必须另当别论。我从来不觉得读不懂卢曼是卢曼的问题,对于一个高复杂性并具有说明一切企图心的理论,需要花更多的时间与精力来研读与理解,乃自明之理。泮老师让我非常欣赏的地方,就是他能够非常踏实地阅读卢曼的经典,能深入浅出地使用容易理解的表述方式,来阐释卢曼的基本构想,并将其运用到中国社会的语境中,这是十分不容易的事情。

历史是很好的筛选机制,滚滚长江东逝水,浪淘尽多少英雄人物,真正深刻的思想,反而会随着时间的流逝,愈益展现其对于世界的洞察力,即使同一时代的人多所不解或是有所误解。卢曼的系统论,正是这样的一个理论,从他初期以"开放系统"为典范建立其系统论以来，中间经过"自我指涉系统"与"自我再制系统"（"自创生系统"）的典范转移，跨越了20世纪下半叶以及21世纪上半叶的20年，迄今已经半个世纪以上。作为社会学家的卢曼在德国哲学界曾经被誉为20世纪的黑格尔，卢曼在德国的重要论敌哈贝马斯，虽然跟他有过激烈的论战，却持续受到他的理论发展所影响，甚至在卢曼过世前，还曾经称誉卢曼是一位真正的哲学家。卢曼的门生或是继受他思想的学者，无论在他生前或是过世之后，都将他的理论以各自的方式发扬光大，即使是以卢曼可能不会赞同的方式。其中，德国国际私法学者暨法社会学家托依布纳，对于卢曼思想的批判性继受就是一个著例。他与德国法兰克福大学的一些学者，企图建立所谓的批判系统论，他们能否成功仍是未知数，至少就托依布纳的理论而言，对于卢曼系统论的偏离，虽然扩展了系统论对于法的观察与描述，将其延伸到全球法与跨国法的领域，但其副作用可能是理论严格性的降低，以及理论不一致性的增强，在这一点上，我与泮老师所见略同。

三、系统论与法学研究

系统论首重更好地说明现代社会，而非批判或改革。对于现状的描述与说明经常被解读成为现状辩护，这固然是一个误解，却是一个以科学性为职志的理论典范必须承担的批评。问题是，虽然以对于社会现实具有更高程度的说明力为其任务，但是系统论并没有主张凡是存在的即是合理，它毋宁是承袭了社会学诞生以来的传统，以社会现实的揭露为其目标，此即社会学批判性格的展现。就此而言，即使将主要任务设定在更佳地说明社会现实，也并不会直接让一个理论成为保守与维护现状的意识形态。认真对待真理/真实，对于真实的认识，是古希腊时代以降哲学的主要关怀，也是当代社会科学（学术）系统的社会功能。既然认识真实是学术沟通的功能，同样履行此一功能的系统论为何会被不少学者，尤其是左派学者认为具有保守性格？除了过快地（短路地）以右派/左派的区分来观察它之外，还使用保守/进步的区分来观察它，将其标示为保守的社会理论。对此，系统论可以反驳说，在科学（学术）系统中，真理/非真理的区分才是重点，远比保守/进步的区分更为重要，如果不先探究与确认真理，要如何确认批判理论所主张的进步具有真正的基础？

系统论对于法学到底具有何种意涵？系统论对于法律与法学的研究属于法学吗？这是许多法律学者深感兴趣的问题。系统论作为一种社会学理论典范，主要的任务在于探求社会真实，与一般所理解的法学——其任务主要在于解释法律，并提出有关于法规范内容的主张——两者之间，不但学科性质迥异，而且属于不同社会系统的沟通网络：前者属于科学系统的沟通，后者属于法律系统的沟通。基于社会系统自我再制的运作封闭性，两者在运作层面上相互分离，那么"系统论法学"如何可能？"系统论法理学"如何可能？泮老师的这本论文集，就是以系统论的论述在理论层面上对于这两个问题的响应。

如果暂时将目光转向德国，卢曼早期著作《作为制度的基本权利》主张基本权利的功能在于防止各个社会系统过度扩张侵犯其他系统的界线，就在德国法学界引起广大回响，学者纷纷从这个角度审视基本权利的功能与任务；其另外一本早期名著《通过程序的合法化》，亦成为当时德国法学界探讨法律程序面向的重要参考，甚至卢曼一本讨论法释义学功能的小书《法律系统与法教义学》，亦是德国法学界探究法教义学性质与任务时无法忽略的专著。卢曼进行的"自我再制"的典范转向，曾经有一段时期，并没有引起德国法学界较大的回响与继受，然而值得注意的是，在20世纪80年代，其他的系统论学者，包含赫尔穆特·维尔克（Helmut Willke）与托依布纳在内，与卢曼进行了一场有关于法律调控（Steuerung）的论战，开启了"自我再制"典范下的系统论如何响应传统的法律工具论或法律社会工程学的讨论。20世纪90年代之后，托依布纳在愈加回归到"自我再制"典范的同时，开启了一些有关于法全球化的讨论，试图响应全球层面上法律的新多元主义与法的片断化（条块化）发展。除了在全球法层面建立一种系统冲突论之外，托依布纳提出所谓的"柔性的冲突法则"以作为解决方法，这方面的努力暂时总结在托依布纳与其学生费希尔-雷斯卡诺（Fischer-Lescano）合著的《体制冲突》一书中。其后，托依布纳对于全球法的探索并没有止步，不但将全球法与"住民法"的冲突纳入考虑，还以系统论为基础，重新诠释并建立新的"社会立宪主义"。除此之外，系统论对于德国1995年以来的新行政法发展，也扮演了举足轻重的角色，虽然最后新行政法学所依据的是政治学领域发展出来的调控理论，但是系统论作为一个相竞争的理论典范，仍是不可或缺的理论型构基础，争议点就在于：法律是否可能成为社会调控的工具？这个问题当然必须先回到一个基本层面，先确定法律系统的功能才有可能回答。无论德国法学界对于卢曼系统论的运用成功与否，凡此种种，都显示出卢曼系统论半个世纪以来对于德国法学的影响。

可见，引用或结合卢曼系统论的洞见，在过去半个世纪一直出现在德国法学的论述之中，并引发了支持与反对阵营的论争。然而，关键点还是在于，这样一种跨学科的尝试是否建立在一个合理并可行的基础上？具体的成果是否具有说服力以及是否在某个程度上能够被正当化？泮老师这本论文集的相关论文走在同一个方向上，在理论上同样必须面临社会系统的运作封闭性，必须解决法理学作为一种社会沟通的系统指涉问题，如果采取泮老师的用语，就是必须同时面对法理学的实践性与科学性的问题。纯就系统论而言，其系统指涉并无疑义，系统论作为社会学理论归属于科学系统。在系统论的观点中，法理学作为法律系统的自我描述，在法律系统内反思着法律系统的一体性、功能、自主性等议题，即使自我描述有别于法律系统内一般的自我观察，并不再将个别的运作归列为系统内的结构或运作，但是作为自我描述的法理学仍然归属于法律系统。于是"系统论法理学"无法回避其定性的问题，到底"系统论法理学"是系统论（异观察）还是法理学（自观察）呢？抑或存在着第三种可能性，一种连接异观察与自观察的法理学？即使存在这种可能性，回归到系统论的主轴，系统指涉的基本问题还是有必要解决。

四、系统论法学的建立与展望

泮老师对于系统论的研究相当扎实，而且着力甚深，从他在论文集里所收录的著作就足资证明，泮老师对于卢曼使用的概念术语、卢曼的理论架构、卢曼思维方式的发展，都有很好的掌握与理解，这也是泮老师有能力翻译卢曼《社会的社会》的重要条件。作为一位当代中国法理学家，泮老师的角色定位自然不只是作为一个卢曼系统论的引介者，而是一个具有特定问题意识的系统论研究者。如果没有对中国社会发展与法治建设的关心,没有对中国法学暨中国法理学发展的关怀,泮老师的系统论研究就可能欠缺学术活动最重要的活水源头,因为学术活动虽然必须深植于但并不能仅止于正确的经典导读,而必须能够解释与说明所处的社会,并尝试处理所处社会遭遇的问题,无论是在总体社会层面、特定社会层面,还是在特定学术领域,这些问题不但是学术研究的客体,同时也是学术研究的视域。套用一句20世纪德国经典哲学诠释学家伽达默尔(Hans-Georg Gadamer)的话,理解同时是解释,解释同时是运用,理解、解释与运用是进行诠释时三个不可或缺的环节。可以说,泮老师这本论文集里的文章,就是将系统论运用于观察、说明,甚至解构当代中国法学各个相关问题的学术努力。泮老师学术对话的对象,不但是同为系统论研究者的其他教授,还包含中国法理学界多所探讨的各种当代法理学流派,例如英美法理学的主流,以哈特为主的分析法实证主义、德沃金的诠释性法理论,还有德国法理学思潮,无论是法学方法论与法律诠释学,还是批判理论宗师哈贝马斯的理论。此外,由于置身于中国法学界之中,泮老师早就处在法教义学与社科法学,以及规范宪法学与政治宪法学的论辩场域。泮老师所采取的系统论研究观点,恰恰是一个可以响应各个论辩的第三种取径,在多面向的对话中,为"系统论法学"一步一步奠立基础。

当然,一个以"自我再制系统"("自创生系统")为典范的"系统论法学",已经预设了所处社会的主要分化形式,已然从阶层分化演化至功能分化。在世界社会的层面上,这个默认固然没有问题,然而,如果是以中国社会为讨论的语境与研究客体,就有必要在这个问题上多加着墨。泮老师并不是没有注意到这个理论与其置身社会的问题,而是观察到中国仍处在转型期,尚未进入真正的功能分化的社会,如此一来,是否能够采用立基于"自我再制系统"("自创生系统")典范所发展出来的各种观点,来解决中国法治与社会的诸多问题,就有更多探讨的空间。例如,为了调解规范宪法学与政治宪法学之争,泮老师以系统论的观点指出,宪法作为法律系统与政治系统结构耦合形式,以及宪法因法政系统功能分化所具有的两面性,论述十分精彩,并能精确地掌握卢曼的想法,然而,是否能够运用在尚未达到功能分化的社会,就是一个理论上有待更多说明的难题。不过,理论难题并不意味着理论的失败,反而是理论发展的契机。系统论既然具有说明一切的企图心,迄今为止,对于现代功能分化社会暨其各个功能系统开展了强大的说明力,系统论能否用以适切地观察与说明正处于转型期(隘口)的中国社会与法秩序,就成为中国(法)学界具有重大意义的挑战,这样的处境也是所有后卢曼的系统论研究者所必须接受的挑战。立基于卢曼的丰富理论遗产,并对其做创造性的发展与转化,让系统论可以随着世界社会的发展继续展开其强大的说明潜能,不但是系统论者责无旁贷的任务,也是激励系统论者的美好愿景。

将近26年前,我坐在德国慕尼黑大学的大演讲厅,似懂非懂地听着卢曼以北德优雅德文腔调讲述他近30年的理论努力。告别古老欧洲传统,以真正属于现代社会的语汇来观察与说明现代社会,是卢曼一生的学术志业。即使已经建立了一个偌大而简单华丽的理论建筑,即使已经成一家之言,已经退休的卢曼在娓娓道来时并不骄傲也不坚持,一刹那间,我仿佛产生了一个错觉,以为系统论只是卢曼与这个世界游戏的玩具,在他的讲述中,系统论充满着弹性与试探,而非艰涩与固着,系统论充满着冒险的精神,一直在探索这个世界的前沿。26年过去了,留下的记忆并非系统论如何有意义地、精彩地说明现代社会,反而是卢曼演说时的神情以及所展现出来的实验精神。

作为一个出身欧洲并曾经访学美国的社会学家，卢曼已经完成了他穷其一生所能做的，即"告别古老的欧洲传统"。然而我们要问的是，系统论已经完成了吗？不，系统论是一个尚未完成的研究方案与计划，我们不应将卢曼的丰富著作视为已经完成的理论建筑，它们是卢曼在不同阶段面对现代社会时的观察与描述。两个例子就足以证明系统论是具有发展性的理论计划：其一是，当20世纪80年代卢曼到巴西做了几次学术访问之后，面对与欧美社会相当不一样的巴西社会，卢曼提出一组可以中和掉其他功能系统二元符码的超级符码——"纳入/排除"，才有办法适切地描述与说明巴西的社会现实；其二是，卢曼在《社会中的法》一书最后一章"社会与法"结尾时，提出一个饶有趣味的见解，指出我们不能够以为，当前社会如此具有主导性的结构——功能分化的社会系统，将一直持续下去。功能分化对于卢曼而言仅仅是社会演化的产物而已，法律系统在现代社会的重要性，以及全社会暨其他功能系统对于法律符码正常运作的依赖，很有可能只是一个欧洲反常现象，世界社会的继续演化可能会偏离这个形态。

转型中的中国社会，固然不宜不假思索地直接套用卢曼的理论成果，而且也没有这个必要，对于系统论研究而言，接下来更重要的是，如何参考卢曼的研究成果，以及如何运用卢曼已经发展成熟的概念工具与方法，贴切地观察与描述中国的社会现实。这件事难度当然很高，但就是因为难度高才成为学术上具有重要意义的志业，在这一个方向上，泮老师的系统论研究已经往前迈了一大步。

系统论法学的中国表述

宾 凯

德国社会学家卢曼(Niklas Luhmann)传世的社会系统论,让我和泮伟江成了朋友。卢曼理论因晦涩难懂而闻名学界,但坚持读上数年,也容易上瘾,甚至沦落为"卢曼迷"。我和伟江学术兴趣一致,在卢曼这个"理论大王"的王国里巡游多年,算得上是卢曼铁杆粉丝,虽然这并不妨碍我们对卢曼理论有所保留并提出自己的质疑。

2006年,我误打误撞,当然,也可以换种说法,受到一股神秘力量的必然性牵引,终于完成了以卢曼法律社会学为主题的博士毕业论文。回顾毕业论文,即便没有遗恨,也有诸多遗憾吧。这是手忙脚乱研读卢曼两三年后匆匆结出的小果子,难免味道青涩。论文答辩完毕数日之后,我接到清华大学高鸿钧老师的聚餐邀请。久闻高老师盛名,但素未谋面。聚餐是在清华校门口的"醉爱"餐馆,在座的还有高老师门下攻读硕士学位的沈明。高老师和我们慢慢说话,慢慢喝酒,美食蒸腾,美酒飘香,十分惬意。高老师对我说过一句话,令我至今难忘:"卢曼很重要,希望你能把卢曼理论研究继续下去。"在当时国内研究卢曼冷启动的条件下,在孤独坚持了数年之后，我第一次感受到一股直抵内心的温暖和认可。那次聚会之后，我渐次了解到，其实高老师早已落子布局了社会理论与法学的对接工程。

近十几年来，高老师对哈贝马斯和卢曼等重要社会理学大家的思想展开了系统深入的解读，并在清华开设讲坛，令学界瞩目，领我国当代研究社会理论法学风气之先。名师出高徒，高老师的学生也雨后春笋般登上社会理论法学舞台。马剑银、泮伟江、鲁楠、陆宇峰、余盛峰、张文龙、杨静哲等青年才俊，个个身手不凡，圈内一时异彩纷呈。其中，泮伟江专精卢曼理论，对卢曼的系统论法学用功最勤，感情最深，切入最透彻。

我几乎不与人私下聊学术，聊得更多的是学术八卦。但与伟江的交往是个例外。相隔京沪之远，除了开会，我与伟江见面并不多。每每抓住机会，就会向他刺探学术情报。我有所问，他必爽快答。有一回他讲，正在翻译卢曼的《社会的社会》(*Die Gesellschaft der Gesellschaft*) 和《社会的政治》(*Die Politik der Gesellschaft*)，并谈到了翻译进度，也坦承遇到的麻烦，等等。他说得温和平静，我心里却已翻江倒海。我曾与师弟赵春燕合译过卢曼早期著作《法社会学》(*Rechtssoziologie*)，体验过被卢曼折腾得蜕皮的焦虑。伟江要从德文原版翻译这两本卢曼中后期的重量级著述，加起来估计上千页，而且这还远不是数量的事，翻译卢曼不知难倒了多少江湖好手。这得下多大的决心，熬多少个日夜，又是多大的功德啊。至于伟江翻译卢曼的功力，我最不担心。伟江研读卢曼十年，英文德文俱佳，对西方社会理论的知识谱系做过细致梳理，研习过政治哲学，熟悉现象学，精通系统论，法学科班出身，对普通法系和大陆法系的法文化传统也颇有造诣。国内学者中，罕有人比他更具备翻译卢曼大作的知识条件了。

有时,我与伟江也交流研读卢曼的心得和困惑。翻看和伟江往日微信的记录,发现了一些有趣的对话。我问伟江:"你的学术使命是什么?"他的原话是:"把卢曼读好,翻译好,读准确,翻译准确,讲清楚,能做到这一点,已经很满足了。"我说:"你这么年轻,训练扎实,抱负肯定不止于解读卢曼。"他谦虚地回复:"我对自己的定位,还是努力把卢曼读懂搞透,如果有一点自己的创造的话,就是和中国的一些具体问题相结合,在具体问题的分析中展现卢曼理论的魅力。"

这本《法律系统的自我反思——功能分化时代的法理学》,就是伟江兑现自己"把卢曼读懂搞透,在具体问题的分析中展现卢曼理论魅力"这一承诺的阶段性成果。此书分为三编:"上编:功能分化时代的法理学","中编:法理学与中国社会的功能分化","下编:系统论法学的理论谱系"。仅从标题看,似乎下编的任务是"把卢曼读懂搞透",上编和中编的任务是"在具体问题的分析中展现卢曼理论的魅力"。但是,我的体会是,各编的任务并非泾渭分明,上编和中编中有大量对卢曼理论的精细解析与融贯理解,下编中的纯理论考察也时时用余光瞄向中国具体问题。这本书应该是伟江之前若干论文经过再创造后的一个文集。几乎在每一篇论文中,都能感受到伟江既要把卢曼搞透,也要以卢曼理论回应中国法律运作的实践和理论问题的双重努力。可以说,在伟江的整个工作逻辑中,"把卢曼读懂搞透"和"在具体问题的分析中展现卢曼理论的魅力"这两项目标,是相互交织的,是他每一篇论文或明或暗的背景意识。

先说"把卢曼读懂搞透"。所谓大师,就是能够突破时代的观念围墙,为人们贡献另一套看待世界的颠覆性视角,重新激活已经例行化和僵化的社会生活，并在新的层次上让社会世界获得再合理化的蝶变；所谓大学者，就是能够摆脱旧的概念之网的地心引力，抽象出新的概念之网，令熟悉的经验再陌生化，让我们领悟到更深刻更宽广的意义世界。卢曼就是这样一位当之无愧的大师和大学者，在学术广角和社会穿透力上，能与他相比的，可能只有100年前的卡尔·马克思和马克斯·韦伯。卢曼提炼的每一个关键概念，都是在与旧欧洲传统较劲，这些概念之间阡陌交错，循环指涉，编织成极为复杂的意义网络，对社会世界给出了包罗万象又精致细腻的崭新诠释。然而，卢曼理论是坚硬的，不太照顾读者的阅读体验，他几乎是以最为晦涩的方式展示了最为清晰的社会理论图景。读者如果贸然闯入，遭遇的只有晦涩，而无法领悟到清晰；收获的不是看待世界的崭新意义网络，而是陷入挫折自尊心的概念迷宫。所以，"把卢曼读懂搞透"，绝非易事。如果没有打怪过关的果敢，没有武装到牙齿的知识准备，这几乎是一项不可能完成的任务。我看过太多的误读，甚至国内某位专攻社会理论的学者，在翻译一篇卢曼论文后的译后感言中，也暴露出因其对卢曼后期理论的隔膜而产生的偏见。通读了伟江这本文集数遍后，我亲测之下的体验是，他对卢曼的理解既准确又全面，更难得的是，还贴心地奉上了明晰易懂的增值服务，为读者提供了一幅探索卢曼理论秘境的路线图。我和伟江曾在聊天中达成过一项共识：摸索着卢曼著作的注脚，追读卢曼读过的书，这就是学问的捷径。伟江在社会理论上"冰冻三尺"的功力，可以在《辉煌的失败——对哈贝马斯民主法治国理论的方法论批判》这篇文章中得到直观的验证。他之前的一切准备，似乎都是为了最终能够庖丁解牛般地进入卢曼理论世界的无人之境。伟江这本文集，应该说在卢曼的核心概念上下了很大功夫，比如"双重偶联性"

"观察""复杂性""结构耦合""意义""二值逻辑""象征性一般媒介""区分""悖论"等等,甚至以卢曼本人都不曾有过的颗粒度和饱满度,清晰准确地再现了这些关键概念的内涵,并且补足了这些概念附着其上的思想史背景。卢曼通常隐藏或者压缩了这些背景,预设他的读者都是通家大识,因而极大增加了读者的心理压力和理解成本——即便这些读者已经是社会理论领域的专家。可以说,伟江对这些思想史背景的澄清,大大缩短了我国年轻学人迅速进入卢曼语境的路径。

再说"在具体问题的分析中展现卢曼理论的魅力"。伟江所谓的具体问题,不只是中国本土的学术问题,也包括为中国学者所关注的西方学术史上的大案要案。近几十年来的中国大陆法学圈,踏着改革开放大合唱的节奏,一波又一波法学理论走马灯似的登台亮相。哈特与德沃金之争曾是我国一批优秀博士论文和重要专著的灵感来源,自然法学与法律实证主义之间的相互辩难注定是法哲学领域的永恒话题,在法学方法论热过又降温以后,社科法学对于法教义学的挑战成为重头戏,学界倚重的韦伯法社会学以及官方意识形态加持的马克思主义法学也以非凡的分量左右着我国社会理论法学的再生产。比较起来,系统论法学在当下中国法学圈显得相当小众,然而其异军突起的姿态,还是给法学界留下了无法忽视的硬汉形象。在这本文集中,伟江携系统论法学之威力,与国内中青年法学翘楚们就当代中国法理学、法教义学、宪法学、司法裁判理论、社科法学等领域中的重大学术话题展开对话,在法教义学和社科法学争论的理论战场之外,开辟了另外一个身份超然的话语空间,同时又精彩地诊断并治疗了教义学和社科法学的盲点。与社科法学相比,系统论法学不是社科法学意义上的"精确科学",而是现象学意义上的"严格科学",是对法律系统这个"意义世界"的观察,因此,伟江特别强调了不能以社科法学的"因果关系"掏空教义学上的"因果关系";与法教义学相比,系统论法学既能进入法教义学的"内部观察",又能以社会科学的立场对法教义学加以"外部描述",这种双重视角的优越性,用伟江充满系统论味道的话来说,就是可以把法教义学内部的"必然性"还原为外部视角中的"偶联性"。这对于我们重新理解法律系统基于"社会事件"的运作逻辑而言,无疑可以掀起一场理论上自我革命的头脑风暴。

这本文集中,最让我惊讶的两篇论文是《通过社会认识法律——一种描述性法理学的尝试》和《论法社会学对法学的贡献——一个古老遗产分配案引发的法哲学反思》。在《通过社会认识法律》这篇文章中,伟江创造性地运用系统论方法重读哈特法哲学,一针见血地指出了哈特基于"社会学描述"回答"法律是什么"问题上所暴露的社会学上的营养不足。伟江熟练掌握了后期卢曼基于斯宾塞-布朗的"形式律"(laws of form)所发展起来的区分理论,发掘出支撑哈特理论的一系列区分,比如,"存在/不存在""义务性/非义务性""强制性/非强制性""法律/道德"等等,正是这些区分的使用,让哈特落入了"存在论进路之描述法理学"的困境。这种运用系统论新工具揭示哈特法哲学存在论困境的巧妙发力,与德里达运用解构理论揭示隐藏于黑格尔经典文本中的本体论世界观相比,有异曲同工之妙,也进一步证成了系统论法学手术刀的锋利。就我个人的阅读体验而言,这篇论文经过进一步打磨,完全可以放在世界法学舞台上与斯科特·夏皮罗(Scott Shapiro)、布莱恩·比克斯(Brian Bix)等分析法学代表人物展开对话。《论法社会学对法学的贡献》这篇文章,围绕着"第 12 只骆驼"的贝都因人故事，吹出了许多奇思妙想的泡泡，读起来妙趣横生。伟江写这篇论文时，一定是在卢曼能量的灌注下，爆发了自己的小宇宙。关于贝都因法官在判案中出借"第12只骆驼"的轶事，卢曼本人已经借题发挥过，德国系统论法学代表人物托依布纳也有佳作奉献。伟江承接了卢曼关于法律"内部视角"和社会学"外部视角"的启示，进一步挖掘了"第12只骆驼"的社会功能，认为这是一只"执行公务的骆驼"，也是一只"程序性的骆驼"，并结合中国经验，揭示了法律上的"拟制"如何在克服了法律自身悖论的同时又实现了对于社会的馈赠——这其实也有机融入了托依布纳的"法与社会"的视角。这篇文章清新可人，巧思灵动，对于正在向系统论法学靠近的新人而言，是一份很好的见面礼，对于研习系统论法学的老法师，也提供了一次躬身自问的参照系。

在阅读伟江著述的过程中，我与伟江在卢曼诠释上有大量的、基础性的重叠共识，然而，差异也在所难免。就像卢曼所言，共识只能产生套套逻辑，只能导致系统的空洞的自我指涉，这意味着乏味的自我重复。如果没有差异所带来的惊讶值，沟通就会终结，社会就会瓦解。正如格雷格里·贝特森（Gregory Bateson）所言，"差异的差异"就是信息，社会系统基于差异不断制造"信息/冗余"的区分。正是这个区分所形成的动力机制，不断破坏既定的共识，又在新的条件下促成暂时的共识，然后又不断自我破坏——这就是社会沟通得以延续的动态演化过程。学术系统反对抄袭，强调创新，道理不过如此。为了给学术系统的正常运转出份力，我必须勉强自己去找出与伟江的差异，哪怕是鸡蛋里面挑骨头。

伟江之前也出过一本著作《当代中国法治的分析与建构》（2017年修订版），其中"论指导性案例的效力"一章，与这本文集中的诸篇文章旨趣相合,已经产生了较大的影响力。文中,伟江与张骐、雷磊、陈景辉等学者关于"同案同判"展开了对话,他认为,法教义学的功能定位是"对判决之间的一致性检验",并且强调"相同情况相同对待,不同情况不同对待"这项现代法律之"偶联性公式"的正义原则。就这些论点而言,伟江无疑贯彻了卢曼系统论法学的精髓,我本人也深以为然。然而,我想指出的是,在伟江的论证中,还没有完全释放卢曼"区分"理论的潜力,导致他对"同案同判"机制的理解没能走得更远——虽然伟江也深谙卢曼区分理论的要害。

卢曼后期越来越重视斯宾塞-布朗的"形式"或"区分"理论,这甚至成为他晚期学术的标签。德克·贝克尔(Dirk Baecker)是当代公认最为重要的卢曼弟子,他的工作重心是继续拓展"区分"理论在社会学上的运用空间。鉴于卢曼社会理论的强势,甚至有这样的说法:德国每个拥有社会学系的大学,都想聘任一位研究斯宾塞-布朗的形式理论的专家。"相同/不同""平等/不平等""涵括/排除"等区分,都具有自我指涉的悖论性质:区分的两边同时存在,但在运用这些区分观察的时候,我们只能看到区分的一边。对于社会观察来说,最为重要的是,这个区分会"再入"(re-entry)到区分的一边。

在司法裁判中,有许多区分会引导这个社会沟通过程,比如"合法/非法""信息/冗余""系统/环境""类推/区别""平等/不平等""相同/不同"等等。其中,"相同/不同"这个区分有其特殊功能。对案件做出相同还是不相同的判断,并非本质主义上的比对,而是社会建构的过程。所谓的相同,不过是在既有判准下所认定的"相同",被"视为"相同。所谓"视为",是法律上的拟制,是法律系统的内部建构。每次肯定"相同"的时候,其实已经把"不同"考察了一番,"相同"和"不同"同时出现在司法沟通的过程中。司法裁判不仅仅是德国法学家阿图尔·考夫曼(Arthur Kaufmann)所关注的"事实"与"规范"是否能够"等置",更为重要的是寻找这个等置的标准,也就是相同还是不同的判准。以前"视为"相同的案件,现在为什么"视为"不同?是因为法律系统之外的社会环境发生变化,诱发了法律系统内部的原则、规则或概念之间的关系重新排列组合,由此导致了判准的变化。因而,以前视为相同的案件,现在可以被看成不同。比起"相同情况相同对待",法教义学尤其关注"不同情况不同对待"带来的激扰。在卢曼关于社会系统的演化理论中,包含了"变异—选择—稳定化"三个循环往复的阶段。对于法律系统而言,正是"不同情况不同对待"带来的激扰,引发了系统在运作上的变异和结构上的变迁,而法教义学则是稳定结构变迁的机制。仅就伟江这篇论文而言,似乎还没有突出系统论这一面的深刻性。

更为重要的是,"相同/不同"这个区分会"再入"到区分内部。当我们说某个手边的案件与先例不同的时候,也就是运用了"类推/区别"这个区分中的"区别"这一面。当运用区别技术时,并不是只关注"不同",而是在寻找这种"不同"的标准时,同时考虑了"相同"的判准。更为重要的,也通常被忽视的是,在做出"不同"的裁决时,系统必须在更高层次上识别自身同一性的标准,或者说在更为抽象的层次上建构"相同",这尤其体现在法教义学所具有的"对判决之间的一致性检验"的功能上。此时,"相同/不同"的区分,已经再次进入(内插)到这个区分的"相同"这一面。卢曼有言:"平等对待是其自身的理由,但是不平等对待需要一个裁判。一个形式(平等/不平等)的两边的对称性,通过针对规则的'规则/例外'这个图式,转换为不对称性。"在我看来,这是伟江在论文中阐述得比较弱的地方。伟江和他的论战对手们相似的地方在于,他们都更为关注"相同/不同"这个区分中的"相同"这一面,没有揭示"再入"机制在司法裁判中的独特作用。我认为,在"同案同判"的争论中引入"相同/不同"区分的"再入"机制,可以给司法裁判理论带来全新的研究视角。

法律人肯定都熟悉"有规则就有例外"这句格言。不过,需要注意的是,"有规则就有例外"本身就是一个规则,因而,这里其实运用了一个"规则/例外"的区分。那么,"有规则就有例外"这个规则的例外是什么?思考片刻,我们惊讶地发现,答案居然是"有规则就有例外"这个规则本身。这只是"再入"机制所导致的自我指涉的逻辑魔术的一个简单演示。在现代社会的法律系统中,这种逻辑魔术无处不在。比如,反歧视法中平等/不平等、涵括/排除这些区分,就具有这种魔术性质,是研究"平等对待"与"不同对待"的历史谱系学的逻辑工具。正如卢曼所说:"平等/不平等这个区分无所不包,甚至包含了其自身,因为,平等原则本身就需要被平等地适用到每一个案件之中。"我想,系统论法学的工作重心之一,就是揭开掩盖在这些魔术效果后面的秘密手法,让人们可以更好地理解法律系统的运作模式。

最近,德国开设社会学的72所大学做了一个"社会理论课程大纲"的统计,讲授卢曼的课程稳居第一,布迪厄和韦伯交替排在第二,哈贝马斯则要排到第八位之后。"他山之石,可以为错。"经济上富起来的当代中国,正在培育自己的学术自主性,我们有自信不再照抄西方的作业,当然也更不需要照搬卢曼。但是,如果能够把卢曼的社会理论变成一种刺激,以增加我国社会科学沟通系统的复杂性,那将是我国社会科学领域的一个重要演化契机。对于我国的法学沟通而言,伟江和其他中国系统论法学学者们所做的工作,可以概括为是对卢曼系统论法学的中国表述,无疑,这在近年来我国法教义学和社科法学之争的僵局之外,绽放出了一个别开生面的沟通空间。

目　录

自序：系统论法学与中国法律的转型　/1

上编　功能分化时代的法理学

在科学性与实践性之间
　　——论法理学的学科定位与性质　/19
法律是由规则组成的体系吗？　/51
法律的二值代码性与复杂性化约　/77
论法社会学对法学的贡献
　　——一个古老遗产分配案引发的法哲学反思　/101
宪法的社会学启蒙
　　——论作为政治系统与法律系统结构耦合的宪法　/127

中编　法理学与中国社会的功能分化

中国本土化法教义学理论发展的反思与展望　/161
法教义学与法学研究的本土化　/191

司法改革、法治转型与国家治理能力的现代化 /211
法律全球化的政治效应：国际关系的法律化 /231

下编　系统论法学的理论谱系

辉煌的失败
　　——对哈贝马斯民主法治国理论的方法论批判 /253
超越"错误法社会学"
　　——卢曼法社会学理论的贡献与启示 /295
双重偶联性问题与法律系统的生成
　　——卢曼法社会学的问题结构及其启示 /321
托依布纳对系统论法学的创新与贡献 /349
通过社会认识法律
　　——一种描述性法理学的尝试 /380

参考文献 /404
后　记 /423

自序：系统论法学与中国法律的转型

一

现代法理学的出现大约在18、19世纪,大致有两个传统,德国传统一般追溯到萨维尼,英国的传统则视奥斯汀为奠基人。其中萨维尼由于同时又是现代民法学的奠基人,因此,许多法理学的教科书通常都追随英美法理学的传统,尊奥斯汀为现代法理学的奠基人。人们通常也用法律与道德分离的命题来理解现代法理学学科的确立过程,而这又是与法律科学研究对象或范围的划定,以及特定研究方法的确立相关的。就研究对象或范围来说,无论是萨维尼还是奥斯汀,都强调以"实证法"为现代法理学的研究对象,因此与传统的自然法理论划清了界限。就研究方法来说,现代法理学往往都强调法理学研究的科学性和实证性的特征。因此,现代法理学学科的创立确实是通过分析实证主义法学的创立而产生的。当然,现代法理学并不局限于分析实证主义法学,同时也包含着现实主义法学、自然法学、批判法学等。但分析实证主义法学的形成奠定了现代法理学的基础,同时也构成了现代法理学的主要内容,规定了现代法理学发展的主轴,这大致还是没有错的。

由此造成的历史效果是，其他的各种现代法理学的流派，都是在批评和回应分析实证主义法学的基础上发展出来的，因此，在问题意识、方法论等方面，都受到了分析实证主义法学的影响。奥斯汀所开创的英美法理学传统一度衰落，自哈特执掌牛津大学法理学教席之后，通过与德芙林勋爵、拉德布鲁赫、富勒、德沃金等人的一系列辩论，同时吸收了20世纪语言哲学、政治哲学、社会学、伦理学等学科的养料，又再度复兴，从而大大提升了法理学研究的学术品质和影响力。

　　作为中国法理学研究者，当我们回顾现代法理学的历史时，难免会碰到一个问题，那就是如何理解当代中国法理学研究的品性和定位。任何一门学科的成立，都必须直面本学科自身的定位和基本问题。那么，在古今中西的时空交错中，中国的法理学研究又该如何定位和理解自身？例如，从法理学学科自身的传统来说，现代法理学显然就是现代西方法理学。同时，相对于法教义学天然具有的本土性，法理学处于更为抽象和普遍的层次，追问的是"法律是什么"这个最根本的问题，那么，中国法理学是否就因此是"法理学在中国"，而不可能是"中国法理学"？如果这就是问题的答案，那么中国的法理学研究与中国当代法律与社会的转型实践和经验之间又是一种什么样的关系？中国法理学与英美法理学、德国法理学相比，是否具有某种相对独立的品格与自主性？这些问题恐怕并没有那么好回答。又例如，如果我们通过普遍性、抽象性等现代法理学的理论品性来认识和理解这个问题，就可以推论出来没有"中国法理学"，而只能是"法理学研究在中国"。但如果法理学的研究对象是实证法，那么说中国的法理学研究与中国法律的实践没有关系，恐怕也有点说不过去。康德的哲学思考的当然是人类的普遍问题，但他的思考一定还是借助了他那个时代和地域中人类生存的经验材料。我们当然可以说康德的哲学是"哲学在德国"，但更多的时候,我们还是把康德的哲学看作是德国哲学或欧陆哲学,并且认为德国哲学或欧陆哲学与英美哲学之间存在着很多方面的实质性差异。

就此而言,中国法理学的说法仍然是可以成立的。同时,中国法理学和中国法律与社会的转型实践之间也一定存在着非常重要的关系。任何一种思考与研究,都会既受益又受制于他所生活的时代和文化背景。中国法理学既应该虚心学习现代西方法理学,借助于他们的智识传统与资源,同时又不能是现代西方法理学设置在中国,却与中国的法律与社会环境相对隔绝的"空间站"。当然,即便如此,如果不能通过概念、方法论等理论工具的阐释和说明,形成一套至少逻辑自洽,概念的内涵与外延相对清晰,并且具有说服力的理论体系,也不可能产生中国法理学的理论成果。围绕中国法理学研究与中国法律和社会转型实践之间关系的这些讨论和思考,就构成了本书问题意识的核心,也是本书中一系列具体问题的分析和展开的重要理论背景。

无论是萨维尼还是奥斯汀,他们基本上都是通过研究对象或范围的界定来区分"应然的法"与"实然的法"的。这被现代西方法理学的传统所继承。从我们现在的眼光来看,这样一种观察视角和思维方式,仍然遗留了旧欧洲传统形而上学之存有论的痕迹。例如,当人们用这样一种观察角度和研究思路来观察"实际存在的法律"时,就会去寻找一些法律的"固有特征",从而将法律与其他社会现象区分开来,回答法律何以为法律的问题。但问题是,正如萨维尼所发现的,实际存在的法律经常是混乱的,充满了各种内在的矛盾。这又具体体现在两个方面,一方面,不同主权国家之间的法律经常充满矛盾,另一方面,哪怕是民族国家内部的实证法素材,也充满着各种混乱和矛盾。这一点到了20世纪末和21世纪初的全球化时代,就变得更为尖锐,例如下面这个问题就不断地被提出来:对现代西方法理学传统而言,何以"我们的法律"

就是法律,而"他们的法律"就不是法律?通过存有论的特征归纳,来寻找用以标记"法律必然是什么"的特征之困难重重,至此昭然若揭。

这说明,虽然现代西方法理学通过分离命题至少一只脚踏出了旧欧洲本体论自然法的宇宙之外,落入充满偶联性的现代世界之中,但仍然有一只脚停留在旧欧洲本体论自然法的宇宙之中,似乎有点进退两难。哈特在社会理论的研究进路与哲学的研究进路之间摇摆不定,很大程度上也与此相关。我们当然不能苛求19世纪的奥斯汀,但我们至少可以对此加以反思。哈特理论自身的模糊性与多样性,也给了我们重新打开思考空间的可能性,尤其是他最终没有贯彻到底,但确实为现代法理学带来新鲜眼光和社会理论面向的"描述社会学"的可能性。本书所提倡的系统论法理学在某种程度上可以看作是承接了哈特法理学的社会理论面向的尝试,并进一步地拓展了此种理论观察与分析的空间与可能性。

二

在哈特法理学核心关键处存在着一个法律和社会演化的维度。哈特通过从简单社会向复杂社会演化的框架,提出了他的法理学理论中最核心的概念装置,即初级规则/次级规则的区分,而他的法理学中最核心的概念——"承认规则"恰恰是作为次级规则的一种类型被提出来的。当然,简单社会与复杂社会的区分更像是韦伯意义上的"理想类型",主要是为了对比初级规则与次级规则在功能与特征方面的差异,但哈特确实是在一种时间面向的演化维度中提出这一对理想类型区分的。作为客观历史事实的法律与社会的演化当然要比哈特的这个模型复杂得多。由于哈特将自己的理论看作是一种"法哲学",因此他可以将"简单社会"看作是一种类似于霍布斯意义上的"自然状态"式的"思想实验",该思想实验的原始设定,就是"假如没有次级规则,法律与社会将呈现出何种形态",由此展开对次级规则之结构与功能特征的说明。各种法人类学的研究成果当然可以被当作哈特关于"简单社会"设想的佐证,同时哈特又可以不必去负担他的"简单社会"设想不符合历史细节的责任。

尽管如此,从"简单社会"到"复杂社会"演化的这个中间阶段并非可有可无,其对法理学的意义也不可小觑,甚至不小于"简单社会"与"复杂社会"这两种理想类型。例如,即便就分离命题本身的理解而言,该命题所表达的含义也主要不是现代复杂社会与远古简单社会之间的差异,而是处于二者之间的前现代高度文明的社会与现代社会之间的断裂。同时,加上这个中间阶段,就不再仅仅是三种理想类型之间的简单并列和比较,而是形成了动态的法律与社会演化的图景。显然边沁和奥斯汀所反对的也不是简单社会中的法律,而是传统欧洲的自然法传统。

系统论法学的思考正是从这里开始的。系统论法学将人类社会的演化理解成一个社会分化的过程,同时也认同美国社会学家戈登韦泽(Alexander Goldenweiser)的观点,即对任何一个结构性问题来说,可行的解决方案都是有限的。因此,尽管一方面,人类社会的演化是非目的论的,乃是在世界的复杂性与偶联性之中的演化,各种偶然事件在其中发挥了非常重要的作用,人类社会的演化也尝试了各种各样不同的演化可能性与方向;但同时从另外一方面来说,人类社会的演化仍然并非是完全恣意和杂乱的,大多数尝试过的演化可能性与方向都没有成功,真正成功并稳定下来的演化形式仍然是有限的。从此种理论框架的视角出发观察，人类社会大致经历了四种分化形式：条块分化、中心-边缘分化、阶层分化与功能分化。其中，中心-边缘分化的形式往往与阶层分化的形式结合起来，形成帝国模式。所以从时间的线索看，人类法律与社会演化经历的三个阶段，刚好对应于哈特所谓的简单社会、中间阶段和复杂社会的三种类型与阶段。在这个方面，卢曼做了相当长时间的理论工作和努力。例如，在《社会的社会》第四章中，卢曼详细阐述了人类社会所经历的三种分化形式与阶段的演化过程，而在《法社会学》中，卢曼则详细阐述了法律与社会共同演化的过程，尤其是法律演化过程中形成的"古代法""前现代高级文明的法律"与"现代实证法"三种法律形态。卢曼的这些工作给系统论法学的研究提供了一个非常扎实的基础。例如，卢曼的工作揭示了现代法理学产生的一个非常基本的历史背景和处境，就是整个社会从阶层分化的社会向功能分化社会的转变过程，以及与此相伴随的"前现代高级文明的法律"向"现代实证法"的转变过程，卢曼也将这个过程称作是"法律系统的分出"（Ausdifferenzierung des Rechts）。这个过程所产生的一个重要的后果，便是传统形而上学宇宙论的坍塌，也即自然法的衰落，从而使得现代法律的偶联性与复杂性被充分地释放出来。所谓法律与道德的分离命题，就是这个过程及其结果在法律理论层面的显现。

系统论法学将现代法理学的产生与现代社会功能系统的分出，以及由此导致的现代社会偶联性与复杂性的释放联系起来进行理解。在此基础上，系统论法理学进一步思考现代法理学中的一系列核心问题：法律是什么？在充满各种偶联性与复杂性的现代社会中，秩序如何可能？现代法律在现代秩序的演化中发挥了何种功能？现代法律与现代社会的关系是什么？现代法律与现代政治、经济等其他功能子系统之间的关系又是什么？现代法律的内在结构、运作逻辑、核心特征又是什么?例如,现代法律如何将自身与其他社会现象(尤其是其他功能子系统)区分开来?现代法理学与现代法律之间的关系又是什么?

这些问题都是系统论法理学所关注的核心问题,也是本书中所收入的一系列文章探讨的主题。例如,在《双重偶联性问题与法律系统的生成》一文中,我主要从现代社会秩序生成的基本原理与模型的角度,探讨现代法律在现代秩序中的功能问题,指出现代法律的生成与现代社会秩序形成的时间面向的复杂性化约有关,具体地说,现代法律的社会功能是预期稳定性的维持。《法律的二值代码性与复杂性化约》一文则从另外一种角度进一步论证现代法律在时间维度复杂性化约的功能,而现代法律合法/非法二值代码性这个核心特征即根源于此。同时,这也构成了现代法律区别于现代政治、经济等其他现代功能子系统的核心特征。而在《宪法的社会学启蒙》一文中,我以现代法律系统与现代政治系统之间的关系为例,说明现代法律系统与其他现代功能子系统之间的关系,也即"结构耦合"的关系。

现代法理学中最核心的问题就是"法律是什么"的问题。所有其他问题都是从这个问题派生出来的。系统论法理学自不例外。当然,现代法理学中各家各派基于各自的基本概念与方法论立场从这个问题引申出来的那些问题,相互之间是存在根本区别的。例如英美分析实证主义法学就不太愿意去处理法律与社会关系的问题,而更关注法律效力的问题。凯尔森虽然关注法律与社会的问题,但主要也是从效力问题引申出来,强调规范有效性与事实有效性之间的区别。在这些理论看来,法律的本质乃是规范(norm)或者规则(rule)。与此相反,社会学法学、现实主义法学则更强调法律的实效性,因此更为关注法律与社会的关系,但这些问题意识仍然可以追溯到他们对"法律是什么"问题的理解。系统论法理学所运用的方法论工具自然与上述各家各派都不太相同，但由于"法律是什么"这个现代法理学的核心论题的存在，系统论法理学当然可以被拿出来与纯粹法学、英美分析实证主义法学、社会学法学、现实主义法学、哈贝马斯的商谈论法学进行比较，与他们在同一个问题和舞台上竞技。《法律是由规则组成的体系吗？》《超越"错误法社会学"》《辉煌的失败》《通过社会认识法律》等文章便是这种努力的一种尝试。

按照卢曼的说法，现代功能子系统的运作导向三种不同类型的指涉，即：导向整全性社会，具体来说就是功能子系统的社会功能（Funktion）问题；导向其他功能子系统，具体来说就是功能子系统对其他功能子系统而言的功效（Leistung）问题；导向自身，具体来说就是功能子系统相对于自身的反思（Reflection）的问题。对此，本书都有专门的文章做了处理。《双重偶联性问题与法律系统的生成》与《宪法的社会学启蒙》主要处理前两个问题，即功能的问题与功效的问题，而《在科学性与实践性之间》和《论法社会学对法学的贡献》两篇文章主要处理的就是第三个问题。当然，除了这两篇文章之外，其他各篇文章也多多少少涉及这个问题。相对于前两个问题，这个问题更显复杂，也更难说清楚，因为里面涉及了如何处理现代法理学与它的研究对象的认识论关系问题。系统论法学在这个问题上持认识论的建构主义，或者说，持一种自然化的认识论立场。这是一种非常激进的认识论，也最难为普通人所接受。例如，这样一种认识论立场很大程度上来源于以梅西会议为基础而发展出来的现代控制论，尤其是福斯特的二阶观察理论与马图拉纳的自创生理论。但卢曼借助于斯宾塞-布朗的形式律，在这些成果的基础上做了非常激进的发展和改进。福斯特的二阶观察理论强调二阶观察与一阶观察之间的实质差异性，认为二阶观察具有一阶观察所不具有的反思性，而马图拉纳则认为观察只能源于心理系统，在心理系统之外无观察概念的适用余地。但借助于斯宾塞-布朗,卢曼却进一步将观察定义成一种形式性的概念,即做出一项区分,并标示其中的一侧。因此,任何能够做出一项区分,并标示其中一侧的运作都是一种观察。就此而言,我们可以认为细胞也能够做出观察。因此,诸如二阶观察、自创生等概念不仅适用于生物学,同时也适用于社会学。借助于对控制论、系统论、信息论、现象学、建构主义认识论、形式律等交叉学科研究成果的创造性综合,卢曼建立了自己独树一帜的社会系统理论。系统论法学因此就可以分成两个部分,一个部分是法律系统的自我观察和自我反思,另外一个部分则是社会学对法律系统自我观察的观察。《在科学性与实践性之间》对应着这两个部分的前一个部分,而《论法社会学对法学的贡献》则对应着后一部分。

三

我最早注意到卢曼的理论是通过李猛在《北大法律评论》中为其所主持的一个专题研究所写作的一篇非常短小精悍的导言《法律与社会》,其中提到了卢曼对流行的法律社会学的批评。卢曼因此提出了一个问题,即法律的规范性的社会学意涵究竟是什么。卢曼的这个质问,对于中国法社会学研究也是适用的。我当时在中国政法大学政管系读行政管理专业,但对法律有着非常浓厚的兴趣,平时听了很多法律课程,一起读书的小伙伴多数也是法律专业的同学,读得最多的就是法理学、社会学和哲学方面的书。当时郑永流老师刚好有一篇《安身立命,法学赖何?》的小文章,从不同的角度点出了类似的问题。我原本因热爱柏拉图一度想转专业到哲学系,却因此转到了法理学专业,成为郑永流老师的硕士研究生，跟随郑永流、舒国滢等老师从事法学方法论方向的学习和研究。后来我又觉得法学方法论过于纸上谈兵，并且自己的兴趣和特长更靠近抽象思辨性的研究，因此硕士毕业后经过再三考虑，索性就想往理论法社会学方向发展。当时刚好通过哈贝马斯读书小组与高鸿钧老师有了一些交往，觉得高鸿钧老师的社会理论法学的方向更适合我的兴趣和自我定位，因此又抓住了机会转到清华大学法学院跟随高鸿钧老师学习。在2005年一个炎热的午后，当我又拿起李猛老师组织的《北大法律评论》的那个社会理论专题时，我终于静下心来认真地读完了其中刊载的卢曼的文章《法律的自我复制及其限制》。这应该是我认真读过的卢曼的第一篇文章，当时就惊为天人，似乎解决了很多长期困惑我的问题，并且卢曼对许多问题的判断，似乎远超过哈贝马斯所带来的启发。我本来是通过上高鸿钧老师的哈贝马斯课而得以认识恩师的，高老师最初对我的印象应该也是通过我上课的表现形成的，所以高老师最初以为我博士论文的研究方向大概会与哈贝马斯有关。当我提出要以卢曼的理论为主要研究方向时，高老师除了告诫我研究卢曼的难度之外，居然也非常支持，并且与我交流了各自阅读卢曼的一些认识和体会。这让我感动于恩师的宽容之外，也深深为恩师的博学精深所折服。博士期间，我又借助"国家建设高水平大学公派研究生项目"所提供的机会，赴德国法兰克福大学法学院收集研究资料和信息，并对卢曼的研究文献做一些初步的阅读和整理。后来李君韬兄翻译的《社会中的法》出版，高老师又带领我们花费了几年的时间逐字逐句地阅读，并且在清华形成了一个既松散又紧密的系统论法学的研究共同体。其中陆宇峰、张文龙和我都将卢曼的理论作为主要的学术支撑资源进行开发和研究，而马剑银、鲁楠、余盛峰、杨静哲等虽然没有把卢曼的理论作为主要的研究方向，但也花费了大量的时间和精力阅读卢曼的著作。后来，我又通过各种途径认识了纪海龙、李忠夏、宾凯等学友，他们都将卢曼的系统论法学作为自己研究的主要方向或者重要的支撑理论。同时，在法教义学与社科法学的争论中，张翔、雷磊等学界朋友也非常重视卢曼系统论法学所提供的视野与论证支持。这些都给我的研究提供了很大的鼓励。

就我个人的研究来说，我对卢曼理论的兴趣更多地源自我自己求学和研究过程中对中国法律与社会转型问题的关注。在对中国法律与社会转型的观察和思考过程中，受问题意识的牵引，我对卢曼理论的兴趣日益浓厚。而反过来说，随着对卢曼理论研究和理解的深化，我自己也觉得能够更加清晰和深刻地观察和理解中国法律与社会转型过程中所呈现出来的种种复杂的现象。因此，我之被卢曼的理论所吸引，与我被中国问题所吸引，完全是一致的，二者类似于一种解释学的循环关系。因此，我并不认为本书仅仅是一本卢曼研究的专著。本书首先是一本中国法理学研究的专著，它核心的关注是中国法律与社会转型中所出现的种种理论和实践中的疑难问题，并将它们放到现代法理学的层次上进行分析和思考，而所借助的资源，则是卢曼社会系统理论的资源，尤其是卢曼直接关涉到法律理论的一系列著作。当然，卢曼本人虽然是法律人出身，并写作了大量的法理学论文和专著，但他并没有使用"系统论法学"的概念。但我认为这一点并不重要，因为卢曼研究的视野和问题意识远远超越了现代法理学的层次，他是站在与韦伯、帕森斯等社会学巨擘比肩的层次上进行一般社会理论层次的思考。他对现代法理学问题的论述，无疑也是从一般社会理论的层次上进行的。但这并不妨碍我们在从事现代法理学层次的思考和理论建构时，借用卢曼一般社会系统理论的思考成果与资源。同时，由于围绕着"法律是什么"这个现代法理学核心问题所展开的系统思考和理论建构时所形成的一系列的视角、立场、观点、方法、概念和原理层面的阐述,已然形成了与传统的分析实证主义法学、概念法学、利益法学、纯粹法学、社会学法学、现实主义法学、批判法学、自然法学等法学理论不同的,系统而独特的理论体系,那么系统论法学的说法也是可以成立的。当然,需要补充说明的是,系统论法学并非要像社科法学那样在法律适用的层面去替代法教义学,甚至与法教义学形成竞争。如笔者所一再强调的,系统论法学不过是围绕着"法律是什么"的问题所形成的一整套相对比较完整而系统的现代法理学的理论论述而已。

同时,本书的系统论法学也并非卢曼关于法律的一系列论述的整理与研究。本书所谓的系统论法学主要是借助了卢曼社会系统理论与法律相关的一系列概念工具和理论阐述,结合中国法律与社会转型而形成的一整套现代法理学的论述。这也意味着卢曼理论的本土化。卢曼在思考和形成他的整个社会系统理论时,所依赖的学术资源和观察的经验参照仍然主要是西方社会的历史演化。例如,在卢曼关于社会演化的三种分化形式中,虽然关于条块分化那部分的阐述,卢曼使用了很多远超出欧洲传统的人类学研究成果,但关于阶层分化与功能分化形式的阐述,卢曼仍然主要是借助了欧洲中世纪封建社会的历史与近现代的历史资源。当然,卢曼的社会系统理论本身仍然是一种普遍化的理论,并不仅仅着眼于解释欧洲的历史与经验。因此,我们完全可以借用卢曼的理论框架,并基于中国法律与社会演化的历史与现状,对他的理论进行进一步的深化和发展。比如说,在与欧洲的卢曼理论研究者交流时,他们非常感兴趣的一点,就是中国社会是否发生了功能分化的现象。卢曼自己在阐述阶层分化时,虽然着墨不多,同时也承认中国的阶层分化确实与西方中世纪的阶层分化现象存在明显差异,但他仍然认为阶层分化构成了中国社会分化的一种主要形式。我自己在回答欧洲的卢曼理论研究者的上述问题时,所给出的答案是:目前中国社会正处于演化的"关隘期",因此功能分化的趋势和反功能分化的趋势都很明显。这一点其实在欧洲从阶层分化形式向功能分化形式的转变过程中,也是非常明显的。但就目前笔者的观察来说,当下中国日益呈现出一种超大规模复杂社会的发展趋势,因此功能分化的趋势不断被增强,其效应也日益显著。对中国当代法律社会演化的现象和趋势进行描述和理解,也是笔者学术兴趣的重心之所在,但这并非本书的核心任务。因此,本书中关于系统论法学与中国社会功能分化的研究,主要是结合中国法教义学本土化、司法改革等具体问题展开,通过一个相对比较具体的切面来管窥一斑。关于中国超大规模复杂社会的研究,则是这本书之后笔者研究的兴趣和重心之所在。就此而言,本书也可以看作是笔者未来这项研究的导言和预备吧。

当然,鉴于中国社会是否功能分化问题的重要性,并且这确实又构成了本书的一个非常重要的论述背景,在此也可以简要地交待一下我对这个问题的看法。每次围绕系统论法学所展开的讨论中,无论是国内还是国外,无论是熟悉系统论法学与否,许多人都对这个问题的回答持一种消极的态度。正如上文已提及,我个人认为当前功能分化和反功能分化的现象确实都同时存在。但同时我仍然表达出了一种相对比较乐观的态度。之所以如此,一个很重要的原因就是我并非从本体论的物的角度来观察和理解中国社会的功能分化问题的。我对中国社会功能分化问题的看法,更多地是在卢曼所揭示的世界社会的维度上进行观察。正如卢曼曾经多次指出的,随着地理大发现、世界统一时间的产生,旧的以物为核心看待世界的眼光逐渐被从观察和沟通的角度理解世界的眼光所替代。所谓的功能分化的问题,因此也不能在本体论的意义上将功能系统理解成某种自在自为的"存在物",而是要被理解成不同类型的观察视角与沟通类型的出现和稠密化。我正是在这个层次上做出功能分化与反功能分化同时存在之判断的。一方面,我们看到随着中国经济与社会的发展,尤其是超大规模人口不断聚集和网络化,其实已经出现了许多不同的观察视角与沟通类型。但另一方面,我们确实也能够看到,法律与道德不分、政治与经济混同,诸如此类的观察视角与沟通类型,也随处可见。在诸如婚姻家庭等大量领域,这些不同的观察视角与沟通类型往往还呈现出非常激烈的交锋状态,从而引起了某种话语的分裂。举个最简单常见的例子:在当前大城市的许多家庭中,经常会遇到是否要让父母过来帮忙带孩子和做家务的问题。且不说目前中国大城市的家政服务设施是否能够提供充分的家政服务支撑的问题,就观察视角和沟通类型的层次来说,那些认为应该花钱雇佣专业的家政人员的视角和沟通,体现了中国社会功能分化的一面;而那些认为老人帮忙体现了家庭价值、节省成本的视角和沟通则体现了传统反功能分化的一面。而类似于"用钱能解决的事情,尽量不要用人情"等说法的流传度和共鸣度,大致可以证明功能分化视角和沟通的稠密度。又比如说,围绕婚姻的性质和实践形成的一系列不同视角和沟通类型的差异,我们也都可以非常鲜明地看到各种不同的视角与沟通类型,似乎都在蓬勃地和不断地自创生式地涌动。即便是法律的问题,我们其实也可以发现,虽然法治现状差强人意,但受合法/非法二值代码所规定的法律沟通仍然大量涌现,并且在很大程度上迫使整个司法体制乃至整个政府体制去回应它。我的一个观察结论是,整体而言,虽然反功能分化的视角和沟通仍然占据了一个非常稳定和庞大的数量,但体现功能分化的各种视角和沟通类型仍然显示了蓬勃的生命力,日益增多和稠密,从演化的视角来看,甚至已经呈现出某种不可逆转的趋势性意义。当受合法/非法、拥有/不拥有或支付/不支付等沟通代码所引导的观察视角和沟通类型稠密到很高的程度并最终不可逆时,我们就可以说,功能分化实现了。正是从这个角度来看,我仍然对中国社会的功能分化保持相对更为乐观的态度。

上　编
功能分化时代的法理学

在科学性与实践性之间
——论法理学的学科定位与性质

导 论

在整个法学研究体系中,法理学占据了一个重要而特殊的地位。说它重要,是因为法理学一直被看作是法的基础理论,被看作是整个法律知识体系的奠基石;说它特殊,则是因为它不像那些以各自特定领域的法律规范体系为研究对象的部门法教义学,法理学并不将自身的研究局限于任何一个特定的部门法领域,在方法上也迥异于一般的部门法教义学研究。但是,由此也造成了法理学之学科定位和实践功能等方面的危机。随着社科法学与法教义学之学术争论的深入,法学研究在方法论层面的自觉性日渐加强,对于法理学之性质和定位的疑问和危机感也日渐加重。既然严格意义的法学就是法教义学,而法理学研究与法教义学研究在基本预设和方法层面的差异又是如此之大,那么法理学研究在何种意义上能够被称作法学研究?如果法理学不是严格意义的法学,那么法理学是什么?它与法学之间的关系又是什么?法理学的性质,以及它在整个法律实践中的功能,究竟何在?对于法理学研究来说,上述问题构成了该学科最基础和最核心的,同时也是最难以回答的问题。

综合来看,对照部门法教义学的深化与成熟,法理学研究面临着三大批评:

首先是对法理学之科学性的质疑。如果一个学科不能形成稳定、完整和融贯的知识体系,那么该学科是否具有科学性和自主性就很值得怀疑。相对于法教义学的体系化,法理学研究是高度个性化和分散的,其内部基本上是各自自成一派。[1] 在中国,长期以来法理学都是一个相对比较宽泛的概念,一般法理论、立法学、法律思想史、法社会学等都可以被容纳进法理学之中。即便是法理学教材,通过概念论、运行论和价值论等不同部分的分设,似乎也可以将实证分析法学、法社会学、自然法学等立场和方法迥异的法学流派同时纳入而相安无事。这与民法、刑法等部门法教材的总论-分论的结构和内部融贯的教义学知识体系形成了鲜明的对比。教材与知识体系的成熟是学科成熟的重要表现形式,而从中国法理学的教材来看,法理学更像是各种学派和知识的大拼盘,缺乏一个统一而科学的法理学知识体系。[2]

其次是对法理学之实践性的质疑。法教义学以具体的法律部门和法律规范体系为基础建构自己的知识体系,而法理学却不存在与其对应的法律部门与法律规范体系作为自身的依托。这意味着,法教义学研究虽然也是"理论"研究,但与实践具有高度的对应性,但法理学却不存在此种制度化的实践对应性。于是,相对于法教义学而言,法理学在

---

[1] 参见郭道晖:"法理学的定位与使命",《上海师范大学学报》(哲学社会科学版)2007年第6期。

[2] 参见徐爱国:"论中国法理学的'死亡'",《中国法律评论》2016年第2期。

实践上是否有用，就成了一个问题。① 就此点体现在日常生活中的直观经验而言，当人民群众碰到一个法律问题时，若找一位相关部门法的法教义学研究者请教，往往能够得到若干有益的指导和建议；但如果找一位法理学研究者请教，后者往往是一问三不知。② 这就进一步加剧了关于法理学在实践中是否有用的疑问。③

法理学的实践性问题，同时也涉及法理学的本土化问题。部门法教义学具有高度的实践对应性，因此通过判例与学说的良性互动，是有可能实现本土化的。④ 但如果法理学不能与中国法治建设的实践对应起来，那么法理学如何可能实现本土化？一种具有中国特色的法理学知识体系与话语体系又如何可能建立？

最后是对传统的"法理学与部门法之间的指导与被指导关系"命题的质疑。传统的法理学教材都将法理学看作是诸部门法的"基础理论"或"一般理论"，因此主张法理学与诸部门法之间存在着指导与被指导的关系。但随着法律实践的发展，人们越来越发现，法理学的许多知识点，例如法律行为理论、法律权利理论等，要么因为与部门法的理论是一样的而被认为是冗余的，要么因为与部门法教义学中的理论不一致而被认为是错误的。⑤ 如此一来，原先所预设的法理学与部门法教义

---

① 这也是一个老问题，例如李达在《法理学大纲》一书中就曾指出民国时期的法理学因不具有实践性而遭遇冷落的现象。参见李达：《法理学大纲》，法律出版社1983年版，第12页。

② 参见李拥军："我与吉大法理的不解之缘"，载《法苑芳华·老故事》（第1辑），吉林大学出版社2018年版，第145页。

③ 参见焦宝乾："理论与实践的难题——以中国法律体系形成为背景的反思"，《政治与法律》2012年第7期。

④ 参见泮伟江："中国本土化法教义学理论发展的反思与展望"，《法商研究》2018年第6期。

⑤ 参见陈景辉："法理论为什么是重要的——法学的知识框架及法理学在其中的位置"，《法学》2014年第3期。

之间那种类似于总论和分论的指导与被指导关系是否成立,就成了一个疑问。①

法理学是否能够留在法学学科的大家庭之内?法理学对真实世界中运行的法律系统而言,价值何在?法理学之前一直倾力提倡的以法教义学为"正宗"的法学学科自主性的发展,是否可能产生某种"飞去来器"的效果,从而产生法教义学对规范法理学的"弑父效应"?许多法理学研究者目前似乎正被这类问题所纠缠而夜不能寐。整体来看,多数法理学研究者基本上都已接受如下结论:旧的法理学教科书所设定的那种法理学对部门法教义学在实质意义层面的"指导模式"已经很难站立得住。②

当然,"抢救法理学"的学术努力也不容忽视。目前来看,抢救法理学的努力大致有如下几种进路和方向:第一种进路是继续坚持"理论指导实践说",只是其论述的重点从一般法理学转向法学的一般方法论,即在法学方法论的层面划分具体法教义学与一般法教义学,从而将法理学层面的法学方法论作为具体法教义学方法论的"总论",继续维持法理学与部门法的指导与被指导关系。③除了这种进路,其他的各种进路都已基本放弃此种"指导模式"。于是,抢救工作变成围绕着法理学之实践性与科学性问题展开:一种方向是坚守法律的科学性,甚至不惜为此放弃法律的实践性。"无用之用说"可被视为向此种方向努力的代表。④另外一种方向则重在论证法理学的实践性,强调法理学对法律实

---

① 参见田夫:"法理学'指导'型知识生产机制及其困境——从法理学教材出发",《北方法学》2014年第6期。
② 参见张文显:"法理:法理学的中心主题和法学的共同关注",《清华法学》2017年第4期。
③ 参见雷磊:"法理论及其对部门法学的意义",《中国法律评论》2018年第3期。
④ 参见翟小波:"无用之大用:法哲学的性质与用途",《中国法律评论》2018年第3期。

践问题的解决仍然是有用甚至是重要的,因此不得不在一定程度上牺牲法理学的科学性。我们不妨称之为"实践参与模式",①其支撑理论则是德沃金(Ronald M. Dworkin)所称的法律实践推理的"辩护梯度上升"(Justificatory Ascent)理论。② "实践参与模式"降低了对法理学科学性的要求,这一点可参见"理想理论"与"非理想理论"的区分:越是接近实践,就越是要放弃"理想理论"的要求,而不得不接受法律实践的各种约束性条件。③

上述几种观察和反思法理学在法学学科中之定位的理论模式,都各有其洞见与优势之处,但也存在着一定的问题,并未真正解决法理学的身份焦虑。本文试图引入卢曼(Niklas Luhmann)的社会系统理论之资源与观察角度,将法理学与部门法教义学的关系,放到法律系统的整体架构与视野中进行观察,从而将法理学定位成对"法律系统自我同一性"进行反思的"法律系统的自我描述和自我反思",因此可称作"反思模式"。④

---

① 参见陈景辉:"法理论为什么是重要的——法学的知识框架及法理学在其中的位置",第50—67页。
② "辩护梯度上升"的概念来自德沃金,德沃金用它来强调"理论"相对于实践而言的"内置"特征与重要性。相关的论述,参见〔美〕德沃金:《身披法袍的正义》,周林刚、翟志勇译,北京大学出版社2010年版,第61—66页。
③ 参见陈景辉:"法理论为什么是重要的——法学的知识框架及法理学在其中的位置",第61页。
④ 需要预先予以说明的是,在针对法理学的批评中,"冗余论"的批评似乎更多侧重于对"中国法理学"的批评,因为改革开放以来的40多年里,中国法理学在实践中面临的一个突出问题就是"冗余论"的困境。在中国法理学之外,关于"冗余论"的讨论似乎并不多见。例如,无论是对德国概念法学的批评,还是关于英国的法实证主义的争论,抑或是围绕美国的现实主义法学的讨论,都很少有针对"法理学是冗余"之类观点的批评。"冗余论"很可能不是一个元法理学层次的普遍性问题,而是中国法理学目前所面临的阶段性问题。因此,本文的讨论重点集中在法理学之科学性与实践性的问题。

一、反思法理学的科学性预设

"无用之用说"彻底否认法理学的实践性,强调法理学乃是一种科学研究,因此"实践有用性"并无资格成为判断法理学研究之正当与优劣的标准,恰恰相反,判断法理学研究之正当与优劣的标准应该是"真理"。用系统理论的术语来说,这就意味着,法理学研究的本质是一种科学研究,故而必须接受科学系统预设的条件,其中最重要的条件即所有的研究都必须接受"真"或"非真"的检验,并以真/非真的二值代码为引导而展开。[①] 例如,翟小波就认为:"法哲学只有对错好坏之分,无有用无用之别。法哲学是探究和表达关于法律正确和普遍的观念、概念或命题体系(真理)的学问。它有自己成败、好坏标准,这些标准主要是一套理论美德,与其用途无关。"[②]

由于现代学科体制的独立与分化,无论是法教义学还是法理学研究,基本上都是以大学的法学院为基本单位进行组织,辅之以学术著作出版与学术刊物论文发表所构造的论著体系,以及大学课堂所构成的法学教育体系。在此种语境下,无论是法教义学研究者,还是法理学研究者,都更容易将自身所从事的研究认同为一种平行于经济学、政治学、社会学等学科的社会科学研究,并将研究自身的科学性作为评价自身研究价值的最终标准。[③] 由此形成了法学研究者的一个基本预设,即

[①] Vgl. Niklas Luhmann, *Die Wissenschaft der Gesellschaft*, Frankfurt am Main: Suhrkamp Taschenbuch Wissenschaft, 1992, S. 271.
[②] 翟小波:"无用之大用:法哲学的性质与用途",第 123 页。
[③] See Ronald Dworkin, *Law's Empire*, Cambridge: Harvard University Press, 1986, p. 4. 同时,德沃金的反对者和批评者(例如 Andrei Marmor)在科学真理标准方面也持有与德沃金同样或者类似的主张。参见 Andrei Marmor, *Philosophy of Law*, Princeton: Princeton University Press, 2011, p. 3.

无形之中将自身的研究看作是外在于法律系统的,以法律系统的实际运作(这经常被通俗地称作"法律实践")为研究对象的研究。无论是法教义学,还是法理学,往往都将自身看作是某种"关于法律的知识或理论"。① 当研究对象是人类的实践时,关于"科学研究"及其"对象"的关系,就会出现两种可能性:或者尝试证明理论相对于作为其研究对象之人类实践的自主性,或者尝试证明理论相对于作为其研究对象之人类实践的相关性。

一种研究如果称得上是科学研究,那么通过研究所形成的成果就要符合"知识"的特征,所谓的"知识",就其通常含义来说,就是符合"真理"的检验,从而被确认为真。例如,自然科学的研究,就必须经过科学实验的验证,满足可重复性和"符应论"(Correspondence Theory)的标准。但由于法律是一种"反事实的"规范,故而就不能用自然科学的实验方法和"符应论"的标准对其进行检验。因此,通常而言,法学研究(包含法理学研究)的科学性,只能通过"体系性"的标准被检验,从而保证它的科学性。② 此处所称的"科学性"包含着两个含义:首先,法学的各种知识相互之间应该是不矛盾的,亦即是融贯的;其次,这些融贯的知识体系可以通过更深层次的"原则"或者"原理"而得到说明与解释。就此而言,融贯论和基础主义同时构成法律知识系统的标准,并且二者是彼此支持的。

---

① Vgl. Niklas Luhmann, "Die Einheit des Rechtssystems", *Rechtstheorie* 14 (1983), S. 129.

② 例如,伯尔曼(Harold J. Berman)就是这样理解"法律科学"的。参见〔美〕伯尔曼:《法律与革命——西方法律传统的形成》,贺卫方等译,中国大百科全书出版社1993年版,第186—203页。

对法学来说,知识的客观性乃是由法学的"统一性"或者"体系性"①决定的。一般来说,传统上"体系"的概念有两种模式:一种是在古希腊时便已出现的"整体-部分"模式,即体系乃是由各个部分组成的整体;另外一种则是欧洲中世纪晚期发展起来的"原则的统一性"(die Einheit eines Prinzips)模式——"体系的统一性只能作为知识融贯的统一性被掌握,并被假设性地投射到世界之中"。②就法学而言,占据统治地位的乃是第二种体系观念:如果要有科学性,那么就必须要成为"知识体系",而法学的知识体系同时也意味着,现实世界中生效的实证法规则之间也是彼此融贯和成体系的。所以,凯尔森(Hans Kelsen)在其《法与国家的一般理论》一书的开篇就强调法律的"体系性":"法并不像有时说的是一个规则,它是具有那种我们理解为体系的统一性的一系列规则。如果我们将注意力局限于个别的孤立的规则,那就不可能了解法的性质。"③但由此造成的一个结果是,实证法与法学之间形成了"循环论证"的关系:实证法若不符合法学的体系性,就会被认为是不符合规范的"事实";法学如果不能得到实证法的"确证",那么它就不算是"客观的知识",而只能是法学家的"个人意见"。④

---

① 本文不区分"体系"和"系统",而是按照不同的使用习惯,在不同的语境中使用它们,这两个词对应的英文词都是"system"。

② Vgl. Niklas Luhmann, "Systemtheoretische Beiträge zur Rechtstheorie", in der's., *Ausdifferenzierung des Rechts: Beiträge zur Rechtssoziologie und Rechtstheorie*, Frankfurt am Main: Suhrkamp Taschenbuch Wissenschaft, 1999, S. 242.

③ 〔奥〕凯尔森:《法与国家的一般理论》,沈宗灵译,中国大百科全书出版社1995年版,第3页。此种关于法学之科学性的理解,一度也是英美普通法的学者们对法律科学性的主流理解。例如 William P. LaPiana, *Logic and Experience: The Origin of Modern American Legal Education*, Oxford: Oxford University Press, 1994, pp. 29-38。

④ 参见陈景辉:"部门法的教义化及其限度——法理论在何种意义上有助于部门法",《中国法律评论》2018年第3期。

"原则之统一"的知识论意义的法学体系观,其根本的缺陷是有意地隐藏和掩盖了法律系统的内在复杂性。例如,通过对"实证法规则基本合理性"的假设,它排除了实证法条文之间的矛盾与不一致,或者更准确地说,它对实证法条文和规则之间的各种矛盾和复杂性选择视而不见。① 此外,它也无法区分作为各要素之间关系的"体系"与"作为结构系统"意义的体系,所以难免会走向概念法学和涵摄模式。② 隐含在此观念背后的是如下想法:"有待认识的事实必须被预设为无矛盾的。"③因为"假如对象世界本身充满着逻辑上的矛盾,那么关于该世界的任何陈述都是任意的,即,认识变得不可能"④。然而,正如批判法学所一再指出的,在真实世界的法律世界当中,往往存在诸多的矛盾与断裂。⑤ 真实的法律实践并没有按照这些法理学剧本所规定的展开。⑥

在此种"原则的统一性"模式之外,事实上还存在着另外一种法律体系的观念,其着重法律运作各个环节的统一性,例如立法、司法、执法和守法等各个环节的一致性。在法理学教科书中,这一般被称作"法的运行"。⑦ 此种法律系统的观念,也非常符合人们日常生活中对法律的理解。如果我们用此种"legal system"的视角来观察现实世界中真实运行的法律体系,那么就可以清晰地观察到"法律系统"与"社会环境"之

---

① 以霍姆斯(Oliver Wendell Holmes, Jr.)为代表的美国现实主义法学,恰恰是在这一点上对传统的法律科学提出了尖锐的批评。参见〔美〕霍姆斯:"法律的道路",陈绪刚译,载〔美〕斯蒂文·J. 伯顿主编:《法律的道路及其影响:小奥利弗·温德尔·霍姆斯的遗产》,张芝梅、陈绪刚译,北京大学出版社2005年版,第416—437页。
② Sehe Niklas Luhmann, "Systemtheoretische Beiträge zur Rechtstheorie", S. 243.
③ Vgl. Niklas Luhmann, "Die Einheit des Rechtssystems", S. 129.
④ Niklas Luhmann, *Das Recht der Gesellschaft*, Frankfurt am Main: Suhrkamp Taschenbuch Wissenschaft, 1995, S. 489.
⑤ 参见〔美〕肯尼迪:《判决的批判》,王家国译,法律出版社2012年版,第59页。
⑥ Sehe Niklas Luhmann, "Die Einheit des Rechtssystems", S. 129.
⑦ 例如张文显主编:《法理学》,高等教育出版社2011年版,第189—248页。

间界限的存在:一方面,法律系统的运作依赖于社会环境;①另外一方面,我们也可以发现法律系统具有相对于社会环境的自主性,即法律系统的运作具有明显区别于社会环境的特征与逻辑。由此,法律系统与社会环境之间的"自主性"与"开放性"就成了一个特别重要的基本问题。②

此种法律系统的"自主性"与"开放性"之紧张关系,特别典型地体现在裁判领域,即"抽象的规范"与"具体的案件事实"之间的紧张关系。③倘若我们采取纯粹体系式的科学观,则裁判过程中就不可能存在非科学的"决断"因素,因此,法律适用的过程就是一个"涵摄"的过程,或者是"理性论证"的过程。由此,裁判的"意外"因素,或者"意志"因素,就不可能有存在的空间。然而,事实情况却是,由于"不得拒绝裁判"原则的确立,在司法实践中经常会出现不得不对"不可裁断之事"做出"裁断",故而法官往往难免不得不"超越法律"而直接对裁判结果做出"决断"。④此种决断因此并非"科学论证"的结果,所谓的"法律论证",也不过是事后对裁判合理性的"重新评估和检验"而已。⑤否则,司法裁判就不可能是一个"决断",而只能是科学认知的结果。⑥

更进一步的观察显示,如果裁判的实质并非"涵摄",而是在规范所限制的范围内的选择(即决断),那么裁判中的"规范因素"与"事实因

---

① 20世纪80年代以来中国法学界围绕"法律移植"问题的讨论,清晰地揭示了这一点。
② 参见泮伟江:"托依布纳法的系统理论评述",载〔德〕托依布纳:《魔阵·剥削·异化——托依布纳法律社会学文集》,泮伟江、高鸿钧等译,清华大学出版社2012年版,第9—18页。
③ 参见泮伟江:"社科法学的贡献与局限",《中国社会科学报》2015年5月20日。
④ Sehe Niklas Luhmann, *Das Recht der Gesellschaft*, S. 310-319.
⑤ 参见杨贝:"论判决理由与判决原因的分离:对司法虚饰论的批判",《清华法学》2016年第2期。
⑥ Sehe Niklas Luhmann, *Das Recht der Gesellschaft*, S. 308.

素"(或者说"意志因素")之关系,实质上更像是一种系统理论意义的"结构"与"过程"之关系。现行的法律规范体系更像是法律系统的结构,它提供了"选择的标准与可能性",而具体裁判过程则是在结构性条件下做出的具体选择。① 由于法律系统内部结构规定性的存在,法官所可能做出的选择,比实际上存在的选择可能性要远远小得多。因此,当法官在裁判过程中进行选择时,作为"结构"存在的"法律规范"早已经筛选和排除了许多"选择可能性",于是法官只能在结构筛选后"剩余下来的诸可能性"中做出选择。这意味着,社会环境的复杂性永远高于法律系统内部的复杂性,在法律系统与社会环境之间存在着一种"复杂性的落差"。②

坚持法律科学性的那些学者们,在排除裁判"意志论"因素的问题上做出了艰苦卓绝的努力。其中最令人印象深刻的努力是由德沃金做出的。由于德沃金拒绝现代社会的"偶联性",并坚持停留在一种旧自然法的宇宙论世界之中,故而德沃金的法律理论必须排除任何世界的偶联性与意志性因素。也就是说,在德沃金的理论中,不存在着"法官立法",而必须是"发现法律"。因此,德沃金一方面主张"价值客观论",③另一方面主张法律解释的"整体论",通过赫拉克勒斯式的全知全能的法官,强调法律系统内部"所有要素之间的相互关联性",将每一次司法裁判都看作是"续写"法律这部"章回体小说"的某一个章节,故而每一次个案裁判都需要回溯整个法律的历史并从中提炼出个案裁判

---

① Sehe Niklas Luhmann, "Systemtheoretische Beiträge zur Rechtstheorie", S. 242.
② 参见泮伟江:"法律的二值代码性与复杂性化约",《环球法律评论》2017 年第 4 期。
③ See Ronald Dworkin, "Objectivity and Truth: You'd Better Believe It", *Philosophy and Public Affairs*, Vol. 25, No. 2, 1996, pp. 87 – 139.

中的正确法律。①

如果考虑到现代法律系统庞大的规模性,那么德沃金的此种整体性解释只能作为"理想模型"而存在,对法官来说,它只能是一种"道德义务",而不可能是"法律义务"。正如控制论专家阿什比(Ross Ashby)曾深刻指出的,当系统的规模达到较高程度时,将系统内所有的要素之间联系起来的"计算"与"运作"几乎是不可能的,因为其所要求的"计算"与"运作"能力对支撑的资源和时间的要求是无限的,所以会实质性地导致系统的崩解。② 故而,系统必须保持有限的复杂性,必须建立起某种结构,以排除某些要素之间的联系,同时强化某些要素之间的联系。③ 因此,法律系统本质上并非某种建立在原则基础上内部融贯的统一体系,而只能是某种"多元的统一"(der Einheit einer Mehrheit)。④

从方法论上讲,此种"原则基础上统一"的科学性观,还面临着观察立场的选择和说明的问题,即,此种作为纯粹科学研究的法理学研究,其对法律实践的观察与研究,究竟是内在于法律之中的观察和描述,还是外在于法律的观察和描述呢?

如果法理学以法律实践为研究对象,但本身却不参与法律实践,那么法理学研究显然就预设了自己乃是一种"外在于法律实践"并且"以法律实践为研究对象"的研究。换句话说,此种法理学研究的视角基本上是外部视角。外部视角与内部视角的差异在于:在外部视角的观察

---

① See Ronald Dworkin, *Law's Empire*, p. 228.
② See William Ross Ashby, *Design for a Brain: The Origin of Adaptive Behavior*, London: Chapman and Hall, 1976.
③ 即便是在先例制度中,也会刻意地强调某些先例的重要性(即所谓的"leading case"),并且以这些先例为核心,发展出"法律学说"或"法教义学",甚至直接将其发展成为成文法的"规范"。Sehe Niklas Luhmann, "Systemtheoretische Beiträge zur Rechtstheorie", S. 252.
④ Sehe Niklas Luhmann, *Das Recht der Gesellschaft*, S. 525.

中,研究对象与研究者相互之间是"隔离的",通常研究者并不参与到研究对象之中,而是隔着玻璃、围栏或者屏幕来观察和分析研究对象的活动;内部观察则意味着,研究者参与到研究对象之中,并成为研究对象的一部分,研究对象内部施加的诸种内在约束条件对研究者也生效。

事实是,在法律系统之外,并不存在着一个法理学可以站立于其上并以此为透视点对法律进行全景式的观察与描述的"阿基米德点"。确实存在着以政治、经济、宗教等其他系统为"阿基米德点"对法律系统进行观察和描述的尝试。但是,这些观察和描述的绝对客观性的自我宣称最后都被证明是失败的,因为政治、经济、宗教最后都被发现是偶联的,都不足以成为观察法律系统的真正"阿基米德点"。故而,多数法理学研究仍强调"内部视角"的重要性,即便勉强承认自身的外部视角,也要强调自身乃是一种"非极端的外部视角"。[1] 所谓"非极端的外部视角",其实就等于承认研究者要同时接受两种约束:首先,研究者要接受科学系统的约束,亦即必须追求自身研究的科学性,受科学研究诸伦理的约束;其次,由于研究者同时又是作为研究对象的一部分(或者成员)来进行研究,并且研究本身能否取得实质性的成果,也依赖于此种研究者作为研究对象一部分的性质及其所产生的内部视角,故而研究者又必须同时受研究对象所施加的诸种内部约束。

如果说法理学的性质是"非极端的外部观察者",那么法理学研究就必然是一种很特殊的科学研究。与一般科学研究不同的是,法理学研究除了接受科学研究标准的规范之外,同时还接受法律实践标准的规范。如此一来,法理学的性质就确实不是"一元"的,而是"二元"的。

卢曼早在20世纪80年代初就曾指出,经典的法理学理论高估了系

---

[1] 参见〔英〕哈特:《法律的概念》,许佳馨、李冠宜译,法律出版社2006年版,第84页。

统理论,而低估了裁判(决策)理论对于法理学而言的意义。也许更符合现实的定位是,法理学恰好处于系统理论(科学)与裁判理论(法律实践)之间,是一个中间性的理论。① 后来,卢曼进一步指出,法理学本质上是科学系统与法律系统的"结构耦合",故而它必须同时遵循科学系统与法律系统的规制与要求。②

恰恰也因为如此,"实践参与模式"尽管也同时承认和强调法理学的科学性,但无论是在问题意识的设定,还是在理论推理与论证的过程中,它都没有坚持将"科学性"设定为判定法理学的唯一标准。事实上,"实践参与模式"这种说法要能够成立,它就必须在"科学性"原则之外再设定一个原则,我们不妨将后者称为"法律系统的内置性",即法理学与法教义学都是内置于法律系统之中,并受法律系统的内在需要与基本结构之制约的。这恰恰就是法理学念兹在兹的"法理学的实践性"要求。换句话说,所谓"法律系统的内置性",其通俗的说法就是"法理学的实践性要求"。

科学系统的判准是"真理",或者说,科学系统是以真理为媒介,以真理/非真理为代码进行运作的。所以,严格来讲,所有纯科学研究都不追求"实践性",而只追求对真理的"证明"或者"证伪"。而法理学之所以存在着"是否具有实践性"的焦虑,乃是因为,法理学虽然也遵循科学研究的基本准则与规范,但它同时仍然内置于整个法律系统之中,故而必须在法律系统之中证立自身存在的合理性。换句话说,法理学必须指明自身在法律系统的"实践"(实际运作)中究竟发挥了什么作用。此种在法律系统整体性实践的语境下反思法理学的功能与定位问题,已经远远超越了普通的"理论与实践关系"的范畴。

---

① Sehe Niklas Luhmann, "Systemtheoretische Beiträge zur Rechtstheorie", S. 241.
② Sehe Niklas Luhmann, *Das Recht der Gesellschaft*, S. 543.

二、探问法律的实践性

如果法理学并不仅仅是一种科学研究,它同时也是身处法律系统之内,并且接受法律系统内部需要和内部结构之制约的一种特殊的科学研究,那么,法理学就必须在法律系统内部证明自身的功能,寻找自身在法律系统中的定位。更直白地说,如果法理学仅仅是一种纯科学的研究,那么法理学研究者更应该在哲学系而非法学院从事法理学的研究。由于实践性通常被看作是法律系统的特性,故而法理学也必须回应实践性的要求。

关于前述的那种方法论指导说,我大致同意陈景辉的意见,亦即方法论指导说仍然回避不了"冗余论"的指责。所以,本文关于法理学之实践性的讨论,重点分析"实践参与模式"。

对于"实践参与模式"来说,理论与实践之间的关系并非"指导与被指导关系"。我们也可以反过来思考,在法律实践缺乏理论参与的情况下,将会发生什么?尤其是,在德沃金所说的"疑难案件"(hard case)中,法官不得不面临着价值的判断与选择。在这种情况下,应当如何做出这些价值判断与选择,就不得不借助于法理学的思考与研究。例如,在美国19世纪后期发生的帕尔默案(Riggs v. Palmer)当中,孙子为了继承祖父的遗产而将祖父杀害,在承担刑事责任之外,孙子是否能够按照其祖父生前立下的遗嘱而继承他的遗产?[①] 这就涉及"原则是否为法

---

① 参见〔美〕德沃金:《认真对待权利》,信春鹰、吴玉章译,中国大百科全书出版社1998年版,第41页。

源"以及"什么时候原则是法源"等法理学的一般问题。又例如,在德国刑法界很著名的硫酸案中,硫酸是否为武器,就涉及对"武器"这个概念的解释问题。① 在美国著名的罗伊诉韦德案(Roe v. Wade)当中,如果回避"什么是生命"等基本的伦理学与道德哲学问题,那么这个案件的审理根本就难以进行下去。② 因此,法理学在疑难案件中发挥了重要的作用。

"实践参与模式"由此指出,在疑难案件中,至少在如下几个方面中,法理学都具有不可替代的作用:首先,任何法律实践都建立在对案件事实的描述之上,而我们是通过一系列的概念来描述这些案件事实的。事实上,绝大多数的所谓案件事实,都不是纯粹意义的"自然事实",而是"社会事实",故而都已经预先内置理论与价值。在简单案件中,这些内置的理论与价值的安装包不需要被打开与拆解便足以解决问题。但在疑难案件中,这些内置的理论与价值的安装包却必须被打开与拆解,并进行重新的检视与组装。这个时候恰恰就是法理学大显身手的时候。其次,"实践参与模式"进一步指出,疑难案件之所以疑难,恰恰是由于理论争议与分歧的产物。因此,实践中疑难案件的关键之处,仍然是理论问题。③

故而,与"自上而下"的指导模式不同,"实践参与模式"在处理法理学与部门法教义学之关系时,所采取的是"辩护梯度上升"阶梯模式。即,无论是法理学还是法教义学,二者都参与了法律实践问题的解决,

---

① 参见〔德〕考夫曼、哈斯默尔主编:《当代法哲学与法律理论导论》,郑永流译,法律出版社2002年版,第183页。
② 参见方流芳:"罗伊判例:关于司法与政治分界的争辩",《比较法研究》1998年第1期。
③ 参见陈景辉:"部门法的教义化及其限度——法理论在何种意义上有助于部门法"。

只是处于不同的阶梯:当具体法律实践问题出现时,首先发挥作用的是法教义学,一旦法教义学不能解决实践疑难问题时,就出现了"辩护梯度上升",①此时就从法教义学的一阶阶段上升到法理学的二阶阶段,对引发疑难案件的某些根本概念进行一种后设哲学或者后设伦理学的分析与思考。例如,在一起杀人案件中,一阶的法教义学所分析与讨论的,是犯罪行为的主客观方面是否满足了杀人罪的构成要件等因素。但出现疑难案件时,可能就要上升到"什么是生命""刑罚的目的""死刑是否正当"等二阶的法哲学层次的分析与思考。由此,法理学不但是有用的,而且与部门法教义学相比也没有"因重合而冗余"。②

应该说,"实践参与模式"的逻辑还是比较自洽的。它虽然没有提供法理学指点江山式的基础性地位,但至少为法理学在法学领域保留了一席之地。尽管如此,"实践参与模式"也遗留下来不少问题。就我看来,虽然它承认了法教义学的一阶地位,但仍然低估了法教义学的威力,高估了法理学的作用。例如,尽管我们可以在抽象的层面上说任何实践中真正的疑难问题都是由理论问题引发的,但这样说的意义并不是很大。因为反过来说,也许多数实践上的疑难问题之解决,都不以理论难题的解决为条件。正如亚里士多德曾指出的:"一个医生甚至不抽象地研究健康。他研究的是人的健康,更恰当地说,是一个具体的人的健康,因为他所医治的是一个具体的人。"③

就法律疑难案件的解决来说,类似于罗伊诉韦德案等疑难案件,事

---

① 参见陈景辉:"部门法的教义化及其限度——法理论在何种意义上有助于部门法"。
② 参见郑玉双:"法理学贡献于刑法学的方式:以刑法观为例",《中国法律评论》2018年第3期。
③ 〔古希腊〕亚里士多德:《尼各马可伦理学》,廖申白译,商务印书馆2003年版,第17页。

实上都未必是通过法理学所要求的那种强度和抽象度的理论论辩的方式来解决的,而是通过一种有限度的和节制的、类似于桑斯坦(Cass Sunstein)所说的"不完全理论化合意"的方式予以裁决的。① "实践参与模式"有关案件事实"理论内置"的说法,并不能很好地回应桑斯坦的"不完全理论化合意"的批评,因为"不完全理论化合意"着重的并非是否认案件事实中包含着理论的要素,而是强调了,即便案件事实是理论内置的,一种纯粹而系统的法理学意义上的辩论,对于个案裁判来说也并非是必要的。由于"迟来的正义并非正义",故而个案裁判必须在一个相对有限的时间内做出,事实上也不可能等待案件事实中包含的所有理论问题都被辩论清楚后再做出决断。② 就此而言,法官需要有一定的法理学素养,但法官并没有必要成为专业的哲学家才能够做出裁判。更多的时候,法官作为裁判者,本身并不直接参与实质性的价值论辩,而是带着相对客观和中立的立场,对各种实质性的价值论辩进行选择。当法官在裁判中进行此种选择时,他或许更(应该)看重的是社会主流人群的价值判断与选择,而不是其个人对实质价值问题的理解与判断。

因此,疑难案件的推理与裁判与其说是理论的,毋宁说更像是经验的。就像亚里士多德所举出的医生看病的例子。任何一次治疗病患的过程,一定都包含着对"健康""疾病""生命""死亡"等"元概念"和"元价值"的理解。但医生在具体诊断和治疗过程中,往往并不需要以对这些概念与价值的哲学思辨为基础和前提展开,他更多的时候可能还是根据更具体的医疗知识与经验来展开诊断与治疗的过程。甚至在出现

---

① 参见〔美〕桑斯坦:《就事论事:美国联邦最高法院的司法最低限度主义》,泮伟江、周武译,北京大学出版社2006年版,第23页。

② Vgl. Niklas Luhmann, *Kontingenz und Recht*, Berlin: Suhrkamp Verlag, 2013, S. 253.

疑难杂症时,也不需要做此种抽象与深奥的哲学思考,而是通过具体的医疗知识、技术与经验的手段进行诊断与治疗的探索。

即便我们承认裁判事实具有"理论内置"的特征,它对理论的需求仍然要比德沃金们所设想的要小得多。亚里士多德在《尼各马可伦理学》一书中区分纯粹的理论(知识部分)与实践理性(推理的部分)这两个不同的维度,区分科学与实践智慧(明智),并强调实践智慧与实践的相关性。① 对于我们理解法理学的性质与定位,他的这些区分仍然很有启发性。那种德沃金式的纯粹抽象的理论思辨,其与实践的关联只能是间接的和弱相关的。反过来说,法教义学本身有许多的工具和手段,可以避免冗长和抽象的法理学与抽象哲学概念的思辨,而在不同的价值之间做出技术性的调整与选择。很多时候,无论是法官的司法裁判,还是法教义学的作业,往往都会考虑所处社会的一般伦理道德的状况,在尊重与预设主流社会理论道德态度的情况下做出价值的判断与选择。②

与"无用之用说"相比,"实践参与模式"是一种更为复杂的理论。因为它不但坚持法律的科学性要求,而且同时也坚持法律的实践性。如何平衡和处理法律的科学性与实践性之张力,就成了"实践参与模式"不得不面对的问题。如果以实践性为旨归,那么法理学事实上就变成了法教义学的"补充理论",只有在法教义学不敷其用时,法理学才能够被召唤和释放出来,并且实践的需要构成了法理学的"紧箍咒",法理学研究不得不接受实践需要这个"紧箍咒"的钳制。如此一来,法理学

---

① 参见〔古希腊〕亚里士多德:《尼各马可伦理学》,第 166、168、169—171、172—179 页。
② 此方面的一个典型例子,可以参照黄卉对泸州遗赠案所做的精湛分析。参见黄卉:"论法学通说(又名:法条主义者宣言)",载《北大法律评论》第 12 卷第 2 辑,北京大学出版社 2011 年版,第 353—373 页。

虽然也能够被承认是"法律的",但其相对于法教义学的学科独立性与自主性仍然是值得怀疑的。而如果以法理学的科学性为唯一判准,那么法理学的学科独立性与自主性似乎可以维持,但这又以牺牲其"法律"身份为代价。

针对法理学在科学性与实践性这两个标准之间徘徊的两难处境,陈景辉提出了法理学的二元论,即法理学分为两个部分,分别是理想性的规范理论(normative theory)与后设(元)理论(meta-theory)。其中,前者是"涉及价值的",而后者则是"价值中立的"。① 二元论的好处是,规范理论负责满足法理学的实践性,而后设理论则负责满足法律的科学性。由此,作为整体的法理学,仍然能够同时满足法理学之科学性与实践性的要求。

法理学的二元论模式,确实能够在一定程度上缓解法理学中科学性与实践性这两个面向的紧张关系,但却不能完全消除此种紧张关系,因为我们同样可以追问法理学中后设理论这部分的实践价值与法律身份的问题。反过来说,理想性的规范理论这部分的科学性问题,也需要经受科学系统的检验。更何况,如果后设法理学是"科学的",那么为什么后设法理学领域仍然学派林立,众说纷纭,既无法通过"符应模式"被验证,各种学说之间的冲突与矛盾也很难符合"原则基础上之体系"的要求,从而强硬地验证自身的"科学性"。

因此,如下问题仍然无法被回避,亦即随着法教义学作为法学研究之核心地位被确立,从而不证自明地确立了其实践性特征之后,法理学如何可能既内在于法律系统,同时又具有相对于法教义学的独立性与自主性? 换句话说,法理学相对于法教义学的独立性与自主性,必须以

---

① 参见陈景辉:"法理学的性质:一元论还是二元论?",《清华法学》2015 年第 6 期。

证立或揭示法理学在法律系统中所承担的独特功能为条件。于是进一步的问题便是:法理学在法律系统中究竟承担了何种独特功能?

长期以来,法理学在法律系统中所承担的独特功能的问题,往往被表达为"法理学的实践性问题",从而又进一步被具体阐释为"法理学对司法裁判实务究竟有何贡献"的问题。但事实上,这是两个既有联系又相互独立的问题。对"实践参与模式"的分析与批判表明,即便澄清了法理学对司法裁判的"助攻"作用,也不意味着说清楚了法理学在法律系统中承担的"实在功能"是什么。对于讨论诸如"法律是什么"等后设问题的后设法理学来说,尤其如此。"无用之用说"在这一点上确实很有洞察力,如果从其完全独立与隔绝于法治实践的含义中后撤,将其理解成"法理学相对司法裁判实践的独立性"命题,则"无用之用说"是相当深刻的。于是,我们不禁要问,如果法理学与法教义学之间有可能是分化和自主的,那么是否可能存在着不通过和依靠法教义学来说明和证立法理学的功能与自主的理论模式呢?

三、论作为法律系统自我反思的法理学

司法裁判实践并不需要装备复杂抽象的后设法理学便可以顺利进行,这件事情并不需要进行复杂抽象的理论论证,只要是稍微具备法律常识的人们都可以看出来。例如,法官在繁忙的审判实践工作结束而下班回家后,并不需要被强制要求去阅读哈特、德沃金、拉兹等人关于"法律是什么"的抽象法理学的著作,并不是只有读了这些书才可以顺利地在个案裁判中进行法律推理进而做出正当的个案裁判。但反过来说,正如卢曼正确地揭示的:"法律实践以系统的意义问题可以被回答

为条件,并且以假设(而非信息)的形式构成各种判决的基础。"①法理学的独特任务,并非是为司法裁判提供论理的基础,而是聚焦于更为抽象的和更为一般性的论题,例如"法律系统的统一性、功能、自主性与冷漠性"等问题。② 换言之,相对于面向实践的法教义学研究,法理学研究必然是一种超实证的理论研究。但是,与"神游八荒"的纯粹哲学研究不同的是,法理学的超实证研究是有条件的,更像是"命题作文"。更具体地说,法理学研究的特点是,它内在于法律系统,故而自觉地接受了法律系统为它预设的条件与主题,按照法律系统的要求开展自己的研究。或者一言以蔽之,法理学研究的特征,就是在法律系统内对法律系统的整体进行自我反思。

我们不妨以经济学与经济系统之间的关系做一个简单类比,以提供思考的方向。众所周知,经济学理论以经济现象为研究对象,但无论是宏观经济学还是微观经济学,都不以教会个人从事具体的经济决策和商业投资为己任。事实上,曾经有人做过统计和研究,结果发现一流的经济学家个人的商业决策和投资有很多都是失败的。经济学家自己做不好生意,这并不奇怪,因为经济学理论并不是服务于具体个体的经济决策,而是服务于整个经济系统。例如凯恩斯(John Maynard Keynes)的货币经济理论,该理论明确地将货币机制看作是经济系统分化与自主的核心机制,从而将经济危机看作是货币机制运作的结果,也用货币机制的调整来解决经济危机问题,由此产生的效果是,从此那些从社会整体意义上来观察和解释经济现象的做法就失去了说服力和存在的空间。同时,凯恩斯的货币经济理论一旦被运用到经济系统中诸种经济

---

① Niklas Luhmann, *Das Recht der Gesellschaft*, S. 499.
② Ebd.

事务的处置,它又进一步地改变了经济系统内部的运作状态。①

我们知道,在科学系统内部,除了围绕着各种各样具体对象的具体研究之外,后来又逐渐分化出一种子系统,其研究对象并非是外在于科学的各种具体对象,而是科学研究本身。我们有时候将此种研究称作科学方法论研究。此种科学方法论研究的特征,就是一种"关于科学的科学研究",或者说是"关于方法的方法论研究",通常被称作科学哲学、知识论或者科学理论。换句话说,此种研究的核心特征,就是以自身为研究对象——它根本不可能真正地外在于其自身而从一种纯客观和外在的视角来观察自身。当它观察自身时,正在进行观察的它恰恰就是它所观察的对象。然而问题是,它又观察不到正在观察那一刻的其自身,而只能对这一刻之前的自己进行观察,而它正在观察其自身这件事情,有可能改变其自身,从而导致此前观察的结论失效。②

卢曼的社会系统理论揭示,科学与法理学之间的关系,并不是如同"法学(法理学)是一种科学吗"等设问所暗含的那种以科学性为判断标准、以法学或法理学为批判对象的一种关系。二者更适合的关系可能是,作为与法律系统平行存在的社会功能子系统,科学系统和法律系统之间是彼此关联地发展起来的,故而作为科学系统内部分化出来的科学理论,其与科学系统之间的关系,类似于法理学与法律系统之间的关系。我们不是将科学系统作为评判标准,而是将科学系统与科学理论之间的关系作为某种类比与参考的对象,从而启发我们对法理学与法律系统之间关系的观察。同样地,不仅科学研究存在着此种"自我指

---

① Vgl. Niklas Luhmann, "Selbstreflexion des Rechtssystems: Rechtstheorie in gesellschaftstheoretischer Perspektive", in der's. , *Ausdifferenzierung des Rechts: Beiträge zur Rechtssoziologie und Rechtstheorie*, S. 424.

② Vgl. Niklas Luhmann, *Einführung in der Theorie der Gesellschaft*, Dirk Baecker (Hrsg.), Heidelberg: Carl-Auer Verlag, 2005, S. 286.

涉"的反思性特征,作为科学研究对象的其他客体,很可能同样存在着此种"自我指涉"性质的自我反思性。例如在经济系统中,就存在着凯恩斯主义货币理论对货币本身的功能和地位进行反思,而在宗教领域中也存在着各种神学理论的探讨和反思等。

对于此种"系统之内的系统理论"来说,更重要的并非是此种理论是否具有科学性或者说是否符合科学的标准,而是此种理论反思在系统之中执行的功能。此种思考方向具有双重的优势:首先,它突破既有观念的束缚,用一种"系统论"的眼光来理解法理学、法教义学与法实践的关系,将法理学、法教义学与司法裁判实践分别看作是法律系统内部三种相对自主同时又相互作用的子系统,或者说,三种法实践的类型。法理学的实践性问题,于是就被转化成法理学的研究实践对法律系统而言具备何种功能的问题。[①] 其次,由于科学系统、经济系统、政治系统、教育系统、宗教系统等都涉及类似的系统自我反思的问题,故而我们不仅可以通过对法律系统的观察与研究来思考法理学的功能定位问题,同时也可以通过观察科学系统、经济系统、教育系统、宗教系统等其他功能子系统处理相关问题的经验,对法理学的实践性问题提供反思的参照点。也就是说,科学方法论与科学系统的关系,神学与宗教系统

[①] 有许多学者已经在这方面做出了可贵的尝试。例如,舒尔特(Martin Schulte)就通过借鉴卢曼的系统理论,将司法裁判、法律方法、法律方法论、法教义学、法理学看作是法律系统内部分化出来的不同的子系统。其中,法律方法着重的是个案裁判中法官具体适用法律规则的方法,而法律方法论则是法律系统内部分化出来的对"法律方法"的自我观察和自我描述。同时,法教义学与法理学也是法律系统分化出来的两个独立的子系统,分别执行不同的功能。法教义学的工作主要是在"同案同判"原则之基础上,提炼概括司法判例并发展出更具有抽象性的一般性学说,而法律理论则是对法律系统的整体自我同一性形成反思与描述。参见 Martin Schulte, "Niklas Luhmann und das Selbstbeschreibung und Fremdbeschreibung des Rechtssystem", in Gunter Runkel & Günter Burkart (Hrsg.), *Funktionssysteme der Gesellschaft: Beiträge zur Systemtheorie von Niklas Luhmann*, VS Verlag für Sozialwissenschaften, 2005, S. 53 – 69。

的关系,教育学与教育系统的关系,经济学与经济系统的关系,对我们观察与思考法理学与法律系统的关系,可以提供参照和启发。在系统理论中,我们将这类研究称为"在系统之中的关于系统的理论"。①

与法教义学一样,法理学内在于法律系统。但与法教义学不同的是,法理学关注的焦点并非是个案裁判或者法适用的问题,它研究的是既超越实证法之上也超越于法教义学概念之上的"元理论"或者"元概念"的问题。这意味着,尽管法理学内置于法律系统之中并作为法律系统之一部分而存在,但法理学又总是将法律系统作为整体进行观察与描述。法理学的描述永远是自我描述,亦即对将自身包含在内的法律系统整体的描述。此种描述乃是一种"自我描述",它与其他系统对法律系统的描述(亦即外部描述)是非常不同的。通常,我们用"内部视角"和"外部视角"这对概念来称呼这两种描述之间的区别。

所谓系统的自我反思,就是在系统内部系统地就"我是谁"(例如意识系统)或者"我是什么"(例如法律系统)进行反思,并试图在系统/环境区分的语境下,提炼出系统得以将自身与环境区分开来的系统性论述与理论。因此,为何法理学的思考总是围绕着"法律是什么"而展开,这也就不难理解了。② 所谓"法律是什么"的问题,就是法律系统的自我同一性的问题。而法理学就是法律系统内部分化出来的某种子系统,其核心的工作,就是在法律系统内部,作为法律系统的一部分,对"法律是什么"这个整体性问题进行反思与追问的研究实践。

---

① Niklas Luhmann, "Selbstreflexion des Rechtssystems: Rechtstheorie in gesellschafts-theoretischer Perspektive", S. 421–425.

② 参见〔英〕哈特:《法律的概念》,第1—3页。

四、法理学回归法理学

讨论至此,我们可以回到本文最初的问题意识,亦即当代中国法理学的危机及其应对的问题。法理学,或者至少中国法理学,是否遭遇了危机?如果我们检视中国法理学的历史文献,便可以发现法理学的危机本身并不是新话题。近代早期法理学学科被引入中国之初,便有前辈学者谈论过法理学危机的问题,并进行了初步的探索。① 我们也可以发现,自"文化大革命"结束、恢复法学学科建制以来,几乎每隔十年,关于法理学危机的论题就会出现一次,并往往能够沉淀出几篇质量不错的历史文献。②

对此,一方面,这也许这意味着,类似"法理学的危机"或者"法理学的死亡"的意识或者话语,本身就是法理学这门学科内在所蕴含的问题意识。对现代学术来说,这并不奇怪,因为现代学术的一个明显特征就是带有较强的自我反思性质。例如社会学从其诞生之初,便充满了对自身学科性质和定位的各种反思,此种反思通常是以社会学方法论的名义产生。无论是涂尔干(Émile Durkheim)还是韦伯(Max Weber),他们关于社会学之学科性质与自我定位的方法论文章,都是其社会学研究的核心要素。正是因为不断地与政治哲学、道德哲学、伦理学、经济学等其他人文社会科学在学科性质以及方法论特殊性方面进行比较,

---

① 参见李达:《法理学大纲》,第12页。
② 例如大概在2007年前后,就有一次关于法理学之学科定位问题讨论的小高潮。相关的文献,参见徐显明、齐延平:"法理学的中国性、问题性与实践性",《中国法学》2007年第1期;郭道晖:"法理学的定位与使命";刘作翔:"法理学的定位——关于法理学学科性质、特点、功能、名称等的思考",《环球法律评论》2008年第4期。

不断地自我观察、自我描述和自我反思,社会学才逐渐成长为一门独特且具有自主性的社会科学。①

另外一方面,我们也注意到,至少就中国法理学学科来说,此次"法理学的危机"似乎又与前几次不大相同。其中最大的一个不同就是,这一次围绕"法理学是什么"所展开的自我反思,乃是在中国本土化的法教义学方法论意识发育比较成熟的背景下产生并展开的。前几次围绕"法理学的危机"所展开的反思,更多地还是在"法理学指导不了部门法"这个框架中展开的。在20世纪70年代末中国法学学科恢复时期,部门法研究的人才匮乏,根基浅陋,且当时整个学术界仍然弥漫着较强的政治话语与意识形态色彩。因此,法理学本身的理论性和学术性得到公认,并在"理论指导实践"这一观念下获得了重要的地位。当部门法研究不断发展,并且在具体法律实践中大显身手时,法理学的地位不断被边缘化,由此产生了危机意识。而最近十多年,随着部门法研究日益理论化,并采用了"法教义学"这个名称相当清晰地表达了对自身的学科性质和方法论问题的理论自觉之后,法理学之性质和学科定位的困境就更清晰地显现出来。

作为一个事实判断,法理学正在不断失去"指导"部门法的特殊地位,这一点似乎已经得到了绝大多数法理学研究者的承认。问题是如何去理解和评判这个事实。习惯于法理学之"指导"地位的老一辈法理学研究者可能会感到有些失落,甚至会将其称作"法理学的死亡"。在这种失落感的驱使之下,人们难免会去回顾和反思法理学的"失败之处"。于是,关于法理学的科学性与实践性不足的指责便出现了。

---

① Vgl. Andre Kieserling, *Selbstbeschreibung und Fremdbeschreibung: Beiträge zur Soziologie soziologischen Wissens*, Frankfurt am Main: Suhrkamp Taschenbuch Wissenschaft, 2004, S. 46.

但如果从本文观察的视角来看,这也许未必是一件坏事。因为由"理论指导实践"这种句式结构所赋予法理学的特殊地位,也许本来就不适合法理学学科的自我定位。在理论指导实践的结构中,关于法理学之科学性与实践性的种种诉求,也许仅仅是论者自身理论想象的投射。例如,法理学缺乏类似于部门法教义学那样融贯的客观知识体系,由此并不能推论出法理学学科的科学性不足的结论,因为法理学学科本身并无意于成为此种类型的科学。作为法律系统对自身整体性的反思,法理学永远都不能超越自身而得出一种完全客观的关于自我同一性的科学结论。故而,法理学永远是多元的,总是根据法律与社会变迁的具体情势,根据演化过程中法律系统内部制造的种种丰富但永远有限的信息,来形成一种关于自我同一性的"自我画像"。但这并不否认法理学也可以是科学的,因为对于法理学来说,其科学性更多地体现在法理学研究符合学术研究的规范和伦理方面,例如法理学的研究总是建立在对先前法理学研究文献的描述、分析和评论的基础上,并且同时也要将自身暴露在未来的法理学研究审视与批评的目光之下。[1] 如果法理学研究符合学术研究的这些规范与伦理要求,我们就可以说此种法理学研究是科学的。如果只有符合严格自然科学所要求的客观性才能算是科学,那么,不光法理学不是科学,法教义学也不可能是科学;如果科学是分不同层次的,除了自然科学意义的科学之外,按照知识体系融贯性的标准,法教义学也是科学的,那么法理学也可以是科学的,因为法理学研究可以通过现代科学研究伦理和标准的检验。

那么,法理学是实践性的吗?法理学当然是实践性的。关于法理学的实践性,我们也需要更新对"实践"一词的理解。并不是说,只有司

---

[1] Sehe Niklas Luhmann, *Die Wissenschaft der Gesellschaft*, S. 288.

法裁判才是实践的,只有证明自身对司法裁判有用,法理学才能够证明自身是实践的。司法裁判不过是法律系统内部的一个子系统而已,尽管这也许是法律系统内部分化出来的最核心的一个子系统。法教义学、法理学同时也是法律系统内部分化出来的子系统。① 这些系统的运作本身就是一种"实践"。所以,真正重要的,并不是通过证明法理学研究对司法裁判有用进而证明法理学是实践的,而是去追问,法理学研究这种实践的存在,对法律系统而言意味着什么？顺着这个思路,我们发现哪怕法理学研究对司法裁判实践并无直接的实质性贡献,这仍然丝毫不能减损法理学研究在法律系统中的重要性。对于现代法律系统来说,法理学研究并非是可有可无的,而是必不可少的,这主要是由于法律的现代性转型。

众所周知,法理学这门学科的出现和自主化,乃是一个相当晚近的现象。通常认为,英国人奥斯汀(John Austin)是这门学科的奠基人。在奥斯汀之前,并无法理学这门学科,关于法律的性质、功能等问题,基本上是在政治哲学或者哲学中被附带地提及和予以思考。那么,为什么要一直等到奥斯汀那个时代,法理学学科才从其他学科中独立和分化出来呢？这很大程度上是因为,此时期同时也是现代法律系统作为独立的功能子系统从全社会中分化出来的关键时期。法律系统的功能分化所产生的一个结果,就是产生了在认识的层次上将法律与道德、政治、经济、宗教予以区分的必要性。其中首要的需求,就是区分法律与道德。而这恰恰就是奥斯汀的法理学反复讨论的主题。

现代性的一个深刻后果,就是古典神学世界观和宇宙论的坍塌。

---

① Vgl. Martin Schulte, "Niklas Luhmann und das Selbstbeschreibung und Fremdbeschreibung des Rechtssystems".

从此,不再有一个终极的基础和根据作为整个世界的本质与基础来托住整个世界和宇宙。法律不再是"自然"和"理性"的外在显现,故而也就不再是永恒不变的。法律既可以被创造,也可以被消灭,当然也可以被改变。接受古代形而上学宇宙论坍塌的事实,意味着也就接受了现代世界的偶联性的事实。所谓的偶联性,就是"既非必然,又非绝对不可能"的状态。①

如果法律既是偶联的,也是可以创造的,那么,是否可以无限制和不受约束地创造新法律,或者修改法律?法律的偶联性是否就是法律的恣意性?法律的偶联性当然不应该等同于法的恣意性,故而法律的恣意性必须被限制。这正如经济系统中的货币。虽然纸币的发明和大范围使用最终使得金本位制崩溃,从而货币也变成是"偶联的",但是如果造币厂随意印刷纸币或者过度地限制纸币的印刷,最后就会产生通货膨胀或者通货紧缩的恶果。由此,在经济系统内部就会产生一种对于"什么是货币"之理论的需要,从而对货币的生产和发行进行调节。对经济系统来说,其基本的观察图式就是货币的支付/不支付。经济系统恰恰就是通过此种二值代码将自身与其他社会事物区别开来。因此,对货币进行观察,其实就是经济系统对自身与其环境的差异进行观察,也就是经济系统的自我反思。这同样也适用于法理学。如果不加控制地生产法律规范,就有可能造成法律规范的"通货膨胀"或者"通货紧缩",从而损害法律系统自身的运行。纳粹德国的例子,就可被看作是法律规范的"通货膨胀"。② 因此,就需要对法律系统自身的观察进

---

① 参见泮伟江:"双重偶联性问题与法律系统的生成——卢曼法社会学的问题结构及其启示",《中外法学》2014 年第 2 期。
② Sehe Niklas Luhmann, "Selbstreflexion des Rechtssystems: Rechtstheorie in gesellschaftstheoretischer Perspektive", S. 432.

行观察,尤其是将法律系统自身作为一个整体,对其与自身环境的关系进行观察和反思。

法理学反思的性质,就是在法律系统内部,作为法律系统的一部分,对法律系统的自我同一性进行反思。法理学反思的一个基本条件就是,法律系统必须客观上确实能够将自身与其他社会事物区分开来。用系统理论的术语来说,这就是法律系统的分出,即法律系统从社会整体中分化出来,成为一个功能特定和运作自主的功能子系统。这意味着,法理学的反思必须承认系统/环境这一对基本的区分,并将法律系统与社会环境的差异作为自身反思的基本参照点。[①]

法理学是法学吗?如果按照严格和狭义的法学的标准,显然法理学并不属于法学。法学是一个古老的学科,其开端甚至可以追溯到罗马共和国时期的"预防法学"。法学的产生,最初是为了应付司法裁判实践的需要,其发展和不断理论化则受益于大学法学教育的发展。[②] 与此相对,法理学则是一门相对年轻的学科,乃是随着现代功能分化社会的出现,尤其是随着法律系统的分出而回应法律系统的需要而产生的。尽管法理学并非是严格而狭义的法学,但法理学与严格而狭义的法学(法教义学)之间存在着非常密切的联系和相似之处。其中,二者最大的相似之处,就是它们都内在于法律系统,都既受法律系统的约束,同时也执行着法律系统所规定和分派的基本功能。例如,无论是法教义学,还是法理学,都以规范与事实的区分为基本前提来开展自身的工作。二者都属于法律系统的自我观察和自我描述。这就将法理学与各

[①] Sehe Niklas Luhmann, "Selbstreflexion des Rechtssystems: Rechtstheorie in gesellschaftstheoretischer Perspektive", S. 438.

[②] Sehe Niklas Luhmann, *Das Recht der Gesellschaft*, S. 9–11.

种各样基于外部视角观察而产生的"关于法律的研究"区别开来。① 也许这就是法理学虽然不是严格而狭义的法学,但仍然能够并且应该存在于法学院的主要理由和根据。

最后再多谈几句法理学研究本土化的问题。许多学者都将法理学研究的本土化当作法理学研究对象的本土化。因此,他们都认为,法理学研究的本土化,以及具有中国特色的法理学知识体系与话语体系的建构,都必须以放弃法理学研究的超实证和普遍性追求为前提。这种理解很成问题,也是幼稚的。法理学研究的特征,就是追求理论自身的普遍性与抽象性。如果法理学研究放弃自身的超实证的特征,放弃对普遍理论的追求,法理学就不可能是一种真正的理论研究。因此,真正的法理学研究,其研究的对象,并非是中国法律系统,而是法律系统本身。这就像康德的哲学,其研究的对象不可能是德国人的认识能力如何可能,而只能是人类的认识能力如何可能。但这并不妨碍康德的哲学被看作是德国哲学。这是因为,作为个体,康德只能在他所生活的时代所能提供的智识资源之基础上,根据他自身的阅读和思考,回答他所生活的那个时代所能够提出的有关人类的根本问题。就此而言,虽然康德努力以人类为对象进行"极限思考",回答人类认识如何可能等超实证的普遍化问题,但由于上述原因,他的哲学仍然内在于德国思想传统之中,带有浓厚的德国特色。关于法理学的普遍性以及中国法理学知识体系与话语体系的创造,也当作如是观。

原载《法学家》2019 年第 6 期

---

① Sehe Niklas Luhmann, *Das Recht der Gesellschaft*, S. 16.

法律是由规则组成的体系吗？

导　论

　　法律是一套由规则组成的体系，这似乎是一个众所公认的常识。这不仅符合我们日常生活中对法律的直观印象，同时也得到了经典法理学家的肯定。例如，凯尔森在纯粹法理论中，将法律科学的研究对象界定为"法律规则"，因此把法律看作是一种"法律规则的体系"。[①] 哈特虽然注意到了众所公认的权威法学家之间关于法律定义的不一致，因此认为界定法律的概念是一件非常困难的事情，但他仍然认为"法律是一种规则体系"是确定无疑的事情。[②] 德沃金虽然质疑法律是仅仅由规则组成的体系，并提出了原则命题来挑战"规则模式"，但他的规则＋原则的理论法体系模式中，规则仍然是法律的主要表现形式与基础性架构。[③] 应该说，法律是一套主要由规则组成的体系，这几乎已经成为法理学公认的，具有类似于"公理"地位的教条。

---

　　① 参见〔奥〕凯尔森：《法与国家的一般理论》，第3页。
　　② 参见〔英〕哈特：《法律的概念》，第77页。
　　③ 参见〔美〕德沃金：《认真对待权利》，第30—70页。

本文试图挑战这个法理学领域众所公认的教条。追问与回答"法律是否是由规则组成的体系"问题，本质上就是追问和回答"法律是什么"问题。规则体系论不过是一种特定类型的法律观。该命题包含了两个关键词，即"规则"（rule）和"体系"（system）①，其各自代表了组成此种法律观的两个独立但又彼此联系的分命题：（1）规则是法律的基本单位，人们通常是通过"规则"的概念与意象来理解"法律是什么"这个问题的；（2）由于法律的基本单位是"规则"，而法律又是众多法律规则所构成的整体，因此法律就被理解成由众多法律规则集合而成的体系，这个体系的特征就是规则之间的一致性或者无矛盾性。为了维护法律体系的此种无矛盾性，人们甚至发展出了一整套的"冲突规则"和法律解释的技术来消除实践中出现的规则之间的各种矛盾与冲突。通常，此种规则的一致性与无矛盾性要由隐藏在规则背后的少数几个基本原理或者公理来支撑与保障。

本文将分别从"法律的基本单位"（规则论）与"法律的体系"（体系论）两个不同的理论层次，对"法律是由规则组成的体系"这个命题进行严格的社会科学意义的分析，从而促使我们对"法律是什么"的问题做出更为深刻的理解与反思。通过分析与论证，本文在两个层次上都得出了与规则体系论完全不同的结论：在法律基本单位的层次上，本文认为组成法律的基本单位是"法律事件"，而非"法律规则"；而在法律体系的层次上，本文认为从社会科学的眼光看，legal system 的基本含义并非是诸法律规则之间无矛盾的、一致（融贯）的体系，而是诸法律事件之

---

① 传统的法理学倾向于将"system"翻译成体系，这恰好对应于其将"规则"（rule）看作是法律的基本单位。如果我们在法社会学的语境中将"法律事件"看作是法律的基本单位，则似乎将 system 翻译成"系统"更为合适。本文在规则系统论语境下，一律将 system 表述为"体系"，而在"自创生系统"语境下，一律将 system 表述为"系统"。

间所构成的条件化的、具有自我指涉性质的系统。

必须要预先交待的是,本文对"法律规则体系论"的质疑与挑战,并不意味本文认为规则不重要,或者"法律体系是由规则组成的体系"这个看法完全错了,本文的真正观点是,从更为严格的社会科学分析来看,存在着一种比规则体系论更好的观察和理解法律的视角。将法律界定为规则的体系,虽然有其便利之处,但其本身乃是一种"前科学"阶段形成的生活世界的概念,因此有可能在我们对法律进行更深入观察时成为某种"认识论上的障碍"(obstacles épistémologiques)①。与此相反,如果我们将法律系统看作是一种由法律事件之间根据某种条件化限制而形成的复杂关系网络,甚至是某种具有自我指涉性质的复杂系统,将更有助于我们理解法律的性质及其与社会之间的关系。

一、以规则作为法律体系的基本单位:利与弊

将法律看作一种由规则组成的体系,应该是最符合人们日常生活由直觉形成的法律形象的。所谓规则,就是规定什么事情是人们可以做的,什么事情是人们应该做的,什么事情是人们不可以做的,并分别为它们赋予法律上后果的一般性的规范陈述。② 人们在日常生活中,就是这样来看待和理解法律的:法律告诉人们什么事情他们是可以做的,什么事情他们是不可以做的,什么事情是他们应该做的。通常,这些规

---

① 关于"认识论上的障碍"概念,参见 Niklas Luhmann, *Die Gesellschaft der Gesellschaft*, Frankfurt am Main: Suhrkamp Taschenbuch Wissenschaft, 1995, S. 223。
② 参见〔德〕韦伯:《法律社会学》,康乐、简惠美译,广西师范大学出版社2005年版,第31页。

则被写在纸面上,由某个权威的机关通过特定的程序制定和颁布。一旦人们不遵守规则,就会被国家强制要求服从。

本文的目的并非是挑战人们的常识,指出人们日常的观念是错误的。本文讨论的语境是科学的语境,而不是常识的语境。一个概念在科学语境中的准确含义,与该概念在人们日常生活的常识语境中的含义不一致,这种情况并不少见。正如大卫·莱昂斯曾经指出的:"我们的前科学(prescientific)观念,只是作为这个世界真实组织方式的第一近似(first approximations)。它们易受其他观念的修正或取代,而这些观念取决于科学理论的成功发展。"[1]例如,水这个概念,在人们日常生活的语境中,通常指的是"无色无味的液体",但是在科学语境中,并非所有无色无味的液体都是"水",水也并非总是呈现为"液体"的状态。

当然,将法律看作是一种规则体系,其优势并不仅仅在于符合人们日常生活中的常识,同时也有一些重要的社会科学分析的实用价值。例如,许多规则体系论者认为,法律规则之所以重要,乃是因为法律规则承担了一项非常重要的社会功能,即对人们的行为予以规范、指引与评价。[2] 法律据此可以规范人们的行动,尤其是划清彼此行动的界限,促进社会秩序,增进各种公共的福利。又例如,法律通过禁止性的规则,阻止人们去从事那些对其他人或者公共福利有害的行动,通过授权性规则,鼓励人们从事那些对他人或者公共利益有益的行动。这样一种关于法律规则功能的分析,就很符合社会科学分析的思路。[3]

但如果我们用更严格的社会科学分析的眼光来观察,往往又觉得

---

[1] 〔美〕莱昂斯:《伦理学与法治》,葛四友译,商务印书馆2016年版,第65页。
[2] See Andrei Marmor, *Philosophy of Law*, p. 1.
[3] 对此,可以参见拉兹对法律功能的分析。〔英〕拉兹:"法律的功能",载氏著:《法律的权威性:法律与道德论文集》,朱峰译,法律出版社2005年版,第113—156页。

此种规则论很难满足社会科学分析的需要。大卫·莱昂斯就指出,社会科学的功能分析往往会突破法律概念理论家所划定的"界限",从而提出规则论难以回答的问题。例如,如果法律的社会功能是"指引社会行动",则除了法律之外,还有道德、宗教,甚至语法的规则,都能够指引人们的行动。那么,规则指引的功能又何以能够将法律与其他社会规则区别开来呢?[1]

将法律看作是一种规则体系,还存在着更深刻的困难。例如,许多人都发现,作为一套规则体系,法律未必总是会被人遵守。不被人们实际遵守的规则,尽管被清楚明确地写在纸上,但并不具有实际的效果。早期的法律社会学研究特别地指出了这一点。为了弥补法律概念的这个缺陷,早期法律社会学家,例如埃利希提出了"活法"的概念。[2] 在他看来,只有被真正遵守,并体现在人们行动中的法律规则,才是真正的法律规则。庞德也区分了"写在纸面上的法律规则"与"行动中的法律规则",强调真正重要的是那些体现在行动中的法律规则。[3]

规则体系论并非没有对这个困难做出回应。凯尔森就做了很重要的努力。通过区分"规范有效性"(validity)与"事实有效性"(efficacy),凯尔森指出,个别规范在事实上是否被遵循,并不影响法律规范的效力。因为刑法中规定盗窃罪规则的效力,并不以这个世界上所有盗窃分子都被正式抓捕和判刑为前提。只要法律体系整体是有实效的,那么个别规范的有效性就不受影响。也就是说,法体系中个别规范在具

---

[1] 参见〔美〕莱昂斯:《伦理学与法治》,第64页。
[2] 参见〔奥〕欧根·埃利希:"法社会学方法——关于活法的研究",张菁译,《山东大学学报》2006年第3期。
[3] See Roscoe Pound, "Law in Books and Law in Action", *American Law Review*, Vol. 44, No. 12, 1910, pp. 12 - 36.

体时空中的暂时失效,并不意味着该规范是无效的。①

凯尔森的这个工作非常伟大,但仍然没有从根本上解决问题。相反,它带来了更多的问题。凯尔森的工作实际上向我们提出了一个更根本性的问题,即当我们判断说一个法律命题是真实的,其条件是什么?② 整个20世纪后半期的法理学,都与这个问题的解决有关。凯尔森自己提出的答案是"基础规范理论",哈特则通过"承认规则理论"来解决这个问题。无论是凯尔森还是哈特,都预设了某个法律命题的真实性条件,都包含了某种法体系整体的实效性,也就是,从整体上讲,法体系是被人们遵守的。

然而,这个预设的具体含义是什么?在凯尔森那里,这一点是含糊的。这导致在凯尔森的纯粹法理论中,凯尔森很难将真实世界运行的法律与他所凝练总结出来的纯粹法学的知识体系区别出来。相对而言,哈特试图通过承认规则来进一步澄清法体系整体有效性的含义。在哈特的承认规则理论中,法体系的整体有效性意味着,法体系中执行规则的官员们,在何谓有效规则这个问题上形成了一种惯习性的共识。③ 这意味着,法体系的整体有效性与法体系规范的主要对象即守法者关系不大,主要是执行者是否接受了法体系。所以,哈特可以设想一种类似于羊群治理的法律体系:守法者像羊群一样被动遵守,而执法者对法体系则是主动接受的。④ 这样一种法律体系的观念,实际上是一种变形的"审判规则论",而哈特在分析"法体系的多样性"时,批判了凯尔森的此种审判规则论,而提倡一种"行为规则论",⑤就像哈特曾经列

---

① 参见〔奥〕凯尔森:《法与国家的一般理论》,第44页。
② See Andrei Marmor, *Philosophy of Law*, p. 3.
③ 参见〔英〕哈特:《法律的概念》,第110页。
④ 同上书,第111页。
⑤ 同上书,第89页。

举的体育比赛的例子:体育比赛中可以没有裁判,人们仍然可能按照规则进行游戏。①

总之,当我们谈论法律体系时,我们不是在谈论一套与日常生活中人们的行动与生活无关的抽象规则体系,我们谈论的是一整套能够体现与贯彻在人们日常生活中的,并且发生作用的法体系。如果我们将法律体系仅仅看作是一套规则的体系,就不能很好地表达出法体系的此种含义。恰恰是由于规则体系论的此种缺陷,随后人们发展出了一个新的概念,即"法治"的概念。在法治的概念中,人们对法律的理解不再限于一种纯粹的"法律规则体系",该概念也包含了这套规则体系事实上被遵守和贯彻,也就是说,法治意味着作为规则体系的内在价值的实现。② 事实上,当我们说法律的内在价值时,其实并非是在"单纯规范体系"的意义上说的,而是在法治的意义上说的。如此一来,一种纯粹"规则体系"意义的法律概念,就是不够的。因为一种包含内在价值的法律观,并不仅仅意味着某种"规则的体系",同时也包含着这种规则体系以一种特定的程序与方法被法律官员们解释与适用,也意味着这样一套规则体系以一种特定的方式在人们的日常生活中发挥作用。③

然而,即便人们可以通过法治的概念来弥补法律规则论的缺陷,将法律看作是一个实际上被遵守和执行的规则体系,仍然无法回避一个严重的不利后果,即在方法论和概念上,法律科学无法与其他人文社会科学沟通。一般的人文社会科学都将自己研究的对象设定为某种客观存在的社会现象或者社会事实。但作为一种规则体系的法律通常被看作是一种有待适用与遵守的规范体系,因此是"反事实"的。整个法律

---

① 参见〔英〕哈特:《法律的概念》,第40页。
② 参见陈景辉:"法律的内在价值与法治",《法制与社会发展》2012年第1期。
③ 参见〔英〕拉兹:《法律的权威性:法律与道德论文集》,第183—199页。

教义学乃至整个法律人的作业体系基本上是在此种规范性预设下发展起来的。法治似乎强调了法律的实效性，但实际上往往被看成是一种有待实现的理想。这造成了法律科学与其他人文社会科学之间的范畴对立与隔阂。如果法律科学要实现与其他人文社会科学之间的沟通与交流，二者就必须在一个同样的范畴中，这就意味着，法律的概念并不能仅仅局限于"作为法律人工作前提的，有待解释与适用的规则体系"，而同时也包括了法律人解释与适用法律规则的实践，人们日常生活中遵守规则并将之适用于自身的生活实践等现象。因此，如果我们仅仅将法律的概念局限于"一套规则体系"，那么我们就很难用一种严格科学的方法去探讨诸如法律与社会的关系，法律现象与其他社会现象之间的区别与联系等一系列对于一般人文社会科学研究来说，特别重要和值得关注的基本问题。

将法律看作一种规则系统，还有一个缺陷，就是将法律仅仅局限于当下有效的法律，而无法将过去有效的法律也包括进法律的概念中来。从法律适用的角度来看，将法律仅仅局限于当下有效的法律规则，这当然是毫无疑问的。但如果我们从一种社会科学的眼光来看，过去的法律毫无疑问也是一种"事实性的存在"，并且此种"事实性的存在"毫无疑问也具有法律的属性。否则法律史这门学科就应该被取消。那么，一种能够同时涵盖过去、现在和未来的法律概念装置，就显得非常必要。

二、"事件"作为法律系统的基本单位

本文挑战"法律是一套规则体系"命题，乃是因为笔者认为，规则也许是法律必要且不可替代的要素，但它并非是法律唯一和充分的要素。

我们要定义法律的概念，就不能把眼光仅仅局限于"规则"的层面，而是要进一步看到，法律同时意味着某种"社会事实"的存在。无论是埃利希的"活法"，还是庞德的"行动中的法"的概念，都包含着对法律的此种理解。然而，如何捕捉法律所包含的"社会事实"的因素，并将其概念化，却成了一个非常困难的工作。

例如，一种常见的做法是，将社会科学视野中的法律与人们的行动结合起来进行研究，通过人们的行动的研究，来将法律对象化为某种研究对象。这样一种研究进路的优势是，克服了法律的规范有效性与事实有效性的二元分裂，从而将对法律的研究建立在"事实有效的法"基础之上。同时，由于主流的社会学研究，基本上建立在行动理论的基础上的，因此可以参考借鉴大量的社会学成熟的研究方法与手段。埃利希的"活法"理论，以及庞德的"行动中的法"理论，就是此种理论研究的出色代表。晚近国内兴起的"社科法学"，几乎也都是在行动理论的框架下对法律展开各种研究。

相对于规则理论，行动理论虽然有其天然的优势，但也存在着比较明显的天然缺陷。其中一个缺陷是，行动理论及其随身携带的社会学方法论工具箱，基本上都是建立在社会行动的因果关系解释的基础之上。对行动理论来说，通过行动所显示出的某种行动之"前因"与"后果"稳定关系，就构成了某种对行动进行说明和解释的"法则性"。此种实证研究的因果关系的"法则性"，与法学研究中的法律的规范性，并非一回事。因此，行动理论虽然能够克服规则理论的实效性难题，却捡了芝麻丢了西瓜，遗失了法律体系的一个根本性特征，即法律规则的规范性。[1] 如果无法以行动为基本单元对法律系统进行观察，则剩下的一个

---

[1] 参见雷磊："法教义学的基本立场"，《中外法学》2015年第1期。

选择似乎就是以"人"为单位对法律系统进行观察。比较法或者法史学的研究,往往采用这种进路。例如,许多比较法研究往往以法律人为研究对象,通过对法律职业与法律人的实践的描述与研究,来比较不同国家法律制度的差异。在这种研究视角下,法律的自主性被看作法律职业共同体的自主性。① 法律职业共同体的发展则被看作是法治的发展。② 同样是在此种视角下,法治被看作是法律人之治。③ 法律相对于其他社会现象的差异,则被进一步归纳为法律人思维方式、工作方法的差异。④ 由此产生的一个令人困惑的问题是,法律人究竟是由法律体系所定义的,还是说法体系是法律人这个身份带来的结果?例如,一个法官在钓鱼,虽然是一个法律人从事的活动,但这并不是一个法律事件。甚至,一个法官在上班路上发生一个交通事故,也未必是一个法律事件,因为法官出于各种考虑,可能会选择私了。与此相反,当事故发生后,法官停下车,与事故的另一方讨论该交通事故的过错与责任等问题时,这才是一个法律事件。⑤ 由此可见,无论是法官还是法院,都不可能是法律系统的某种基本要素。因为如果没有法律事件发生,法院不过是一座建筑设施,法官则不过是在这座建筑设施工作的人而已。

上述的讨论启发我们,也许我们可以将"法律事件"当作法律系统的基本单位,通过对法律事件的观察,来观察法律体系的运作、结构与

---

① See Richard Lempert, "The Autonomy of Law: Two Visions Compared", in Gunther Teubner ed., *Autopoietic Law: A New Approach to Law and Society*, Berlin, New York: de Gruyter, 1988, pp. 152 – 190.

② See Richard Abel, "A Comparative Theory of Dispute Institutions in Society", *Law & Society Review*, Vol. 8, No. 2 (Winter 1974), pp. 217 – 347.

③ 参见程燎原:"'法律人'之治:'法治政府'的主体性诠释",《西南民族学院学报》(人文社科版)2001年第12期;孙笑侠:"法治乃法律人之治",《法治日报》2005年11月16日,第10版。

④ 参见孙笑侠:"法律家的技能与伦理",《法学研究》2001年第4期。

⑤ Sehe Niklas Luhmann, *Das Recht der Gesellschaft*, S. 66.

特征。这样做有很多好处。例如,与法律规则相比,法律事件并非是一堆废纸,而是切切实实的,已经发生或者正在发生的事实。因此,将法律事件当作法律系统的基本单位,就不会存在"纸面上的法"与"行动中的法"分离的问题。同时,与法律行动和法律主体一样,法律事件也是一种"社会事实",因此也是可以用社会科学的工具与方法予以观察、测量与评估的。

将法律事件作为法律的基本单位,这样一种理论策略选择对应着社会学理论中,超越"社会是由人构成的""社会行动是社会学分析的基本单位"等传统社会学理论的陈规陋见,将"事件"作为社会的基本单位重新定位与选择。而将"事件"作为社会的基本单位对社会进行观察和分析,也并非是笔者一时的心血来潮,而是有着20世纪后半叶社会学发展深刻的内在理由和根据。

事实上,早在20世纪初叶,英国哲学家怀特海就曾经提出了以"事件"作为世界的基本单位,将事件之叠合形成的过程当作世界的"实体"进行研究和观察的想法。[1] 随后,德国哲学家海德格尔在多部重要的哲学文本中都专门对事件(Ereignis)做出分析和阐明,由此使得"事件"的概念成为受海德格尔哲学深刻影响的法国哲学的关键词汇,法国哲学家德勒兹、德里达[2]、马利翁、巴迪欧等人都对"事件"的概念做出了深刻的阐述。随后,事件这个概念又渗透进了人类学、社会学[3]、精神分析、

---

[1] 参见〔英〕怀特海:《过程与实在》,杨富海译,中国城市出版社2003年版。
[2] 参见〔法〕德里达:"结构符号与人文科学话语中的嬉戏",盛宁译,载王逢振等编:《最新西方文论选》,漓江出版社1991年版。
[3] "事件"的概念对中国的社会学研究(包括法社会学研究)也产生了直接和重要的影响。对此,参见谢立中编:《结构-制度分析,还是过程-事件分析?》,社会科学文献出版社2010年版。

文艺理论等诸领域。①

　　限于篇幅与主题,本文不准备对"事件"的概念做一个详尽的概念史的分析与梳理。就本文论证的主题而言,我们大致可以从"事件"哲学那里,了解到事件的一些基本的性质与特性。首先,怀特海的过程哲学给我们的启示是,我们未必只能在"实体"的意义上来观察"事实",而是也可以在"事件"的意义上观察事实。如果从事件的意义上来观察事实,事实其实就是由无数的事件所组成的过程。② 其次,法国哲学家对"事件"的分析,着重强调了事件与结构之间的对立关系。结构主义的思潮,最早出现在人类学,代表人物是列维·斯特劳斯与马林诺夫斯基,美国社会学家帕森斯的社会学也继承了结构主义的思想。结构主义强调静态性结构的稳定性,个体与事件的逻辑和命运是结构所规定的。例如,列维·斯特劳斯通过对原始人婚姻制度和图腾现象的研究,试图发现原始人社会普遍而隐蔽的结构性法则。③ 结构主义是共时性的,强调的是结构对时间的抵抗与超越。而德里达等法国后结构主义哲学家赋予"事件"以历时性的结构,强调事件的突发性、自我生成的性质,以及事件与事件之间关系的偶联性。例如,法国大革命就是一个事件。按照托克维尔的分析,从法国大革命发生之前的既存社会状况中,很难分析出法国大革命的发生。因此,作为一个事件,法国大革命的发

---

　　① 参见邓刚:"论马里墉和巴迪欧的事件概念",《苏州大学学报》(哲学社会科学版)2017年第4期。
　　② 卢曼系统论法学对"事件"的理解,就深受怀特海的影响,对此,参见 Armin Nassehi, *Die Zeit der Gesellschaft: Auf dem Weg zu einer soziologischen Theorie der Zeit*, Opladen: Springer Fachmedien Wiesbaden, 1993, S. 185。
　　③ 参见〔法〕斯特劳斯:《结构人类学》(1—2),张祖建译,中国人民大学出版社2006年版。

生是很难预测的。①

如果我们将怀特海与法国后结构主义哲学家对事件概念的分析结合起来，那么我们就可以形成一种新的"社会事实观"。一方面，根据怀特海，此种社会事实是由无数接续的事件构成的过程，就像人类个体就是由绵延不断的意识流构成的"过程性实体"一样。另一方面，这些事件的发生并非是由结构预先规定的，事件与事件之间的关系，具有强烈的偶联性。这就像人类个体虽然是由绵延的意识流组成，但单个意识之间往往存在着各种混乱与冲突，犹如奥德修斯漂流在海洋之上那样变幻莫测。② 也就是说，事件之流是动态性的，充满了各种冲突与变化的可能性。

如果我们用这样一种概念与分析的框架来观察法律，那么，法律就既不是法律人所组成的整体，也不是法律人的行动所构成的整体，而是由无数法律事件构成的关系整体。由于整个世界的基本单元就是事件，而非各种静止的"实体"，因此对世界的观察，本质上就是对世界上正在发生的各种各样的事件及其绵延集合的观察。

这样一种事件视角的观察，也是符合我们的日常生活经验的。例如，当我们试图去了解某个人时，我们往往会从这个人的生活环境和成长的经历与过程来了解这个人的性格与特质。同样地，当我们要了解一个国家或者民族时，对这个国家与民族的历史文化传统的了解，往往能够给我们提供很多帮助。甚至当我们试图去解决某个问题时，我们也会尝试去了解问题发生的背景与过程，以搞清楚问题的来龙去脉。这些实践，都可以看作是事件世界观的体现。

---

① 参见〔法〕托克维尔：《旧制度与大革命》，冯棠译，商务印书馆1997年版，第40—44页。

② 参见〔英〕乔伊斯：《尤利西斯》，萧乾、文洁若译，译林出版社2005年版。

将法律看作是一种事件,而非一种行动或者行动的主体,其优势是显而易见的。事件的概念本身是突破因果关系范式的,因为事件这个概念本身就蕴含着"自我生成"的含义。正如马利翁曾经指出的,事件是时间化存在,与"空间实体"意义的"对象"不同。对象由于是在空间里存在的,因此哪怕我没有看见,它也占据着某种空间的点,是可以被事先预见的。但作为一种在空间中的存在,事件发生的同时就旋即消失。事件是一种瞬间的存在,它并不永恒地占据某个空间的点。① 也就是说,我们并无法通过物理实体所占有的空间的"广延性"来理解和把握事件的概念,而是应该通过时间上的"绵延不断"来理解和把握事件的概念。因此,事件是不可重复的,也是不可预见的。事件的发生以及事件与事件之间的联系,具有无穷的可能性。事件最独特的性质,往往是它超出预先估计,"满溢出来的"那种全新的视野与可能性,由此给我们带来的惊讶,这种惊讶既可能是惊喜,同时也可能是风险。② 由事件组成的社会,必然是一个充满风险的社会。而将事件当作法体系的基本单位,则法体系就已经为未来的变化预留了无数的可能性,所以法体系的开放性与适应性就不再成为一个问题。

同时,由绵延的法律事件组成的法体系并未像行动理论范式的法律理论那样,失去了规则体系的诸多优点。例如,如果我们将法体系的基本单位看作是法律事件,那么法律事件的核心内容仍然是对何谓合法,何谓非法问题的沟通。例如,在上述交通事故的例子中,事故双方围绕着事故中法律责任归属的沟通,仍然坚持了法律的规范性内涵。

将法律体系看作是由无数法律事件组成的一套体系,基本上可以

---

① 参见邓刚:"论马里塘和巴迪欧的事件概念"。
② Sehe Niklas Luhmann, *Soziale Systeme: Grundriβ einer allgemeinen Theorie*, Frankfurt am Main: Suhrkamp Taschenbuch Wissenschaft, 1987, S. 47.

克服将法律看作是由规则组成的一套体系所存在的三个基本缺陷。首先,由于法律事件是一个事实,因此,它要么发生,要么不发生,基本上不存在规则体系必然存在的实效性问题。其次,由于社会世界是由无数的社会事件组成的,因此,法律事件与其他社会事件之间,在性质上是同一层次的实体,相互之间是可比较的。例如,经济事件、政治事件、教育事件等,都属于事件,因此相互之间在观察工具与手段方面,并不存在实质性的差异。这就像桌子、椅子、石头、金属等不同实体,可以用一套相同的概念与工具进行描述与比较一样。最后,对事件来说,无论是过去、现在和未来,都可以作为事件而存在,而不同事件的属性当然也不会发生根本的变化。

三、重新理解法律的系统性与统一性

我们分析了规则体系说的利与弊,这使得我们在新的眼光下,将法律看作其他什么东西,而不仅仅是一套规则体系,成为了可能。也就是说,规则体系说基于日常生活的习以为常性而带来的那种"自然正确性"的错觉,在一种更为客观和严格的科学语境下被破除了。这就为我们进一步考察"法律是什么"这个问题提供了良好的氛围与语境。

然而,尽管将观察的目光从"法律规则"移向"法律事件",使得我们对法律的社会学观察成为可能,但如果我们观察法律的目光仅仅停留在"法律系统的基本单位"层次,而无法从"基本单位"的层次上升到"系统"的层次,则我们对法律的观察就仍然停留在"还原论"的层次,从而错失了认识作为"复杂巨系统"存在的现代法律系统的机会。中国的社会学曾经深刻地受到了法国"事件哲学"的影响,从而形成了"结构学派"与"事件学派"的方法论之争,并且在"事件哲学"的刺激下,形成了一系列卓有功效的社会学研究成果,但"过程-事件"式的社会学研究最终仍无疾而终。在中国的"关系-事件"范式社会学研究鼎盛时期,中国的法社会学研究也深受其启发,同样形成了一系列颇具学术品质的研究成果,并深刻地影响了中国法理学的研究。但此种研究进路本身似乎仍然受制于某种根本的局限性,难以持续和深入地拓展下去,因此相关研究的代表人物最后都经历了研究方法与进路的激烈转型,其后期的许多研究,基本上全盘放弃了此种"过程-事件"式的法社会学研究的进路。中国法社会学研究晚近十多年的沉寂,与此种"过程-事件"式研究的溃散,几乎是同时发生的。因此,当初轰轰烈烈的中国法社会学"过程-事件"研究学派悄无声息地自我终止,本身就是一个特别值得研究与反思的学术事件。

如果我们借鉴卢曼社会系统理论作为中国"过程-事件"学派研究的参照系,就可以看出中国事件社会学研究的问题之所在:中国的事件社会学虽然敏锐地认识到将"事件"作为社会学研究之基本单位的重要性,但过于沉迷于"事件"本身的"偶联性"与"自我生成"的性质,因此大量的研究精力被投入到对各种"单一事件"的挖掘、描述与阐释,其研究的重点更多侧重的是借此对结构社会学的批判与否定。由此带来的问题是,如果事件与事件之间不发生任何联系,或者说,无法对事件与事件之间的过程与结构的性质做出说明,则无数的单一事件的罗列与累积,并不能给我们带来任何具有建设性的启发与发现。通过"参与式的观察+讲故事"这把"手术刀"所进行的"解剖麻雀"式的研究,呈现出来的无数的法律事件的个案,对于我们认识"现代法律"这个"复杂巨系统",并无多大实质性的帮助。举个简单的例子来说,尽管现代心理分析已经揭示出,人类的单个意识具有"事件"的性质,复杂多变,并且相互冲突,充满了各种矛盾,因此很难用"因果关系"予以确定,但这些意识的绵延却仍然可以构成相对稳定的"意义结构",从而形成相对清晰的"自我同一性",从而在"自我"与"他者"之间划出清晰的"界限"。

因此,如果我们无法有效地揭示出诸单一的法律事件之绵延过程所形成的"意义结构"的整体,我们就很难将"法律事件"与"经济事件""政治事件""伦理事件""教育事件"等其他类型的"事件"区分开来。并且,正如卢曼通过分析一再揭示出来的,如果我们从"单一事件"的角度看,很多具体而单一的事件,往往同时包含着"政治的""法律的""经济的""伦理的""教育的"等不同的意涵。因此,判断一个事件究竟是"法律事件"还是"经济事件",往往不能从"事件"本身的"内在限度"中观察,而只能从事件所处的不同"事件过程"或"事件序列"的脉络中才能够看得清楚。[①]

就此而言,仅仅在基本单位的层次中观察法律,是远远不够的,根本不能回答"法律是什么"这个法理学的根本问题。我们还必须在事件与事件之间绵延不断的过程中,来发现法律的性质,从而认识法律与其他社会事物之间的区别与界限。现代复杂性科学研究早已经表明,虽然还原论是"对这个世界最自然的理解方式",但还原论在许多复杂的自然现象与社会现象面前,却完全无能为力,例如天气和气候现象,生物以及威胁他们的疾病的复杂性与适应性,社会的政治、经济与文化现象。[②] 对简单要素的大规模组合中涌现出的复杂现象进行解释方面,控制论、系统论、信息论等交叉学科研究远远胜过还原论。

此种对复杂系统的交叉学科研究启示我们,对诸如法律、经济、政

---

① Sehe Niklas Luhmann, *Das Recht der Gesellschaft*, S. 441.
② 参见〔美〕米歇尔:《复杂》,唐璐译,湖南科学技术出版社2011年版,"前言",第2页。

治、宗教等"复杂巨系统"的研究，不可能通过对组成系统的诸元素自身内在的复杂性的揭示而实现。恰恰相反，系统的元素的性质本身是通过系统内诸元素之间的关系而被界定。简单地说，系统的性质并非是由组成系统之最小单位的诸元素决定的，而元素之所以成其为系统的最小单位，恰恰是由系统决定的。元素作为系统无可再分解的最小单位，其实是指"系统只能通过诸元素的关系化，而不是透过元素的分解与再组织，以构成并改变自己"①。

就此而言，一个事件是法律事件而不是经济事件，其根本原因在于该事件从属于法律系统，而并非由于该事件本身内在的法律属性。也就是说，恰恰由于该法律事件与其他法律事件之间构成的法律系统的内在关系，使得该事件成为一个法律事件。中国的事件法社会学研究学派的内在困境，恰恰就在于其虽然发现了每一个法律事件的独立性，但却缺乏合适的概念与工具，用来发现与描述法律事件与法律事件之间的关系性。②

然而，恰恰由于事件本身的独一性，作为"复杂巨系统"基本单位的"事件"，其相互之间的关系的可能性是复杂且多样的。因此，在事件与事件之间的关系中，就存在着一个"选择"甚至是"强制选择"的问题，因为法律要有效地与其他社会现象区分开来，就必须在其内部形成"结构化的复杂性"，而不是无限复杂性。③ 因此，法律事件之间的关系一定

---

① Niklas Luhmann, *Soziale Systeme: Grundriβ einer allgemeinen Theorie*, S. 47.
② 这些研究虽然也强调"关系"问题，但他们所强调的是"事件"内部所蕴含的各种复杂人际关系，并非指事件与事件之间的关系问题。将事件哲学中事件与事件之间的关系误解为单一事件中的人际关系，此种方法论的误解与置换，大概只能用接受美学来解释了。
③ 关于从复杂性视野分析现代法律系统，参见泮伟江："法律的二值代码性与复杂性化约"。

是"互为条件化的",例如"对特别元素的包含/排除的规则以及可计数性的条件等"。①

举个简单的例子。在人类早期的社会中,各种纠纷往往是通过调解的方式解决的。在纠纷解决的过程中,人们往往会综合运用各种手段,例如经济的、宗教的、伦理的、政治的等等。这个阶段,也是法律、政治、经济、伦理、宗教等彼此浑然不分的阶段。② 只有当纠纷解决超越了"安抚阿喀琉斯的愤怒",而努力就事件中诸行动之合法性做出裁决时③,我们才可以说,法律系统分化出来了。为了实现这一点,法律系统内部对诸事件之间的关系做出了一系列重要的限制。例如,对纠纷解决过程做出一系列的"程序性限制",从而使得纠纷解决能够脱离各种各样的"身份地位"以及"人身关系"的影响。④ 又例如,通过一系列的安排,在裁判的过程中"压制针对个案和个人进行论证的做法"。⑤ 又例如,法律系统发展出一整套的概念、原则和技术,用来区分事件中哪些事实是与法律相关的,哪些事实又是与法律不相关的。⑥ 这些都是法律系统内部发展出来的各种限制条件。通过这些复杂的限制条件,法律系统在内部形成了诸事件之间相当稳定的"选择性关系",从而使得法律系统得以将自身与其他社会现象区分出来,形成法律系统的"自我同一性"。

最终,这些限制条件都围绕着一件事情组织起来,即法律系统所有的事件都是根据合法/非法的二值代码而相互连接起来:如果某事件是

---

① Sehe Niklas Luhmann, *Das Recht der Gesellschaft*, S. 45.
② 参见高鸿钧:"关于传统法研究的几点思考",《法学家》2007年第5期。
③ Sehe Niklas Luhmann, *Das Recht der Gesellschaft*, S. 262.
④ 参见〔德〕卢曼:《法社会学》,宾凯译,上海人民出版社2013年版,第191—192页。
⑤ Sehe Niklas Luhmann, *Das Recht der Gesellschaft*, S. 262.
⑥ Sehe Niklas Luhmann, *Kontingenz und Recht*, S. 246–248.

作为合法/非法的问题出现,则该事件就属于法律系统;如果无此问题,则该事件就不属于法律系统。① 经由合法/非法这个二值代码,所有的法律事件递归性地连接成一个网络,一种具有自创生性质的递归性网络。②

如果我们将法律看作是一种由规则所组成的体系,则 legal system 的概念只能从诸规则之间的一致性进行理解。由此 system 只能在新康德主义的意义上被假设成是以某种原则为基础的建构,某种"根据一种统一的视角形成的知识的秩序"③。很大程度上,此种系统观使得法理学将"法教义学知识体系"与"法律系统的系统性"混为一谈,因为此种系统观将"法教义学知识体系的一致性"看作是作为其研究对象之"法律系统内在一致性"的某种映射。④ 隐含在此种观念背后的是如下想法,即"有待认识的事实必须被预设为无矛盾的"⑤。因为"假如对象世界本身充满着逻辑上的矛盾,那么关于该世界的任何陈述都是任意的,即,认识变得不可能"⑥。然而,正如批判法学所一再指出的,在真实世界的法律系统中,往往存在着诸多的矛盾与断裂。⑦ 真实的法律实践并没有按照这些法理学剧本所规定的展开。⑧

与此相反,将法律系统的基本单位理解成"法律事件",就使得一种全新的法律系统的观念成为可能,即将法律系统理解成一种具有自我

---

① See Niklas Luhmann, "Operational Closure and Structural Couple: The Differentiation of the Legal System", *Cardozo Law Review*, Vol. 13, No. 5 (January 1992), p. 1428.
② Sehe Niklas Luhmann, *Das Recht der Gesellschaft*, S. 42 – 54.
③ Niklas Luhmann, "Die Einheit des Rechtssystems", S. 129.
④ 凯尔森、哈特与德沃金的理论不同程度上都存在着这个问题。
⑤ Niklas Luhmann, "Die Einheit des Rechtssystems", S. 129.
⑥ Niklas Luhmann, *Das Recht der Gesellschaft*, S. 489.
⑦ 参见〔美〕肯尼迪:《判决的批判》。
⑧ Sehe Niklas Luhmann, "Die Einheit des Rechtssystems", S. 129.

指涉性质的系统。具体而言,此处所谓的自我指涉系统,就是指"其自身作为统一体生产它们用作统一体的任何东西"①。这意味着,法律系统的"系统统一性"并不意味着法律规则之间的无矛盾性,而是指组成法律系统基本单位(即法律事件)的统一性,同时也指此种基本单位的再生产机制的统一性,因为一个"事件"之为"法律事件",恰恰是由于该事件从属于法律系统,而不是相反,即法律系统之为法律系统,恰恰是由于它是由法律事件集合而成的。

此种法律系统观带来的一个重要理论后果,就是它揭示出了现代法律系统的"运作封闭性"。法律系统的运作封闭性,有时候也称作法律系统的规范封闭性,即只有法律系统赋予其内部发生之事件以"法律规范性的品质",并将它们建构为某种统一性,"没有任何法律相关的事件能够从系统的环境中导出其规范性"②。此种法律系统的规范封闭性,通常被法律实证主义理解成以"分离命题"为基础的法律实证性。然而,如果我们将法律当作以"事件"为基本单位的"法律系统",则我们不但能够将法律与道德区分开来,同时也能够有效地将法律与政治、经济、宗教等其他社会现象区分开来。

关于法律与其他社会现象之间的区别与联系的问题,其实已经暗含了一个更大的主题,即法与社会的关系问题。因此,我们也可以说,此种将法律当作以"事件"为单位的"法律系统"的观念,为我们进一步观察和研究法律与社会的关系,提供了新的出发点与理论前景。例如,如果我们将法律看作是一种自创生系统,那么法律与社会的关系就不可能是孟德斯鸠和萨维尼等学者所主张的"镜像关系",即法律系统的

---

① Niklas Luhmann, "Die Einheit des Rechtssystems", S. 131.
② Ebd.

统一性并不象征着社会系统的统一性。但法律系统与社会之间的关系,也并非如沃森等法律移植论者所主张的相互"隔绝",因此可以随意予以"切割"与"移植"的关系。① 因为法律系统虽然是运作上封闭的,但在认知上仍然是开放的。法律系统本身也仍然是以社会系统这个大环境为前提而演化出来,甚至法律系统本身就是社会系统中的一个子系统,因此本身就是社会系统的一部分。② 也许相对于"法律镜像论"与"法律移植论"之间针锋相对的争论,更有意义的问题其实是:从演化的角度看,法律系统又是如何从人类社会早期法律、道德、政治、经济、宗教不分的状态中演化并最终分化出来的? 在演化的历史上,此种法律系统的分出,又需要何种特殊而具体的条件,方有可能? 在长期与漫长的人类法律与社会的演化历史中,在一种什么样的语境与偶然机遇下,这些演化上的条件与因素又是如何形成,并且影响了法律的演化? 此种根据合法/非法二值代码运作,具有运作封闭性与认知开放性的现代法律系统,在现代社会中又承担了何种专殊化的功能?

四、法律事件体系论的前景展望

"法律是由规则组成的体系",这是一个既被经典法律理论著作默认,同时又高度符合人们日常生活习惯用语的命题。本文在社会科学的语境,尤其是在作为交叉学科研究的"复杂性科学"的视野下,从"基本单位"与"系统"两个层次对这个命题进行了严格的分析与审视。此

---

① 参见泮伟江:"从规范移植到体系建构:再论中国法律的本土化困境及其出路",《北京航空航天大学学报》(人文社科版)2011 年第 5 期。
② Sehe Niklas Luhmann, "Die Einheit des Rechtssystems", S. 136 – 138.

种理论决断与策略至少为我们分析现代法律提供了优势。尽管如此,此种理论进路并不天然对"法律是由规则组成的体系"的命题持敌对立场。它承认法律规则论有其适用和展现优势的场所,并构成了人类认识法律的基本角度之一。但它同时也指出了法律规则论在对法律进行科学研究方面的局限性与劣势。正所谓"横看成岭侧成峰",两者的区别是两种不同观察角度之间的区别,虽然不同,但未必互相排斥,法律系统论可以被看作是对法律规则论的适当补充。这有点类似于科学层面的"日心说"与日常生活中形成的"地心说"之间的关系:虽然我们日常生活中形成的朴素直觉是太阳绕着地球走,并且我们日常生活的安排与作息的规律,也是根据"地心说"的意象来进行组织和安排的。但这并不妨碍"日心说"这样一种违反日常生活直觉的科学理论的成立,并且"日心说"在推动科学理论的进步,以及在航空航天、地图导航、气象与地质灾害的预测与防治等方面发挥了重要的作用。

同时,即便我们采用了以事件为基本单位的法律系统论的立场,仍然有许多进一步的工作需要我们去完成。例如,事件本身仅仅强调了法律系统基本单位的性质,但仍然是一个相对比较模糊的概念,因此我们无法对法律事件的内部结构做进一步的分析与探讨。突破法律规则论这个认识论障碍,认识到法律系统的基本单位很可能是一个事件,这仅仅为我们进一步的法律理论研究打开了新的空间与可能性,使得一些以问题为导向的更为精细和更实用的概念与理论的创新成为可能。例如,卢曼进一步提出了将"沟通"作为社会系统研究的基本单位,并且将沟通界定为"信息-通知-理解"三种选择的统一体,进一步深化了我们对社会系统基本单位的认识与理解。[1] 如此一来,"事件"变成用来描

---

[1] Sehe Niklas Luhmann, *Soziale Systeme: Grundriß einer allgemeinen Theorie*, S. 191–241.

述沟通性质的一个概念,而沟通则成了能够被进一步进行分析的概念,有助于我们理解诸"沟通事件"相互之间"条件化关系"的具体构造及其理论后果。

又例如,在将事件作为社会学分析基本单位的基础上,卢曼进一步借鉴了胡塞尔现象学关于意识流的分析,尤其是借鉴了其将意识运作性(Operativität)的分析创造性地运用到对社会的沟通性事件的分析之中,从而提出了"意义"的概念,将意义的概念界定为一种形式和媒介,即实在性与潜在性的统一,从而揭示了诸社会基本单位之诸沟通性事件之间的关系即是一种"意义结构"的关系,开创了20世纪末社会理论分析的新局面。① 显然,这些进一步的理论成果的获得,都在于我们将事件而不是"人"或者"人的行动"作为社会的基本单位。而这一点对我们分析作为现代社会功能子系统的现代法律系统,也是很有帮助的。它使得我们在规则体系论与预测论之外,走出了法理论研究的第三条道路。

总而言之,将法律理解成是由无数法律事件在某些特定限制条件下构成的关系整体,使得一种超越法官与律师社会学的,将法律系统作为一种"复杂巨系统"予以研究的全新的概念与理论工具的发展与演化成为可能。这将有助于我们更清晰地揭示出,作为现代社会中关键与核心部分的现代法律的特性究竟是什么,它与其他社会现象之间的区别与联系是什么,以及更进一步地,法律与社会的关系是什么等一系列

---

① 卢曼将"意义"作为诸社会事件之间关系的基本结构,这样一种理论策略与方法的选择,以及就此问题与哈贝马斯展开的争论,对战后德国社会理论研究复兴产生了强烈的刺激与深远的影响,乃是战后德国社会理论复兴的标志性事件。对此,可参见 Niklas Luhmann, "Sinn als Grundbegriff der Soziologie", in Jürgen Habermas & Niklas Lhumann, *Theorie der Gesellschaft Oder Sozialtechnologie—Was Leistet die Systemforschung?*, Frankfurt: Suhrkamp Verlag, 1971, S. 25-100。

问题。

自奥斯汀《法理学的范围》以来，现代法理学一直致力于澄清法律与其他社会事实之间的界限问题。① 多数的法律理论家都希望通过"概念分析"的方法来"阐明与法律系统观念相关联的特定观念，恰当地区分法律观念和可能与之混淆起来的那些密切相关的观念"②。但正如大卫·莱昂斯所指出的，以往的这些尝试都不怎么成功。③ 因为作为人类日常生活世界的积淀，规则体系观为我们提供的不过是某种常见的观察法律的角度与认识工具，其本身仍然不是我们理解作为现代社会分化语境下"复杂巨系统"的现代法律系统的最佳角度。作为一个前科学的观念，它甚至构成了我们观察现代法律的某种"认识论上的障碍"。也许"对社会实体的科学研究"往往能够帮助我们认识更多东西。

本文通过借鉴20世纪影响深远的"事件哲学"资源，将"事件"的概念引入法社会学研究中，并进一步借助包括卢曼的社会系统理论在内的"复杂性科学"的交叉学科研究的诸多研究成果，提出应该突破规则体系论、法律行动预测论等理论的视界，将"法律事件"作为法律的基本单位，通过观察法律事件之间的"条件化关系"来观察法律系统。一旦我们将法律系统理解为无数的"事件"之间通过各种"条件化的限制"连接成的复杂的关系网络，就可以通过引入进一步的概念资源与方法论工具，例如"自我指涉系统理论"、"象征性普遍化沟通媒介理论"、"社会演化理论"、马图拉纳(H. Maturana)和瓦瑞纳(F. Varela)的"自创生理论"、香农(Claude Shannon)的信息理论、冯·福斯特(Von Foer-

---

① 对此，可参见陈景辉在《法律的界限》一书中所做的细致梳理与分析。参见陈景辉:《法律的界限》，中国政法大学出版社2007年版。
② 〔美〕莱昂斯:《伦理学与法治》，第64页。
③ 参见〔美〕莱昂斯:《伦理学与法治》，第66页。

ster)控制论意义的"观察理论"等诸多理论资源,进一步地阐明法律系统的特性。事实上,卢曼的社会系统理论就是采用了本文所提倡的这种理论策略,并且在此基础上发展出了诸如"沟通""意义""合法/非法二值代码""代码化与纲要化""运作的封闭性""认知的开放性""正义作为法律系统的偶联性公式""法律演化理论""功能分化"等丰富而又深刻,并富有创造力与启发性的概念与理论,大大加深了我们对现代法律与现代社会的认识。[①]卢曼显然是此种理论进路的先行者,尽管已经做出了丰硕的研究成果。他的研究成果既鼓励我们继续沿着这个有前途的研究方向前进,同时也为我们结合中国法律与社会转型的实践提供了重要的前期研究成果与理论工具准备。我们当然可以以中国问题意识为中心,在中国三千年未有之变局的大转型时代背景下,吸收借鉴卢曼等先贤的研究成果,开拓创新,从而为中国法社会学理论研究做出原创性贡献。

原载《政治与法律》2018 年第 12 期

[①] 关于卢曼这些方面的理论创新成果,可参见 Niklas Luhmann, *Das Recht der Gesellschaft*.

法律的二值代码性与复杂性化约

导 论

长期以来,中国法治的转型与它所处的中国社会的复杂环境之间的关系问题,一直是困扰中国法学研究者的重大问题,我们将这个问题称作中国法治转型所面临的复杂性问题。这里所谓的中国法治所面临的复杂性问题,主要是针对现代法律系统的"二值代码性"特征而言的。所谓现代法律系统的"二值代码性",是指现代法律传统的如下基本经验与基本预设:现代法律体系主要的工作,就是对行为的合法性进行判断与评价。那些被判定为合法的行为,被看作是法律系统承认与肯定的;那些被判定为非法的行为,则被看作是法律系统所否定与排斥的。在这个意义上,"合法"与"非法"构成了相互排斥的两个相反值,法律系统对行为做出的评价,只能在这两个值中选择一个,而不能出现第三个值,例如"美的""丑的"或"善"的。① 法律系统内部的所有设置,无论

---

① 我们有时候也用"因果关系"的概念来讲现代法律的这种二值代码性,即现代法律仅仅关注案件事实法律上的因果关系,而对其他维度的因果关系,例如道德上的因果关系、经济上的因果关系等,尽量不予以关注与考虑。

是立法与司法的分置,还是法律教义学的研究与传授,都是为了这个工作服务的。①

因此,中国法律转型所面临的复杂性问题,主要指下面这种现象:现代法律的上述基本经验,在清末法律改革以来中国法的现代转型中,遭遇了顽强的抵抗与严重的侵蚀。从很早的阶段开始,许多中国法的实践者与研究者就发现,转型时期中国法的实践,很难严格地贯彻仅仅对行为合法性进行判断的法的"二值代码性"。② 在法的具体实践过程中,法官、警察等司法者与执法者总是不得不突破法律的界限,通过综合考虑各种伦理的、宗教(民间宗教)的、道德的、政治的、情感的等多种因素与多值的逻辑,才能够被贯彻。大量的研究都在不断地揭示中国法治的这种复杂性。③ 例如,通过移植/本土、普世价值/地方性知识、西方/东方、国家制定法/民间习惯法、法律的规范有效性/法律的事实有效性、司法裁判/调解、司法的专业化/大众化、形式法治/实质法治、简单案件/疑难案件、理论/实践、宪法教义学/政治宪法学、法律教义学/社科法学等不同的对立的概念与类型,这个问题不断地变幻着形态与表达方式,一再地和顽强地出现在中国法学理论的争论之中。反过来说,这些问题虽然关涉到中国法治的不同主题与面向,但是隐藏在这些重大争论背后的根本理论问题,却是相通的。甚至根本就是同一个问题,那就是中国法治建设所面临的环境复杂性挑战的问题。中国法治

---

① 例如,卢曼曾经详细描述过的法律系统内部内的"编码"对"代码"的补充,立法与司法的分离,法律规范的"条件式编码"的特征等。
② 参见泮伟江:《当代中国法治的分析与建构》,中国法制出版社 2012 年版,第 4—10 页。
③ 尤其是社科法学研究对此种复杂性的揭示,"从这个意义上来讲,社科法学并非反法治和解构法治,而是强调法治的复杂性,因此同样具有建构的作用"。参见侯猛:"社科法学的传统与挑战",《法商研究》2015 年第 5 期。

所面对的这种复杂性,对经典的法律理论仅注重对行为的合法性进行评价的特征,提出了严厉的质疑与挑战。由此提出了既关系到中国法治路径与未来,又关涉到超越民族国家层次的一般法理学层面的一个基本理论问题:具有二值代码性特征的法的现代性如何可能?中国法治的实践与理论,对此种法律的二值代码性逻辑的不断挑战与突破,是否有可能创造出一种全新的法治形态与理论?在未来中国法治道路的选择上,究竟是选择以二值代码性为核心特征的法律现代性之路,还是选择多值逻辑的"东亚道路"?

一、复杂性:问题的界定与澄清

我们看到,上述涉及中国法治的种种关于"复杂性"的论述,是在特定语境下出现的,也就是说,它尤其针对的是法的二值代码性。在这种语境下,复杂性意味着因果关系的多样性。也就是说,法律系统排除掉诸种非法的因素,从而仅仅保留"法律上的因果关系"。现代法律体系在中国的"水土不服",恰恰就在于它的"单因果关系性"无法应对中国现实社会中存在的"多因果关系性"。许多社科法学的研究因此将中国社会本身的"多因果关系性"当作现象的基础,对法律系统提出了"恢复"多因果关系性的要求。也就是说,法律系统除了考虑法律上的因果关系之外,还要注意和考虑其他因果关系的可能性。[①]

仔细分析上述关于中国法治环境的复杂性话语,便可以发现,所谓

---

① 参见侯猛:"司法中的社会科学判断",《中国法学》2015年第6期;侯猛:"社科法学的传统与挑战"。

复杂性对法律提出的条件与要求,其实是希望法律能够发现、描述和处理更多的复杂性。复杂性本身构成了某种不容置疑的标准或者要求,而法律则成了某种需要面向复杂性进行自我证成的东西。许多对法律二值代码性的批评,基本的论证思路便是在现象上描述出法律所没有或者无法"发现"的复杂性,并且将这一点当作法律失败的根本原因。反过来说,他们希望的理想的法律状态是,具有全知全能的上帝般视角,"世事洞明"和"人情练达",从而能够把每个具体语境中的复杂性都明察秋毫,准确地做出判断与应对。①

首先需要指出的是,如果承认法律的世俗化,承认法律是人类的创造,而人类是有限理性的,则全知全能意义的如神般的法律是不可能存在的。也就是说,法律根本没有能力承载人类世界的所有复杂性。我们必须接受这是一个有缺憾的世界,也必须接受这个世界的法律也是有缺憾的。②

但只认识到这一点仍然是远远不够的。必须要进一步认识到,复杂性本身是我们所处这个世界的整体性特征。③ 复杂性恰恰是世界本身存在的状态。这个世界包含着无数的要素,以及这些无数要素之间所可能构成的联系。④ 对复杂性的完全充分的呈现,并非总是好的,过

---

① 可以毫不夸张地说,这确实是人类对法律所寄托的最深层的欲望。这有点类似于人类对机器人等人工智能的期待与恐惧:一方面,人类希望机器人具有更多的"智能"来感知与处理各种复杂的处境;另一方面,人类又对机器人未来可能具有的这种能力充满了恐惧。

② 参见〔英〕哈特:《法律的概念》,第 124 页。

③ Sehe Niklas Luhmann, "Soziologie als Theorie Soziale Systeme", in Niklas Luhmann, *Soziologische Aufklärung 2*, Opladen: Westdeutscher Verlag, 1975, S. 115.

④ 参见〔德〕卢曼:《信任:一个社会复杂性的简化机制》,翟铁鹏、李强译,上海人民出版社 2005 年版,第 6 页;Niklas Luhmann, *Introduction to Systems Theory*, edited by Dirk Baecker, translated by Peter Gilgen, London: Polity Press, 2013, p. 126。在卢曼看来,与世界、意义这两个概念一样,复杂性的概念也是少数没有相反概念的概念,因为复杂性即便通过系统被化约了,也并没有消失,而仅仅是作为潜能被储存起来了。

多的复杂性,实质上构成了人类行动的一个非常沉重的负担。① 就人类有限的行动能力而言,在特定的时间与地点,只能处理和应付一定数量的复杂性。② 当所有的复杂性同时呈现在人类个体面前,并且要求同时被实现时,就会对人类个体提出了过高与过重的要求。比如说,每个人只有一张嘴,一个胃。当他在午餐面临丰富的食物选择时,他必须选定其中的一种来吃。如果他想同时实现所有的美食的可能性,他就变成了布里丹的驴子(Buridan's Ass),他试图同时实现多种可能性,最终却导致任何一种可能性都无法被实现,活活饿死。③

所以,复杂性问题的本质在于,复杂性本身是无数个要素之间无数种连接的可能性。④ 但复杂性并非是越多越好。因为这些多种连接的可能性本身并非是福音,当它们要求同时被实现时,其实就是噩梦。当诸多要素之间的连接可能性同时呈现出来时,整个世界表现为某种混沌而嘈杂的状态。这种混乱而嘈杂的状态很难形成某种稳定的秩序与结构。为了能够形成秩序,就必须在这种向所有可能性开放的混乱状态之中,形成某种比较稳定的关系与结构。⑤ 也就是说,复杂性问题的完整表述是:既要看到要素以及诸要素之间连接可能性的丰富性与多样性,同时又必须实现诸要素之间关系的统一性与完整性,即形成稳定

---

① 参见〔德〕卢曼:《信任:一个社会复杂性的简化机制》,第3—11页。
② Sehe Niklas Luhmann, "Soziologie als Theorie Soziale Systeme", S. 116.
③ 这是整个西方神学理论的最终根基。人类的有限性与世界的无限复杂性之间的张力,最终通过"神"的概念得到了调和;神恰恰是完美的,因此可以同时掌握和吸收世界的所有复杂性。
④ Niklas Luhmann, "Komplexität", in Niklas Luhmann, *Soziologische Aufklärung 2*, S. 204; Niklas Luhmann, *Introduction to Systems Theory*, pp. 123 – 127.
⑤ 这是所有演化理论的基本条件,也是演化理论的基本动力。无论是生命体的演化,还是秩序的演化,莫不是在混乱而嘈杂的世界中涌现出某些特定要素之间的稳定关系。

的诸要素之间的连接。①

卢曼用一对概念来概括此种秩序与混沌之间的关系,即系统/环境的关系。在系统与环境之间,存在着某种复杂性的落差。② 那些能够在无限多的要素以及相互连接的可能性中,形成特定数量的要素及其相互稳定连接关系的稳定秩序的那部分,就构成了系统,而系统之外的所有要素与连接可能性,就成了系统的外部环境,或者说,构成了系统所处的"世界"。就此而言,世界本身乃是无数要素之间相互连接可能性的总体,因此就像复杂性的汪洋大海,而系统则像是在这片无边无际的复杂性的汪洋大海中的一片孤岛。③

二、复杂性与偶联性

许多社科法学研究者对各种具体情境中的具体问题的研究,着重强调了问题的多种因果关系的可能性,④但实质上他们强调的并非是问题本身的复杂性,而是强调各种"因果关系"的"偶联性"。他们正确地看到了,对于某个具体问题的解决而言,情况往往是"多个原因都可以造成同一个结果",或者"一个原因在不同的条件下,可以造成不同的结果"。⑤ 当多个"因素"都可以通过不同的方式造成某个期待的"结果"

---

① Sehe Niklas Luhmann, "Komplexität", S. 205.
② Sehe Niklas Luhmann, *Soziale Systeme: Grundriß einer allgemeinen Theorie*, S. 48.
③ Sehe Niklas Luhmann, "Soziologie als Theorie Soziale Systeme", S. 116.
④ 参见侯猛:"社科法学的传统与挑战",第76页。
⑤ Sehe Claudio Baraldi, Giancarlo Corsi & Elena Esposito, *Glossar zu Niklas Luhmanns Theorie sozialer Systeme*, Frankfurt am Main: Suhrkamp Taschenbuch Wissenschaft, 1997, S. 61.

时,作为该结果产生之"原因"的这个"因素"就不是唯一的,而是可替代的。同样地,当一个因素在不同的条件下分别造成了不同的结果时,"原因"与"结果"的关系也不是稳定的,而是变化的。① 因此,他们对现代法律系统的指责是:现代法律系统并不顾及这种"多因成一果"或者"一因造多果"现象所隐含的"因果关系"的"偶联性",总是片面地强调复杂疑难案件中"法律上的因果关系",而排除掉其他各种"伦理的、经济的、政治的、宗教的和情感的因果关系",客观上形成了某种"因果关系的唯一性与必然性"的效果。②

就其指出构成问题各要素之间的偶联性特征而言,这些社科法学研究者的工作是相当成功的。因此,社科法学研究对"因果关系"偶联性特征的揭示,主要就是针对现代法律系统内部所预设的"法律因果关系"的"唯一性"与"必然性"。而在法律系统内部,确实预设了"法律因果关系"的某种唯一性与必然性。因此,许多人认为,具体案件中"因果关系"的偶联性,必然会构成对"法律因果关系"的摧毁与否定。因此,社科法学研究着重对司法判决提出了要求,希望司法判决在考虑法律因果关系之外,重新考虑其他"因果关系"的可能性与对"正确判决"重要性。

关于法律系统内部预设"法律因果关系"的唯一性与必然性这一点而言,从历史的角度来看,有两种正当化的路径。社科法学对"因果关系"偶联性的揭示,仅仅对第一种正当化的路径是有效的,但对第二种正当化的路径而言,却并不构成致命的批评,反而能够被其吸收。

第一种路径是自然法的路径。在自然法的理论范式下,法律上的

---

① Sehe Claudio Baraldi, Giancarlo Corsi & Elena Esposito, *Glossar zu Niklas Luhmanns Theorie sozialer Systeme*, S. 61.

② 参见侯猛:"社科法学的传统与挑战",第76页。

因果关系被看作是世界本质的体现,因此是客观存在的自然法则。因此,实证法中所规定的法律上的因果关系,被看作是客观存在的世界深层因果关系的"映像"。① 这样一种路径的好处是,由于任何复杂性都是"事先存在"的与"自然规定"的,因此复杂性被看作是现象,而通过对世界规律的探寻与揭示,复杂性就自然被化约了。

社科法学通过对"因果关系"的偶联性打破了自然法理论所预设"统一而和谐"的世界图景,从而恢复了世界的"复杂、嘈杂而混沌"的本来面目。因此,法律因果关系就脱离了原来自然法"非如此不可"的"真理般"的必然性与唯一性。这也是霍姆斯在《法律的道路》中力主破除法律与道德的必然联系,强调法律因果关系的技术性与人为性的根本原因。②

但社科法学对因果关系偶联性的揭示,并不能损害第二种对法律上因果关系之"非如此不可"的必然性的正当化路径。因为第二种正当化路径已经摆脱了古典自然法的世界图景,承认了世界的复杂性与偶联性。③ 因此,他们将法律与道德的区分当作了理论工作的前提。④ 在此基础上,它们区分了法律的内部视角与外部视角,⑤指出法律上因果关系的"唯一性"与"必然性"仅仅存在于法律的内在面向,必须通过内部视角才能够被理解。他们因此承认,从外部视角出发,此种"唯一性"

---

① 例如,自然法与实证法之间的效力等级体系,就蕴含了此种本体论的宇宙论与世界观。
② 参见〔美〕霍姆斯:"法律的道路",第416—437页。
③ Sehe Niklas Luhmann, *Das Recht der Gesellschaft*, S. 39.
④ See H. L. A. Hart, "Positivism and the Separation of Law and Morality", *Harvard Law Review*, Vol.71, No. 4 (Feb. 1958), pp.593-629.
⑤ 参见〔英〕哈特:《法律的概念》,第84—86页。

与"必然性"就是站立不住的。① 因此,他们并非是在世界观与本体论的立场,坚持法律上的因果关系的必然性与唯一性的。他们只是指出,如果现代法律系统是存在的,那么,从法律的内部视角出发,就必须坚持法律上因果关系的此种"必然性"与"唯一性"。更直白地说,这种法律上因果关系的此种必然性与唯一性,是法律系统独立存在的前提条件,也是法律系统能够正常运作的功能迫令。这些前提条件与内在的功能迫令,为司法判决设置了某些"内在的结构化约束",②恰恰是这些法律系统内部的约束,使得法官在司法裁判的过程中,只认"法律上的因果关系",而排除了其他的各种因果关系。

第二种对法律"单因果关系性"特征进行正当化的路径,在认识现代法律系统方面,实质上对我们提出了更高的方法论要求。它要求我们能够探索出一种新的认识与理解现代法律的方法,从而在承认现代世界偶联性的前提下,有条件与有限度地承认法律因果关系的必然性。或者说,它对我们提出了一种双重的要求:同时认识到法律因果关系的偶联性与必然性。很显然,这种双重要求的满足,必须以我们认识到法律系统独立存在的根据与可能性为前提。换句话说,现代法律系统独立存在的内在价值是什么?③ 这就又重新回到了前面分析的复杂性问题。

---

① Sehe Niklas Luhmann, "Die Rückgabe des zwölften Kamels", *Zeitschrift für Rechtssoziologie* 21 (2000), Heft 1, S. 7.
② Sehe Niklas Luhmann, *Soziale Systeme: Grundriβ einer allgemeinen Theorie*, S. 46.
③ 参见陈景辉:"法律的内在价值与法治",第3—25页。

三、判决情境的复杂性

通常而言,对法律二值代码性特征的批评,其切入点总是对司法推理与司法判决的分析。最经常出现的一个批评是,传统的司法推理与司法判决理论,总是预设了"法条"的"不容置疑"性,而法条的内容与基本逻辑结构,就是规定了某种法律上因果关系的"条件"与"后果"——一旦法条所规定的"条件"被满足,则相应的"后果"就必须要出现。凯尔森曾经详细阐述了此种"法律上的因果关系"相对于自然科学之"因果律"而言的"偶联性"。[①] 许多批评者因此认为此种"法条主义"的预设,漠视和排除了真实案例中存在的各种各样的复杂因素及其相互之间复杂因果关系的重要性。[②] 如果我们把司法判决看作是一种"决策"的话,那么围绕着"司法决策"做出的种种考量,就是关于"正确决策"如何可能的考量。具体的案件事实的复杂性,因此就被转化成了"司法决策"之"情境复杂性"。由于案件事实中包含着的"因果关系"的偶联性,因此现代法律体系所预设的"内在结构化约束"确实妨碍或者大大降低了在复杂决策情境中做出"正确决策"的可能性。

应该承认,此种关于司法决策之"情境复杂性"的思考是非常有启发性的。首先,它正确地指出了,情境复杂性与世界的复杂性是有区别的。如果说,通过对世界之"偶联性"的揭示,我们发现了世界的本质就是无限要素之间无限的连接可能性,因此世界本身就是无限的复杂性

---

① 参见〔奥〕凯尔森:《法与国家的一般理论》,第183—186页。
② 各种各样的针对"法条主义"与"注释法学"的批评,其火力都集中在这一点。

的话,那么"情境"已经构成了对世界复杂性的化约,因此"情境"已经是"有限"的复杂性,而非无限的复杂性。①

尽管情境已经是"有限"的复杂性了,但相对于系统而言,它仍然包含着"更多的复杂性"。② 哪怕是在"情境中",情境与系统之间的"复杂性落差"仍然是存在的。在嘈杂而混乱的世界涌现出来的秩序,其本质就在于秩序的复杂性程度是低于作为其环境的世界的,否则秩序就不可能形成和涌现出来。所以,任何秩序都必然要排除环境中的诸多复杂性才能够形成。

所以,决策情境的复杂性概念还隐含着如下这层含义,即它其实并不反对预设法律系统存在的正当性。相反,它所提倡的是,在尊重与保障法律系统独立存在合理性的基础上,在司法决策的过程中,尽可能多地容纳与考虑决策情境的复杂性,这总归是好的。简而言之,就是在尊重形式法治的前提下,尽可能多地实现实质法治。例如,一个流行的说法是,当法律在处理纠纷解决的过程中,除了考虑法律上的因果关系之外,如果能够同时考虑情感关系、经济关系、伦理关系等其他因素,就能够达到更好的纠纷解决效果。其次,恰恰是由于复杂性同时也意味着各要素之间关联可能性的变化与不稳定性,因此法律如果能够在保证内部秩序的情况下,尽可能多地适应此种变化性,则法律就拥有更强的处理复杂性的能力。很显然,这种要求是很正当的,具有一种令人无法拒绝的合理性。当然,问题的关键仍然是,如何在尊重形式法治的前提下,尽可能多地包容与考虑司法决策情境的复杂性呢?

许多的研究者因此强调"个案研究",也就是突出个案事实中各种

---

① Sehe Niklas Luhmann, "Zur Komplexität von Entscheidungssituationen", *Soziale Systeme* 15 (2009), Heft 1, S. 7.
② Ebd., S. 8.

各样的具体的事实性因素。他们尤其反对法律教义学的一种技术,那就是概念化的思维。他们认为,概念化的思维,通过对事实性要素的提炼,通过法律概念的构成要件去裁剪个案中的各种特殊性要素,最终牺牲了决策情境的复杂性。

但是此种类型的个案研究,仍然是对情境复杂性的一种失败的应对思路。首先,光是依靠对案件事实细节的无限放大,并不能真正应对情境复杂性。因为任何决策都是用来解决问题的。因此,任何决策都是一个复杂性化约的过程。或者说,对问题的解决,并不可能通过对问题的复杂性的全面还原来实现,当然更不可能通过人为地添加问题的复杂性来解决。举例来说,任何问题的解决,都是通过排除问题中各种各样的复杂因素和因果关系,最终将问题的症结归结到某种特定的因果关系上。[1] 当我们在解决问题时,不断地说"假设 A,则 B,但是因为有 C 和 D 存在,所以 F 和 H 也是有可能的……"时,我们根本无法解决任何问题。所以,任何问题的解决,都是一个复杂性化约的过程,当复杂性化约到某个单因关系时,解决问题的方案就出现了。

因此,当许多人批评法律无法揭示与处理问题的复杂性时,他们所做的工作其实是在复杂性化约的过程中排除法律的因素。而当他们排除法律的因素时,他们本身恰恰就在做着复杂性化约的工作。

更进一步地说,当我们将司法决策看作是一个过程,而不是最终的结果的话,那么我们也可以说,对司法决策进行评价的标准,主要不是从后果的"正确性"的角度进行评价,而必须是从决策过程合理性的角度进行评价。[2] "后果"的"正确性"评价,永远都是"事后诸葛亮"式的

---

[1] Sehe Niklas Luhmann, *Soziologie des Risikos*, Berlin, New York: de Gruyter, 1991, S. 97.

[2] Sehe Niklas Luhmann, "Zur Komplexität von Entscheidungssituationen", S. 12–17.

智慧,因此哪怕在决策过程中事先对"后果的正确性"予以考虑,也是无法避免发生错误的风险的。① 因此,决策的合理性主要是通过决策过程的合理性进行保障的。当我们说,在整个决策考量的过程中,预先设定的相关限制性条件都被遵守了,同时各种对决策构成的标准与规范也都被遵守了,我们就必须承认决策过程是合理的。因此,评判决策的标准应该是"合理性",而非"正确性"。

许多个案研究对司法决策的批评,恰恰在这一点上发生了一些认知的偏差。首先,由于他们奉行"结果主义"的评价标准,因此总是在"事后"根据结果对决策进行评价。我们并非是排斥任何事后根据结果对决策进行评估的做法,但重要的是,当我们这样做的时候,我们注重的并非是对先前决策之"合理性"的"否定",而是通过对过去"决策"的反思,为未来"决策"提供参考与借鉴。而当我们反思过去决策时,我们重点要反思的是,所揭示的那些需要被考虑的要素与因果关系,是否在决策前已经被设置为决策过程中应该被遵守的条件、标准或者规范了。如果没有,究竟是何种原因导致的。当我们进行此种反思时,必须要注意的前提条件是,此种"因果关系"在过去事先被设置为标准,究竟是完全不可能的,还是仅仅是有可能的,或者就是应该的。

因此,如果我们不仅仅将司法决策看作是一个特定的"结果",而且看作是在各种前置的条件、标准与规范的引导下对多种可能性进行选择与决断的过程,那么,决策过程对情境复杂性的最大限度的包容与考

---

① Sehe Niklas Luhmann, *Soziologie als Risikos*, S. 41 – 58. 从风险社会学的角度来看,未来的存在是风险产生的根源,反过来说,如果给予充分的时间,那么所有的可能性都可以被充分地考虑,则所有的复杂性都可以被处理。但这种需要无限决策时间的要求是天真的。

虑,就必须通过在决策过程中预先设置更多的条件、标准与规范来实现。如果在决策过程发生之前,相关的条件、标准与规范并没有事先被设置,则决策过程就无法应对情境的复杂性。①

由于司法决策并非是一次性的,而是多次和连续的,因此任何的决策程序,都必须拥有跨情境决策的能力。也就是说,这些决策过程中预先设置的条件、标准与规范,都必须能够超越某个特定的情境,从而能够被适用于其他情境之中。

恰恰在这一点上,大多数以"个案研究"为特征的情境主义方法论,遭遇了方法论的内在局限性。很多时候,由于他们所揭示出来的案件事实细节过于具体,因此根本就无法被普遍化,也就根本不可能事先作为标准而被设置在司法决策的程序之中。②

如果通过对某个特定情境的分析,仅仅是展示了该情境中相关要素的杂多与复杂关系,却无法从中提炼出能够为决策程序在下一个情境中进行决策的可用条件、标准与规范的话,那么此种研究唯一的贡献,就是在"抽象"的层面说明因果关系的偶联性,而无更进一步的问题解决的能力与实用性。

反过来说,如果我们将司法决策理解成在特定条件、标准与规范的约束与引导下的决策程序与过程,那么,在决策的程序中发生作用的这些条件、标准与规范之间的关系,对于司法决策的合理性而言,就变得非常重要。

---

① Sehe Niklas Luhmann, "Zur Komplexität von Entscheidungssituationen", S. 12 – 15.
② 例如,苏力在《送法下乡》中一段非常令人印象深刻的描述:"在法庭审理的最后阶段,法官不仅提及了狭义的赡养的问题,而且考虑到了老人最后同谁居住、口粮、生病的医疗费、死后的丧葬费、棺材等问题,甚至还考虑老人的吃油包括荤油和素油等问题,考虑老人吃蔬菜的问题,考虑儿子提供的粮食中是否还有绿豆和黄豆以及几斤绿豆和黄豆的问题。"参见苏力:《送法下乡》,中国政法大学出版社 2000 年版,第 182 页。

很显然,对于司法决策而言,由于法律系统与环境之间的复杂性落差的存在,因此,法律与环境之间的复杂性落差的维持不但具有优先性,同时还对情境复杂性处理的能力与限度构成了某种规定性。在保障这一点的基础之上,才能够考虑如何最大限度地认知和包容环境复杂性的问题。前者不但构成了后者的基础,还对后者的可能性与限度做出了规定。

简而言之,复杂性化约形成系统(秩序),而系统本身则排除了要素与要素之间的某些连接可能性,强化了余下的要素与要素之间连接的可能性,从而构成了某种"选择的强制"。① 一般来说,这种选择的强制是通过对选择的"条件化"来实现的。② 这种选择的条件化设置,使"某些选择的动机"得以被强化,从而使得某些原先"难以实现的"或者"不可能"出现的连接成为可能。

在此基础上,如何更多地在司法决策程序中,容纳更多的决策标准与规范,就成了非常重要的一个工作。用系统理论的语言来说,这个工作的性质就是某种类似于计算机程序员的"编码"(programmierung)工作。③ "编码工作"的成败,决定了司法决策处理情境复杂性能力的高低。一般来说,立法决策的技术与水平就与这种编码过程息息相关。此外,在决策过程中,发现与适用这些决策过程中的标准与规范,则是一种"解码"与"执行代码"的过程,一般来说,法律教义学所训练的,就是这种"解码"与"执行代码"的方法与能力。

毫无疑问,此种法律系统内部处理复杂性能力的强化,必然带来的结果就是法律系统发展出日益复杂的内部决策程序、标准与规范,从而

---

① Sehe Niklas Luhmann, *Soziale Systeme: Grundriß einer allgemeinen Theorie*, S. 47.
② Ebd., S. 44.
③ Sehe Niklas Luhmann, *Das Recht der Gesellschaft*, S. 92.

导致法律系统内部变得日益复杂化。但与环境的嘈杂、混乱的复杂性不同的是,此种复杂性乃是法律系统为了最大限度地吸收环境的复杂性而做出的内部努力,是一种结构化的复杂性。① 有趣的是,许多以环境的复杂性为标准批评与要求法律系统之二值代码性的研究者,在要求增强法律系统的吸收环境复杂性能力的同时,却对此种法律系统内部的结构化复杂性提出了尖锐的批评。

四、中国法律的转型:化约何种复杂性?

通过前面的分析,我们发现,呈现复杂性并不意味着解决问题的不二法门,在更根本的层次上,复杂性本身反而是需要面对与解决的问题。如此看来,时下种种关于复杂性与法律关系的论述,其基调就是对"作为复杂性化约机制"的法律本身"化约复杂性"的能力与效果的质疑。因此,问题本身的结构与性质就发生了变化。关于复杂性与中国法律的关系的问题,正确的表述方式应该是:

在转型期的中国,对于作为基本问题的复杂性本身而言,究竟哪些因素是需要被排除的,哪些因素是需要被纳入的?又究竟是哪些要素之间的关系需要被稳定,而哪些要素之间的关系可以被不断地打破?我们可以发现,针对中国法治二值代码性的种种批评话语,其具体的含义恰恰是,那些他们认为不该被排除的要素,被法律所排除了,而那些他们认为应该去适应的变化,法律却保持着冷漠与无动于衷。

---

① Sehe Niklas Luhmann, *Soziale Systeme: Grundriβ einer allgemeinen Theorie*, S. 50.

对这个问题的分析,就需要结合对当代中国社会发展阶段与秩序类型的观察与总结。我们发现,中华人民共和国成立后,随着基本卫生条件的改善,以及粮食问题的初步解决,中国人口数量激增,目前已经形成了13亿左右的人口。同时,由于普及九年制义务教育,基本扫除文盲,中国人口素质也有了显著的提高。20世纪80年代实行经济的改革开放以来,尤其是21世纪初加入WTO(世界贸易组织),中国已经基本建立了统一的国内市场。21世纪初,随着城市化战略的推行,以及印刷媒介、现代交通与通信技术、互联网等传播媒介的发展,中国社会中个人交往越来越多地突破了传统小型共同体的那种面对面互动与交往的层次,实现了远距离沟通与交往的可能性。由于交通与通信技术的发展与普及,中国国内各个部分的交往已经大大地突破了地域与空间的限制。互联网技术大大加速和深化了这个进程。由此导致了"抽象与孤独个人"的大规模出现。我们已经进入了大规模人群治理的社会。

在这样一种社会关系类型之中,个人之间的关系是具有高度选择性的,并且也是可以退出的。这个社会的好处是,由于个人说"不"的可能性大为增强,尤其是通过偶然事件的发生,做出其他选择的可能性大为增强,从而增强了社会向不同方向与可能性扩展的可能性。因此,相对于前一种秩序的"封闭性"而言,"无限的扩展性与创新可能性"是此种社会秩序的重要特征。但它同时也带来了新的问题,而问题可能比前述的这种好处要更为重要。尤其是,在此种社会关系模式下,人与人之间就像沙子之间的关系一样,是高度松散的、流动的。那么,在这种情况下,社会秩序如何可能呢?

正如卢曼所指出的:"一个充满可能性的,但仍然是确定的或可确定的世界,只有当且仅当由此造成的体验与选择的负担能在社会系统中被规制与分配时,才是可建构的。"①帕森斯与卢曼的社会系统理论将这个问题概括成人际交往的"双重偶联性问题"。② 在双重偶联性这个概念中,个人之间的关系被概括成"自我"与"他我"之间的沟通关系问题。其中,"任何人,当他(并且仅仅当他)参与沟通时,同时是自我和他我"③。双重偶联性问题之所以如此困难,是因为当我们承认个人选择的高度自主性时,由于个人动机的多样性与易变性,"选择和动机之间的连接的高度难以实现性"④就变成了一个非常困难的特殊问题。因为"任何选择都必须被看作是依赖于其他的(一致的或是相反的)选择"⑤。

"象征性普遍化的选择代码",或者说"象征性普遍化沟通媒介"(symbolisch generalisierten Kommunikationsmedien),就是现代社会为了弥补日常交往语言这方面的不足而产生的。"真理""爱情""权力""金钱""法律"等等,都是此种象征性普遍化沟通媒介的著名例子。象征性普遍化沟通媒介的核心作用,就是强化人们在选择时的某些特定的动机,从而使得个人在面临各种可能的交往选择时,能够被引导向某些特定的要素与选择。例如,甲很渴,刚好乙手里拿着一箱可乐,甲要求乙将其中一瓶可乐给他喝,乙未必愿意。但是,通过货币这个媒介,甲支付了乙某些费用,乙把可乐给予甲喝的可能性就大大增强了。在这个过程中,货币就起到了一种象征性的普遍化沟通媒介的作用。之所以

---

① Niklas Luhmann, *Vertrauen*, Comstanz und München: UVK Verlagsgesellschaft mbH, 2014, S. 60.
② 参见泮伟江:"双重偶联性问题与法律系统的生成——卢曼法社会学的问题结构及其启示",第544—559页。
③ Niklas Luhmann, *Die Gesellschaft der Gesellschaft*, S. 333.
④ Ebd., S. 332.
⑤ Ebd., S. 333.

说它是象征性的,是因为货币象征着一种购买力,从而使得单靠沟通本身难以实现的事情被实现了;而之所以说货币是普遍性的,是因为它能够买到很多不同的东西,所以是超越于具体情境之上的。通过支付费用,它大大强化了乙给予甲可乐喝的动机。

需要指出的是,象征性普遍化的沟通媒介虽然能够强化行为的动机,从而使得沟通的高度难以实现变成比较容易实现,但它们并不是对心理状态的描述,而是一种社会的建构。所以货币通过支付能力来强化动机,权力通过强制手段来强化动机,法律则通过合法性的评价来强化动机。此外,由于媒介本身具有二值代码的特征,例如权力媒介只能是有权/无权,货币媒介只能是有支付能力/无支付能力,法律媒介只能是合法/非法,象征性普遍化的沟通媒介大大促进了系统的形成,尤其是承担不同功能的子系统的形成与稳定化运作。

作为功能子系统的现代法律系统,着重从时间的维度来解决双重偶联性的困境,从而使得这些孤独个人在交往面临失望时,仍然能够坚持稳定的预期。[①] 为了实现这个目的,现代法律系统必须通过一系列进一步的内部结构的安排,在诸多的选择可能性中,排除其他选择的可能性与因果关系,从而简化这样一种因果关系的装置。

这一方面当然对个人选择形成了某种限制,但另一方面,这种限制又带来了更多的选择可能性。例如,高速公路通过限制接入的数量以及道路上行车的速度,限制了驾驶者的选择可能性,但却因此使得远程之间的快速交通(这原本是高度难以实现的)成为可能。更重要的是,通过高速公路装置对其他可能性的排除,此种可能性变得高度技术化,

---

[①] 参见泮伟江:"双重偶联性问题与法律系统的生成——卢曼社会学的问题结构及其启示",第544—559页。

因此也就变得可复制与推广,从而使得此种原本高度不可能的远程快速交通不但变得可能,而且变成了一种高度日常的可能性。当然,如此一来,高速公路的普及本身也带来了大量的社会交往的全新可能性,从而给社会带来更大的复杂性压力。就此,许多人所指出的社会相对于法律的更多复杂性,其实并非是法律的劣势,而恰恰是法律的核心功能与优点,即化约复杂性。

五、常规与例外:政治系统对复杂性的化约

讨论到这一步,整个问题基本上已经得到了澄清。但仍然有一件事情需要在此做一个特殊的交待。许多社科法学的研究者对现代法律系统二值代码性的批评,还隐含着一个上述讨论仍未被点破的"预设",那就是政治系统的"权力"媒介经常被他们看作是处理复杂性问题的典范。如果我们观察政治系统处理和化约复杂性的方式与方法,我们就可以发现,无论是"语境论"的方法论,还是"结果主义的考量",抑或是"经验调查"的研究,其实都是政治系统在处理复杂问题经常使用的方法和体现出来的特征。尤其是,相对于法律系统内部视角所预设的"因果关系的唯一性",政治系统在处理复杂社会问题时,往往不预设任何的"因果关系唯一性",而是根据问题处理的效果来要求过程。同时,政治系统也不强调"先例"的拘束力,因此对于决策程序中预设标准及其普遍化这件事情,往往也是不大在意的。打破常规与"处理复杂问题的灵活性",常常是政治系统处理复杂问题时经常被称道的。此外,政治手段也往往被用来处理其他常规手段所解决不了的"例外问题"。就此而言,施米特强调必须从"例外状态"来观察政治,颇有洞察力与对政治

的领悟力。①

毫无疑问,上述关于政治系统处理社会复杂性的种种手段、方法与特征,似乎与我们上述关于法律系统处理社会复杂性的手段、方法与特征,都不尽相同。同时,政治系统的此种处理社会复杂性的手段、方法与特征,对许多人而言,似乎构成了某种更具有吸引力的选项。

就此而言,我们必须认识到,尽管政治系统处理复杂性的这些手段、方法与特征,似乎更符合人们日常生活经验中的常识,更容易被普通人所理解,但它并不违背本文提出的关于系统/环境关系、决策的过程化与合理性、象征性普遍化沟通媒介与现代系统的内部结构等一整套普遍化的描述与理论。政治系统对复杂性的处理,虽然打破了法律系统内部所构造出来的种种"清规戒律",但同时又构造出了政治系统自身内部的一整套完全不同的另外的"清规戒律"。而政治系统对社会复杂性的处理,就不能破坏这一套内部建构起来的"清规戒律"。例如,政治系统对任何社会复杂性的处理,往往同下述两个条件结合起来:一个是预设了具有集体拘束力的统一的决策权,另外一个是国家对暴力的垄断性使用。同时,政治系统的象征性普遍化沟通媒介是权力,而权力是按照掌权/不掌权的二值代码发展起来的。因此,政治系统对任何社会复杂性的处理,都必须在此种权力的二值代码性的规定下发展出自身内部的种种复杂结构与决策。② 而人们之所以比较容易理解与推崇政治系统处理复杂性的诸种手段、方法与特性,一个很重要的原因就是,我国自古以来,就发展出了高度发达的政治文明,人们已经在长期

---

① 参见〔德〕施米特:《政治的概念》,刘宗坤等译,上海人民出版社2004年版,第5—34页。
② Sehe Niklas Luhmann, *Macht*, Comstanz und München: UVK Verlagsgesellschaft mbH, 2012, S. 11–26.

的历史中熟悉了政治系统的诸种结构、手段、方法与特性。

此外,对于我们讨论的问题而言,更重要的一点是,必须要清楚政治系统在社会复杂性吸收的问题上,确实处于一个相当特殊的地位:通过有集体拘束力的决策权的集中,政治系统的功能主要是对通过经济系统、法律系统、家庭系统、教育系统等其他社会系统所无法吸收的社会"剩余复杂性",进行兜底性的处理与吸收。① 因此,我们所熟悉和称道的政治系统处理复杂性的种种手段、方法与能力,其实都是根据政治系统的此种功能需要所演化出来的。因此,政治系统与法律系统在社会复杂性的吸收方面,承担了完全不同的功能,因此各自发展出完全不同的内部结构、程序、标准、方法,这并不奇怪。二者之间,既不能相互混同,我们也很难要求一种社会系统去学习另外一种社会系统的手段、方法与能力。具有二值代码性的法律,是化约作为问题本身的社会复杂性的重要工具和手段,而并非是需要被克服与解决的问题本身。当我们以另外一种复杂性已被化约的社会关系与秩序为标准,对法律提出了它本身无意作为首要问题回应的要求时,我们其实就像批评一把用来钉钉子的锤子不能用来拧螺丝一样,犯了一个认知与范畴的错误。

六、结语

当然,目前说中国已经进入了功能分化的社会,尚且为时过早。目前中国所处的阶段更像是旧的社会结构快速解体,但新的秩序仍然没

---

① Sehe Niklas Luhmann, *Politische Soziologie*, Berlin: Suhrkamp Verlag, 2010, S. 35 – 44.

有形成的阶段。由于旧秩序的解体,因此大量的关系要素(例如大量作为孤独个体的个人)被释放出来了;由于这些新关系要素都具有大量的"选择可能性",因此各要素之间大量"连接可能性"也被释放出来了。①由此,当下中国的社会结构呈现出了某种涂尔干曾经在法国大革命后在法国社会所观察与描述过的"失范"的特征。只不过在涂尔干那里,"失范"是不好的,因此他的努力是从"失范"状态重新回到"规范"的状态。② 但在我们看来,"失范"虽然有它混乱与失序的那一面,但同时也是演化历史上难得一现的伟大契机。失范恰恰是偶然因素大量涌现,从而从无序重新演化到"有序"的伟大时刻。

许多研究者,尤其是社会学的研究者,早在清末与民国时期就已经敏锐到觉察到旧社会结构的解体与新社会秩序尚未形成的这种中间状态。他们因此面临着两个工作任务:利用西方全新的社会学、人类学的学术工具,对旧社会秩序进行"抢救式"的描述与观察。费孝通等一大批老一批的社会学研究者在这方面做出了伟大的贡献,工作成果就是诸如《乡土中国》《江村经济》等一大批的中国近代社会学经典作品的出现,同时,他们也描述了新旧两种社会秩序转化时期的诸种"失范"的状态。例如,费孝通通过通奸案所揭示出来的那种新旧秩序两头不接的两难处境。③ 在这种处境中,相对于转折时代的混乱与"失范",许多人难免会怀念旧秩序的那种和谐与稳定。然而,他们应该明白,无论田园牧歌式的旧生活与旧秩序多么美好,其稳定存在的诸前提条件已经不再存在。在社会演变的大试验场中,大量的能够影响中国社会演化

---

① 参见泮伟江:《当代中国法治的分析与建构》,第94—99页。
② 参见〔法〕涂尔干:《社会分工论》,渠东译,生活·读书·新知三联书店2000年版,第313—332页。
③ 费孝通:《乡土中国》,生活·读书·新知三联书店1985年版,第58页。

的新要素与诸要素之间新的碰撞与连接的可能性已经被释放出来。整个社会呈现出的一片混乱但是充满生机的"化学反应"每天正在频繁地发生。在这个过程中,新秩序已然若隐若现。或者说,虽然新的社会秩序与新的社会结构还没有完全形成,但是由于新的社会要素及其稳定关系的需要已经产生,因此新的社会秩序与社会结构的产生,已经通过各种各样的全新的社会问题与社会挑战的形式呈现出来。

在这样一种问题语境之下,我们可以说,中国法律转型的复杂性问题,主要是化约作为问题本身的世界复杂性问题,而非作为解决问题方法的复杂性问题。具有二值代码性特征的现代法治仍然是当代中国国家治理能力现代化的内在要求,那种以破坏和替换二值代码性特征的所谓"法治模式",并不像它的主张者所认为的那样,符合中国当下的国情与实践。

原载《环球法律评论》2017年第4期

论法社会学对法学的贡献
——一个古老遗产分配案引发的法哲学反思

> 在雅克·德里达于沙漠中眩目的阳光下发现自我证成之权力神话的地方,在汉斯·凯尔森看到的基本规范和赫伯特·哈特发现终极的承认规则的地方,卢曼看到的是在牧场吃草的第 12 只骆驼。①
>
> ——托依布纳

导 论

关于法社会学研究的学科定位与贡献,法学界曾经做过热烈的探讨,但仍多有困惑,几乎成了一个"久侦不破"的"悬案"。例如,许多从事法社会学研究的学者认为法社会学研究可以,并且应该取代传统的法教义学研究,而不能仅仅成为法教义学研究的补充性研究。许多反对法社会学研究的学者则完全否定法社会学研究,甚至要将它驱逐出

---

① 〔德〕托依布纳:"法律异化——论第 12 只骆驼的社会剩余价值",载氏著:《魔阵·剥削·异化——托依布纳法律社会学文集》,第 316 页。

法学院。长期以来,笔者个人非常重视法社会学研究,认为在转型期的中国,将社会因素排除在法律研究的范围之外,仅仅从事纯粹的规范和法律条文研究确有其局限性。但确实,如何从学理上分析和辨别法社会学研究对法律研究的可能贡献,仍然是一个困难的问题。

在艰难的探索中,笔者注意到德国社会学大家尼克拉斯·卢曼关于法社会学研究之性质和定位的研究,对我们思考相关问题具有非常重要的启发意义。卢曼生前虽对20世纪的法社会学研究多有批评[①],却在法社会学领域多有耕耘和收获,生前出版的法社会学专著就有七部,几乎每部都已成为法社会学研究领域公认的经典。此外,卢曼还发表了大量的法社会学研究的论文。可以说,卢曼在法社会学研究领域是做出了长期和系统的思考与探索的。其中,卢曼写作于1985年的一篇论文《论第12只骆驼的归还》[②],讲了一个伊斯兰法的法律故事,并在论文中围绕这个故事展开了一系列的精彩分析与探讨,从社会系统理论的角度分析了法社会学研究必须面对的"内部视角"与"外部视角"的切换与关系问题,对我们理解法社会学的学科定位与贡献,尤其是法社会学研究与传统法学研究各自的特性与优劣问题,有着非常重要的启发意义。

卢曼的这篇论文一直到其去世后才公开发表,并引起了德国法学界与社会学界的强烈反响。德国《法社会学杂志》专门做了一期专题,邀请德国法学与社会学研究领域的重要学者,对该文做出评论与回应。[③] 笔者之所以旧事重提,专门写一篇文章探讨与评论这篇论文提出

[①] 参见〔德〕卢曼:《法社会学》,第41—43页。
[②] Niklas Luhmann, "Die Rückgabe des zwölften Kamels", S. 3-60.
[③] 例如,参见《法社会学杂志》围绕卢曼该文的专栏探讨。国内读者比较熟悉的是托依布纳的讨论,参见〔德〕托依布纳:"法律异化——论第12只骆驼的社会剩余价值",第316—345页。

的问题与论证,尤其是文章中所讲的骆驼遗产分割案的故事,主要基于三个考虑:第一,卢曼所讲的这个故事和他对故事的解读确实精彩。笔者很希望将这份精彩与国内的同行们分享。第二,其中所论述的问题,恰恰就是我们所关心的,同时也是对转型期中国法治建设具有重要实践意义的重大理论问题。第三,这篇文章写作于卢曼成熟时期,非常典型地代表了成熟时期卢曼对现代法律系统的观察和理解,对于我们了解卢曼的整个法社会学理论,也是非常有帮助的。

本文的写作,以对卢曼这篇论文的解读和分析为基础,但并不局限于这篇论文,同时也涉及对卢曼法社会学研究其他重要文献与思考的解读与评论。同时,我们对这个伊斯兰故事的分析与理解,与卢曼又略有差异,因为我们着重它对于我们在中国语境下思考社会学对法律研究的可能贡献问题。

一、第 12 只骆驼:卡迪成功的奥秘

卢曼所讲的故事是这样的:

一个贝都因富人立下遗嘱分配遗产,遗产主要是骆驼,分给他的三个儿子。根据遗嘱,大儿子艾哈迈德(Achmed)可以分得一半的骆驼;二儿子阿里(Ali)可以分得四分之一的骆驼;三儿子便雅悯(Benjamin)可以分得六分之一的骆驼。当老父亲死去时,因为某种原因,骆驼数量急剧下降,只剩下 11 只。这时遗产分配的难题就产生了。大儿子要求分 6 只,但这超过了二分之一,因此二儿子和小儿子都反对。但是如果分给大儿子 5 只,大儿子又不同意,也不符合遗嘱的规定。于是围绕如何分配这 11 只骆驼,三个儿子产生了争议,最终他们决定通过诉诸伊

斯兰的法官卡迪来解决他们的争议与纠纷。

最终，充满智慧的卡迪想出了一个巧妙的方法，圆满地解决了这个遗产继承的纠纷。卡迪的方案是这样的：卡迪将自己的一只骆驼给三兄弟，作为刚去世老父亲遗产的一部分，参与分配，使得遗产变成了12只骆驼，从而老大继承了6只骆驼，老二继承了3只骆驼，老三继承了2只骆驼，刚好是11只骆驼。三兄弟都很满意，觉得卡迪的裁决很公正。[1]

我们看到，骆驼遗产继承案中的法官卡迪，实现了司法功能之预先设定的目标，对这个原本被认为难以裁决的案件做出了裁决，圆满地解决了纠纷。三兄弟接受了卡迪的裁决，满意地走出了法院。

那么，卡迪成功的奥秘是什么？

细心的读者当然会注意到，这里的法官并不是我们通常理解的世俗法官。他是一个伊斯兰法的法官。在伊斯兰教中，法官被称作卡迪（Qadi），乃是"教法执行官"，也就是说，他们乃是根据神的律法，受神意委托，来对人间的事项进行裁决。[2] 由于有神意在背后做支撑，上文所谓的不可裁决的疑难案件，似乎不是问题。也许恰恰就是伊斯兰至高的神安拉所提供的担保，使得任何疑难案件纠纷的当事人，都会充满自信地"走进法院"，为他们的纠纷寻求一个"唯一正确的答案"。

但有趣的是，本完全可以通过神明裁判的方式来裁决案件的卡迪，在这个骆驼遗产继承案中并没有这么做。如果利用神明裁判的方式，卡迪就可以将判决的根据与理由，全部归结到神秘的上帝那里去。比

---

[1] Sehe Niklas Luhmann, "Die Rückgabe des zwölften Kamels", S. 3 - 60.
[2] 关于卡迪与卡迪的法庭的一般性介绍，参见 Maurits H. van den Boogert, *Capitulations and the Ottoman Legal System: Qadis, Consuls and Beraths in the 18th Century*, Boston: Koninklijke Brill NV, 2005, pp. 42 - 46。

如说,他可以突然被神所"附身",让神通过自己的口宣布判决结果而不给予任何理由。例如,宣布老大得到6只骆驼,老二拿到3只骆驼,老三拿到2只骆驼。或者他也可以通过掷骰子的方式来决定案件的结果。或者他可以把想到的几种可能的分配方案都写在纸条上,然后揉成纸团,放到盒子里,从里面抓出一个纸团,里面写的方案是哪一个,就按照哪一个执行。但这些方法,卡迪统统没有采用。①

在我看来,卡迪是创造性地利用了伊斯兰人民对神的信仰与信任,从而为一种司法的理性创造了条件。这个案子真正让我们感兴趣的是,深谙伊斯兰法教义和精髓的卡迪,最后运用一种完全世俗和技术的方式,解决了纠纷。卡迪的身份是神法赋予的,但卡迪却用一种实证法的方式做出了判决。这是这个案子很有意思的一个地方。②

从实证法的角度看,卡迪面临的挑战是,既要按照遗嘱的规则来裁判案件,又不能杀了骆驼,违反贝都因人的传统和规矩。

卡迪成功的奥秘就在于这第12只骆驼。由于有了第12只骆驼,原来看似不可能解决的难题,都迎刃而解了。由于作为遗产的骆驼总数变成了12只,因此,老大艾哈迈德就得到了6只骆驼,老二阿里得到了3只骆驼,三儿子便雅悯得到了2只骆驼。整个遗嘱得到了完美的执行。根据遗嘱,每个儿子都得到了他们该得的部分,正义得到了完美的执行。第12只骆驼在这个遗产分配方案的执行过程中,究竟发挥了何种神奇的作用,从而使得这一切实现的呢?

首先,作为置身事外的听故事的人,我们很快可以发现,这个疑难

---

① 关于神明裁判,参见〔美〕伯尔曼:《法律与革命——西方法律传统的形成》,第67—74页。
② 卢曼自身也注意到了这一点,因此,在文章开头,卢曼追问:"安拉的意志体现在哪里?"但卢曼并未围绕这一点展开分析。Sehe Niklas Luhmann, "Die Rückgabe des zwölften Kamels", S. 4.

案件能够被解决的关键在于,案件事实发生了神奇的变化——作为遗产被分配的 11 只骆驼,如今变成了 12 只。从技术的角度看,如果是 11 只骆驼,这个遗产分配方案就是不可执行的。但骆驼数量一旦变成 12 只,遗产分配方案就可以得到完美的执行。

更神奇的是,按照卡迪所提出的解决方案,三兄弟各自所得的骆驼加起来,还是 11 只。遗产分配结束后,法官又把剩下的这只骆驼拿回去了。对此三兄弟似乎并没有表示任何异议。一方面,根据遗嘱的规定,三兄弟拿到了自己所本应该拿到的那个份额;另一方面,法官的方案"事实上"使得他们拿到的骆驼,比他们本应该拿到的财产还要多。而之所以有这一切,都是因为法官"无私地"把本属于自己的那只骆驼奉献出来。所以三兄弟对于法官拿回骆驼这件事,似乎并没有什么意见。

根据这个神奇的骆驼遗产分割案,卢曼提出了两个经典的问题:(1)对卡迪的裁判而言,这第 12 只骆驼是必不可少的吗? (2)卡迪是否能够要回这第 12 只骆驼?①

纵观卢曼整篇文章的论证,他主要回答了第一个问题,结论是,这第 12 只骆驼既是必不可少的,同时又不是必不可少的。对于第二个问题,卢曼并没有直接给出答案。他只是认为,无论是归还或者不归还,都是有问题的,因为无论归还或者不归还,法官都不能对自己的行为做出裁判。

但是,如果我们严格地按照法律的理性进行分析的话,法官应该是不能拿回这第 12 只骆驼的。当法官把自己的骆驼奉献出来,变成遗产进行分配时,从法律的角度,就产生了赠与的效果。而遗产分配完成

---

① Sehe Niklas Luhmann, "Die Rückgabe des zwölften Kamels", S. 4.

后,剩下的骆驼,其所有权已经不再属于法官。因此,法官并不能拿回这样一只骆驼。

这种说法似乎有一些道理,但也并非绝对。例如,卡迪可以争辩说,虽然此时这只骆驼的所有权并不属于自己,但由于三兄弟都已经拿到了自己所继承的遗产,所以这只骆驼的所有权也并不属于三兄弟。而老父亲的遗嘱并没有讲清楚这只骆驼可能的归属,因此,此时骆驼已经属于无主物。此时卡迪可以代表国家来收回这只骆驼。当然,热爱法律分析的人还可以沿着这样的思路继续分析下去,例如,法学院的民法高才生会说,这时候第12只骆驼应该按照法定继承的规则进行分配。又如,有人会主张说,尽管不能把这第12只骆驼杀了再按比例分配,但他们可以把这第12只骆驼出租,然后把收益再按照比例分配。然而,你们在民法课堂上学习的法定继承的理论,是否适用于伊斯兰法呢?

毫无疑问,如果基于我们在中国法学院学习的法律教义学的分析,我也是倾向于认为这第12只骆驼是不应该被归还的。它如何被处理是一回事,但它不应该被归还,这一点似乎又是确定的。

在卢曼版本的故事中,卡迪是否拿回了第12只骆驼,交待得有些模糊。所以,卢曼才会提出卡迪是否可以拿回骆驼的问题。从故事的整体脉络中,三兄弟似乎并不反对法官拿回骆驼。但是三兄弟接受法官拿回骆驼的说法,也是很模糊和可疑的。情况很可能是,卡迪法官在三兄弟心满意足地离开空旷的"法庭",最后只剩下卡迪和第12只骆驼后,悄悄地将骆驼拿回去的。这样一个卡迪拿回骆驼的版本,也许更符合大多数法律人对这个事情的看法:卡迪虽然拿回了骆驼,但却是悄悄的,带一点心虚。因为卡迪知道,严格地从法律上讲,自己并不能拿回这只骆驼。

二、第 12 只骆驼的真与假：法学与社会学的冲突

我们都为本案中的第 12 只骆驼着迷。法律人纠结于这样一个事实，即第 12 只骆驼不应该被返还，但真实的结果很可能是，第 12 只骆驼被归还了。许多法学院的学生虽然从专业的角度认为第 12 只骆驼不应该被归还，但从结果考量的角度出发，他们也许会同意第 12 只骆驼的返还。更可能的情况是，如果让他们去做法官，他们都希望自己有一只类似于卡迪法官的骆驼，在需要的时候拿出来，解决问题后再偷偷拿回去。① 当然，此时，第 12 只骆驼就是一种象征性存在，它完全可以变成第 12 只小猪、第 12 头耕牛。②

这不禁让人想起一部中国的主旋律电影《马背上的法庭》中的一个案例——泡菜坛子案。这个案子的情形与骆驼遗产分配案非常相似，也是一个分家的案子，妯娌间各自主张一个泡菜坛子的所有权，拒绝调解，最后法官老冯把坛子摔碎，自己掏出了五块钱，让两家各买一个，平息了纠纷。如果我们把骆驼遗产分割案与泡菜坛子案联系起来，那么我们也可以近似地说，骆驼遗产继承案中的第 12 只骆驼，就是泡菜坛子案中第二个泡菜坛子。在泡菜坛子案中，法官将泡菜坛子用力一摔，将其摔成碎片，这一举动是充满司法智慧的。因为老冯遇见了骆驼遗产继承案中卡迪法官所不曾遇见的新难题，即根本无法确认这个坛子

---

① 卢曼因此进一步地追问：是否每一个法官都必须要有一只可供出借的骆驼？Sehe Niklas Luhmann, "Die Rückgabe des zwölften Kamels", S. 4.

② "第 12 只骆驼有很多名字，而我们将在不同的立场转换中遇见它们。"Niklas Luhmann, "Die Rückgabe des zwölften Kamels", S. 58.

的所有权,或者确认坛子的所有权的成本过高,远超过坛子本身的价值。另外,即便是确认了,纠纷解决的效果也不好,因为妯娌之间的关系最终被伤害了,影响了家庭的和睦。所以老冯一摔,就把整个问题的焦点给扭转了。此时,老冯作为侵权人,就必须赔偿损失。老冯拿出五块钱,分别赔偿给两人一个坛子钱,两人对坛子的所有权都得到了确认,并且被转化成交换价值而得到了实现。

泡菜坛子案与骆驼遗产案最大的区别在于,在泡菜坛子案中,老冯的五块钱再也拿不回来了,但在骆驼遗产继承案中,卡迪拿回了他的骆驼。因此,下一次骆驼也许还能够被使用。其次,两个案子还有一个不太明显的区别,那就是,在泡菜坛子案中,老冯是"马背上的法庭","送法下乡",[①]而骆驼遗产案则是当事人主动来到卡迪面前,要求卡迪裁判。从司法的性质与追求的效果来说,送法下乡是为了今后不再送法下乡,是为了让乡里的人能够有足够的动力,从崇山峻岭中跋涉而来,来到法的门前,寻求正义。

泡菜坛子案向我们暗示了第12只骆驼的另外一种可能性:第12只骆驼也有可能拿不回来。如果第12只骆驼拿不回来怎么办?如果我们从这个转换的角度来观察卡迪的第12只骆驼,就难免会问一个问题,那就是,卡迪的这只骆驼究竟是偶然出现的,还是一直就存在那里,事先准备好了的?卡迪怎么就知道会有这么一个关于骆驼遗产分配的纠纷,然后事先就准备好了这只骆驼呢?如果卡迪手里的骆驼不是"刚好就有",那么,卡迪储藏骆驼的仓库里,是否还存着"大象""毛驴""骏马""牛肉""帐篷"?如果卡迪的成功是以如此一个庞大到无所不包的

[①] 参见苏力:"崇山峻岭中的中国法治:从电影《马背上的法庭》透视",《清华法学》2008年第3期。

仓库为前提条件,那么是否对卡迪的要求高了一点?

在《马背上的法庭》中,一个泡菜坛子只有两块五,因此老冯可以一下子拿出五块钱。但在骆驼遗产继承案中,骆驼显然要贵重得多,如果卡迪法官每次裁判都拿出一只骆驼,估计卡迪法官会破产。就此而言,似乎第12只骆驼必须拿回来。

如果第12只骆驼是能够还回去的,那么第12只骆驼就是一只特殊的骆驼,一只既存在又不存在的骆驼,一只象征性地参与了分配,但实际上却是不可分配的骆驼。卢曼曾经风趣地称之为一只"执行公务的骆驼",一只"程序性的骆驼",一只"可供出借的骆驼"。[①] 用我们熟悉的语言说,这其实是一只"道具骆驼"。就此而言,这只骆驼与老父亲留下的那11只骆驼是不一样的骆驼,因为它是一只"虚拟的骆驼"。

但问题是,在这个案件中,这只骆驼真的必须要实在地借出去,还是仅仅拟制地借出去一下就行了?在裁判过程中,三兄弟一定都同意这只骆驼是"真实的",是与其他11只骆驼"一样的",整个分配方案也都是以此为前提进行的。因此,在裁判过程中,法官和三兄弟,作为"案内人",他们都认为这只骆驼是"真实的",与其他骆驼是"一样的"。对三兄弟来说,第12只骆驼必须毋庸置疑是一只健康的、纯粹生物学意义上的骆驼。否则,他们根本就不可能接受这个判决。

因此,我们发现,在第12只骆驼的性质上,法学与社会学发生了严重的分歧。从法学的角度看,这只骆驼必须是真实的,否则这个案件根本就没法裁判。这个案件从难以裁判到可以裁判,并且最终裁判结果被各方接受,纠纷得到圆满解决,必须建立在这只骆驼是真实的基础之

---

① Niklas Luhmann, "Die Rückgabe des zwölften Kamels", S. 4.

上。但从社会学角度看,这只骆驼其实并不"真实",仅仅是一种拟制的结果。它不是一只真骆驼,而仅仅是一只很"逼真"的骆驼。

法学之所以必须认为这第12只骆驼是真的,是因为它从一种内部的视角来观察这第12只骆驼;与此相反,社会学之所以认为这第12只骆驼是假的,主要是因为它是从外部的视角来观察这第12只骆驼。由于观察视角的差异,最终导致了结论完全是南辕北辙。

将法学与社会学两种针锋相对的视角结合在一起,就产生了一种非常有趣的观察结果:这个案件的判决之所以成功,恰恰就在于这种"拟制的真实"的存在。也就是说,第12只骆驼成功的奥秘恰恰就在于——它既是假的,同时也是真的。从某个方面看,它是假的,但从另外一个方面看,它又是真的。综合来看,它本来是假的,但又必须是真的。恰恰是第12只骆驼身上混杂了这种"真的假"和"假的真"的特性,才是这个骆驼遗产继承案成功的关键。第12只骆驼同时具有"真"与"假"的双重特性,非常形象和逼真地揭示了法学之内部视角观察与社会学之外部视角观察之间的紧张与统一。

在法律实践中,骆驼遗产案折射出来的"内部视角"与"外部视角"之间的紧张与统一,并不鲜见。例如,某大型企业甲因为直接排出污水或者废气而侵害污染了环境,最终被法院判决赔偿一定数额的金钱。这笔金钱从法学的角度看,是一笔损害赔偿金,但如果从外部视角来看,该涉事企业也许会把这笔赔偿金看作是可以正常排污的"环境侵害税",经过经济理性的计算,也许它还会觉得这是一笔超值的"环境污染税",远比费心费力地建立一套完整的排污设施与程序来得划算。①

---

① 参见〔美〕霍姆斯:"法律的道路",第420页。

又比如交通规则的例子。如果从法学的角度观察,则交通规则毫无疑问是一种法律规则。例如俗称的红绿灯规则。当红灯亮时,行人就停下来,当绿灯亮时,行人则穿过马路。他们之所以这么做,是因为他们将"红灯停,绿灯行"的规则当作一条交通规则,并将它适用到自己的行为当中,用来指导自己的行为。当别人不遵守这条规则时,他们还会对违反的人报以批判的眼光与态度,并告诉自己:这是不对的,作为一个守法的合格市民,我应该遵守这条规则。

但是,如果一个外部观察者看到这个现象,他们或许会说:红灯停,绿灯行,这是一个高度盖然性的事件,当红灯亮时,人们停下来等待,绿灯亮时,人们开始穿过马路,这件事的盖然性有多大,以及不同的城市、不同的街区,此事出现的各自盖然性有多大。在他们看来,这里并没有一条"红灯停,绿灯行"的交通规则在发挥作用,而仅仅是某种行为的概率与可能性而已。这就像天边飘来一朵乌云,接下来就有可能下雨,道理是一样的。①

同样地,如果从外部视角来看法律规则,也许我们会发现,法律不过是写在纸面上的一堆条文而已。② 在法律人看来是天经地义、不可更改的真理般存在的法律规则,会随着空间的改变而不同——"在比利牛斯山这边的是真理,而在那边的就是错误"③。同时法律也会随着时间的变化而改变——"立法者三句修改的话,全部藏书就会变成废纸"④。从这样一种社会学视角来观察法律与法学,则法学往往呈现为一种执迷不悟与自我的欺骗。它执迷于某种根本上不存在的"海市蜃楼",根

---

① 参见〔英〕哈特:《法律的概念》,第85页。
② 例如,庞德关于"写在纸面上的法律"与"行动中的法律"的区分。参见 Roscoe Pound, "Law in Books and Law in Action"。
③ 〔法〕帕斯卡尔:《帕斯卡尔思想录》,何兆武译,湖北人民出版社2007年版,第94页。
④ 〔德〕基尔希曼:"作为科学的法学的无价值性",赵阳译,《比较法研究》2004年第1期。

本就无法看清楚自身的本质与世界的真相,在某种意义上陷入天真与幻想之中,从而被欺骗。

就此而言,社会学视角的观察,相对于法学视角的观察而言,具有一种非常强烈的除魅的效果。在法学视角来看,"必须是真的",在社会学视角来看,却"很有可能是假的"。就此而言,社会学视角的观察的一个效果,就是揭示了世界的偶联性[①]与复杂性[②]。

社会学对世界偶联性的这种揭示,既对法学研究提出了挑战,同时也带来了自身的不利后果。它对法学研究的挑战是,在一个偶联的世界中,法学研究所预设的那种非如此不可的"必然性",如何证成？它所带来的一个理论与实践的难题是,由于偶联的世界同时也是一个碎片化的世界,因此社会学的视角虽然能够看出第12只骆驼是假的,却因此也看不见法律的整体性。它看不到第12只骆驼与第12头耕牛之间的一致性。社会学视角把法律仅仅看作是各种具体的人际关系,各种具体的纠纷解决方法,但看不到这些具体的个案、具体的纠纷和具体纠纷解决方法之间的统一性。恰恰相反,社会学视角看到的仅仅是不同纠纷之解决方案之间的矛盾。那么,在这个碎片化的世界中,法律系统自身的"自我认同"就被消解了。法律系统因此就会被溶解和淹没于偶联的世界之中,变得不再存在。[③]

第12只骆驼的故事中蕴含的法律道理显然并不支持此种纯粹外部视角的观察。在这个故事中,第12只骆驼之所以能够发挥神奇的作用,除了卡迪法官的智慧之外,立下遗嘱的老父亲的智慧也非常关键。

[①] 关于法社会学对法律系统所处世界之偶联性的揭示,可参见卢曼于1971年前后写作的,但于2013年才正式出版的专著《偶联性与法律》(*Kontingenz und Recht*)。
[②] 参见泮伟江:"法律的二值代码性与复杂性化约"。
[③] 卢曼用热力学的一对概念"熵"与"反熵"来说明法律相对于世界的这种自主性。参见 Niklas Luhmann, *Das Recht der Gesellschaft*, S. 42。

我们甚至可以大胆地说,在骆驼遗产继承案中,卡迪的骆驼其实来自老父亲这位伟大的立法者,来自他的智慧与权威。由于老父亲的智慧,他设计出了一种比例正义的遗产分配方案,从而从原则上解决了作为遗产的骆驼生老病死带给遗产分配的不确定性问题。部分地由于分配方案本身的公正与合理,部分地也由于老父亲作为立法者的权威,三兄弟都接受了这个遗嘱。因此,整个案件始终,三兄弟都严格地要求按照遗嘱规定的方式来分配财产。

由于老父亲充满智慧的遗嘱,也许各自有着各种各样的我们能够想得到甚至超出我们想象的"小九九"的三兄弟,最后都接受了遗嘱所规定的方案,作为裁判分配的"判准"。当他们来到"法院",请求卡迪对他们的遗产继承纠纷做出裁判时,他们的要求也是,卡迪必须严格遵照遗嘱的方式来执行。

在这个时候,卡迪的第12只骆驼已经由老父亲准备好了。这第12只骆驼,其实就是"法律"(the Law)本身。观察故事中的第12只骆驼,就是观察法律本身。老父亲通过遗嘱的创立,成功地向三兄弟植入了一种法律意识与规则意识,从而使得三兄弟愿意通过法律的方式来解决纠纷。如此一来,三兄弟在遗产分配的过程中,就从各种各样的经济的、心理的、情境的、策略的因素中都解脱了出来。对他们来说,所有这些内心的"小九九"与"小想法",最终都要依靠法律的支持才能够实现。因此,对各自主张的分配方案的合法性进行判断,就变成了关注的焦点。

由于法律是依照"二值代码化"的区分运作来实现功能的,所以,这也就意味着,对司法裁判而言,某个方案、行动要么是合法,要么是非法,而不可能有第三种状态。这就像对于一个主张自己怀孕的妇女而言,她要么是怀孕了,要么是没有怀孕,但她不可能说自己有一点点怀孕。二值代码化的此种非此即彼的二元论区分,大大减轻了法官工作的负担,从而使得价值的分配变得容易起来。从理论上说,这就是司法之所以能够将难以裁断的纠纷予以裁断的一个根本原因。也是在这个意义上,我们可以说,司法是技术的,而不是价值的或者原理的。因为任何价值或者原理,如果要体现在司法裁判过程之中,其自身也必须是如此二值分化的(即要么是正面的,要么是负面的),从而使得它能够被清晰地执行与贯彻。

我们不妨说,卡迪的第12只骆驼,类似于立体几何学中的"虚线"。有了这条虚线,人们就一下子把问题看清楚了,没有这条虚线,数学题就会显得很"疑难"。如果我们从纯粹物理的意义上来看,画在平面上的任何一种图形,本质上都是二维的,而不可能是三维的。但是由于有了"画虚线"的方法,我们就因此拥有了一种在二维平面上表达和建构三维的可能性。正是由于虚线在二维的平面上增加了三维的空间性,所以二维平面中解决不了的问题,在三维空间中,就不成其为问题了。恰恰是由于在物理空间之外,老父亲与老法官这两位也许从未谋面的智者,却"合谋"建构了一种在物理空间之外和之上的法律空间,从而使得原来在物理空间中无法解决的法律纠纷,在这个凭空而起的法律空间中却被圆满地解决了。

三、第12只骆驼的隐喻:法律系统自我观察的悖论

许多人认为,本案中的骆驼可以用"道具骆驼"替代,是因为第12只骆驼是一只执行着"符号"之"指代"功能的骆驼——例如,一只用木头雕刻而成的"道具骆驼"。这只骆驼虽然是道具,但是一旦它与某只

真实的骆驼形成了一一对应的关系,我们就将它看作是一只真实的骆驼。例如,在赌场中,"筹码"代表着真实的"金钱"。

本案中第12只骆驼有趣的地方,恰恰就在于它并不是此种"道具"意义的骆驼,①它的含义是颠倒的,它是一只真正的生物学意义上的骆驼,但却执行着"道具"的功能。这种颠倒表明,此处的骆驼执行的并非是"符号"之"指代"的功能,而是"道具"之"象征"的功能:它象征着法律系统的最高层次,也就是通过一系列的法律运作,使得根本不可能裁决的案件得以裁决。②

也就是说,这第12只骆驼之"假",并非是符号指代意义之假,而在于这第12只骆驼乃是一只"虽然参与了分配",但自身却无法"真正被分配"的骆驼。它的生物学属性使得它"参与分配"的功能得以履行,并且不容置疑,但它实质的重要性并不在于它的生物学属性,而在于它使得"不可能裁决的案件得以裁决"。甚至可以说,第12只骆驼的不真实,乃是因为它在整个裁判过程中执行了语言中起连接作用的类似于"虚词"的功能,使得不同的语句能够被连接起来,从而使得语句的含义完整。但它本身并没有任何实质的指代意义。③

如果我们用这种眼光来观察第12只骆驼,那么前述的问题就变成了如下问题:对法律系统来说,究竟是什么东西使得法律系统的内部区分合法/非法的二值代码化的观察式运作④得以可能?

---

① Sehe Niklas Luhmann, "Die Rückgabe des zwölften Kamels", S. 4.
② Ebd.
③ 在这个意义上,第12只骆驼象征了法律的效力,关于法律效力在法律体系中发挥的此种类虚词作用,可参见 Niklas Luhmann, *Das Recht der Gesellschaft*, S. 98 - 109。
④ 关于法律系统的二值代码化运作的特性,可参见 Niklas Luhmann, *Das Recht der Gesellschaft*, S. 165 - 213; Niklas Luhmann, "Die Codierung des Rechtssystem", *Rechtstheorie* 17 (1986), S. 171 - 203。

说到观察,也许首先浮现在我们眼前的是这样一幅画面:某人趴在窗户边,观察着来来往往的人群。或者,我们脑中会浮现出科研人员隔着笼子"观察"小白鼠的画面。

的确,这就是我们通过日常生活经验所理解的"观察"——就是"看"。但光是"看"这个动作本身还不是"观察"。观察往往意味着"会看","懂得看",通过"看"而获得关于某事的"信息"和"理解"。另外,当我们谈论"观察"时,我们往往还会注意到,"观察角度"的不同,会导致我们"看到的内容"也不一样。因此,更多的时候,当我们说"观察"而不仅仅是"看"时,我们往往是在讲某种比"看"要抽象得多的工作。例如,我们会说,同样一个现象,一个法律人的观察与一个经济学家的观察存在着很实质性的差异。在这里,观察的角度就脱离了某种"横看成岭侧成峰"的空间意味,而带着某种不同的抽象观察准则的差异。

那么,什么是法律系统的观察呢?20世纪中叶兴起的控制论、信息论和系统论等交叉学科研究的先驱者和奠基者们——例如斯宾塞-布朗、马图拉纳和福斯特等人的研究,为我们理解观察的概念提供了重要的启示。根据他们的研究,观察乃是一种二值的区分性运作,即做出某种区分,并且对区分的某一侧做出标记。[1] 例如,当我们看到前面有一辆汽车时,我们实际上在空间中做出了某个区分——某物/某物以外的其他东西。在这个意义上,我们说我们观察到了这辆汽车。我们反思自己所进行的任何观察,都可以将观察归纳与总结为此种区分与标记的运作。

---

[1] Sehe Claudio Baraldi, Giancarlo Corsi & Elena Esposito, *Glossar zu Niklas Luhmanns Theorie sozialer Systeme*, S. 123 – 128.

更进一步地说,虽然感官知觉的观察是我们最熟悉的观察,但观察其实并不仅仅局限于感官知觉的意义上。从严格的逻辑学意义上来说,只要能够做出一项非此即彼的二值区分,并且同时对区分的某一侧做出标记,就能够做出观察。最简单的例子就是空调。我们可以把空调设置成某个温度,例如28℃。当房间的温度高于28℃时,空调自动打开。在这个例子中,该空调就做出了一个观察:首先,它做出了一项区分,即28℃以上/28℃以下;同时在这个区分中做出了一个标记,即28℃以上,空调自动打开。

因此,法律人的观察与经济学家的观察之间的差别,并非是身份的差别,因为一个经济学家也可以做出法律观察,一个法律人也可以做出经济观察。真正把法律人的观察与经济学家的观察区分开来的,是二者所设定的区分形式的差异。法律的观察,其形式是合法/非法这个二元的形式,它的实质是做出这个二元的区分,同时标记这个区分中的某一侧。而经济的观察,其所使用的区分则是支付/不支付,该观察的实质是使用这个形式,并标记其中的一侧。

因此,观察是一种运作,也就是做出一个二值的区分,并且对区分的某一侧做出标记。观察的难题则是,此种观察并无法对用以观察的区分本身予以观察。例如,当合法/非法的区分被适用到合法/非法的区分自身时,又将发生什么情况?这首先意味着,观察者(做出区分并标记区分之一侧的运作)正在试图对自己进行观察。

那么这种自我观察如何可能?首先,如果就单个观察的运作而言,这种自我观察根本是不可能的。因为,观察的运作得以进行的条件,就是将自身置于观察的"目光"之外,也就是说,观察所赖以进行的形式 A/－A 能够进行下去,其前提就是将这个观察的形式排除在观察之外。观察运作的本质,就是在 A 和－A 之间进行选择和标示。① 但该观察形式同时包含了 A 和 – A。因此,它同时包含了 A 和 – A 得以可能的条件,或者说,它同时包含了 A 得以可能与不可能的条件。如此一来,当这个使得观察得以可能的观察形式观察自身时,由于自身同时包含了 A 与 – A,因此选择和标示的动作就根本不可能做出来,只能在 A 与 – A 之间来回摆荡。因此,观察也就进行不下去了。在逻辑学上,这种同时包含某个运作之可能性与不可能性条件的情况,被称作是悖论。②

由于人类的知觉性的观察也是观察的一个特例,并且还是我们最熟悉的一个特例,因此,我们也可以用人类心理系统的自我观察为例来说明这一点。自我反省的一个特点是,当我反省那个"我"时,正在反省的那个"我"与反省对象的那个"我",已经不是同一个"我"了。我们有时候用"旧我"和"新我"来区分这一点。但无论是"旧我"还是"新我",必须还是同一个我。因此,无论是"旧我"还是"新我",其实都不仅仅是某个特定时间点的我,而是作为整体的我。因此,自我观察其实是对自我整体性的一个观察。

如果我们把第 12 只骆驼放在这样一种理论的视野中进行观察与理解,就会发现很多很有意思的地方。比如说,第 12 只骆驼的作用就是让不可裁决的纠纷得以裁决,让不可能进行的沟通得以进行。法律系统作为一个观察的系统,其核心的工作就是通过无数的"法律沟通",对无数的行为和事件的合法性进行观察。通过无数的此种承担合法性观察功能的法律沟通,法律系统生成并涌现出来。

---

① Sehe Oliver Jahraus, Armin Nassehi u. a. (Hrsg.), *Luhmann Handbuch: Leben-Werk-Wirkung*, Stuttgart: Verlag J. B. Metzler, 2012, S. 108.

② Sehe Claudio Baraldi, Giancarlo Corsi & Elena Esposito, *Glossar zu Niklas Luhmanns Theorie sozialer Systeme*, S. 131.

但是以合法/非法这个观察图式运作的法律系统,通过源源不断的沟通性运作,形成了法律系统,并且因此将自身与外部环境区分开来。但法律系统的运作必然会涉及自我观察的问题,一旦法律系统形成自我观察,就必然会涉及法律本身的合法性问题,这就是自我指涉的悖论。法律系统必须隐藏这个悖论,才能够继续运作下去。

法律系统为了能够维持观察,需要第 12 只骆驼,并且必须预设这第 12 只骆驼是真的。① 如果出现一只既真又假的骆驼,法律系统就会自动地把它作为一种"自相矛盾"而予以排除。② 也就是说,从外部视角看,我们能够看出法律事实是一种"人为的建构",但是从内部视角看,我们却必须预设"法律事实"的"真实性"和"客观性",否则整个法律作业就无法启动和进行,就会瘫痪了。

在传统的法律理论中,这个问题最终是通过法律的起源问题被解决的。例如,传统的自然法理论通过神法-人法的某种位阶高低的顺序来解决。因此,某个具体法律的合法性问题被认为是源自更高的规则,如此无限追溯,就可以追溯到世界的根源,也就是神的创造。因此,古典自然法模式必须要求有一个宇宙论或者神创论作为根基。

古典自然法的模式不再被接受后,人们接受了世界的偶联性。于是,人们又提出了"社会契约论"(霍布斯)、法律的暴力起源(马克思)、"自由人的自由联合"(康德)等各种将此种悖论外部化的方式。③ 然而,所有这一切,连同前面提及的自然法理论,无一例外地,表达的都是一个内容:"法律起源于非法律。"它无法直接判断作为起源的那部最高

---

① Sehe Claudio Baraldi, Giancarlo Corsi & Elena Esposito, *Glossar zu Niklas Luhmanns Theorie sozialer Systeme*, S. 6 – 8.
② Ebd., S. 22.
③ Ebd., S. 13.

和最初的法本身是否合法的问题。所以,凯尔森将基本规范作为一种逻辑学的预设,而哈特则只能通过对承认规则进行内部与外部视角的循环论证来回避和隐藏这个问题。① 更早期的社会契约论传统,则通过"自然状态"与"公民社会"的对比与转换,将法的合法性问题转化为公民社会中法律的益处问题。②

也就是说,即便从外部视角看,我们能够看出法律系统所赖以建立的合法/非法的二值代码本身就是一种偶联的"人为建构",但是从内部视角看,我们却必须预设此种二值代码式的观察图式天然的正当性与不可置疑性,否则整个法律作业就无法启动和进行,就会瘫痪了。或者说,从外部视角来看,法律本身就是一种"拟制",因此,"法律"起源于"非法律",就像第12只骆驼乃是一只"外来的骆驼",甚至仅仅是一只"拟制"的骆驼。但从内部视角看,法律系统必须隐藏这一点,使得这一点不可见,从而回避这个问题,假设法律本身就是天经地义的,是"自然的",所以法律的工作就是适用法律,而不是质疑法律本身的起源与合法性。

四、观察第12只骆驼:系统论法社会学的可能贡献

如果关于法律之自我观察的此种理解是正确的,那么,我们也许同样要反思原先关于法社会学的一些"成见"。其中,最大的一个成见就是认为法社会学仅仅是从"外部"观察法律的一种研究方法与实践。这并不是否定从外部观察法律的意义。正如上文指出的,从外部观察法

---

① Sehe Claudio Baraldi, Giancarlo Corsi & Elena Esposito, *Glossar zu Niklas Luhmanns Theorie sozialer Systeme*, S. 10.
② Ebd., S. 13.

律,就可以看出,法律系统赖以运作的观察图式,也即"合法/非法"的观察图式,本身是偶联的,而并非"世界本质的涌现"。

但此种观察的问题在于,它对偶联性的观察,本身也依赖于某种特定的观察图式,否则此种观察根本就不可能进行。因为,任何的观察都依赖于对世界做出二元的区分,并且在区分的一侧做出标记。因此,作为二阶观察,虽然这些观察能够看到合法/非法的二值代码是偶联的,但它无法看到,它自身所用的观察图式——无论是善/恶、美/丑、真理/谬误、合理/不合理——也都是偶联的,也都不可能是"世界本质的涌现"。①

所以,这些所谓的外部观察,只能看到法律系统所用之观察图式的偶联性,却不能观察法律系统本身。因为,法律系统之为法律系统,并不在于它的偶联性,恰恰在于它在偶联的世界之中,通过一系列复杂的沟通性运作,建构起自身的运作封闭性,从而将自身与环境区分开来。② 在法律系统/法律系统之环境的此种观察图式中,法律系统通过自创生的运作将自身从其环境中区分出来,从而创造出了自身的特性。

的确,法律系统也试图从整体上对自身进行观察,进而描述法律系统的特性。但法律系统自身的此种观察与描述,必然受限于法律系统自身观察图式的根本限制,而法律系统自身的最大限制,就是合法/非法的二值代码。③ 就此而言,法律系统的反思理论再发达,也不可能真

---

① 卢曼正是在此种意义上提出,作为观察对象的世界与观察者是密不可分的。不同的观察者所观察到的世界是不一样的。因此,世界本身并非是一元的,而是多元的、多脉络的。
② Sehe Niklas Luhmann, *Das Recht der Gesellschaft*, S. 38 – 123.
③ 这就像人类要反思与观察自身,会问"知识如何可能"等问题,但对这些问题的思考与回答,难免总是要受到人类先天认识图式的影响。

正观察到自身的完整形象。尤其是,它不可能真正地观察到自身的悖论。①

由此可见,一种纯粹外部视角或者内部视角的观察,对于我们观察这个具有反思能力的现代功能子系统而言都是不够的。系统论法社会学的贡献,恰恰就体现在对此种纯粹外部视角或者内部视角的克服上。正如上文所揭示的,纯粹的外部视角仅仅揭示了法律系统的偶联性,却不能告诉我们法律系统的内在特性是什么。而纯粹的内部视角也不能告诉我们法律系统的特性是什么。对此,卢曼做了一个非常形象的比喻,就像喷墨打印机的墨盒,纯黑色是根本无法提供任何信息的。黑色的墨必须被喷洒到白纸上,通过与喷洒之墨周围的白色环境的对比,才能够打印出字体来,从而提供信息。② 同理,纯粹的系统自身的内部运作,也并不能对系统的特性做出说明。系统的特性必须通过与系统的环境的对比才能够显示出来。用观察的理论来说,观察中被标示的一侧的特性必须通过与观察中未被标示的那一侧的对比,才能够显示出来。例如,男人,当它被放在男人/女人这个观察图式中被标示出来时,我们明白这里的男人指的是性别特征;当它被放在男人/儿童这个观察图式中并被标示时,它指的是年龄特征(成年人)。③

相对而言,系统论法社会学的优点是能够同时将外部观察与内部观察结合起来,从而对具有自我指涉性质的、具有自我观察能力的二值编码的现代法律系统进行观察。与仅仅指出现代法律系统之偶联性质的传统法社会学不同,系统论法社会学通过功能比较的方法来

---

① Sehe Niklas Luhmann, "Die Rückgabe des zwölften Kamels", S. 19.
② Ebd., S. 22.
③ Sehe Oliver Jahraus, Armin Nassehi u. a. (Hrsg.), *Luhmann Handbuch: Leben-Werk-Wirkung*, S. 111.

观察现代法律系统。① 功能比较方法的优势在于,对于功能之实现而言,许多完全不同的系统与结构在功能上有可能是对等的,也是可以比较的。因此,这些看似完全不同的系统与结构,彼此而言,都是偶联的。②

在此基础上,系统论法社会学进而考察,某种特定的系统究竟是在何种特定的社会历史文化的条件下演化出来,从而以某种特定的内在特性执行了某功能。通过一种演化论的,结合具体历史文化条件等带有"偶然性"特征的因素的考量,卢曼进而指出了现代法律的二值代码化的内部结构特征,以及由二值代码化运作所带来的悖论问题。对卢曼而言,法律系统的悖论,并非像法律内部观察所理解的那样,是一种"自相矛盾",反而是法律系统得以运作的基础与前提。从系统论的角度看,悖论并非"A = – A",而是 A 因为 – A。③ 恰恰是由于悖论的存在,才使得一种法律系统中的自我指涉式的观察成为可能。④

就此而言,真正的法社会学研究,只能是观察和研究法律系统如何观察自身。而法社会学要做到这一点,就必须把自我观察的法律系统当作一个悖论进行观察。如此一来,社会学的外部观察就能够看到比法律系统内部自我观察所能够看到的更多的内容:"系统的每一个运作都预设和执行了自我指涉的解悖论化。"就此而言,我们可以说,现代社会中不同的功能子系统所赖以观察的不同代码,以及这些代码的自我适用引发的悖论和不同的解悖论化操作,表明了这些不同现代功能子

---

① Sehe Niklas Luhmann, "Soziologie als Theorie Soziale Systeme", S. 113 – 136.
② Sehe Niklas Luhmann, *Das Recht der Gesellschaft*, S. 60.
③ Sehe Niklas Luhmann, "Die Rückgabe des zwölften Kamels", S. 22.
④ Ebd., S. 5.

系统的特性。而这样一种特性，必须通过系统论法社会学的功能比较的方法才能够勘测。①

五、结语

在转型期中国，法社会学研究的学科定位问题一直困扰着众多的法学研究者。表面上，这仅仅是法学学科的方法论之争，但实际上，这场争论背后隐含着一个更深刻的问题，即如何理解现代法律的性质与功能。许多法社会学研究者从一种外部视角出发，解构了法律系统内部建构起来的合法/非法二元代码的内在运作规定性，试图将法律系统解构为各种各样的纠纷解决方案的大杂烩，而许多部门法研究者则"闭门造车"，试图脱离中国社会转型的背景，孤立地进行概念的研究与法条的分析。

卢曼所讲述的骆驼遗产分割案，尤其是关于卡迪的第 12 只骆驼的分析，清晰地展示了这两种分析进路各自的局限性，并指出，唯有通过综合运用功能分析（功能结构主义）与系统分析（自创生的系统理论）的方法，才能够真正观察到具有自我指涉性质和自我观察能力的现代法律系统，尤其是观察到这个系统赖以存在和运作的二值代码的悖论与解悖论的操作，从而理解现代自创生法律系统相对于其他社会功能系统而言的独特性及其在现代社会中承担的功能。

就此而言，社会学对法律的观察，就是观察法律如何观察它自身的。法律系统对自身的观察一定不是多元的，而永远是一元的。但对

---

① Sehe Niklas Luhmann, *Das Recht der Gesellschaft*, S. 60.

法律的外部观察,却可以说是多语境的,因此也可以是多元的。对法社会学来说,它的工作是观察法律系统如何观察它自身。

也许,这就是卡迪的第12只骆驼给处于法学之"内部视角"与社会学之"外部视角"之紧张关系中,面临着何去何从之方法论困惑的中国法社会学研究者的最大启示吧。

原载《暨南学报》(哲学社会科学版)2019年第2期

宪法的社会学启蒙
——论作为政治系统与法律系统结构耦合的宪法

导 论

政治宪法学与规范宪法学的争论,是晚近宪法学界特别令人瞩目的一个现象。正如有学者指出的,这个争论既是方法的,① 也是关于"什么是宪法"或者"如何理解宪法"的基本概念层面的。② 在这场争论中,规范宪法学的核心立场是坚持宪法的"法律属性",并基于宪法的法律属性而主张宪法教义学的方法论。与此相对,政治宪法学虽然并不否认宪法的法律属性,但认为在"法律属性"之外,宪法还具有"政治属性",并且,宪法的政治属性比宪法的法律属性更为"根本",因此,对宪法之政治属性的理解,构成了我们理解宪法法律属性的基础与前提。③ 在此基础上,政治宪法学主张在方法论上突破宪法教义学的局限,探索

---

① 参见李忠夏:"中国宪法学方法论反思",《法学研究》2011 年第 2 期。
② 参见周林刚:"'政治宪法'的概念:从'政治宪法学'与'规范宪法学'之争切入",《天府新论》2016 年第 1 期。
③ 参见陈端洪:"宪法的法律性阐释及证立",《清华法学》2016 年第 2 期。

一种政治宪法学的方法论可能性。

宪法既是法律,又不是普通法律,而是根本大法。如何理解和处理宪法的法律属性与政治属性及其二者之间的关系,就构成了政治宪法学与规范宪法学之间争论的焦点。一方面,如果我们否认宪法的政治属性,将宪法仅仅定位为法律的,很可能就会失去现实感,因为毕竟如果宪法是"实际上的成就,而非仅仅是作为文本存在"[①],就必须要承认,宪法文本条款的真正贯彻与实施,一定程度上确实依赖于基本政治秩序的稳定性。另一方面,如果我们因此将宪法的政治性看作是宪法法律性的本质与前提,而将宪法的法律性看作是宪法的次要和附带属性,就很可能将自己的研究变成了"宪法政治学"研究,或仅仅是以宪法为对象的政治研究。[②]

隐含在政治宪法学与规范宪法学背后的核心问题是法律与政治的关系问题。要正确理解和处理宪法的法律性与政治性,就必须提供一种分析与处理法律与政治关系的基本理论框架。这需要概念与方法的创新。法律人出身的德国社会学家卢曼,在综合社会学、生物学、神经心理学、控制论、信息论、一般系统理论、社会演化理论等20世纪40年代以来的新的交叉学科研究成果,提出了社会系统理论,[③]为我们理解宪法的此种"政治"与"法律"的双重属性问题,提供了一套完整和科学

---

① Niklas Luhmann, *Das Recht der Gesellschaft*, S. 470.
② 参见郑毅:"政治宪法学与规范宪法学的分野——兼评陈端洪新作《制宪权与根本法》",《中国图书评论》2010年第10期。
③ 关于卢曼社会系统理论的整体性介绍,参见陆宇峰:"'自创生'系统论法学:一种理解现代法律的新思路",《政法论坛》2014年第4期。

的概念框架与工具,很有启发性。① 如果说,宪法的"政治性"与"法律性"分别是政治宪法学与规范宪法学基于各自角度对宪法的观察,则社会系统理论在政治宪法学与规范宪法学之外,提供了理解宪法性质的第三种路径,②我们不妨将其称作系统论宪法学。③ 系统论宪法学将宪法看作是政治系统与法律系统的结构耦合,因此同时相当精确地说明了宪法的政治性与法律性及其相互之间的关系:既不像规范宪法学那样否认宪法的政治性,同时也不像政治宪法学那样,用宪法的政治性吸纳宪法的法律性,而是将二者看作是既相互分立平行,又互相利用和依赖的复杂关系。

---

① 卢曼早在1973年就在德国公法学权威刊物《国家》(为施米特学生所创)中连载两期,提出了类似于中国政治宪法学者提出的问题,并用"社会分化"的基本框架观察"政治宪法"问题。相对而言,这两篇文章更侧重从政治系统的"自我反思性"角度探讨宪法的政治性,也没有用"结构耦合"的理论来观察与解释宪法。随着卢曼社会系统理论的进一步发展与深化,卢曼随后也写作了一系列的论文和著作深化了相关的观点,并最终将宪法解释成政治系统与法律系统的结构耦合。本文试图综合卢曼相关著述的整体,并基于中国宪法学的历史处境与现实,对该问题做一个贯通性的研究。卢曼早期关于政治宪法的理解,参见 Niklas Luhmann, "Politische Verfassungen im Kontext Des Gesellschaftssystems" (I, II), *Der Staat*, Vol. 12, No. 1, 1973, pp. 1 – 22, 165 – 182。
② See Niklas Luhmann, "Two Sides of the State Founded on Law", in Niklas Luhmann, *Political Theory in the Welfare State*, Berlin, New York: de Gruyter, 1990, p. 196.
③ 系统论宪法学之所以称呼自己为"宪法学",主要是基于对国内法律论辩中形成了各种习惯性表达的尊重,例如社科法学、政治宪法学、规范宪法学、社会理论法学等。随着政治宪法学与规范宪法学的争论、社科法学与法教义学的争论,类似的称呼已经约定俗成,并被广为接受。系统论宪法学用一种积极的心态肯定这些争论的贡献,将它们都看作是中国法学繁荣与不断走向成熟的重要标志。系统论宪法学期待能够在中国法学的诸种有益论辩中贡献自身的一份力量,成为整个法学光谱中的有益一环。

一、隐藏悖论:作为政治系统与法律系统共同演化之成就的宪法

宪法是法律,更是根本法,这是政治宪法学与规范宪法学的共识。二者的差异在于,政治宪法学追问的是"根本法何以根本",而规范宪法学追问的则是"根本法"何以为"法"。通过追问"根本法何以根本",政治宪法学指出了宪法的政治性,将根本法/一般法这种区分转化成制宪权/宪法文本的区分,从而提出宪法的本质乃是一种"秩序生成法",而不仅仅是一份成文的、被当作法律进行解释的实证性文本。相对于有待解释的法律文本而言,宪法秩序生成的逻辑与过程具有更为根本的重要性。[①] 在此种制宪权/宪法文本的不对称关系中,隐含着政治/法律之间的不对称关系,即政治是法律的基础,而法律乃是政治的附庸。[②] 政治宪法学者因此主张"到政治权力话语中去发掘建构宪法话语逻辑的资源"[③]。

从法律史的角度看,一直到1789年美国宪法诞生,才出现了世界上第一个成文宪法。成文宪法的出现与实证法理论的出现大致是同时的。成文宪法可以被看作是法律实证化时代的产物,大致可以看作是对自然法衰落的某种回应与补偿。相对于自然法而言,成文宪法是"实证法",而相对于一般实证法而言,成文宪法又在一定程度上承担了"自然法"的功能:它回答了一般实证法的合法性问题,即实证法的合法性

---

① 参见高全喜:"政治宪法学的兴起与嬗变",《交大法学》2012年第1期。
② 参见陈端洪:"论宪法作为国家的根本法与高级法",《中外法学》2008年第4期。
③ 陈端洪:"宪法的法律性阐释及证立",《清华法学》2016年第2期。

就是合宪性。宪法构成了实证法证明自身合法性的最后根据。当然，这也意味着，法律自身的合法性基础不再在法律之外寻求，而是来源于一种被称作是"宪法"的实证法。实证法自身成了自身的根据。①

古典自然法以一个具有等级结构的宇宙论为基础。② 例如，在古希腊的宇宙论中，宇宙与城邦之间存在着某种神秘的对应关系，整个城邦秩序被看作是整个宇宙秩序的映射。③ 正是在这样一种宇宙论基础上，柏拉图在《理想国》中，才能够毫不费力地在城邦的政治秩序与个人灵魂的秩序之间建立了类似"大字"与"小字"之间的对应关系。④ 又例如，中世纪阿奎那著名的神法、永恒法、自然法与人法的法律等级体系。⑤ 在这样一种法律观中，法律的本质来自某种外在于法律的真理，也即道德化的自然法之中。法律本身不过是此种道德化自然法的某种反映。因此，在古典自然法理论中，"创造"法律是不可能的，立法者所能做的不过是"发现"法律，立法与司法是没有区别的。历史上，英国的议会既承担立法的职能，也承担司法的职能。

虽然在古代自然法阶段就已经出现了实证法，并且在一定程度上也承认实证法的变迁性，但实证法本身仍然必须"被想象为法律秩序的一部分"，并且"法律规范都只能在一个狭小的范围内获得正当的可变性"。⑥ 法律的改变，只能是在下位阶的法对上位阶的法的适用的意义

---

① Sehe Niklas Luhmann, "Verfassung als evolutionäre Errungenschaft", *Rechtshistorisches Journal* 9 (1990), S. 199.
② Sehe Niklas Luhmann, *Das Recht der Gesellschaft*, S. 39.
③ 参见洪涛：《逻各斯与空间》，上海人民出版社1998年版。
④ 参见〔古希腊〕柏拉图：《理想国》，郭斌和、张竹明译，商务印书馆1986年版，第57页。
⑤ 参见〔意〕阿奎那：《阿奎那政治著作选》，马清槐译，商务印书馆1982年版，第106—108页。
⑥ 〔德〕卢曼：《法社会学》，第238页。

上做出有限的调整。也就是说,"法律有效性基本上被看成是永恒的,或者,至少渊源于永恒的有效规范,而非基于持续适应所获致的妥当性"①。

形而上学的古代宇宙观崩溃以后,当法律不再被看作自然理性的体现时,主权者的意志就变成了法律的外在根据。② 法律由此既被看作是实证的,同时又是以主权者的最高权威为根据而产生的。主权的绝对性有两个来源。一个是神学的规范性来源,借用的是基督教神学中上帝主权的绝对性,乃是中世纪教权与皇权,以及世俗君主与皇权斗争的历史结果。另一方面,这也是绝对主义国家君主与封建领主之间对抗与斗争,扫荡封建君主的堡垒,形成统一国内秩序的后果。③ 主权者被看作是秩序的基础和守护者。此时,任何政治上的反对派和分权的概念,都被看作是对主权的挑战,也是对秩序的挑战,因此是不可容忍的。此时,还不存在宪法的概念。然而,此时已经出现了一种观念和政治安排,即最高主权者既是政治社会中秩序的捍卫者,也有可能成为秩序最大的破坏者。④ 这本身就是包含在主权概念中的一个悖论。⑤

从 18 世纪开始,绝对主义国家君主主权的绝对性及其超越法律的恣意,在从欧洲中世纪等级社会向现代工商社会的过渡中,遭遇了现实的困难。这种转换同时伴随着欧洲社会从等级社会向工业社会大规模秩序的变迁,以及随着秩序变迁而产生的社会高度复杂化的过程。社

---

① 〔德〕卢曼:《法社会学》,第 238 页。
② 参见〔英〕奥斯汀:《法理学的范围》,刘星译,中国法制出版社 2001 年版。
③ Sehe Niklas Luhmann, "Verfassung als evolutionäre Errungenschaft", S. 195.
④ Ebd.
⑤ 卢曼如此表述隐含在主权中的悖论:"我可以不受拘束地做出对所有人有拘束力的决定,这也意味着,该决定也拘束我自身,因为我也属于政治系统。我既受又不受自身的拘束。"Ebd., S. 197.

会类型的变化导致了大量新问题的产生,从而刺激了法律规则供给数量的激增。此时,在英国出现了议会主权的观念,而在欧洲大陆,原先综合立法权与司法权的主权者的统一裁判权观念也衰落了,取而代之的是立法权与司法权分立之观念与实践的兴起。① 立法者在法律的创设与变迁中,扮演了关键性的角色。转型时期工商社会出现的诸如工业、金融、商业、济贫等大量的立法需求,都是绝对主义君主主权的恣意决断能力所无法满足的。正如卢曼曾经指出的,"法律并不起源于立法者的笔端","立法的功能并不在于创制和生产法律,而在于将规范选择为约束性的法律并赋予其象征性的尊严"。② 并且,如果立法者并不考虑其所创设的法律司法适用的可能性,则立法无异于"盲目飞行"。③ 富勒在《法律的道德性》中,列举并详细阐述了立法者造法失败的八种情形,无一例外地都表明了,纯粹主权立法者的意志在治理现代大规模复杂社会时是多么地捉襟见肘。更多时候,主权者的恣意不但无法成为法律正当性的根据,还成为造法失败的根本原因。④ 因此,如何限制最高主权的恣意性,就变成了近代政治的现实问题。⑤

在形而上学宇宙论崩解以后,最高主权自身的正当性也成为问题。霍布斯的《利维坦》用自然状态—社会契约—政治社会的"三段论式"的理论装置,从功能的角度为主权者的最高权威性做了一个正当性的

---

① Sehe Niklas Luhmann, *Politische Soziologie*, S. 40.
② 〔德〕卢曼:《法社会学》,第262页。
③ Sehe Niklas Luhmann, *Das Recht der Gesellschaft*, S. 302.
④ 参见〔美〕富勒:《法律的道德性》,郑戈译,商务印书馆2005年版,第40—45页。
⑤ 洛克与孟德斯鸠通过将最高权力予以分解,形成制约与平衡结构的设想,就是着眼限制主权的恣意性以保护个体的自由。例如,洛克在《政府论》(下篇)中指出:"使用绝对的专断权力,或以不确定的、经常有效的法律来进行统治,两者都是与社会和政府的目的不相符合的。"参见〔英〕洛克:《政府论》(下篇),叶启芳、瞿菊农译,商务印书馆1996年版,第85页。

论证。① 主权者本身被看作是法律规范性的终极基础与根据,同时主权者本身又不受法律的约束,既在法律之中,又在法律之外。从契约论的逻辑看,主权产生于从自然状态向政治社会转化的一刹那,也即签订社会契约的一刹那。因此,主权的绝对性来源于"立约"的神圣性。立约的特定时刻被看作是一种神圣的时刻:这是"一个历史性的起源,一个启示的时间"②,是一个人民做出根本决断的时刻,也是一个立宪的时刻。而由这个时刻产生的契约(最初仅仅是一个理论上的拟制,但在美国宪法产生后,变成了一个真实的法律文件),就被认为是一个神圣的文本,具有根本性与至高性。

人民主权的概念解决了绝对主义君主主权自身的正当性问题。在此基础上,通过洛克与孟德斯鸠的工作,通过自然权利理论与权力分立的理论,绝对主义主权的恣意性问题基本上被解决。在这个基础上,成文宪法的产生,同时解决了主权性权威的正当性基础与恣意性限制的问题。或者说,此种解决的方案,其实就是将主权权威隐藏在宪法之中:被宣称具有至高无上权威的主权者,其权威的来源却是作为其治理对象的人民的同意。主权者本身不受任何法律的限制,同时却必须受宪法这样一份神圣时刻之"契约"的限制,甚至主权者本身,就是这份神圣契约的"人为建构"。在现代宪法理论中,立法者/主权者被看作是一种法律建构的职位或者机构,以区别于具体履行该职务的任何实体性的个人。③ 就此而言,"法律"在政治领域中发挥了某种关键性的作用,

---

① 参见〔英〕霍布斯:《利维坦》,黎思复、黎庭弼译,杨昌裕校,商务印书馆1986年版。
② 〔德〕卢曼:《法社会学》,第263页。
③ 哈特在《法律的概念》中非常清晰地指出了这一点。参见〔英〕哈特:《法律的概念》,第49—74页。

人民主权的悖论本身被推移到"宪法"之中。也就是说,政治系统不再追问最高主权者决断的正当性问题,只要最高主权者的决断是在"宪法和法律的范围之内"。由此可见,宪法的"政治性"与"法律性"的双重性,至少意味着以下两种含义:

首先,法律系统需要宪法,即法律的合法性需要通过宪法的问题得到"解决",而解决的方案就是强调"法律起源于非法律",例如"作为从自然状态向政治社会过渡的一份社会契约"(霍布斯、洛克、卢梭)、"自由人的自由联合"(康德)、"基础规范"(凯尔森)。值得注意的是,此处强调"法律的非法律性",并非是要打破"法律的界限",从而混同法律与非法律,而是在"观察"的层次将法律系统与环境的区分再次引入法律系统之中。这不过是法律系统内部自我指涉与外部指涉的区分而已。① 成文宪法以法律的"合宪性"取代"法律的正当性",本身就表明了对法律自身之合法性不断无限往前追溯之链条的截断。因此,宪法作为实证法而存在,这意味着实证法的合法性仍然在实证法之内,而不在实证法之外,因为,作为一般法律合法性的根据和保障的宪法,自身仍然是一种实证法。宪法通过"法律的合宪性"问题转化了"法律的合法性"问题,从而在法律系统内部隐藏了"法律自身的合法性"的悖论。②

其次,正如卢曼曾经指出的,宪法教义学的法源论并不能回答"宪法的内容是什么""是否以及为何必须提供一个宪法""如何证成宪法

---

① Sehe Niklas Luhmann, "Verfassung als evolutionäre Errungenschaft", S. 199.
② 关于悖论与隐藏悖论问题,可参见 Claudio Baraldi, Giancarlo Corsi & Elena Esposito, *Glossar zu Niklas Luhmanns Theorie sozialer Systeme*, S. 132-135;亦可参见宾凯:"法律悖论及其生产性:从社会系统理论的二阶观察理论出发",《上海交通大学学报》(哲学社会科学版)2012 年第 1 期;宾凯:"法律自创生机制:隐藏与展开悖论",《交大法学》2013 年第 1 期。

的最高性与根本性"等问题。然而,无论是施门德的"宪法整合论"还是施米特的"政治决断论",其基本做法与耶律内克的国家法学并无本质差异,都是"将对国家的基本理解投射到宪法之中",因此也无法回答上述问题。他们的共同问题是,都"将国家乃至社会的基本要素详尽地固定在行为遵从上","预设了我们社会之构成结构采用了规范性行为期待的模式",因此把宪法的问题仅仅理解成"规范遵守或违背的问题"。①

如果我们将政治系统作为社会系统的一个子系统进行观察,并采用系统分化的理论作为分析工具,就能够更清晰地看到现代宪法的起源以及演变的逻辑。② 例如,从社会分化的逻辑来看,现代宪法的权力分立理论取代了古代政治的混合政体理论,恰恰是政治系统与行政系统进一步分化的结果与反映。③ 总的来说,宪法乃是政治系统内部通过"否定之否定"的方式与过程确定"政治系统"与其"社会环境"之边界的过程与结果。④ 此种边界的划定,既能够使得政治系统更好地实现"做出有集体拘束力的决断"功能,同时也通过否定的方式使得政治系统不至于干预到其他社会子系统的正常运转。用政治宪法学的话来说,这就是"既约束最高决断权的恣意,又能够贯彻执行决断的意志"。现代宪法主要是通过法律化的设置将政治系统的悖论隐藏到宪法之

---

① Sehe Niklas Luhmann, "Politiche Verfassungen im Kontext Des Gesellschaftssystems" (Ⅱ), S. 172.
② 卢曼比勒菲尔德大学曾经的同事迪特尔·格林就采用了此种理论视角和分析工具研究宪法史,做出了富有启发性的分析。参见〔德〕格林:《现代宪法的诞生、运作和前景》,刘刚译,法律出版社2010年版。
③ Sehe Niklas Luhmann, "Politiche Verfassungen im Kontext Des Gesellschaftssystems" (Ⅰ), S. 7 – 12.
④ Sehe Niklas Luhmann, "Politiche Verfassungen im Kontext Des Gesellschaftssystems" (Ⅱ), S. 166 – 168.

中,并借助于法律,而非政治本身,巧妙地将政治系统中的主权悖论问题转化成国家机构及其行动的合宪性问题。这同样是将政治系统与环境的区分再次引入政治系统,从而在政治系统内部形成自我指涉与外部指涉区分的结果。

由此可见,在系统论宪法学的视角下,"宪法的根本性"呈现出与政治宪法学略有不同的面貌。系统论宪法学认同政治宪法学对宪法之政治面向的揭示,承认宪法政治性面向的重要性,但系统论法学并不认可政治宪法学所建构的"政治优先性"的论调。对系统论宪法学来说,"政治优先论"乃是法律系统为了隐藏自身"合法/非法"的二元化代码运作而采取的一个隐藏自身悖论的"策略",而同样的策略也存在于政治系统隐藏自身主权悖论的运作中。政治系统为了维持自身的运作,也不得不借助宪法来隐藏主权的悖论。因此,宪法的政治性与法律性之间并不存在谁高谁低的关系,而是法律系统与政治系统为了自身运作而"互相借用"的结果。[①] 对政治系统而言,法律系统所提供的合法性判断构成了政治系统的外部指涉,从而有助于政治系统隐藏自身的悖论;而对于法律系统而言,政治系统关于宪法生成的一整套叙事也为法律系统提供了稳定的外部指涉,从而有助于法律系统隐藏自身的悖论。

二、结构耦合:概念的界定与阐明

政治系统与法律系统各自分立,同时又"互相借用"和互相依赖。此种关系典型地出现在"宪法"之中,从而导致宪法既具有"政治性",

---

① Sehe Niklas Luhmann, "Verfassung als evolutionäre Errungenschaft", S. 202.

又具有"法律性"的双重属性。系统论宪法学用"结构耦合"的概念来描述政治系统与法律系统的此种关系,而宪法则是两个系统之间此种关系的"表现形式"。结构耦合的概念尤其有助于说明政治系统与法律系统相互影响的方式与渠道是什么,以及通过"宪法"这个相互影响的"条件化渠道",两个系统各自可以赢得什么。同时,该概念也可以帮助我们从演化理论的角度观察政治系统与法律系统如何可能共同演化,形成一种"结构漂移"的效果。

结构耦合的概念最初来源于细胞生物学研究领域,智利生物学家马图拉纳在20世纪70年代发展他的生物自创生(Autopoiesis)理论时提出了该概念。① 根据马图拉纳的研究,生命系统的特征是,其自身的运作只能通过其自身的运作网络而生产。生命系统的统一性就是生命自身的要素与运作的内部再生产所组成的网络。② 例如,一个细胞是一个自我再制的系统,它在分子的层面持续地制造出了自己的组成部分(蛋白质、核酸、脂质、葡萄糖、新陈代谢所需的物质),而这些组成部分是维持细胞组织所必须的。这些组成部分的持续运作构成了细胞内部的生产网络,而这些组成部分本身又是由这个生产网络所生产的。同时这个生产网络又以自身所生产的这些组成部分作为进一步再生产的基础,如此构成了一种运作的递归性(Rekursivität)。③ 由此造成结果就是自创生系统的内部运作的封闭性。但同时细胞又与环境之间存在着能量交换的关系,只不过此种交换关系也受细胞内部组成部分的生产

---

① Sehe Humberto R. Maturana, *Erkennen: Die Organisation und Verkörperung von Wirklichkeit: Ausgewählte Arbeiten zur biologischen Epistemologie*, Braunschweig/Wiesbaden: Braunschweig, 1985, S. 143ff., 150ff., 243f., 251f.

② 参见〔德〕Kneer, Nassehi:《卢曼社会系统理论导引》,鲁贵显译,台湾巨流图书公司1998年版,第63—65页。

③ 同上书,第65页。

与生产网络的调控和引导,即细胞质只接受环境之中对其组成部分的生产所必需的东西。自创生概念意味着,在自创生系统与环境的关系中,是系统自身内部的运作为此种系统与环境的关系设立条件,进行调控。系统的开放性以系统的封闭性为条件。

在自创生概念的基础上,马图拉纳进一步提出了结构耦合的概念。在马图拉纳那里,结构耦合指的是系统与其环境之间,以及两个自创生系统之间递归的和稳定的互动关系,在此种互动关系中,二者之间并不互相决定,但又互相刺激,从而形成了某种共同演化意义的"结构漂移"现象。[1]

卢曼在20世纪80年代左右,创造性地将自创生和结构耦合的概念引入了社会系统理论的研究之中,将其与卢曼20世纪六七十年代关于自我指涉的复杂系统理论结合起来,从而使得这几个概念具有跨学科意义的更高层次的抽象性与普遍性。[2] 例如,现代控制论的研究表明,无论是生物的、机械的还是数字化的对象,都有可能处理信息,对信息做出反应并改变或者被改变,以完成系统的目标。[3] 借助于格雷格里·贝特森、阿什比、福斯特等人的研究成果,卢曼的社会系统理论指出,不仅生物系统是自创生的,而且人类的心理系统与社会系统也是自创生的。生物自创生系统、心理自创生系统和社会自创生系统分别都是自创生系统的个案与特例。三者既具有共性,又具有各自的特性。例如,生物自创生系统能够不断再生产具有持存性质的元素,而心理自创生

---

[1] Sehe Humberto R. Maturana, *Erkennen: Die Organisation und Verkörperung von Wirklichkeit: Ausgewählte Arbeiten zur biologischen Epistemologie*, S. 143ff., 150ff., 243f., 251f.

[2] Sehe Niklas Luhmann, "Wie ist Bewusstsein an Kommunikation beteiligt?", in Niklas Luhmann, *Soziologische Aufklärung 6*, Opladen: Westdeutscher Verlag, 1995, S. 113 – 124.

[3] 参见刘蒙之:"格雷格里·贝特森对传播学研究的奠基性贡献",《上海师范大学学报》(哲学社会科学版)2009年第4期。

系统与社会自创生系统则以"事件"为基本单位。① 事件的性质是,其并不持续占据某个空间的点,而是刚刚产生,旋即消失。因此,无论是心理系统还是社会系统,都只能在时间面向上不断地再生产才能够自我维持。如果说,社会系统也是一个自创生系统,其通过系统内部的递归性生产网络不断地生产自身的要素(事件),而这些要素既是这个生产网络再生产的前提,本身又构成了这个生产网络,那么,社会系统也是既封闭又开放的,并且封闭构成了开放的前提。如此一来,两个社会系统之间的关系,也同样是结构耦合的关系。

结构耦合的概念告诉我们,自创生系统的内部结构与运作是独立于环境的,同时,环境中的任何事物,又有可能与系统内部的结构与运作相关。我们在很多领域中都可以看到此种结构耦合的例子。例如,在地球引力与生活在地球上的生命体的运动之间,就存在着结构耦合的关系。地球引力限制了生命体的身体与器官移动的可能性,使得生命体基本上只能在贴近地面的有限空间移动。但地球引力并没有因此干涉生命体在地球引力所限缩的这个有限空间内如何具体移动。② 地球引力与生活在地表的生命体之间的这种结构耦合关系,本质上是一种"正交关系"(orthogonal relation),这意味着,环境只能在"毁灭"的意义上"决定"系统,但却不能直接干涉或者控制系统每一步的运作。③ 又例如,结构耦合的概念可以解释,为什么生长在同一个家庭之中的兄弟姐妹,却形成了完全不同的性格。而结构漂移的概念则又可以进一步指出,虽然这些同一家庭出生和成长的孪生兄弟和姐妹之间各有不同的体质与性格,但相互之间又分享了许多

---

① Sehe Niklas Luhmann, *Soziale Systeme: Grundrisse einer allgemeinen Theorie*, S. 388.
② See Niklas Luhmann, *Introductions to Systems Theory*, p. 85.
③ Ibid.

共同的特征。

结构耦合是一种"耦合"。"耦合"是一个控制论术语,强调两个要素之间非必然的选择关系。因此,结构耦合的概念包含着某种高度选择性的因素,"预设和组织了耦合":环境中某些要素被系统的结构所包容与接纳,而某些要素则被结构所排斥。[1] 而被包容的要素就能够对系统产生影响,被排斥的要素就很难对系统发生直接的影响。就此而言,耦合意味着一种区分,即系统之内侧与外侧的区分:内侧包含着对刺激的承认,而外侧则保持对环境的冷漠。[2] 结构耦合的概念包含着某种连接与沟通系统与环境的"渠道"含义。例如,人的生理系统与外部环境是通过眼睛、耳朵、鼻子、皮肤等特定的渠道保持连接。除了这些特定的对外界刺激保持敏感的渠道之外,外部环境的因素就不再能够对人的生理系统产生直接影响。由此产生的一个效果就是,既实现外部环境某些因素与系统之间的因果关联,又使得外部环境中某些因素与系统之间的因果关联被强化,某些因素与系统之间的因果关系被弱化,甚至被直接取消。在结构耦合关系中,环境被分成了两类,一类是能够对系统产生影响的,一类是无法对系统产生影响的。[3] 我们可以将系统与环境之间的结构耦合关系对系统与环境之间因果关系产生的此种影响称作是"因果关系的渠道化"(the canalization of causalities)或"因果关系的条件化"(conditioning of causalities)。值得注意的是,此处因果关

---

[1] See Niklas Luhmann, "Operational Closure and Structural Couple: The Differentiation of the Legal System".

[2] Ibid.

[3] Sehe Niklas Luhmann, *Soziale Systeme: Grundrisse einer allgemeinen Theorie*, S. 256 – 265.

系的条件,是由系统自身运作的,而不是由环境预先设置的。①

此种对系统与外部环境的关系进行限制产生的好处是,系统可以对外部环境的某些特定类型的刺激,产生更精细与敏感的反应。大脑借助眼睛在相当狭隘的感觉宽频之内与其环境进行耦合,例如在色谱中只有一小部分能被眼睛所看到,然而,正因如此,大脑才不必对外界所有的刺激做出反应,从而使得大脑能够有比较充分的时间与资源,组织起内部的复杂性,在大脑内部建构起巨大的结构化能力和充分利用系统所接收的有限和少量外部刺激的巨大能力,"大脑正因此使得整体器官保持着对环境极其罕见的高度敏感"②。

大脑与外部环境的例子,仅仅是指单个自创生系统与外部环境之间的结构耦合关系。心理系统与社会系统之间结构耦合的例子,则可以帮助我们看到两个自创生系统之间互相依赖,又互相限制的关系。社会系统必然以心理系统的存在为前提,通常我们将其表述为"没有人就没有社会"。但反过来说,心理系统其实也以社会系统的存在为前提。例如,假设某个婴儿被抛弃在旷野或者森林,在脱离人类社会的环境中存活并成长,那么该婴儿的心理系统就无法充分发育起来,而更类似于动物。对于心理系统而言,社会系统为其内部结构的建立与运作的发展提供了充分的复杂性与选择可能性,从而促进了心理系统内部

---

① 就此而言,结构耦合规定的系统与环境之间的"条件化因果关系",并非通常社会科学因果解释意义的"因果性问题"(question of causality),而是一种系统理性意义的"指涉问题"(question of reference),也就是说,此种条件化的因果关系,其实是系统通过自身内部的运作,将系统内部的状态"归因到"(attribute to)环境中的某个要素。因此,该问题背后隐含着一种控制论意义的观察与二阶观察的问题。因此,此种条件化的因果关系,本质上是"一个观察者对因果归因的兴趣"(an observer interested in causal attribution)。对此详细的阐述,参见 Niklas Luhmann, "Operational Closure and Structural Couple: The Differentiation of the Legal System"。

② Niklas Luhmann, *Das Recht der Gesellschaft*, S. 441.

的建构。[①]

由此可见,结构耦合与自创生概念是互相关联的。结构耦合并不仅仅是关于两个系统之间外部关系的描述,而且也揭示了此种结构耦合的外部关系是如何参与系统内部诸运作之间关系的塑造的。就此而言,结构耦合并非两个系统之间的偶然关系,对处于结构耦合的两个系统之间的关系来说,它是"实质性的系统属性,是耦合着系统的必要条件"[②]。因此,结构耦合对耦合着的诸系统来说,是"必要的和构成性的","它定义了各自系统的过程特征,以及系统自身"。[③]

结构耦合的概念不仅揭示了系统与环境之间"渠道化的因果关系",还进一步说明了,系统外部环境因素对系统的激扰或刺激,是如何导致系统内部结构与运作的调整的。简单来说,这是通过外界环境的刺激,产生系统与环境的"共振"(resonance),随后在系统内部制造了一个信息,系统根据该信息做出了内部的自我调整,从而实现了对环境刺激的回应。对系统而言,一项刺激的出现,意味着给系统"提供了在多种可能性的范围内进行相关选择"的机会。例如,当我们闻到油烟的味道时,我们可能会想到厨房在炒菜或者肉烤焦了,但不太可能会想到厨房的煤气泄漏了。[④] 因此,对系统来说,一项刺激就会使得系统产生关于外部环境的一项信息。值得注意的是,此处所谓的信息,并非是可以被用来不断"复制"的持续存在的内容。信息的本质是,在某些可能性的范围内,对某种可能性的选择所带来的惊讶效果。如果这个选择被

[①] 心理系统与社会系统的共同演化,导致了二者共享的"意义"形式的出现。对此,参见 Niklas Luhmann, *Soziale Systeme: Grundrisse einer allgemeinen Theorie*, S. 92。

[②] Oliver Jahraus, Armin Nassehi u. a. (Hrsg.), *Luhmann-Handbuch: Leben-Werk-Wirkung*, S. 122.

[③] Ebd.

[④] See Niklas Luhmann, *Introductions to Systems Theory*, p. 90.

不断选择,信息的价值就失去了,而信息也就不再是信息了。我关掉办公室的门正准备出去,这时候有人告诉我外面在下雨。对我来说,这是一条信息。但是此后不断有人告诉我外面在下雨时,这些内容就不再是信息了。又例如,一幅北京市地图未必是信息,但是,用"百度地图"app 导航时,它就不断地为我们提供信息。正是在这个意义上,现代信息理论奠基人之一格雷格里·贝特森将信息定义为"制造差异的差异":当外界的刺激成功地在系统内部制造出信息,从而使得系统根据这个信息做出选择时,一个新的差异(也即新的信息)产生了。[1] 就此而言,信息本质上是无法由外而内地从环境向系统"传递"的,只能是系统内部制作出来,因为只有系统内部的结构能限制选择的范围,也只有系统能够通过运作的差异制造信息。

三、通过结构耦合观察宪法的两面性

卢曼的社会系统理论认为,现代社会是一个功能分化的社会,在功能分化的现代社会中,无论是政治还是法律,都是在漫长的社会分化过程中分化出来的功能子系统,其各自在全社会中承担不同的功能。[2] 其中,法律系统在全社会中承担的是稳定预期的功能,[3] 政治系统在全社会中承担的则是吸收全社会剩余复杂性的功能。所谓剩余复杂性,主

---

[1] See Niklas Luhmann, *Introductions to Systems Theory*, p. 91.
[2] 尤其需要指出,此处的功能是在全社会的意义上讲的,并非是法律系统对某些特定人群或者领域的功能。卢曼用功能(Funktion)和功效(Leistung)区分二者。对此,参见 Niklas Luhmann, "Differentiation of Society", *Canadian Journal of Sociology*, Vol. 2, No. 1 (Winter 1977), pp. 36 – 37。
[3] Sehe Niklas Luhmann, *Das Recht der Gesellschaft*, S. 470.

要是指在法律、经济、文化、宗教、卫生、教育、艺术等各种社会功能子系统正常发挥功能(也即吸收了各自能够吸收的社会复杂性)之外,剩余的社会复杂性。简单地说,在现代社会,所有其他功能子系统解决不了的那些比较重要的剩余问题,政治系统都要兜底承担责任。① 恰恰是政治系统的此种吸收社会复杂性的功能,使得政治系统必须拥有一种"做出有集体拘束力决策"的能力。②

在现代社会中,由于政治系统和法律系统都各自承担了不同的专殊化功能,因此,政治系统与法律系统各自的内部结构都围绕着各自专殊的功能生成。就此而言,政治系统与法律系统很难被混同,因为无论对法律系统还是政治系统而言,都"没有任何其他的子系统能够在功能上替代它"③。当然,尽管政治系统与法律系统各自内部结构都存在着实质性的差异,但又遵循了现代功能分化社会的一般性规律。例如,无论是政治系统还是法律系统,都是按照各自的代码和媒介,运作上封闭和认知上开放地运作的。④ 政治系统的代码是有权/无权,其媒介是权力,⑤而法律系统的代码则是合法/非法,其媒介是法律。⑥ 就二者关系而言,政治系统与法律系统通过各自的代码化运作构成自身的运作封闭性,但又互为对方的环境,互相激扰,从而保留了互相影响的可能性。政治系统与法律系统之间不是一种决定与被决定的关系,而是一种结

---

① 例如,2003 年的非典危机及其处理就是其中特别显著的一个例子。
② Sehe Niklas Luhmann, *Das Recht der Gesellschaft*, S. 470.
③ 〔德〕卢曼:"法律的自我复制及其限制",韩旭译,李猛校,载《北大法律评论》第 2 卷第 2 辑,法律出版社 2000 年版,第 448 页。
④ See Niklas Luhmann, "Operational Closure and Structural Couple: The Differentiation of the Legal System".
⑤ Sehe Niklas Luhmann, *Die Politik der Gesellschaft*, Frankfurt am Main: Suhrkamp Taschenbuch Wissenschaft, 2002, S. 88.
⑥ Sehe Niklas Luhmann, *Das Recht der Gesellschaft*, S. 165 – 194.

构耦合的关系。而宪法则恰好是政治系统与法律系统之间结构耦合关系的表现形式。①

首先,宪法作为法律系统与政治系统的结构耦合,这意味着,法律系统与政治系统只能通过宪法这个"渠道"相互影响。也就是说,法律系统与政治系统的结构耦合关系,使得法律系统能够通过内部的递归性运作,将法律系统外部环境中的因素与法律系统内部的运作性因素的"因果关系",改造成一种"条件化的因果关系",从而排除了某些外部因素影响法律系统的可能性,强化了另外一部分外部环境因素影响法律系统的可能性。这就使得法律系统对其外部环境进行包容和排斥。在法律系统的所有外部环境中,政治系统和经济系统都是被法律系统所包容的外部环境因素,例如,政治系统通过宪法与法律系统发生结构耦合的关系,经济系统则通过契约和所有权与法律系统发生结构耦合关系。② 这意味着,相对于法律系统外部环境中的其他诸多因素,政治系统与经济系统更容易也更可能对法律系统产生刺激,从而"通过差异制造差异",即在法律系统内部制造出信息与惊讶,最终使得法律系统对两个系统的刺激做出回应。反过来说,法律系统环境中的许多非政治性和非经济性的因素,如果要引起法律系统的"关注"与"接纳",就必须通过"转道政治系统"这样一条相对比较迂回的"道路":该因素往往必须先要作为政治系统的外部环境因素,刺激政治系统,引起政治系统的共振,然后在政治系统内部制造出差异与信息,通过政治系统的调整,再进一步地通过政治系统

---

① 卢曼在《社会中的法》与《社会的政治》两本分别阐述法律系统与政治系统的著作中,都专门提供一节阐述该问题。Sehe Niklas Luhmann, *Das Recht der Gesellschaft*, S. 468 – 481; Niklas Luhmann, *Die Politik der Gesellschaft*, S. 388 – 392.

② Sehe Niklas Luhmann, *Das Recht der Gesellschaft*, S. 452 – 468.

对法律系统的刺激,引起法律系统的共振,在法律系统内部制造信息与惊讶,最终达到被法律系统接纳与调整的目标。① 这就类似于物理环境中各种因素的变化只能通过意识系统这个中介才能够传导到社会系统中一样。

然而,尽管借助于宪法这个结构耦合的关系形式,政治系统"近水楼台先得月",但政治系统对法律系统的影响并非是全面渗透,而只能通过"宪法"这个结构耦合形式所设置的条件化渠道才能够进行。例如,政治系统不能对个案的裁判进行直接的干涉与处理。宪法对政治权力的限制,其实是通过限制政治权力影响法律之渠道的方式进行的。

事实上,宪法的主要内容就是设置此种法律系统与政治系统互相影响的渠道与形式。例如,《中华人民共和国宪法》第131条规定:"人民法院依照法律规定独立行使审判权,不受行政机关、社会团体和个人的干涉。"这一条就规定了政治权力不能通过直接干涉法院审判的方式来影响法律。宪法中关于立法权限及程序的内容,则是从正面规定,政治系统可以通过哪些符合宪法的程序与方式,对法律进行刺激和影响。而宪法中关于公民基本权利的条款,则可以看作是,政治系统通过立法的方式对法律系统发生影响,必须符合法律系统所设置的诸界限。

又例如,《中华人民共和国宪法》第5条规定:"中华人民共和国实行依法治国,建设社会主义法治国家。国家维护社会主义法制的统一和尊严。一切法律、行政法规和地方性法规都不得同宪法相抵触。一

---

① Sehe Niklas Luhmann, *Ökologische Kommunikation: Kann die moderne Gesellschaft sich auf ökologische Gefährdungen einstellen?*, 4. Auflage, Springer Fachmedien Wiesbaden, 2004.

切国家机关和武装力量、各政党和各社会团体、各企业事业组织都必须遵守宪法和法律。一切违反宪法和法律的行为,必须予以追究。任何组织或者个人都不得有超越宪法和法律的特权。"这个规定就以总括性的方式设置了政治系统对法律系统发生影响的界限与条件。

由于宪法条文中的这些设置,政治系统不再能够通过对司法裁判的直接干涉来影响法律。同时,这也意味着,政治系统与法律系统之间的关系,不再是一种决定与被决定的关系。政治系统无法决定法律系统。同时政治系统也无法"穿透"法律系统,直接对法律事件进行观察与干涉。政治系统对任何法律事件的观察,都是政治观察,其所得到的"信息",也不是法律信息,而是政治信息。因此,政治系统要获取法律信息,就必须通过宪法这个结构耦合的形式与渠道,将法律信息转译成政治信息,从而才能够对法律系统的变化做出某种回应与处理。①

如果政治系统不愿意接受政治系统与法律系统之间的结构耦合关系,试图直接介入法律系统内部进行干涉,后果将会怎么样呢?讲一个我们中国人最熟悉的计划经济的例子,也许对我们理解这个问题会有启发。在计划经济中,政治系统否认经济系统的运作封闭性,通过政治系统掌握的大量资源,直接介入经济系统的运营过程中。由此带来的后果便是,计划经济的制定者在观察经济现象时,看到的只是制定的经济计划是否得到了执行。由政治决策的被执行/不被执行这一组差异所制造的信息,仍然是政治信息,而非经济信息。也就是说,政治系统直接介入经济细节,根本不可能得到经济信息,而只能生产出政治信息。因为政治系统内部只能制造出政治信息。②

---

① 参见泮伟江:"法学的社会学启蒙",《读书》2013 年第 12 期。
② 卢曼曾经对苏联的计划经济体制做过类似的分析,参见 Niklas Luhmann, *Introductions to Systems Theory*, pp. 92–93。

计划经济导致的危害是,经济系统与政治系统的界限因此被"溶解",最终给两个系统都带来了致命性的伤害。改革开放以后,经过40年的改革,我国逐渐从计划经济走向了市场经济,政府也不再从市场经济中直接获取信息,而是通过失业率、货币兑换率、经济增长率、消费总量等宏观数据来对经济系统进行观察和判断。这意味着,在经济系统内部制造出来的许多信息,例如某个具体产品的成本与价格、具体企业获得的订单数量、具体竞争对手的策略、具体产品需求的增加与下降、具体企业的产能等经济信息,由于结构耦合机制的筛选作用,政治系统已经很难关注和予以处理。但是,经济系统中的个体最关注的就是此类信息,而失业率、居民消费总量等信息,对他们而言,几乎没有任何价值。[①] 从结构耦合的理论看,前者是经济系统内部制造出来的信息,而后者其实是经济系统经由结构耦合的形式,对政治系统刺激而使得政治系统内部制造出来的信息。经过40年的改革开放,我国政府也逐渐学会了通过利率等宏观经济手段,对经济系统进行刺激,从而调节经济系统的运行。

其次,宪法作为法律系统与政治系统的结构耦合,同时也意味着,宪法的出现提高了法律系统与政治系统各自的运作自主性与内部的信息处理能力。也就是说,宪法能够使得两个系统内部发展出巨大的因对方刺激所产生的处理能力与敏感度。如上文所述,政治系统的社会功能是吸收全社会的剩余复杂性。要执行处理社会剩余复杂性的功能,政治系统必须对社会的剩余复杂性具有足够的敏感度,同时又必须具有足够的权威性做出决断,也必须要有充分的执行与贯彻能力。全

---

① 例如,2018年4月14日在基石资本客户年会上,经济学家许小年教授就曾经指出:"最近几年的企业调研使我发现,做好一个企业和宏观没有太大的关系。"

社会对政治系统提出的这三个要求,通过政治系统内部进一步分化出来的三个子系统——公共舆论、最高决策权和理性官僚制——来贯彻与执行。① 公共舆论能够将政治系统之外的诸利益与要素,转化和放大为政治系统内部的信息要素,使得政治系统能够及时和准确地检测到全社会范围内的各种剩余复杂性,从而将其转化成最高决策时讨论的议题,使得政治系统有可能对这些议题做出决断和回应。政治最高决策权对这些议题做出决断后,政治系统还必须保证能够执行这些最高决定。在这个过程中,法律系统扮演了非常关键的作用。

传统对政治的理解,往往忽略了政治的系统性,而更专注于掌权者将自己的意志强加给他人的性质。例如,韦伯认为,权力就是"在一种社会关系内部某个行动者将会处在一个能够不顾他人的反对去贯彻自己意志的地位上的概率,不管这种概率的基础是什么"②。韦伯的整个方法论是以个体行动者为基本单位构建的,例如,韦伯将社会行动划分成情感型、传统型和合理型,就是以个体的行动为单位建构起来的。③权力的性质就是可以不顾别人的反对而做出任意的决断,因此将自己的意志强加给别人。关于权力的此种理解,显然也是以具体情境中个体的影响力,而不是从政治系统的媒介来理解权力的。此种性质的权力,往往高度依赖于暴力的公开展示所形成的恐惧效应,以及掌权者与追随者之间私人化的"忠诚关系"。这两个因素就从根本上限制了权力的影响范围。例如,部落首领的权力,即便是高度恣意的,但其实际的影响力非常小。为了扩张其权力的影响范围,就需要更多的人"效忠"

---

① See Niklas Luhmann, *The Differentiation of Society*, translated by Stephen Holmes and Charles Larmore, New York: Columbia University Press, pp. 156 – 160.
② 〔德〕韦伯:《经济与社会》(第1卷),阎克文译,上海人民出版社2010年版,第147页。
③ See Niklas Luhmann, "Ends, Domination, and System", in Niklas Luhmann, *The Differentiation of Society*, p. 21.

于该主权者。而此种效忠如果建立在个人人身关系之上,则规模就相当有限,并且高度不稳定。

只有当权力是一种"合法权力",即掌权者与服从者是一种法理型的权威关系,权力的效应才能够最大化地被激发出来。此时,权力的正当性根据来自法律的授权,而法律的抽象性与普遍性,就可以将权力的辐射力传导到最远的范围。反过来说,权力的恣意虽然被法律所限制,但作为其对价,权力的效用却被大大地强化。这时候,法律变成了权力贯彻自身的一个中介与工具。法律使得权力从"恣意决断"变成了"合法权力",一种具有象征性和普遍化功能的"媒介"。① 理性官僚制的威力,恰恰来自权力主动地接受法律的约束与改造,从而实现自身效能的最大化。法律不仅能够最大限度地增强权力的贯彻能力,通过法律的建构,本身就可以创造原本根本不可能存在的诸种权力。例如,法律可以通过遗嘱、信托、契约,设置某种原本根本不可能存在的新的权力。如果没有法律,这些类型的权力是根本无法被想象的。② 就此而言,法律既限制了权力,也大大地增加了各种各样的权力可能性及其效能。我们甚至可以说,法律恰恰是通过限制权力而大大地增强了权力的力量。

另外,宪法的存在也大大增强了法律系统对政治系统的影响与反馈。正如卢曼曾经指出的,任何法律的改变,都会造成一个后果,即对一部分人有利,而对另外一部分人无利。因此,法律的修改与调整,往往会激发那些因此失望者采取某种政治行动,从而刺激政治系统对此做出反应与调整。③

---

① Sehe Niklas Luhmann, *Macht*, S. 4-18.
② 参见〔英〕哈特:《法律的概念》,第 28 页。
③ Sehe Niklas Luhmann, "Verfassung als evolutionäre Errungenschaft", S. 205.

对法律系统而言,政治系统与法律系统的结构耦合,也大大增加了法律的能力。从演化的角度看,恰恰是政治系统的产生,以及围绕着政治决策权所形成的各种程序性设置,才使得法律得以从部落等各种小共同体的情境性因素中分化出来,逐渐发展出法律自身的系统性。[1] 在政治系统与法律系统形成稳定的结构耦合关系之前,法律系统只能通过司法判例的积累,缓慢地对其环境中发生的变化做出反应。政治系统与法律系统结构耦合的关系稳定下来之后,法律主要通过立法的变迁,对社会的变迁做出反应。这大大增强了法律变迁的速度与规模。[2] 一方面,宪法切断了法律系统与外部环境的直接关联,从此只有在少数例外情况下,才允许政治、历史的因素引入法律;另一方面,这又大大增强了法律系统对政治系统刺激的敏感度,从而使得政治系统能够最大限度地对法律的变迁产生影响。

最后,尽管宪法同时增强了政治系统与法律系统各自对对方的影响,但宪法对本身的"政治性"与"法律性"问题,仍然保持了某种有意的和富有创造性的模糊性。此种创造性的模糊并非是宪法的缺陷与无能,而恰恰是宪法这个装置高明的地方。正如有学者指出,政治系统观察宪法,更看重国家机构的部分,而法律系统观察宪法,更看重基本权利的部分。[3] 就此而言,结构耦合使得如下现象成为可能,即政治系统和法律系统对一个宪法做着各自的解读。

---

[1] 参见〔德〕卢曼:《法社会学》,第210页。
[2] 同上书,第265页。
[3] 参见周林刚:"'政治宪法'的概念:从'政治宪法学'与'规范宪法学'之争切入"。

四、结语:初步的总结与必要的补充

正如有学者指出,规范宪法学预设了一个成熟的政治系统以及作为该成熟政治系统之表现形式的宪法,从而忽略了如下的中国现实:自清末以来,中国遭遇了三千年未有之变化,即便当下,中国社会也处于激烈的变迁过程之中。在转型时代讨论中国的宪法、政治与法律问题,就不能以西方20世纪经典法理学所预设的成熟法律体系为前提进行。中国的宪法学与法理学,都必须是一种转型中国的宪法学和法理学。[①]转型时期的宪法学,就必须严肃地面对政治与法律的转变与生成的性质。这就意味着,中国的政治系统与法律系统,必须在中国全社会演化的大背景之下共同演化。由于宪法是政治系统与法律系统结构耦合的形式,因此观察中国宪法,就是观察中国政治系统与法律系统的共同演化(结构漂移)。

政治宪法学的一个重要贡献,就是重新恢复了用政治与法律双重视角观察中国宪法的可能性与必要性,并在方法论层面做出了坚苦卓绝的尝试。用系统论宪法学的眼光观察政治宪法学研究,则政治宪法学研究凝结出来的一个重要成果,就是指出,法律系统并无法将自身隔绝于其环境,尤其是其环境中的政治系统而单独发育成熟。中国宪法的成熟,必须建立在政治系统与法律系统共同演化的现象基础之上,才有可能。这就意味着,法律系统与政治系统自身就必须"发育充分",即建立各自的运作封闭性。宪法的成熟,不过是政治系统与法律系统两

---

① 参见泮伟江:"论指导性案例的效力",《清华法学》2016年第1期。

个共同演化之系统同时成熟的一个自然结果。

就此而言,政治宪法学提出宪法的司法审查可以暂时缓行,[①]有其深刻的洞察力。因为对宪法的司法适用,通过司法机构对国家机关的行动进行合法性的审查,是法律系统与政治系统各自充分发育成熟之后的一个结果,却未必是两个自创生系统演变的内在动力学因素。政治宪法学提醒我们将更多的注意力放到政治系统与法律系统演化的内在动力学因素上,是非常深刻的洞见。对于法律系统而言,此种动力因素就存在于常规性司法活动的生长与成熟的过程之中。而对于政治系统而言,此种动力因素就在于政治系统面临社会复杂性压力和挑战之下,不断地调整自身结构的过程之中。

尽管如此,政治宪法学在处理宪法的法律性与政治性关系方面,却基本上是失败的。究其原因,乃在于政治宪法学并无法提供足够坚硬和富有解释力的概念工具来处理宪法的法律性与政治性的关系问题。而系统论宪法学则提供了一套系统、清晰而富有解释力的理论和概念工具,清晰地阐明了二者之间的关系。借助于系统/环境、观察与二阶观察、运作封闭性与认知开放性、结构耦合、结构漂移、刺激、共振与信息等交叉学科研究所形成的全新理论概念与工具,系统论宪法学为我们理解宪法的法律性与政治性的双重属性及其二者关系,提供了全新的视野与观察可能性,从而大大加深了对转型期中国宪法演化的理解。初步总结,系统论宪法学至少在如下几个方面,为我们理解当代中国宪法的变迁,提供了重要的参考与借鉴:

首先,系统论宪法学指出,现代社会是一个功能分化的社会,无论是政治还是法律,都是功能分化社会中的功能子系统,各自在全社会中

---

① 参见陈端洪:"论宪法作为国家的根本法与高级法",第 511 页。

承担了不可替代的功能,同时也存在着各自内部运作的难题,即系统的二值代码化运作及其悖论问题。悖论会导致系统运作在分配正值/负值时不断地来回摆荡,从而导致系统衔接能力的丧失,最终导致系统的瘫痪与崩解。而作为政治系统与法律系统结构耦合的宪法,则使得政治系统与法律系统得以通过"外部化"的方式将"悖论"隐藏起来,从而形成一种既互相依赖,又各自独立的共同演化的结构性关系。

其次,结构耦合的概念又进一步指出,通过宪法,政治系统与法律系统都增强了各自内部信息处理的能力,从而促进了各自系统自我调整与演化的能力。例如,借助于法律系统的合法性功能,政治系统做出的集中的、有拘束力的决策能够更好地被贯彻与执行,而通过宪法这个结构耦合的形式,尤其是通过对立法权限及其程序的设置,法律系统也大大增强了对政治系统刺激的敏感度,从而大大增强了法律系统"学习和改变结构的机会"。[1] 如果我们将结构耦合的概念与互渗[2]的概念结合起来理解,那么,我们也可以说,结构耦合概念其实是某种对于法律系统与政治系统而言都充满更多混乱的无序之流。[3] 无论对于法律系统还是政治系统而言,宪法都意味着某种"复杂性落差"的存在,意味着更多的复杂性。这就给法律系统的变迁与调整提供了机会与可能性。对法律系统而言,如果要成功地实现稳定规范性预期的功能,以适当的速度和频率进行"学习"和"改变",也是非常必要的。否则,法律系

---

[1] See Niklas Luhmann, "Operational Closure and Structural Couple: The Differentiation of the Legal System".

[2] 关于互渗(Interpenetration),参见 Niklas Luhmann, *Soziale Systeme: Grundrisse einer allgemeinen Theorie*, S. 289 – 296。

[3] See Niklas Luhmann, "Operational Closure and Structural Couple: The Differentiation of the Legal System".

就不能应付由自身二值代码所产生的系统性风险。① 无论对法律系统还是政治系统而言,如果不存在结构耦合,就不会存在两个系统相互之间的激扰,因此也就大大降低了学习和改变的机会。从演化的历史看,由近代早期的绝对主义国家演化到"法治国",在 18 世纪出现了"宪法"这样一个政治系统与法律系统的结构耦合形式,乃是人类社会演化历史中一个非常伟大的成就。

再次,在此基础上,系统论宪法学清晰地阐述了宪法之政治性与法律性的平行与对等的关系,从而有效地纠正了政治宪法学过于强调宪法的政治性,将政治性看作是根本,将法律性看作是宪法政治性之附带现象的认识偏差。从认知理论上来讲,此种认知偏差产生的本质是政治宪法学过于依赖政治系统的观察视角所产生的光学上的扭曲与视觉的偏差。对此,本文已经做出了非常详细的分析与阐述,此处不再赘述。

复次,政治宪法学之所以会产生上述的视觉偏差,很大程度上也是由于其在方法论上受制于一般社会科学的"因果性问题"。系统论宪法学通过对系统/环境关系的阐明,指出结构耦合是一种同时性关系(simultaneous relation),而非因果关系(causal relation)。一方面,这意味着,法律系统与政治系统之间的因果关系是上文已分析过的"条件化因果关系",是一种法律系统与政治系统各自根据系统内部运作"归因"的结果。另一方面,就法律系统与政治系统的共振而言,法律系统与政治系统共同处于一种外部的客观时间之中。同时,法律系统与政治系统对共振的事件,其各自反应的速度是极为不同的。政治系统往往需要

---

① Sehe Niklas Luhmann, *Soziologie des Risikos*, S. 61 – 70.

一种相当快的回应速度,而法律系统的回应速度则往往相对缓慢。① 同样一个事件,其在政治系统与法律系统不同的运作脉络中,就呈现出不同的意义与面向。例如,美国最高法院 1973 年做出的罗伊诉韦德案(Roe v. Wade)判决,在政治系统中引发的效果是大量政治抗议运动,以及各种政治力量的重新分化与组合,而该案在法律系统中,则是判例链条中的一个先例。就此而言,政治系统与法律系统之间除了共享共振性事件发生的客观时间之外,又各自拥有自己的"内时间意识":不同系统回应刺激的速度,既依赖于不同系统各自的结构,同时也依赖于系统各自的历史。用信息学的术语来说,这是一种"模拟性的协调,而非数字化的协调"。②

最后,需要再一次指出的是,虽然系统论宪法学借用了"宪法学"的名称,但系统论宪法学并无意于"打败"或"取代"政治宪法学或者规范宪法学。恰恰相反,系统论宪法学致力于丰富宪法学研究的光谱,从而为中国宪法学生态提供一种新的观察视角与思考维度。③ 政治宪法学与规范宪法学之间的争论,为我们理解当代中国宪法学基本现象与性质问题,打开了一个重要的论辩空间。系统论宪法学恰好在关于"宪法是什么"或者"如何正确地观察与理解宪法"等基本概念问题层面的探讨中具有很大的优势。如上所述,系统论宪法学最大的贡献,就是通过引入系统论、控制论、信息论、生物学、社会学等交叉学科研究的方法,将政治与法律都看作是一种"拥有高度结构化复杂性的具有自我观察能力的客体"(self-observing objects with highly structured complexity),并

---

① Sehe Niklas Luhmann, *Das Recht der Gesellschaft*, S. 442.
② See Niklas Luhmann, "Operational Closure and Structural Couple: The Differentiation of the Legal System".
③ 对此,参见陆宇峰:"社会理论法学:定位、功能与前景",《清华法学》2017 年第 2 期。

在流俗意义的社会科学经验调查之外,提供了一种更为复杂且更为严格的,具有真正经验基础的观察具有自我观察能力的政治系统与法律系统的社会学方法。[①] 因此,系统论宪法学能够大大深化和丰富我们对转型时期中国宪法的认识与理解。一言以蔽之,系统论宪法学有助于我们透过宪法现象的表象,更深入地理解宪法现象背后的深层结构与机理,因此我们可以用卢曼的社会学术语说——系统论宪法学为我们提供的是一种宪法的社会学启蒙。[②]

原载《华东政法大学学报》2019 年第 3 期

[①] See Niklas Luhmann, "Operational Closure and Structural Couple: The Differentiation of the Legal System".

[②] 关于社会学启蒙的概念、理论与方法,参见 Niklas Luhmann, "Soziale Aufklärung", in Niklas Luhmann, *Soziologische Aufklärung 1*, Opladen: Westdeutscher Verlag, 1991, S. 66 - 91.

中 编
法理学与中国社会的功能分化

中国本土化法教义学理论发展的反思与展望

导 论

法教义学在中国法学研究领域本是一个相当冷僻的概念。最初该概念仅仅出现在一些德国法学译著中,随后在一些具有留德背景的法学研究者中逐渐流行起来。法教义学最初被作为重要主题进行专门的讨论,应该开始于一本具有留德背景的民法学同仁主办的刊物《中德私法研究》于2010年组织的一期专题研讨。① 许德风、张翔、白斌、雷磊等具有德日法学教育背景的学者也分别就法教义学问题展开了初步的论述。②

---

① 主要是三篇论文,分别是卜元石:"法教义学:建立司法、学术与法学教育良性互动的途径",许德风:"论基于法教义学的案例解析规则——评卜元石《法教义学:建立司法、学术与法学教育良性互动的途径》",〔德〕维克亚尔:"法教义学的实践功效",载《中德私法研究》(第6卷),北京大学出版社2010年版。

② 许德风:"法教义学与价值判断",《中外法学》2008年第2期;许德风:"法教义学的应用",《中外法学》2013年第5期;白斌:"论法教义学:源流、特征及其功能",《环球法律评论》2010年第3期;张翔:"形式法治与法教义学",《法学研究》2012年第6期;张翔:"宪法教义学初阶",《中外法学》2013年第5期;雷磊:"法教义学的基本立场",《中外法学》2015年第1期。

2014年围绕法教义学的几次专题研讨会,引起了法学界广泛而热烈的兴趣与讨论,法教义学迅速成为中国法学研究领域中的重要问题。

晚近围绕法教义学的诸多讨论,成果卓著,意义重大。这反映了中国法学研究者方法论意识与反思精神的觉醒。当然,繁荣之下也有隐忧。例如,晚近关于法教义学的讨论,基本上都是在"法教义学 vs. 社科法学"的格局中,围绕着"法教义学是什么"的问题展开的。此种法教义学研究着重于"法学研究应该如何做",或者"一种好的法学研究应该符合哪些特征"等层面的论证。在许多论者看来,法学研究的"正宗"就是法教义学,今后中国法学研究的阳光大道也应该是法教义学。① 因此,中国法学界下一步最应该做的,就是开展轰轰烈烈的法教义学研究,并积累出一批"以中国法律规范为中心的",真正具有中国问题意识与反映中国法学研究水准的法教义学理论成果。基于转型期中国法律实践而发展出中国的法教义学体系,这是转型期中国法律学者伟大的使命。②

遗憾的是,与热火朝天的各种"关于法教义学"的研究与讨论相比,真正的、实质意义的法教义学研究却仍然是门庭冷落,应者寥寥。目前更常见的情况是,在引介和阐释"法教义学是什么"以及"法教义学有多重要"方面,论者往往妙语连珠,滔滔不绝,但在真正立足于中国司法实践的本土化法教义学建构方面,又难免捉襟见肘起来。

理想与现实的巨大落差引人深思。为何中国法教义学的现状是流于清谈而短于实践? 如果说,中国法学研究的主流将来必须要走"法教

---

① 参见舒国滢:"求解当代中国法学发展的'戴逸之问'",《北方法学》2018年第4期。

② 卜元石教授就曾明确指出,当下中国法学研究的任务是"构建中国自己的部门法知识体系","以中国自己的判例为基础对中国现有法律规范进行注释、整合与体系化"。参见卜元石:"法教义学:建立司法、学术与法学教育良性互动的途径",第21页。

义学道路",那么,是什么东西制约了中国本土化法教义学理论的真正展开与落地生根?困难究竟在哪里?

作为国内法教义学研究的开拓者之一,卜元石教授早在2010年就有专文探讨和反思该问题。① 同时,各种公开的学术研讨与许多学者私下的交流都表明,许多研究者都意识了问题的严重性,并已进行了初步的交流与反思。大致来说,目前学者们比较认可的解释主要有两种,笔者分别将其概括为"学艺不精说"与"无米之炊说"。前者将本土化法教义学理论之难产的原因归结为法教义学研究者的教义学功夫与涵养的匮乏,属于从主观上找原因;后者则认为,当前我国学说与判例的沟通渠道与机制建设滞后,由此导致可公开的案例太少,从而使得法教义学研究面临"无米之炊"的困境,属于从客观上探寻问题的根源。两种学说都促进了我们对问题的认识,加深了我们的思考。但不可否认,既有的反思多数是基于研究者个人经验的观察与体会,缺乏系统性与学术的深度。这与问题本身的重要性相比,显然是远远不够的。

工欲善其事,必先利其器。法教义学方法论与观念的启蒙,仅仅是实现中国高质量和成规模的本土化法教义学理论产出的第一步。同时,我们还必须直面当前的现状与困难,客观地观察制约中国法教义学研究的种种因素,寻求中国法教义学研究的突破之道。也许"跳出法教义学看法教义学",用一种法社会学的眼光,将"法教义学研究与实践"看作是一种客观存在的社会实践与现象,并观察此种社会实践与现象在整个法律体系中所处的位置与功能,以及它与法律体系中其他部分之间的相互联系与沟通的渠道与方式,不失为一种值得尝试的方法与路径。

---

① 参见卜元石:"法教义学:建立司法、学术与法学教育良性互动的途径"。

一、既有学说的洞见与不足

如上所述,许多既认识到法教义学的重要性,又亲身实践法教义学研究的学者,结合自身实践的体会与观察,认为制约中国法教义学理论生产的原因主要有两个:首先,是技艺与方法的问题。简单来说,就是他们认为多数中国的法学研究者与实践者仍"学艺不精",根基不稳,因此并没有熟练掌握法律思维与方法,从而导致许多法教义学研究流于表浅,而难以形成高质量的本土化法教义学理论成果。其次,则是各种外部不利条件制约了中国法教义学研究理论成果的产出。例如,卜元石教授就曾指出,"中国公开的法院判决数量非常有限",这导致"部门法研究只能就理论谈理论,或是局限于引入外国的理论与判例,无法形成以中国法律规范为中心的理论体系"。因此,在卜元石教授看来,中国法教义学的困境在很大程度上乃是"无米之炊"的困境。①

"学艺不精说"是在对"注释法学"的批评进行回应的基础上发展起来的。长期以来,对传统部门法研究的一个尖锐批评是,法教义学式的部门法研究,由于预设法律规则的规范性,并严格地将自己的工作看作是对规范的适用,因此无法处理复杂疑难案件。因为复杂疑难案件中的案件事实往往是"不规则形状体",很难形成与规范之间的直接对应关系。由于此种"规范与事实之鸿沟"的存在,法教义学很难形成高质量的本土化研究成果。

然而,大量的法律理论层面的研究,尤其是法学方法论的研究,已

---

① 参见卜元石:"法教义学:建立司法、学术与法学教育良性互动的途径",第22页。

经揭示出,法教义学拥有丰富的工具和方法,能做到"戴着镣铐跳舞",既能够以法律的规范性为工作的前提,恪守法官必须受法律约束的法治准则,同时又能够尊重与关照个案事实的特殊性与不规则性,通过一种复杂的"在规范与事实往返顾盼"的工作过程,实现对疑难案件的正当裁量。①

当然,光从抽象理论的层次指出上述可能性是远远不够的。理论层面指出的可能性并不能直接转化为现实性。更多情况是,虽然理论上的可能性已清晰可见,但在本土化的案例分析实践中,法教义学处理和分析复杂疑难案件的能力并没有很好地被体现出来。

"学艺不精说"的问题意识就由此而产生。在理论层次上认识到,严格遵守法律的规范性并不妨碍法教义学处理复杂疑难案件的能力,这仅仅是一种方法论的自觉,但此种方法论的自觉要贯彻到具体的法教义学研究中,还必须有严格、规范和系统的法教义学的训练。② 持"学艺不精说"的学者由此产生的一种冲动,就是试图挑选典型与合适的本土疑难案例,进行某种"示范式"的案例分析,从而在事实层面展示此种可能性的现实性。"学艺不精说"的潜台词是,如果全国范围内大量的法学研究者真正见识了法教义学功夫的真正威力,并广为传播,勤加练习,最终就可以大大提升中国法教义学研究的品质,从而本土化的高质量的法教义学理论的繁荣也就指日可待了。

---

① 例如,参见〔德〕拉伦茨:《法学方法论》,陈爱娥译,商务印书馆 2003 年版;郑永流:"出释入造——法律诠释学及其与法律解释学的关系",《法学研究》2002 年第 3 期;郑永流:"法律判断大小前提的建构及其方法",《法学研究》2004 年第 1 期;黄卉:"论法学通说(又名:法条主义者宣言)"。

② 例如,解亘:"案例研究反思",《政法论坛》2008 年第 4 期。该文对当时中国案例研究中出现的各种缺陷和不足进行了比较系统的反思,并且提出了案例研究方法与技艺方面的一些基本规范与程序等问题。

遗憾的是,对个别复杂疑难案件方法论意义的"展示性"或"示范性"研究,与本土化法教义学理论体系的建构虽然有紧密联系,却又是两件不同的工作。二者之间的一个核心与关键的区别是,此种方法论上的个案展示与示范,往往是彼此孤立的,并不能形成体系化的法教义学理论。而本土化的法教义学概念的提炼与体系的建构,一定不是基于特定和少数的复杂疑难个案为样本的法学方法论能力的展示,而是基于大量的本土司法实践生产出来的同类型案件的整理、归纳、提炼、批判与概括。

确实有一部分从事案例分析与研究的学者注意到了该问题。据此,他们提出的解决方案是进行一种"法社会学式"的对同一法院的大量案例的整理与比对,在此基础上形成某种对地方性的"裁判习惯法"进行整理与提炼的学说与理论体系。[①] 这种解决方案确实部分地解决了上述个案式案例分析存在的问题,我们也希望有学者能够沉潜于心,长期坚持这种吃力不讨好,但也许意义重大的努力。假以时日,也许确实有可能形成某种体系化的法教义学理论。[②]

不可否认,规范和结构化的判例机制形成之前,此种通过学者个人努力,收集大量同类型案例进行系列案例评析的工作,是必要的,能够在一定程度内促进法教义学理论的产出,并促进学说与判例的交流与沟通。但笔者对此种进路的本土化法教义学理论研究的效果,仍然保

---

① 例如,参见王亚新:"判例研究中新的视角与方法探求",《昆明理工大学学报》(社会科学版)2011年第1期;朱芒:"判例在中国的作用",载黄卉等编:《大陆法系判例:制度·方法》,清华大学出版社2013年版,第3—7页。

② 目前这方面的努力已经形成了相对比较可观的初步成果。例如,朱芒:"行政诉讼中判例的客观作用——以两个案件的判决为例的分析",《华东政法大学学报》2009年第1期;章剑生:"对违反法定程序的司法审查——以最高人民法院公布的典型案件(1985—2008)为例",《法学研究》2009年第2期;等等。

持高度怀疑的态度。例如,此种法社会学调查式的案例收集与整理,是集中在一个法院,还是综合多个法院?如果集中在一个法院,那么由此整理出来的裁判规则,是否具有全国的普遍适用性,甚至具有成为抽象与普遍程度更高的本土化法教义学理论之潜质?如果是多个法院,由于我国地大物博,南北差异、东西差异、城乡差异极大,一直以来都有立法宜粗不宜细的传统,各地法院在裁判案件时,又往往因地制宜,互有差异,那么,此种不同地区、不同层级法院的不同判例,其相互之间的不一致与矛盾,又该如何处理与平衡?即便如此,所选择的地区与法院的此种"裁判习惯法"是否具有全国的典型性与普遍性?这些问题不解决,则此种个别与分散的裁判习惯法的整理,就很难真正沉淀出足够系统而强有力的中国本土化的高质量法教义学理论成果。

"学艺不精说"更根本的困境是,这样一种"罪己诏"式的"自我批评",很可能是一种"自我苛责",它实际上隐含着学者对自身能力的过高估计与期待。从心理学的角度看,最终产品的提供者往往会将产品失败的主要责任揽到自己身上。但现代工业大生产的经验是,许多产品的成功与失败,都不是因为某一道工序的贡献与责任。现代科学研究也远远超越了近代早期那种个体户或手工业式的阶段,而依赖于大型的科研设备与各种制度性的基础条件。而"学艺不精说"对现代科研工作的认识与心态却没有随之更新,仍然停留在个体化科研工作者靠个人的努力提供和掌控科研工作所需的整个资源和条件的古老经验之上。

表面上,法教义学研究与现代理工科的科学研究非常不同,并不依赖各种昂贵的大型实验室与科学仪器,更多的似乎是法学研究者个体户式的工作。但实质上,现代法教义学研究仍然需要建立在许多客观的制度性条件之上,而这些条件的建设是远远超出个人能力范围的。

例如，"学艺不精说"主要关注的是法律规范个案适用的方法与工具的运用方面。这方面的工作虽然很重要，但其本质上并不属于法教义学研究的核心工作，而是在裁判过程中才是最关键的。它之所以关涉到法教义学研究，并在法教义学研究中具有重要性，乃是因为法教义学研究所观察的对象，也即大量的司法案例，是在此种法律适用过程中生产出来的。因此，如果缺乏对法律适用过程的理解，不具备法律适用的诸种方法论手段与能力，就很难做出好的法教义学研究。[①]

如果说，相对于成文法规范，法律适用过程是对成文法规范的二阶观察，乃是"对观察的观察"的话，那么法教义学研究则是对二阶观察的观察，也即"对观察的观察的观察"，是一种三阶观察。[②] 体现在个案分析过程的那种法律方法论的眼光与能力的配备，是二阶观察者，也即司法裁判者要重点解决的问题，三阶观察虽然需要具备此种能力，但这是必要但不充分的条件。这就好像说，一个玉石雕刻艺术家并不需要承担玉石的勘测与开采、初加工等各种前期工作。他可能要关注整个生产线的流程，但他并不能将所有的这些工作都大包大揽到自己身上。

当然，也许有论者会指出，"学艺不精说"除了自责的含义之外，同时也暗暗地包含着对裁判者的指责。例如，许多中国法官不会正确地分析案例，缺乏必要的法律思维能力，不会正确地撰写合格（符合法教义学研究需要）的判决书。[③] 正是因为他们提供的案例质量不合格，才

[①] 参见卜元石："法教义学与法学方法论话题在德国 21 世纪的兴起与最新研究动向"，《南京大学法律评论》2016 年春季卷。

[②] 关于二阶观察的问题，可参见 Niklas Luhmann, *Introduction to Systems Theory*, pp. 111–119。

[③] 参见傅郁林："建立判例制度的两个基础性问题——以民事司法的技术为视角"，《华东政法大学学报》2009 年第 1 期；黄卉："关于判例形成的观察和法律分析——以我国失实新闻侵害公众人物名誉权案为切入点"，《华东政法大学学报》2009 年第 1 期。

导致了本土化法教义学理论生产的落后。由此而产生的一个顺理成章的想法是,"示范性"的各种判例分析和案例教学可以促进学生的判例思维,基于一种建设性的立场和期待,大量经受这种判例教育的人才进入司法系统之后,就可以大大地促进高质量判例的生产。当然,高质量的个案式判例分析也具有一种辐射的效应,假设法院中的法官也是这些判例分析论文的读者,这种判例分析方法与技巧的传播本身就可以促进判例生产质量的提升。

此种思路的问题在于,它过分强调了认知因素的重要性,而忽略了结构性或者制度性因素对于法官裁判实践所发挥的重要影响。在法官职业系统中,支配一个法官行为的主要因素,并非该法官个人的知识水平的高低,而是法官职业系统中存在的诸多结构性因素。所谓的结构性因素,简单地说,就是中国法院系统的法官要在现有的国情和体制下做好自己的日常工作所必须扮演的角色,在日常工作中必须考虑的那些因素等。这些因素对法官日常工作的作用要远比法官的法教义学素养重要得多。因此,即便是经过规范而严格法律训练的合格法学院毕业生,当他进入法官队伍后,也许同样会做出一些让法学院的教授们感到匪夷所思的案件判决。要解决这些结构性的问题,炫技性地展示个案分析技巧的培训班和交流会,是远远不够的。

以此种社会学眼光来观察法教义学,则"学艺不精说"对本土化法教义学理论产出之荒芜的解释,就像许多人将中国电影的普遍低质量归因为中国缺少电影大师一样。这也许是手工业者时代的古典作家对大工业时代电影产业的理解,是一种时代错位的理解。

"学艺不精说"的不足之处,恰恰体现了"无米之炊说"的深刻。"无米之炊说"认识到,中国本土化法教义学理论之不彰的根本原因可能不在于研究者能力之不足,而是由于某种更根本的基本制度的制约。

现代电影生产早已经是一个工业体系,我们最终在电影院看到的电影,既是电影导演与演员的艺术天才的体现,同时也是资金的运作、灯光、美术、音乐、剪辑、特效、发行、影院系统等一系列因素综合发生作用的结果。如果没有完整的电影工业体系与产业链,也许偶尔会出现小成本的、能够体现个别导演与演员艺术天才的作品,但很难产生真正的成规模的本土化优秀电影。因为大规模高质量的电影本质上只有通过工业体系才能够制作出来。①

"无米之炊说"的深刻之处,就在于它把探寻困难原因的目光放到了本土化法教义学理论生产的机制与制度性条件方面,而非大地希望凭借法教义学研究者群体单独的努力来扭转格局。如果说,本土化法教义学理论生产的机制与体制性条件不具备,而苛求中国法教义学研究者凭借着某种伟大的献身精神与主观能动性的发挥,就能克服所有困难,生产出大量高质量的本土化法教义学理论产品,这本身就是不现实的。

"无米之炊说"的思考方向是正确的。但问题在于,制约中国本土化法教义学理论成规模生产的机制性和结构性因素,究竟体现于何处?

类似于"学艺不精说","无米之炊说"的支持者们在反思与检讨过程中,再一次受到了自身经验因素的制约与局限。他们将问题的症结归纳为我国判例与学说之间沟通与互动的机制和渠道的匮乏。例如,卜元石教授就认为这主要是由于"法院判决的不公开"。② 笔者也一度认为,"判例汇编制度与评价制度"的匮乏,导致学说与实务之间缺乏有效的通道进行良性互动与交流,客观上阻碍了法教义学的研究。③ 也有

---

① 关于"重工业电影"的理论及其实践,可参见饶曙光、李国聪:"'重工业电影'及其美学:理论与实践",《当代电影》2018年第4期。
② 参见卜元石:"法教义学:建立司法、学术与法学教育良性互动的途径",第22页。
③ 参见泮伟江:《当代中国法治的分析与建构》,第269—279页。

学者指出,如果能够汇合法院、学术界、出版界的力量,形成一种法典评注与法学通说的机制,一定能够大大促进法教义学的研究。①

无米之炊的隐喻虽然很形象,但持该学说的学者并不认为"米"的分散性或者"米"本身的质量是一个问题,而是认为"米"的供应渠道出现了问题。如果解决"米"的供应渠道的问题,只要"米"能够源源不断地被供应,则问题就解决了。

但正如本文开头即已指出的,即便不考虑中国裁判文书网建成以来所公开的海量的案例,在此之前,获取案例的渠道仍然是非常丰富的。因此,问题的关键并不在于法教义学研究之原材料的供应匮乏,而在于,法教义学研究其实对案例也是有要求的。就这一点而言,"学艺不精说"的见解又似乎更为高明。因为如前所述,"学艺不精说"已经包含了对"案例素材"质量的不满意,甚至有学者已经开始反思中国本土的案例制度的问题。②

如果说,高质量本土化的法教义学理论体系的建构,乃是对案例这种原材料的"精加工"过程,则此种精加工过程必须以某种前期的对案例原材料的"合格"开采与粗加工为条件。法教义学研究者所展开的"法社会学习惯调查式"的案例整理工作的低效率,一方面意味着,法教义学既无必要,也无精力与能力直接参与此种案例原材料的开采与粗加工的工作,另一方面也意味着,此种案例原材料的开采与粗加工有着与案例原材料精加工不同的工艺要求。

"无米之炊说"强调制度因素在解释中国本土化法教义学理论体系

---

① 参见黄卉:"论法学通说(又名:法条主义者宣言)"。
② 例如,朱芒、黄卉、傅郁林、谢旦、章剑生、孙维飞等许多学者所进行的个案研究与案例分析,都隐含着对一种中国特色案例制度发展可能性的探讨,尽管他们对发展路径的设想彼此不同。

建构困难方面的重要性,无疑是深刻的。但它又将根本原因归结为学说与判例沟通渠道的匮乏所导致的案例供给不足,又错失了解决问题的关键。真正制约中国本土化法教义学理论发展的因素,并不是简单的案例供应匮乏的问题,而是合格案例供应匮乏的问题。而合格案例供应匮乏问题的解决,不能光从供应渠道建设的角度来着手,而应同时考虑合格案例之生产机制与标准的因素。此种反思必须超越法教义学研究者个人经验的反思与总结的层次,而必须在一个更高的层次,用法社会学的眼光与方法,将法教义学研究放到整个法律体系的结构与演化的过程中进行观察。其中,首先必须被考察的一个问题,就是法教义学研究与判例制度在整个法律体系的演化与发展中各自扮演的角色是什么,以及二者之间的相关关系是什么。

二、从法律系统演化视角观察法教义学的制度环境与功能特征

从法律系统和法学演化的历史看,我们大致可以把法学研究区分为三个层次。第一个层次的法学研究,更多的是一种司法裁判经验的粗略概括与总结。这个工作,也是目前面临"案多人少"压力的中国多数法院内部都在做的一个工作。通过将诉讼中常见的各种纠纷进行归类与整理,形成某种经验性的"法则",从而减少法官工作的压力,增强法官的裁判能力,是其基本的诉求。[①] 当然,当此类经验性的法则不断

[①] 就笔者调研和走访的几个法院而言,面临着"案多人少"的各个法院,都在不断总结和整理类似的"办案规则"与"工作规则"。例如,北京市西城区法院 2017 年就曾经在内部整理出了一本《特色审判机制及其规范化成果选编》,里面包含了类似于"未成年人刑事案件审判工作规则""驾驶案件审理规程""金融借款合同纠纷办理规范"等内容。

地累积,也不断地被使用与分析,规则本身的合理性与科学性的问题也会被不断地提出。当沿着这个方向的研究越来越专业和精深时,往往会为某些概念的提出预留了空间。① 但大学里专业化的法教义学理论研究一般不从事此种案件素材的粗加工工作。

罗马共和国时期法学家的工作,也大致类似于此种案件素材的粗加工工作,因此后人略显鄙夷地称之为"预防法学"。英美普通法历史上的学徒制——学生通过旁听庭审而记录案件的审理过程,然后彼此交换和整理笔记,再在资深律师的指导下进行归纳与整理的工作——既可以被看作是此种案件素材的粗加工,同时也可以被看作是由此种粗加工向精加工的演化与过渡。

作为对案件素材的精加工过程和最终法教义学理论与学说体系的生产过程,独立的法教义学研究是在大学法学院产生之后才出现的。这意味着法教义学研究与司法裁判之间比较彻底的分化与独立,于是就出现了专门化的法学学术生产机制。法教义学研究一方面以本国司法裁判中出现的大量本土化案例为研究对象,另一方面又独立于本国的司法裁判体系,具有自己的研究兴趣与规则约束。这就是第二层次的法学研究。当然,中世纪晚期一直延续到近代早期的罗马法研究,也可以被看作是第二层次的法学研究。但在当时的欧洲,它本身属于自然法研究的一部分。因此,我们也可以说它并不属于严格意义的本土化法教义学研究。

第三层次的法学研究则是更晚近时期出现的,由于法律系统发展得日益庞大,并且在现代社会的治理中占据了越来越重要的地位,人们需要形成一种关于法律系统的整体理论,从而帮助人们理解与认识法

---

① Sehe Niklas Luhmann, *Das Recht der Gesellschaft*, S. 264.

律本身。这就是法律理论的研究。

法教义学与司法裁判之间的分化、独立与互动协作,恰恰是在历史的演化过程中法律系统功能与结构重新调整之际蓬勃发展起来的。更具体地说,这是与"法律系统的分出"息息相关的。① 所谓法律系统的分出,简单地讲,就是法律自主性的实现,也即法律系统根据法律自身的标准来处理法律纠纷,而不是按照各种真理、政治、经济、审美或道德的标准来处理法律纠纷。相对于各种真理、政治、经济、审美或道德的标准,法律系统内部的标准才是判定行为或事件合法性的标准。这意味着,法律系统内部建立起来的各种裁判准则,都必须服务于对行为和事件合法性的判定。而凡是与法律系统判定合法性工作无关的案件事实与价值,法律系统基本不予考虑。法律系统通过对行为或事件合法性的判定,在现代社会中承担了稳定规范性预期的专门功能。

就此而言,法律系统的分出也意味着法律系统功能的特定化,即在现代社会,法律系统越来越失去了"良知调节器""社会化、教育与启发"等功能。然而,反过来说,此种"功能丧失"也给法律系统带来全新的优势,即通过"对可能之法进行限定这种重新界定的方式","引起可能之法的无限扩展"。②

由此我们可以观察到法教义学的两个根本性特征,即法教义学所处理材料的特定化(Absonderung ihres spezifischen Materials)和法教义学内容生产中依据标准的特定化(spezifikation ihres Kriterium)。③ 所谓法教义学处理材料的特定化,指的是法教义学内容的生产主要以法规范

---

① 关于"法律系统的分出"的详细阐述,可参见 Niklas Luhmann, *Ausdifferenzierung des Rechts: Beiträge zur Rechtssoziologie und Rechtstheorie*。
② 参见〔德〕卢曼:《法社会学》,第 275—278 页。
③ Sehe Niklas Luhmann, *Kontingenz und Recht*, S. 243.

为材料,而通常意义的"社会事实"(涂尔干),或者各种纯粹自然常数(Naturkonstanten)等意义的自然事实,都不再是法教义学工作处理的材料,因此也不再直接被法教义学论证与处理。① 国内社科法学与法教义学之间争论的实质就是对法学处理材料选择方面的分歧。法教义学者强调法教义学研究材料的特定化,因此将研究材料严格限制在法规范的范围内,②而社科法学的研究者则反对此种特定化,主张要将法规范之外的各种社会事实也都纳入法学研究的处理范围之内。③ 对于我们理解法教义学来说,这个争论是有意义的,但是它的意义必须被放到"法律系统的分出"这一参照框架中观察才能够被认识清楚。同时它的意义也是有限的,因为除了研究材料的特定化之外,在法律系统分出的背景下,法教义学还有进一步的和更重要的特征,即法教义学工作依据标准的特定化。

所谓法教义学工作依据标准的特定化,就是指法教义学依据的是"正义"的标准来进行法教义学概念的选择与提炼。④ 值得注意的是,此处所谓的"正义",并非道德哲学意义上的"互惠"与"公正",而是特指在法律系统自主与分化语境下特定化的正义概念,即"相同情况相同处理,不同情况不同处理"。⑤ 面对任何一个待解决纠纷中的行为或者事件,法律系统都被强制性地做出一个"判断":合法或非法。这意味着,在法律系统内部,只要是相同事实,就必须被相同处理;而不相同事实,就不能被相同处理。依照惯性原理,相同事实相同处理,往往不需要专门论证,因此论证的负担主要被转移到不同事实不同处理方面。

---

① Sehe Niklas Luhmann, *Kontingenz und Recht*, S. 243.
② 参见雷磊:"法教义学的基本立场"。
③ 参见侯猛:"社科法学的传统与挑战"。
④ Sehe Niklas Luhmann, *Kontingenz und Recht*, S. 244.
⑤ Sehe Niklas Luhmann, *Die Gesellschaft der Gesellschaft*, S. 214–238.

如果没有法教义学工作的补充,"正义"的标准就是空洞的。因此,"正义"标准在如下两个方面必须由法教义学概念与命题加以补充:(1)各种事实之间不同方面的相同与不同,是与法律相关的;(2)以何种理由可以证成相同处理与不同处理是合适的。法教义学在法律系统内部的功能恰恰就体现在这两个方面。针对第一个方面,法律教义学的概念研究提供了各种"范畴",使得法律系统能够相对清晰地划定事实比较的范围,从而保障了"同案"与"不同案"的可比较性。如果相关范畴都被否定了,那么就不再涉及相同或不同的问题。在此基础上,各种法教义学命题则为"同案同判"以及"不同案不同判"提供了更为具体的判准。① 如此一来,一种特别的以教义学概念和命题的提炼与体系化为特征的"同案同判"的法教义学就从法律系统内部分化出来。

一方面,法教义学以法律系统内部的"正义"标准为基础,但另一方面,它并非"正义"标准本身,同时,它与法律系统内部的个案裁判系统也并非一回事。"正义"是法律系统内部的抽象总标准,法教义学与法律系统的个案裁判系统都以它为基础和总纲领展开工作。在法律系统内部,学说(法教义学)与判例既相互依赖,又承担着不同功能。虽然个案裁判与法教义学都遵循正义原则,但"迟来的正义并非正义",所以相对于法教义学,个案裁判仍然必须相对快速地对案件纠纷做出裁决。同时,在正义原则允许的范围内,个案裁判仍然需要考虑到个案事实的各种特殊性,以照顾正当个案裁判的需要。相对而言,法教义学有更多的时间和更大范围来对个案之间的各种"同与异"做出更精细的分析与比较,并在一个更大的视野中将个案裁判纳入整个法教义学体系中进

---

① Sehe Niklas Luhmann, *Kontingenz und Recht*, S. 246 - 248.

行思考,从而相对比个案裁判会更注重"诸个案裁判之间的一致性"问题。① 因此,判例与学说的良性互动,既以法教义学与个案裁判系统共同遵循"同案同判"原则为基础,也以法教义学与个案裁判之间时间面向的功能分化为基础。

学说与判例之间基于功能的分化,在一定程度上也规定了法教义学理论生产的外部条件与内在性质。一方面,法教义学虽然从裁判系统中分化出来,成为一种相对独立的功能子系统,但另一方面,它本身仍然内在于法律系统之中,法教义学自身理论生产的成熟仍然高度依赖于裁判系统为它准备的各种条件。反过来说,裁判系统的高度专业化与高质高效,也有赖于高质高效的法教义学研究与理论产出的支持。

我们也可以将法教义学与医学进行类比,来观察法教义学与司法裁判实践之间的关系,以及二者在整个法律系统内部所产生的分化与合作。一方面,无论是医学还是法教义学,两者都不是类似于基础物理学或者数学那样的纯理论研究,而是在大量的医疗实践案例或者司法实践案例的积累与整理基础上的观察与研究,同时,这两种研究都有非常鲜明的实践指向,在一定程度上是服从并服务于医生和法官的日常医疗实践需要与审判实践需要的。但另一方面,无论是医学研究还是法教义学研究,它们确实与医生的日常医疗实践和法官的日常裁判工作呈现出了功能子系统分化意义的差异性。因为无论是医生还是法官,最大限度地完美解决个案,是他们工作最核心的内容,而医学与法教义学则相对超脱,更关注于具有较高抽象性与普遍性的,具有体系性价值的理论建构与产出。

由此可见,法教义学一定是一种以概念和命题的提炼与体系化为

---

① Sehe Niklas Luhmann, *Kontingenz und Recht*, S. 253.

核心特征的工作,因此具有很高程度的抽象性。正如卢曼所指出的,法教义学的概念并非是"固定意义",而是"提供批判距离的可能性,从中组织一种思考、证立、关系权衡,并从中证立法律材料的可运用性,即给定的控制"①。它不是"禁锢精神,反而是提升了处理文本与经验的自由度"。由此可见,法教义学不仅增强了法的确定性,同时也提升了法的不确定性,因为法教义学总是能够预先为未来的个案裁判提供"比实际需要的更多的可能性"。② 这意味着,"法教义学的规则也包含了其他判决可能性的普遍化与问题化"③,即出现在司法裁判程序中的诸项法律论证,并不仅仅是针对个案中的个人(ad hominem),也并不仅仅是针对个案纠纷解决的妥适性(ad hoc),而是针对未来类似案件的适用。甚至,个案的妥适性以及安抚纠纷当事人的愤怒还受到压制,而"同案同判"原则成为司法活动主导型的建构性因素。④ 法教义学使得司法裁判的判准从法律纠纷的日常生活的具体情境中解脱出来,从而使得法律概念与命题的某种"图式化运用"(schematische Anwendung)成为可能。⑤

上述关于法教义学与裁判系统的功能分化与合作,可以帮助我们更深刻和更透彻地观察"学艺不精说"的不足之处。"学艺不精说"强调法学方法论的实战性运用。法律方法论注重规范在个案裁判中的正确适用问题,因此强调各种法律适用方法的提炼、总结与比较,其目光关注的焦点是"规范与事实之间的往返顾盼"。⑥ 法教义学概念和命题

---

① Niklas Luhmann, *Rechtssystem und Rechtsdogmatik*, Stuttgart: Kohlhammer Verlag, 1974, S. 16.
② Sehe Niklas Luhmann, *Kontingenz und Recht*, S. 244.
③ Niklas Luhmann, *Rechtssystem und Rechtsdogmatik*, S. 19.
④ Sehe Niklas Luhmann, *Das Recht der Gesellschaft*, S. 261-263.
⑤ Sehe Niklas Luhmann, *Kontingenz und Recht*, S. 221.
⑥ 参见〔德〕拉伦茨:《法学方法论》,第10、13、162页。

的提炼与生产,当然也无法回避"规范与事实之间的往返顾盼",但由于法教义学专注的重点并非"个案裁判的正当性"问题,而是通过"同案同判"的正义原则引导此种"规范与事实之间的往返顾盼",因此法教义学工作更侧重于"法适用关系的关系化"(Relationierung von Rechtsanwendungsrelation),即将诸多同类个案裁判中适用的各种具体判定案件事实之"相同"或"不同"的分类范畴与根据进行"比较""分析""归纳"与"反思",在此基础上予以概念化、命题化和系统化,从而将这些判准法教义化。① 如此一来,通过法教义学工作,这些根据个案情境形成的分类范畴与标准就从个案情境中"脱嵌"出来,变成了抽象的和普遍化的,可以适用于此后不同个案情境的法教义学概念与命题。从法律系统演化的角度看,法教义学的发展与成熟,在法律系统内部承担了一种特殊的功能,那就是将法律系统通过裁判获取的规范经验,以"意义沉淀"的方式予以提炼与总结,形成法命题,从而使法律演化的成就得以稳定化。②

就此而言,如果法律方法论的功能定位是对"规范-事实"关系的反思与控制,则法教义学的功能定位则是"对判决之间的一致性检验",③简而言之,就是使得类似案件获得一致的解决方案。④ 当然,这并非否认法教义学在一定程度上有提升裁判功效的功能,只是说,虽然法教义学确实能够卸载裁判过程中的一部分论证负担,但它同时又大大开放了更多的反思可能性空间,因而大大增强了个案裁判的论证负担,也大大"增大了裁判的困难"。⑤

---

① Sehe Niklas Luhmann, *Rechtssystem und Rechtsdogmatik*, S. 17 – 18.
② Sehe Niklas Luhmann, *Das Recht der Gesellschaft*, S. 274 – 276.
③ Sehe Niklas Luhmann, *Rechtssystem und Rechtsdogmatik*, S. 19.
④ Sehe Niklas Luhmann, *Das Recht der Gesellschaft*, S. 274.
⑤ Sehe Niklas Luhmann, *Rechtssystem und Rechtsdogmatik*, S. 22 – 23.

总之,法律方法论更注重法律适用的妥适性问题,因此其处理的核心问题是"规范与事实"之间的关系问题,而法教义学则进一步处理个案裁判之间的一致性问题,因此更侧重于概念和命题的选择、提炼与体系化的工作。如果我们无法有效地区分法教义学与法律方法论之间的联系与区别,则我们就无法进一步地认识法教义学内容的生产与繁荣的可能性及其条件问题。

三、中国本土化法教义学理论不发达成因的再反思

通过把法教义学放到法律系统整体的演化和发展的历史中观察,我们发现,虽然在法律系统演化的某种特殊的阶段,法教义学与司法裁判系统在功能上分化开来,形成了某种既独立又相互合作的关系,但法教义学仍然是法律系统内部的子系统,法教义学研究本质上仍然以法律系统的演化与自主为条件,同时又受法律系统演化和发展程度的制约。一言以蔽之,法教义学本质上是一种受制度推动的法学(institutionell betriebene Rechtswissenschaft)①。因此,法教义学与司法的裁判系统,都要受法律系统内部"同案同判"之正义原则的规制。就此而言,是否存在着一个在现代社会中承担特定的"保障规范性预期"功能,根据合法/非法二值代码建构起各种内部复杂性的,以"同案同判,不同案不同判"为最高标准运行的,从全社会中分化出来的法律系统,

---

① "受制度推动的法学"的说法来自阿列克西,但本文中该概念的含义与阿列克西语境中的含义略有不同,本文更清晰地指向作为法律系统内部分化之子系统的系统化的法教义学研究实践。阿列克西关于"受制度推动的法学"的阐述,参见〔德〕阿列克西:《法律论证理论》,舒国滢译,中国法制出版社 2002 年版,第 316 页。

就构成了法教义学概念和命题之提炼与生产是否有可能充分发展并繁荣的基本条件。

换句话说,法律系统从整体社会结构中分出的程度与法教义学概念和命题的提炼与生产之间,既互相作用,同时又互相限制。很难想象,一个国家的法律体系除了提供相对严格的合法/非法的裁断之外,还承担维稳、教育、良知调节等其他各种功能,甚至这些功能的分量还大大超过提供合法性判断的功能时,该国法教义学的概念和命题的提炼与生产会比较发达与繁荣。

中国的法教义学研究长期徘徊在比较法意义上对西方法教义学研究成果的介绍与消化,而难以形成规模意义的本土化法教义学理论,其中最根本的制约因素,就在于中国法律系统并未充分地从中国社会整体的结构中分化出来,并以此种分化为前提,建构起法律系统相对于整体社会环境的相对自主的内部复杂结构。更具体地说,尽管中国已经初步建立起"立法"与"司法"的功能分化,同时也建构起了一套相对比较完备的法律程序机制,但整个中国法律体系并未严格按照合法/非法这个二元代码化的图式建构起来,也因此,整个法律系统内部的运作也没有按照"相同情况相同对待,不同情况不同对待"的基本原则的引导与规制进行。①

这也许可以解释,晚近法教义学研究者对最高人民法院 2011 年推出的指导性案例改革的"过分热情"(尤其是对比司法实务界的冷淡),以及对"同案同判"原理的强烈主张。② 因为恰恰是"相同情况相同对待,不同情况不同对待"这项作为现代法律之"偶联性公式"的正义原

---

① 参见泮伟江:《当代中国法治的分析与建构》(修订版),中国法制出版社 2017 年版,第 3—35 页。

② 参见泮伟江:"论指导性案例的效力"。

则,才使得法教义学的概念、准则、原则和裁判规则被凸显出来,并成为法官对抗针对个案与个人的论证思路。① 而反过来说,在此种以"同案同判"原则作为司法构成性因素下产生的大量司法判决与论据,经过进一步的整理与提炼形成的这些概念、准则、原则与裁判规则,又进一步成为法教义学研究最基本的素材与原料。法教义学研究的实践活动,只能依据这些素材与原料才能够真正有效地发生,并生产出有效的产品。甚至可以说,有成熟的裁判制度,才有可能形成规模化的本土化法教义学理论成果。而只有同案同判的正义原则在法律系统内部的真正落实,成熟的裁判制度才有可能真正实现。就此而言,"无米之炊说"仅仅将问题的症结放到裁判与学说沟通机制的匮乏上,这是看准了方向,却又看错了对象——以同案同判为原则的裁判制度之匮乏,才是问题真正的关键与症结之所在。

  法律系统的核心工作是对社会事实尽可能地做出前后一致的合法/非法的判断。正是在此意义上,卢曼将司法看作是法律系统的核心,而将立法看作是法律系统的边缘。因为根据"不得拒绝裁判"原则,司法最典型和深刻地体现了法律系统内部必须做出合法/非法判断的功能迫令。② 然而,大量的事例都表明,我国现阶段的个案司法裁判,过多地承担了维稳和道德教育的功能,因此并没有严格按照合法/非法之"图式"进行。在我国各级法院的判决中,大量的判决都是"情理法并重",哪怕在立法规则和相关法教义学通说都很明确的情况下,都会因为个案裁判之"社会效果"(例如考虑个案判决在"维护社会稳定""为经济建设保驾护航"等方面的影响),而突破法律的界限,综合考虑各种

---

① Sehe Niklas Luhmann, *Das Gesellschaft der Gesellschaft*, S. 264.
② Ebd., S. 310-319.

政治的、经济的、伦理道德的、社会情感的因素进行裁量。

一个典型的例子就是中国法院对于"疑难案件"的态度。在一个法律系统具有比较充分自主性的社会中,疑难案件并不是作为"麻烦",而是作为法律系统发展与演化的"机会"而出现的。所谓疑难案件,简单地说,就是利用法律系统既有的判准资源,即便是在法教义学与法律方法论的协助下,仍然很难对案件事实的合法/非法做出判定的案件。在法律系统具有充分自主性的情况下,法律系统内部建立的"不得拒绝裁判"的功能迫令,就迫使法律系统必须对疑难案件给予一个清晰的、合法或非法的非此即彼的答案。这样做的好处在于,它并不着眼于个案化地化解权利冲突,而是通过复杂疑难个案冲突的化解,对权利进行类型化的构造,从而形成抽象的权利界限和规则,批量化和系统化地化解各种权利冲突,将个案纠纷的经验内化到治理结构中,变成治理结构的内化经验和知识。

当然,通过提供非此即彼的答案,法律系统并不保证围绕疑难案件的相关争议的消除,而实际情况往往可能是,法律系统给出的关于案件事实的合法或非法的判决,进一步激化了围绕案件事实产生的矛盾——秋菊们看到判决后也许更愤怒了。正是在这个意义上,我国的很多法院在裁判过程中,对于"疑难案件"往往避之唯恐不及。如果下级法院遭遇疑难案件,往往倾向于通过内部的请示与汇报,来转移因疑难案件带来的"麻烦"与责任,而上级法院也往往千方百计地回避公开审理疑难案件。例如,在最高人民法院所公布的指导性案例中,几乎不见真正的疑难案件,最高人民法院更倾向于选择公布争议较少、实际上已经在实践中被接受甚至最高人民法院司法解释已经规定得比较清楚的案件。[①]

[①] 对此,可以参照黄卉对第一批公布的4个指导性案例的分析。参见陈巍等:"案例指导意欲何为?——新法学·读书沙龙第七期'案例指导制度'讨论纪要",载《法学方法论论丛》(第1卷),中国政法大学出版社2013年版,第316—318页。

当法院不是将疑难案件看作法律发展与演化的资源与机遇,而是看作避之唯恐不及的麻烦,则法律系统的分出与法教义学的发展空间都是非常有限的。在这样一种心态下,法院跳脱法律系统本身为司法裁判所设置的轨道与界限,将裁判调解化,从而按照某种"摆平理顺"的原则和方法论来处理案件,或许就在所难免。

我国司法实务对"正当防卫"案件的处理,或许是说明上述问题特别典型的一个例子。我国司法实务对正当防卫的认定,一直存在着过严的问题。正如有学者指出的,虽然1997年刑法修改,放宽了对正当防卫的限制,鼓励当事人进行正当防卫,但从1997年至今,司法实务对正当防卫过严的做法并未得到实质性改观。① 说我国现行刑法中正当防卫条款是一个"沉睡条款"或"僵尸条款",并不为过。如果仔细分析我国司法审判实践中的相关判决,便可以发现,在个案审判中,法官们往往根据个案判决的具体需要,限缩刑法中正当防卫条款构成要件的范围,"有时甚至不惜在既有的五个要件之外额外添加进一步的要件,来实现极度限缩正当防卫成立空间的目的"②。

由此可见,我国法院审理正当防卫类案件时,相关个案裁判都没有按照合法/非法的二值代码所规定的结果运作,而是在个案裁判中"因时因地制宜",以各种不同的方式对正当防卫条款做了各种各样的限制与改动。正如有学者指出:"正当防卫制度本身以'法无需向不法让步'为基础,因而,它势必要求相应的裁判机制与法律系统重视法与不法之间的明确区分。"③但即便如此,"正当防卫"类案件仍很难做到"同案同判",因此诸相关个案裁判的标准难以统一,即便勉强统一,也很难对未

---

① 参见劳东燕:"正当防卫的异化与刑法系统的功能",《法学家》2018年第5期。
② 同上。
③ 同上。

来的个案裁判发挥应有的作用,由此导致法教义学概念与命题的精细化作业难以开展,更不用说实现此种概念与命题的精细化作业跨越案件情境的抽象化与普遍化的效果。

这仅仅是我国司法实践根据个案需要随意规避甚至修改法律明文规定的一个例子。如果出现法律没有明文规定,需要法官做出复杂解释的案件,那么违背同案同判之原则,"就事论事"地处理案件的情况就更普遍了。此外,这种现象并不仅存在于基层法院,同时也存在于各级上诉法院,甚至最高人民法院的裁判实践中。例如,有诉讼法学者就注意到,在民事诉讼案件中,无论是初审法院、上诉法院还是最高人民法院,往往都在案件审判的过程中,突破法律规定的举证责任分配的规则,而相对比较随意地变更举证责任的设置,从而对案件的判决结果产生实质性的影响。①

本文并不反对在个案裁判过程中,可以适当地突破国家正式法律规则的规定,适当考虑个案纠纷事实的特殊性,从而实现个案正义。本文所主张的是,即便是此种个案中"超越法律"的尝试与努力,也必须在"同案同判"原理允许的范围之内,并在"同判原理"以及法教义学体系的引导下进行,仍然必须借助于教义学的概念与命题,通过比较个案与先例之间的"同"与"不同",并论证"不同处理"的根据与理由来实现。②而司法裁判的调解化,其实质是基本抛弃由正义原则和法教义学协同建构的法律系统的内部诸种结构化设置,完全沉迷于个案情境中的各种过于具体而特殊的政治、经济、伦理道德和情感要素,从而基本放弃了法律系统内部跨情境的图式化运作。这显然与法律系统之分出的趋

---

① 参见胡学军:"中国式举证责任制度的内在逻辑",《法学家》2018年第5期。
② 对此,可参见〔德〕拉伦茨:《法学方法论》,第246—315页。

势是完全背道而驰的。

四、对本土化法教义学理论未来发展的审慎展望

一个有着几千年文明传统,人口超过13亿,面积960多万平方公里的东方大国所进行的法治转型,一定是人类历史上前所未有的大事件。经过40年的改革开放,中国社会已经发生了深刻的转型与变化,目前我国已经进入超大规模陌生人群治理的新阶段和新常态。在超大规模陌生人社会阶段,我国社会主要呈现出许多前所未有的新特征。例如,个人需求的多元化与复杂化,大规模人口流动带来超大规模陌生人群治理问题,人与人通过商品关系突破了空间限制而不断地被抽象化与复杂化等。①

在超大规模陌生人社会中,整个社会机制也必须随之演化。这就对一个能够根据自身内部"同案同判"的正义标准而做出合法/非法判断的法律系统的分出提出了要求。换句话说,这就要求我国法律系统能够在内部建立起足够的复杂性,从而能够化约我国超大规模陌生人社会阶段的社会过度复杂性,实现稳定超大规模陌生人社会交往的规范性预期功能。这就要求我国整个司法系统就不能再看起来像一个超大规模的"基层法院"。

这既对中国的法教义学提出了挑战,也提供了千载难逢的机会,赋予了法学研究者以时代的伟大使命。中国法教义学应该为这个伟大的

---

① 参见泮伟江:"超大规模陌生人社会治理:中国社会法治化治理的基本语境",《民主与科学》2018年第2期。

时代贡献出大量高质量的本土化法教义学理论成果。但当前的现实是,尽管中国法学研究者越来越多地认识到此种使命与担当,并且做出了艰苦卓绝的初步努力,但结果仍然是令人失望的。法教义学研究者因此也在痛苦与失望中进行了反思。"学艺不精说"富有自我批评与自我反思的精神,将所有的责任都揽到自己身上,认为主要是因为"我们做得还不够,我们做得不够好"。部分有识之士则认识到,在现代工业化大生产的时代,对现状与不足的反思更应关注生产机制与体制问题,并初步指出了学说与判例良性互动与沟通的渠道和机制等方面的缺陷。

但这些思考仍然是初步的,因为他们都停留在具体的和局部的制度设置上,缺乏对一个能够为法教义学的发展提供基础性条件的整体性架构的思考。所以问题的关键是描述出这个作为具体部门法教义学研究基础的一般性架构,并基于中国法律发展的阶段与现实,将该架构在具体制度层面予以具体化的落实。

我国法律系统如果要承担起超大规模陌生人社会中稳定规范性预期的功能,就必须通过"相同案件相同处理,不同案件不同处理"的正义规则,借助于法教义学概念与命题的提炼建构起内部的复杂性,从而能够稳定和跨情境地向社会输出合法/非法的二值代码化的裁判。

卢曼早在20世纪70年代就曾经指出,如果要建立起这样一个能够满足"稳定规范性预期"功能的具有内部复杂性的现代法律系统,就必须在以下三个方面实现法律系统的内部复杂性:第一,法律系统内部规模的提升,即法律系统内部要素数量的增加。这主要就是指法律系统内部案件判决的数量。第二,法律系统内部多样性的提升,即要素差异性的提升。具体来说,就是法律系统内部判决多样性的提升。第三,法律系统内部诸要素的相互依赖性的提升,即要素间的依赖性提升。具体来说,这就是指判决之间的相互依赖性。①

按照卢曼的观点,法律系统内部这三个层次的变化可能性,为法律系统提供了对环境复杂性变化做出不同反应的可能性。如果按照卢曼关于法律系统内部复杂性的此种理解,反观中国法律系统内部复杂性建构的问题,则我们可以发现,当前中国法律系统内部复杂性的前两个层次,基本上已经达到相当复杂的层次。

例如,根据姜峰的整理与统计,改革开放以来,我国法院受理案件已经连续增长 30 年,从 1978 年的 61 万件增长到 1200 多件,增长约 20 倍。与此相对,30 年来法官人数则从 1978 年的 6 万余人增长到 21 万余人,仅增长 3 倍多。这还仅仅是全国法官数量与案件数的平均数,未考虑地区差异。显然,经济发达地区法院审理的案件数量要远超这个数字。例如,江苏法院每年审结的案件数量在 90 万件以上。② 法院审理案件数量的急剧增长,已经催生出各种各样的关于我国法院"案多人少"现象的热烈讨论,以及法官员额制改革、法院审判"繁简分流"改革的诸多改革措施。

就案件类型的多样性与差异化方面而论,我国法院案件类型从新中国成立初期民事方面以离婚案件为绝对多数,刑事案件以杀人、强奸等传统罪名的案件为主,到如今逐渐出现民事、刑事、经济、金融、环境、行政、互联网纠纷等大量的新型案件类型。

然而,由于我国司法体制机制等方面的原因,我国司法裁判明显而普遍的"调解化"特征,却妨碍了我国法院每天处理的大量和不同类型的案件之间互相依赖性的有效建立。我国的法律体系仍然是一个低度

---

① Sehe Niklas Luhmann, *Kontingenz und Recht*, S. 257.
② 参见姜峰:"法院'案多人少'与国家治道变革",《政法论坛》2015 年第 2 期。

教义学化的法体系。这大大局限了我国法律系统内部适当复杂性的建构。由此导致的一个基本结果就是,发生在全国各级法院中的大量的法律演化与创新,既无法通过法教义学提炼的概念在语言上被固化与沉淀下来,也未被总结成一般性的法教义学命题,更无法融入既有的法教义学体系之中,而是再次被法律系统所遗忘。

笔者曾经对北京、福建、浙江等省份的一些基层法院进行过初步的调研,发现许多基层法院的法官都在做着类似于罗马共和国时期法学家所做的带有法教义学胚胎与萌芽性质的工作。例如,一些基层法院的审判庭会尝试将内部长期积累的、反复大量出现的一些案件类型的审判经验文字化与系统化。尽管这些工作仍然属于案例材料的粗加工,因此仅仅是第一层次的法学研究,但此类需求之旺盛与普遍,客观上仍表明了司法实践对高质量本土化法教义学成果反哺司法审判实践的渴求程度有多强。试想如果缺乏一大批高质量并具有系统性的医学理论成果的支撑与滋养,医疗实践的水准仅仅依靠医生个人的经验与手艺的积累,这种情形又有多可怕。又例如,晚近互联网技术的发展及其在司法系统的适用,以及案例数据库建设的蓬勃兴起,虽然不能根本性地实现"同案同判",但确实在一定程度上改善了这个局面。① 又如最高人民法院指导性案例制度改革,虽然存在着种种的缺陷,但仍然激发了中国法教义学研究者的浓烈兴趣与热烈的响应。②

种种迹象都表明,中国社会与法律的演化已经进入了某种实质而关键的"演化关口"阶段,我们基本上已经进入一个超大规模的陌生人

---

① 因为数据库建设的实质是将大量的案例收集在一起,并适当地通过一些算法,使得人们可以通过搜索来发现类似案件。但此种通过算法形成的类似案件,与通过上诉机制,尤其是通过论证与说理形成的类似案件,是两种性质完全不同的"类似案件"。参见贺剑:"法教义学的巅峰:德国法律评注文化及其中国前景考察",《中外法学》2017年第2期。

② 参见泮伟江:"论指导性案例的效力"。

社会之中,各种全新的问题也随着演化的升级而涌现出来。中国法律系统的分出虽然仍面临着一系列的现实障碍与困难,但社会对法律提出的功能要求是现实存在的,由此产生的刺激与推动法律系统分出的动能与力量也是巨大的。同时,在社会与法律的共同演化和转型的过程中,各种认识也在不断地深化。这是一个暗潮涌动的过程,有利于本土化法教义学成果规模生产的各种体制性条件实现的各种能量正在不断地生长与发育,并相互之间形成呼应与联系,从而更深刻地推动着中国以同案同判为核心的判例制度的建立。中国法律体系进一步的分出与实现自主化的未来仍然是可期的。反过来说,大量高质量的本土化法教义学理论成果的涌现,如果有朝一日成为现实,则其对整个中国法律体系的分出与自主性的实现,也是大有助益的。

面对着这个伟大的时代,中国的法教义学研究者与法学理论研究者,是否能够担当起我们的使命呢?基于中国司法的伟大实践,中国本土化的高质量法教义学理论成果是否能够不断涌现?在全面依法治国的号角声中,轰轰烈烈的司法改革背景下,以同案同判之正义原则为基础的法教义学与司法裁判机制能否形成合理的分化与自主,各自突破"瓶颈",脱颖而出?未来中国是否能够打通理顺学说与判例之间良性互动与合作的各种体制与机制性障碍?未来中国的法教义学研究者与中国的司法实践者,是否能够通力合作,共同演奏出中国法治转型伟大时代的乐章?

我们不妨拭目以待!

原载《法商研究》2018年第6期

法教义学与法学研究的本土化

导 论

对中国法学研究不算长的传统而言,法学研究的本土化可谓是一个老话题。先不说清末围绕变法修律所展开的"礼法之争"①,单就"文革"结束,恢复法学教育的这40年来,围绕法学研究本土化的讨论就不绝于耳。主张法学研究本土化者认为,清末以来中国多数法律都移植自西方,同时中国法学研究的多数理念、制度、规则、概念,都是西方的,因此导致了理论与实践的脱节。② 许多人因此呼吁法学研究应该增强对中国法治实践的经验感受力,关注中国法治实践中出现的问题,增强中国问题意识,在中国法律实践的基础上发展出一种本土化的"面向中国的法学"。③

经过长期的讨论与反思,中国法学要有中国问题意识,法学研究应

---

① 关于清末修律中的礼法之争,参见李贵连:"清末修订法律中的礼法之争",《法学研究资料》1982年第1期;梁治平:《礼教与法律:法律移植时代的文化冲突》,上海书店出版社2013年版;李贵连:《沈家本传》(修订版),广西师范大学出版社2018年版。
② 参见冯象:"法学三十年:重新出发",《读书》2008年第9期。
③ 参见苏力:"面对中国的法学",《法制与社会发展》2004年第3期。

该本土化,这一点已形成初步共识。① 但问题仍然没有解决。究竟什么样的法学研究才是本土化的,或者说,一种本土化的法学研究,究竟呈现为何种形态与特征,法学研究者究竟如何展开本土化的研究,这些问题仍然是高度模糊和充满争议的。② 这些问题不澄清与解决,则上述关于法学研究本土化的共识就基本失去了意义。

迄今几乎所有围绕法学研究本土化的思考和讨论,其关注的焦点都在于对"本土化"概念的分析与探讨,却很少有人先去探讨"什么是法学"的问题。如果人们对法学的学科性质与方法缺乏一种清晰和深刻的认识与自觉,那么对于法学研究的本土化问题的讨论就很难取得真正的成果。事实上,尽管很多人孜孜以求地探寻"本土化"的含义,回避了对"什么是法学"这个前提问题的澄清,但最终仍无法摆脱"何谓法学"的问题。例如,他们提出的所谓本土化的法学研究和西化的法学研究的区分,本质上仍然是在回答"法学是什么"的问题。本土化的问题因此反倒被"什么是法学"的问题所吸收了。

另外一个值得注意的现象是,法学研究的本土化往往是在讨论法律移植与法律本土化的话题时被附带地提及。③ 这就涉及另外一个很重要的问题,就是如何处理法学研究本土化与法律本土化之间的关系。或者更抽象的说,这涉及一国之法学与该国法律体系的具体实践之间的关系:法学与法律体系的具体实践之间,究竟是普通意义的研究与研究对象的关系,还是有区别于一般科学研究的特殊性?

---

① 在这方面,苏力的贡献尤其巨大。参见苏力:《法治及其本土资源》,中国政法大学出版社1996年版。
② 参见杜宴林:"论法学研究的中国问题意识",《法制与社会发展》2011年第5期。
③ 例如,沈宗灵:"论法律移植与比较法学",《外国法译评》1995年第1期;苏力:《法治及其本土资源》;何勤华:"法律移植与本土化",《中国法学》2002年第3期;信春鹰:"法律移植的理论与实践",《北方法学》2007年第3期。

由此可见，法学研究的本土化问题，并非简单地呼吁一下法学研究者走出书斋，增强一点经验感受力，呼吸一点田间地头带有乡土气息的清新空气就可以做到的。这是一个关涉到"什么是法学""法学研究与法律制度之间的关系为何""何谓本土化"等基本理论问题的大问题。法学研究本土化，只有放到法学的学科定位以及法律理论与法律的制度化实践关系的自我反思等背景下，才能够真正被论题化，并形成富有功效的反思成果。

一、法学的特性及其对法学研究本土化的影响

近代以来，随着自然科学的兴起，关于法学之科学性的讨论如雨后春笋般涌现。无论是质疑法学的科学性，还是主张法学的科学性，研究者几乎都认为"法学应该是科学的"。① 对于中国的法学研究者来说，20世纪80年代戴逸的"法学之问"，即"法学是幼稚的"的论断，几乎构成了中国法学研究者的"童年创伤"。② 追求法学研究科学性的提升，尤其是方法论与学科意识的自觉，从而使得法学研究也能够对中国问题做出应有的贡献，使法学研究能够有尊严地跻身于大学的学科之林，就变成了法学研究者的某种精神动力与不懈追求了。③

关于法学研究本土化问题的思考，也无形之中受到了法学研究科学性思潮的影响。既然以对法律规范进行解释为己任的"注释法学"对

---

① 例如，参见〔德〕耶林："法学是一门科学吗？"（上、下），李君韬译，《比较法研究》2008年第1、2期。
② 舒国滢："求解当代中国法学发展的'戴逸之问'"，《北方法学》2018年第4期。
③ 对此，刘星有着非常精当的概括，参见刘星："法学'科学主义'的困境：法学知识如何成为法律实践的组成部分"，《法学研究》2004年第3期。

中国法治转型的现实问题缺乏经验感受力,在方法论上是幼稚的,那么法学研究就应该广泛借鉴经济学、政治学、人类学、社会学等其他学科先进的科学方法与思想,形成面向中国现实问题的交叉学科的法学研究方法。① 同时,这种研究进路也认为,法学研究者与法治实践之间是一种彼此分隔的研究者与其研究对象之间的关系,这就类似于社会学调查者与调查对象之间的关系。在此种科学研究实践中,研究成果的科学性,最后是通过观察研究成果与实践之间能否"符应"来予以检验的。所谓"实践是检验真理的唯一标准"说的就是这个意思。法学研究本土化论者对"注释法学"的批判,也主要是从"注释法学"的研究成果不符合中国社会发展的现实角度展开的。

这样一种观察与思考在两个方面存在问题。首先,它与法学发展的历史不符。诸如社会学、人类学、经济学等受现代自然科学研究影响所兴起的"社会科学"都是近代以来才兴起的,例如,社会学大约是在19世纪后半叶才出现的,经济学略早于社会学,大概可以追溯到18世纪末和19世纪初。但法学的发展历史要比这些年轻的社会科学久远得多。如果不算罗马共和国和罗马帝国时期的"预防法学",单从罗马法复兴运动开始起算,法学的历史可以追溯到11世纪前后。② 其次,由于法律规范具有一种"反事实"的特性,③因此事实上我们不能通过"规范是否符合事实"的方法来验证"法学的科学性"。自中世纪罗马法复兴运动以来,法学的科学性基本上是通过借鉴亚里士多德的辩证法,在以"分析与综合"为特征的文本阐释方法的基础上发展出来的"原则基础

---

① 参见苏力:"也许正在发生——当代中国法学发展的一个概览",《比较法研究》2001年第3期。
② 参见〔美〕伯尔曼:《法律与革命——西方法律传统的形成》。
③ 参见〔德〕卢曼:《法社会学》,第82页。

上统一"的"体系性"来予以保证的。①

要探讨法学研究的特性,核心的问题就是处理好法学的科学性与实践性之间的关系。在此种关系中,法学的实践性具有更根本的地位,优先于法学的科学性。② 这一点虽然与许多在大学从事研究的法学研究者的直觉相冲突,却符合历史的实情。例如,无论是罗马时期的"预防法学"③还是英国普通法时期的学徒制法学④,都表明法学的实践性优先于法学的科学性。这个阶段的法学,主要是那些不断在个案中需要被重复运用的经验与知识的提炼与整理,以帮助后来的裁判者在进行个案裁判时,能够更好地说理与论证。正如卢曼曾指出的,这个阶段的法学在理论化方面的要求是很低的。⑤

中世纪罗马法研究虽然脱离了罗马法的实践,但却是在预设了"罗马法是欧洲的自然法"的前提下展开的研究。这意味着,中世纪欧洲的罗马法研究主要采取的是一种"内在参与者"的视角,而不是如现代经济学或者社会学式那样的"外部观察者"视角。其核心的特征就是预设了"法官视角"的优先性,因此,其思考的核心模式就是一种"规范适用"的模式,也即研究"如何将抽象的法律规范适用到具体的个案之中,以及,当规范与事实之间存在罅隙时,如何解释与适用法律"的问题。这个问题本身是一个纯粹的司法实践问题。但是这个实践问题对法学

---

① 参见〔美〕伯尔曼:《法律与革命——西方法律传统的形成》,第186—203页。
② 参见刘星:"法学'科学主义'的困境:法学知识如何成为法律实践的组成部分"。
③ "他们是些实务工作者,更加关心的是实践问题而不是理论问题","虽然像西塞罗那样的著名律师可能对法律有很清楚的了解,但他的兴趣与其说针对着法学,不如说倾注在以理服人的一书上"。参见〔意〕尼古拉斯:《罗马法概论》(第2版),黄风译,法律出版社2004年版,第29页。
④ 参见泮伟江:《一个普通法的故事:英格兰政体的奥秘》,广西师范大学出版社2015年版,第57—62页。
⑤ Sehe Niklas Luhmann, *Das Recht der Gesellschaft*, S.9.

研究产生了根本的规定性。因为法学研究的产生源于此种实践的需要。

大学法学院这样一种相对独立于司法审判实务的建制性存在,使得如下情况成为可能,即法学知识的概念抽象化与体系化的程度,可以大大超出司法审判实务需要的程度。① 之所以能够如此,一方面是因为大学本身的"科学研究"的属性对法学研究提出了相对独立于司法审判实务需要的要求(这是科学研究本身的题中应有之义),②同时,概念抽象化与体系化,在帮助学生短期内系统与迅速地掌握法学基本知识框架与能力方面,是任何学徒制的教育所不可比拟的。③

法学研究与司法实务相对分离的趋势,在现代大学的学科体制下不断地被强化。尤其是,在自然科学,以及经济学、社会学、心理学等新型社会科学学科规范的竞争与压力之下,法学研究面临着更多的理论性要求。因此逐渐出现了一种新的法学研究形态,那就是法理论的研究。这种法学研究形态要求在整体性的原理层面对"法律是什么"做出回答。④ 相对于前一种法学研究形态而言,此种法学研究形态具有一定的反思性,因为它试图对法律本身的属性进行观察与反思。⑤ 但无论此种法理论研究是多么地发达,它都不能替代前一种法学研究形态的存在,甚至也不能动摇此种法学研究形态的主流地位。

---

① Sehe Niklas Luhmann, *Das Recht der Gesellschaft*, S. 9.
② 参见〔美〕伯尔曼:《法律与革命——新教革命对西方法律传统的影响》,袁瑜琤、苗文龙译,法律出版社 2011 年版,第 186—203 页.
③ 兰德尔在 1870—1895 年担任哈佛大学法学院院长期间施行的高度学术化的法学教育所取得的巨大成功,就是一个非常鲜明和典型的例子。See Bruce Kimball, *The Inception of Modern Professional Education: C. C. Langdel, 1826 - 1906*, Chapel Hill: University of North Carolina Press, 2009.
④ 参见泮伟江:"法学的社会学启蒙",第 55—63 页.
⑤ 参见陈景辉:"法理论为什么是重要的——法学的知识框架及法理学在其中的位置"。

我们大致可以把法学研究区分为三个层次:第一个层次的法学研究,更多的是一种司法裁判经验的初步概括与总结。这个工作,也是目前面临"案多人少"压力的中国多数法院内部都在做的一个工作。通过将诉讼中常见的各种纠纷进行归类与整理,形成某种经验性的"法则",从而减少法官工作的压力,增强法官的裁判能力,是其基本的诉求。当然,当此类经验性的法则不断地累积,也不断地被使用与分析时,规则本身的合理性与科学性的问题也会被不断地提出。当沿着这个方向的研究越来越专业和精深时,往往会为某些概念的提出预留了空间。① 这导致了法学研究的专门化,具体表现为依托于大学的学术化的法学研究的出现与蓬勃发展。这就是第二层次的法学研究,通常被称作法教义学研究。第三层次的法学研究则是更晚近时期出现的,由于法律体系发展得日益庞大,并且在现代社会的治理中占据了越来越重要的地位,人们需要形成一种关于法律的整体的理论,从而帮助人们理解与认识法律本身。这就是法律理论的研究。

本文对法学的定义,主要指第二层次的法学研究,也就是法教义学研究。就此而言,我们大致可以概括出法学研究的几个核心的特征:首先,法学因司法实践的需要而生,必然也服务于此种实践的需要。如果法学研究最后偏离了法院的司法实践,不以法院的裁判为研究对象,那么法学就一定是偏离了自身既有的定位与功能。其次,法学研究也是一种科学研究,它必须相对独立于司法实务的需求,同时在科学性方面,又必然要高于司法实务过程中自发形成的经验性的规则概括。② 法学研究依托于大学的科研系统,同时受到科研系统的各种规范与准则

---

① Sehe Niklas Luhmann, *Das Recht der Gesellschaft*, S. 264.
② 参见黄文艺:"法学是一门什么样的科学",《法制与社会发展》2001 年第 3 期。

的约束,这对于法学研究品质的提升,是有很大好处的。

我们也可以把法学研究的这两个核心特征结合起来,对法学研究的特性做如下的总结:法学院的法学研究,乃是以司法裁判为核心的法律系统与以求真为导向的现代科研系统的结构耦合,[1]因此,它必须同时满足现代法律系统与现代科研系统的双重要求。[2]

恰恰是这一点,使得法学研究与其他现代社会科学研究,例如经济学研究、社会学研究、人类学研究等学术研究之间形成了鲜明的差别。这些学科的研究在本质上是纯理论的,这意味着,在这些研究的过程中,研究者与研究对象之间是相互隔离的,研究者本身并不服务和附属于研究对象,研究对象本身并无法对研究者提出各种规范性的约束和要求。与此相反,法学与它的研究对象,恰好构成了某种循环的相互关系:法学本身就是为了服务于司法裁判的需要而产生的,因此,司法裁判本身就对法学研究形成了比较强烈的制约与规范的作用。司法裁判对法学研究的规范性约束主要体现在如下几点:

首先,由于法学研究服务于司法裁判,而司法裁判的核心工作,就是对行为的合法性进行裁断,[3]所以,通过研究,对某些特定的行为或者事项的合法性进行判断,也构成了法学研究的核心任务。更进一步地说,法学研究的任务,主要是对法官据以进行合法性判断的那些"裁判标准"及其适用的研究。因此,法学研究的内容再复杂繁多,其所有工作最终仍然要聚敛到这个技术化的工作层次上来。

其次,法学研究对中国现实的关注与了解,主要是通过司法裁判这

---

[1] Sehe Niklas Luhmann, *Das Recht der Gesellschaft*, S. 543.
[2] 参见王晨光:"法学教育的宗旨——兼论案例教学模式和实践性法律教学模式在法学教育中的地位、作用和关系",《法制与社会发展》2002 年第 6 期。
[3] 参见泮伟江:《当代中国法治的分析与建构》(修订版),第 22—25 页。

个"探测器"来进行的。也就是说,法学研究就像是一种戴着"遮眼罩"的研究,它只能通过此种"遮眼罩"来对社会事实进行观察。那么无法通过司法裁判而"探测"到的"社会事实",一般很难会被法学研究所关注到。在某种意义上,法律系统就像下图中的这个盲人,而司法裁判则是它赖之以探测身处的社会环境的主要工具。

图1 司法裁判作为探测器

最后,由于司法裁判对纠纷的解决并非一次性的,而经常是不断地遭遇相同或者类似的纠纷。因此,司法机制对个案裁判的一个内在约束,就是司法裁判要尽量地遵循同案同判的原则。① 对司法的个案裁判而言,由同案同判所带来的体系性约束与个案裁判本身的公正合理性,二者构成了必须予以兼顾和权衡的关系。法学研究相对于法官的个案裁判而言,具有相对的自主性,更多地受到同案同判原理的辐射与约束,这就给法学研究提出了一个要求,即可普遍化的要求。也就是说,法学研究的必须是某种一般化的命题,而不仅仅是对某个具体案例之独特性的描述与研究。②

---

① Sehe Niklas Luhmann, *Das Recht der Gesellschaft*, S. 214 – 238.
② 参见陈景辉:"规则的普遍性与类比推理",《求是学刊》2008 年第 1 期;夏辰旭:"可普遍化原则——法律实践的基础性原则",《云南行政学院学报》2010 年第 4 期。

司法裁判对法学研究所提出的这三个规范性约束，对于法学研究而言，是一种硬约束。也就是说，任何一项法学研究，都必须符合这三项约束，否则的话，就很难称得上是"法学的研究"。除了司法裁判对法学研究提出的三个硬约束之外，由于法学研究又属于一种科学研究，因此，它也受到了科学研究系统的约束。这种约束就是对已经做出之法学研究的传承与创新。科研研究的一个重要准则就是，必须在前人研究的基础上进行，既要去挑战前人的研究，同时也要在前人研究所形成的知识与自身研究之间，构造出一个内部不矛盾的知识体系。就法学研究而言，任何新知识或者新概念的创造，都必须能够融进既有的法学知识体系之中，从而使得类似的案件能够得到一致的解决。

二、法教义学研究本土化的可能性

法学研究的本土化是一个好命题。然而，长期以来，关于这个问题的研究总是说得多，做得少。几乎所有人都不反对，法学研究应该本土化。但人们总是在"法学研究如何本土化"方面一筹莫展。许多法学研究本土化论者将过去法学研究无法本土化的原因归结到中国的法律移植上，认为中国法学研究无法做到本土化，主要是因为法学研究者将注意力放到了西方法律的规则、制度、理念、概念、体系和原理的研究上，而缺乏对中国社会实践的经验感受力，从而提倡一种基于中国现实的，带有中国问题意识的本土化法学研究。应该说，此种反思的意义是重大的。但如何从中国法律转型的伟大实践中，采撷中国人民的伟大法律实践，并将其概念化，从而形成真正具有学术原创力的法学研究成果，目前来看，经过20多年的尝试所形成的成果仍然寥寥无几。

随着中国法学反思意识的兴起,中国法学研究者逐渐意识到,法教义学才是中国法学研究的主流与"正宗"。① 因此,法学研究的本土化,必然是法教义学研究的本土化。脱离法教义学研究本土化而谈论中国法学研究的本土化,就像脱离互联网谈论中国电商的本土化一样,完全是无稽之谈。因此,法学研究本土化并非"海阔任鱼跃,天高任鸟飞"式的"自由发挥",而是必须遵循一定的规则与前提条件。

如果我们将法学研究的本土化放到这样一个知识论的基础上进行观察与理解,就能够更清晰地理解法学研究本土化这个命题的内涵与意义。我们首先明白的是,本土化不仅仅是地方化,更不是地方性知识。因为任何地区都有地方性知识,但这些地方性知识未必就是法学的知识。一方面,这些知识所提供的往往并不是对行为合法性的判定,而是对行为的善/恶等伦理道德方面的判断。在这些地方性的社区中,行为合法性问题在纠纷解决中本身就不是唯一,甚至也不是主要的判断标准。② 另一方面,这些知识由于是地方性的,因此即便我们用"本土方法论"③将它描述出来,它往往也是无法普遍化的。而法学研究一定是一种与司法机关对纠纷和冲突解决的实践相联系的一门可普遍化的知识与学问。因此,在一个统一的法律体系之内,它不可能是某个具体村庄或者城市的地方性知识。

任何一种法社会学式的不追求可普遍化规则的提炼与概括,仅仅希望是对该地区的某种"地方性规则"的描述与整理,或者仅仅是对某种无法普遍化的纠纷解决过程的研究,都不可能是一种法学研究。就

---

① 参见舒国滢:"求解当代中国法学发展的'戴逸之问'"。
② 泮伟江:"法律的二值代码性与复杂性化约"。
③ 关于社会学中的"本土方法论",参见 Harold Garfinkel, *Studies in Ethnomethodology*, New Jersey: Prentice-Hall, 1967。

此而言,许多以探究中国某个特定村庄、城镇、地区的"地方性知识"的人类学田野调查与研究,就不可能是本土化的法学研究的表现形式。因为此类研究根本就不是法学研究。

如果法社会学进路的法学研究本土化的实践注定不可能成功,那么法学研究的本土化,只能是法教义学研究的本土化。然而,许多主张法社会学进路的法学研究本土化者却认为法教义学的内在本质中蕴含着法学研究本土化的不可能性。例如,在《送法下乡》中,苏力教授对中国的法治建设(包括立法与司法在内的一整套法律体系的运作机制)与法学知识生产(法律教义学研究)之间的相互关系,做了非常简明扼要的描述与概括,从而描述了一幅漫画式的、可供批判的"中国法治谜局图":法律教义学负责法学知识的生产,而此种生产的本质是一种西方知识的"搬运工",将西方法学知识照搬照抄地复制到中国,在中国的法学院中进行复制与传播。然而,此种自西方复制与抄袭而来的知识,通过专家起草立法文件,参与立法的模式被转化成中国的制定法。根据法治原则,法官必须受到成文法的约束,因此中国的法官被各种纪律强迫适用移植自西方的制定法,造成了司法实践的错乱。[①]

那么,如此坚硬的、非此即彼的二元矛盾是否存在呢?我们不妨从事实与理论两个层面来回应这种严厉的指责——现代法教义学研究内在地蕴含了某种本土化的"不可能性"。

我们不妨先谈谈事实层面的例子。一个经常被法律教义学的批评者所引用和依靠的概念,就是本土的习惯法。对他们来说,本土习惯法由于是从中国社会的土壤中"生长"出来的,因此更能够反映中国社会

[①] 参见苏力:《送法下乡》,第264—296页。

的日常需要,也更符合他们所坚持的"社会决定法律"的"镜像理论"。①我举一个可能会刺激这些文化本土化论者的例子,即香港普通法的例子。鸦片战争后,香港被租借给英国,成为英国的海外殖民地。英国政府接手香港后,虽然很快颁布《义律条例》,宣布尊重香港本地的法律与习惯,但"随着英国在华势力的增强,中国法律及习惯的存在空间却一步步萎缩"②,也是一个不容否认的事实。殖民当局出于政治的角度推行去中国化政策,显然是背后的重要原因之一。然而,即便是在此种殖民统治的背景下,香港法中的"中国法律和习惯",并没有完全萎缩和消失,反而在殖民者的普通法结构中适应并生存了下来。

典型的一个例子是香港普通法中关于收养的法令与判例。在传统中国的法律中,收养制度被政府看作是一种民间细事,基本上被交给了民间习惯法处理。然而,基于不同的立法精神,香港的普通法对收养制度非常重视,认为收养事宜是"影响到人类道德和社会公益的大事"。尽管如此,香港普通法的法官认识到收养制度具有强烈的文化内涵,应当予以尊重,因此在 1916 年的 Ho Sau Lam v. Ho Cheng Shi 案中承认了中国习惯法中同宗收养的有效性,并确认了一条规则,即"依据中国法律及习惯收养之男孩在养父过世之时取得对养父遗产之继承权"。③ 此种养子对养父的习惯法继承权利,后来在 Ngai Chung-shi v. Ngai Yee-mui 案及 Re Chan Tse-shi 案中获得确认。在 1953 年的 Chan Ye v. Henry G. Leong Estates Ltd. 案中,法庭否定了异性收养的效力。虽然异性收养曾经在 1927 年的 Ngai Chung-shi v. Ngai Yee-mui 案中获得承认,但

---

① 关于镜像理论,可参见〔美〕塔玛纳哈:《一般法理学:以法律与社会的关系为视角》,郑海平译,中国政法大学出版社 2012 年版。
② 苏亦工:《中法西用:中国传统法律及习惯在香港》,社会科学文献出版社 2007 年版,第 90 页。
③ 同上书,第 254 页。

法庭在后来的 Wong Yu-shi v. Wong Ying-kuen 案中,严格限制了收养的成立要件,认为"为了使养子获得亲生儿子的地位并获得继承的能力,必须从养父的同族中选拔养子"①。

同宗收养是中国文化中很特殊的一个制度,与英国自由主义文化的收养制度,在价值取向和制度结构等方面,都构成了实质性的差异。按照文化本土化论者的观点,此种收养制度似乎只能用以"民间细事"为特征的民间习惯法所规范了。但香港收养制度的例子表明,通过现代法律技术,跨文化的民间习惯法仍然可以被技术化,从而转换成现代法律体系的组成部分。

篇幅所限,本文并不拟对香港普通法的收养制度进行详细的介绍和分析,仅此例证,便可以发现香港普通法"不仅力求遵循中国传统的收养模式,并且试图将此种模式清晰地归纳出来并予以公式化,这是几千年来中国官府在审理类似问题时从来没有梦想过的事情"②。香港普通法关于亲子收养和继承的规定,仅仅是其中的一例,此外,香港普通法关于遗嘱等规定,也有着类似"中法西用"的奇妙效果。

由于普通法的此种"中法西用"的能力,香港普通法虽然起源于英格兰普通法,并且基于其殖民地的性质,与英格兰普通法存在着实质性的关联,但很明显的是,香港普通法在"收养""继承""遗嘱"等法律领域,已经高度本地化了。此种高度本地化的效果,实质上还促进了地方习惯法的进一步合理化。由此可见,即便是在殖民地的香港,尽管港英政府有足够的动力与能力推行殖民化与去中国化,但香港普通法仍然能够实现本土化的可能性,从而体现出与英格兰普通法不一样的内容

---

① 苏亦工:《中法西用:中国传统法律及习惯在香港》,第 255 页。
② 同上书,第 260 页。

和特色来。如果说,殖民地的法律制度都能够实现某种程度的本土化可能性,那么在独立主权国家,通过现代法律体系和法律教义学,实现对本地习惯法的合理吸收,从而实现法律体系的本土化,又为何不可能呢?

当然,仅仅指出事实层面的反证,仍然是远远不够的。为了真正回应法与社会科学研究所提出的指责,我们还必须在原理的层面说清楚,为何法教义学研究能够实现法律体系的本土化。法教义学研究由于是面向和服务于司法裁判的法学研究,因此法教义学研究的本土化,一方面必须受实证法规范的拘束,另一方面也受到司法裁判实践的限制。恰恰因此,人们往往通过指责现代形式法治的"运作封闭性"来指责法教义学研究缺乏对社会现实的"回应性",从而"证明"法教义学研究内在地包含了法学本土化的不可能性。

我们看到,此种批判的矛头指向的其实是现代法治的自主性问题。用卢曼的社会系统的语言来说,此种现代法治的自主性,就是现代法治的运作封闭性。法的社会科学研究反对现代法治的此种运作封闭性,他们认为,恰恰是现代西方法治的此种坚硬的运作性封闭,导致了法律系统与社会现实之间的脱节,从而根本性地决定了现代西方法治与当代中国社会需要的背离。

事实上,这是对现代法律系统运作的误解。现代法治体系通过内部运作能够实现对社会变迁的回应与调整。这是通过现代法治体系的认知开放性实现的。所谓的认知开放性,乃是以现代法治体系运作封闭性为前提所形成的一种运作特性。卢曼的研究表明,现代法治系统通过两种途径,建立在运作封闭性基础上的认知开放性。一种途径是通过现代法律的实证化来实现。简单地说,就是通过"立法权"的创制,以及"立法权"与"司法权"的区分来实现这一点。现代社会的发展与变迁能够通过民主的立法过程反映到法律系统内部,从而引起现代法律体系内部结构性的调整,使法律能够快速适应社会生活的变迁。

尽管如此,现代法理学仍然指出,在裁判过程中确实存在着形式化的"涵摄"推理力所不逮的"决断空间"。然而此种决断空间,并非完全是恣意的。既有的实证化的法律条文、法律理由仍然对此种决断空间提供了重要的限制。更重要的是,决断本身仍然存在于"先例"的"链状结构"之中,因此,当下的"决断"既受先前"决断"的制约,同时又被整个"链状结构"所吸收,从而被"转化"为新的"先例",导致整个现代法律体系内部结构的重新调整。[①] 如此一来,通过对旧法律无法覆盖的新案件的裁判,现代裁判机制能够不断地在微观层面观察和分析社会的发展,有条件地通过此种观察和吸收,进行内部调整,适应社会生活的变迁。

系统论法学所揭示出来的现代法律系统的两种认知开放性途径,使得现代法律系统变成了一种随着社会变迁不断进行自我调整的演化系统。对现代法律系统的此种"演化性质"的发现与强调,是我们承认与肯定中国法治建设与法学研究本土化的理论基础。

三、我国法学研究本土化的当下困难与未来展望

无论如何,长期以来,中国法学研究擅长对西方法律规则、制度、理念、概念、学说和原理的介绍与阐明,而对中国本土法律实践的提炼、整理并予以概念化、体系化和理论化的工作却进展缓慢,这是一个不争的事实。如果说,在改革开放之初的百废待兴阶段,由于快速地移植西方

[①] 参见泮伟江:《当代中国法治的分析与建构》(修订版),第225—234页。

法律规则与制度,有利于快速建立社会主义法制体系,因此对西方法律规则、制度、理念、概念、学说和原理的研究与阐明,有其特定历史时代的意义和重要性,那么,经历了漫长的40年的改革开放的伟大成就,尤其是我国社会主义法律体系初步建成之后,这方面的工作仍然进展迟缓,甚至一筹莫展,就有点说不过去了。

中国的法学研究为何迟迟无法本土化?这恐怕是萦绕在许多中国法学研究者心头的问题。笔者曾经在另外一篇论文《中国本土化法教义学理论发展的反思与展望》中对此进行了比较系统的分析与反思。因此,本文限于主题与篇幅的关系,在此不做过多阐述,仅仅大致介绍一下核心观点与论证。

围绕着本土化法教义学理论发展之不彰,学者们的讨论和反思大致可以分成两类:一类是认为目前法教义学研究者自身能力欠缺,从而并没有充分开发或者挖掘出法教义学自身本土化的种种潜力与可能性;另外一类则认为由于"判例与学说之间的沟通与交流机制"等制度化因素的缺陷,导致中国法教义学研究者找不到合适的案例进行本土化研究,从而导致了本土化法教义学"无米之炊"的困境。我将前者概括为"学艺不精说",后者概括为"无米之炊说"。现实的情况则可能是,在阻碍中国法教义学本土化发展的各种困难中,既有主观因素,例如"学艺不精",也有客观因素,例如"无米之炊"。

然而,真正制约中国法教义学本土化发展的根本原因,却并不在此。由于法学的知识特性,导致中国法学研究的本土化,只能主要是通过中国法院的司法裁判这个"探测器"来"探测"与"观察"中国转型时期伟大实践所产生的种种"反映中国人生活"和"具有中国特色"的案件事实。就此而言,法学研究的本土化本身不可能绕开法体系对法学研究所提出的规范性要求,在法体系的内部运作之外独立地进行某种发现规则与寻找规则的工作。

因此,对中国法教义学本土化研究的根本制约因素,就在于中国法律系统并未充分地从中国社会整体的结构中分化出来,并以此种分化为前提,建构起法律系统相对于整体社会环境的相对自主的内部复杂结构。更具体地说,尽管中国已经初步建立起"立法"与"司法"的功能分化,同时也建构起了一套相对比较完备的法律程序机制,但整个中国法律体系并未严格按照合法/非法这个二元代码化的图式建构起来,也因此,整个法律系统内部的运作,也没有按照"相同情况相同对待,不同情况不同对待"的基本原则的引导与规制进行。目前,我国法院体系基本上是围绕"纠纷解决"这个功能建构起来的,因此整个法院系统看起来就像一个超大规模的"基层法院"。以同案同判为构成性原理的中国本土化的判例机制,仍然没有建立起来。①

尽管如此,改革开放 40 年来,有利于本土化法教义学成果规模生产的各种体制性条件实现的各种能量正在不断地生长与发育,并相互之间形成呼应与联系,从而更深刻地推动着中国以同案同判为核心的判例制度的建立。我们不妨谨慎乐观地对未来中国法学研究本土化的盛况做一些展望与预测:

首先,未来以"同案同判"原理为基础的本土化判例机制建立起来后,通过学说与判例的大量互动,中国本土化的法教义学研究最终将凝结出具有中国本土特色的、科学的核心概念与原理。本土化的法学研究必然是通过学说与司法判例的频繁互动、互相促进才能够实现。未来由学说与判例的频繁互动所产生的这些本土化的法律概念与原理,在中国法体系与法实践中具有某种基础与核心的地位。

---

① 参见泮伟江:《当代中国法治的分析与建构》(修订版),第 3—35 页。

上述预测并非毫无根据的臆测。全中国各地几千个法院所审理的几千万个案件,本身就是探测、记录、描述、筛选和提炼中国社会变迁的巨型机器。① 中国最近几十年社会变迁的几乎所有重要的面向,都会在这里留下痕迹。这已经是一个非常丰富和复杂的观察中国转型社会变迁的资料库。只是,由于这架机器内部结构的问题,这个资料库的各种材料显得混乱而缺乏整理。

当然,要实现这个预测,我们还有很多工作要做。由此可见,法学研究本土化并非是自动实现的,也不是单单依靠法学研究者一个群体的努力就可以实现的,而是高度依赖于一系列的制度条件的支持。例如,它要求司法裁判系统的内部结构必然是合理的,尤其是一个合理地区分初审法院与上诉法院、区分事实审法院与法律审法院的司法上诉结构,往往能够为此种本土化法学研究的展开与成功提供良好的制度基础。②

其次,未来将形成中国自身的法学研究传统。这首先意味着,所有那些本土化的法学核心概念的提炼过程,都是经过热烈的、有高度学术质量的辩论后形成的,这些围绕该概念或原理的学术辩论所形成的论文、专著等,本身就成为中国法学研究的经典著作,从而为中国法学研究的传统开辟了道路,奠定了基础,并且成为此后中国法学发展与演化的源源不断的灵感来源与知识财富。同时,这也意味着,此种围绕基本概念或原理的辩论过程及其知识成果,能够在新一代的法学研究中被作为研究的背景和资源不断地被吸收、批判与更新,从而在变迁的历史

---

① 根据最高人民法院院长周强 2017 年所作的最高人民法院工作报告统计,2016 年最高人民法院受理案件 22 742 件,审结 20 151 件,比 2015 年分别上升 42.3% 和 42.6%;制定司法解释 29 件,发布指导性案例 21 件。地方各级法院受理案件 2303 万件,审结、执结 1977.2 万件,结案标的额 4.98 万亿元,同比分别上升 18%、18.3% 和 23.1%。

② 泮伟江:"超大规模陌生人社会治理:中国社会法治化治理的基本语境"。

情势下，不断焕发出激发新思想与新视野的潜力与生命力。

再次，法学研究本土化一定是与法制度与法体系的本土化同步进行的。法体系的本土化构成了法学研究本土化的制度基础，而本土化的法学研究，则是对实践与制度层面本土化的法体系的进一步提炼与升华。法学研究本土化的关键在于捕捉与描述中国社会中独有的社会事实及其相互之间的关系，进而在此基础上提炼出具有中国本土特色的法学概念与理论。这种捕捉、描述事实，进而提炼概念与理论的工作，是无法独立于法律制度与法律体系之外完成的。尤其是，根本不可能在现有的法律体系与法律制度之外，发展出某种独创性的法律概念与法学理论。我们也可以说，如果某个国家的法律制度与法律体系是糟糕的，那么这个国家的法学也不可能强到哪里去。同样地，如果一个国家的法学发展是落后与幼稚的，那么这个国家的法律制度与法律体系也不可能太好。

最后，真正高质量的本土化法学研究，必然以世界眼光与世界格局为基础和前提。法学研究的本土化最基础的层次当然是服务于本土化的法律实践。但服从与服务于本土的法律实践并不必然会产生高质量的、在世界范围内具有影响力的优质法学研究的作品。作为一个超大规模的国家，中国当代所经历的法律转型实践是此前世界范围内从来没有发生过的。中国人民伟大的历史实践一定是一种具有世界历史意义的实践。因此，中国的法学研究除了着眼于中国发生的大量具体问题的研究和解决，同时也要具有世界历史的眼光与格局，必须以世界级的优秀法学作品的标准来要求自己，从而形成既是本土的，又是世界的伟大的中国作品与中国学派。

原载《江汉论坛》2019 年第 1 期

司法改革、法治转型与国家治理能力的现代化

一、法治转型,重新出发

当代中国法治转型已经到了一个关键的时刻。一方面,最近30多年渐进式的法制改革已经取得了许多重要成就,也深刻改变了中国社会的结构。也许,这30多年法制改革的最大成就,就是中国政治与社会的法治化,目前虽然并未完全尽如人意,却已是一种不可逆的过程。随着中国改革开放的不断深化,许多旧的矛盾在改革的过程不断被解决和超越,中国社会也不断地处于一种演进的过程中。同时,随着社会的不断演进,社会本身已然变得更为复杂,各种利益不断分化,从而对中国的治理提出了更为深刻的挑战。最近十多年来,各种各样的社会治理难题,例如食品安全问题、环境污染问题、民众的维权抗争、政府公信力的下降等,无不对中国社会治理的法治化提出了更进一步的要求。① 另一方面,法治建设确实也进入某种停滞期,与既有体制和结构

---

① 参见泮伟江:《当代中国法治的分析与建构》,第94—115页。

的某些矛盾与紧张关系也不断激化。那种试图不对既有的体制、结构和观念进行根本性的改革,单纯依靠增量改革的方式来推进法治建设的想法,已经很难取得实际效果。① 例如,过去十多年所发生的对司法专业化的全面攻击,以及以"调解"为精神的对司法体制的折腾和破坏,②导致中国法治建设经历了"倒退的十年"。

正是在这种背景下,十八大以来中共中央有关法治建设的一系列会议和决议,对于我们观察当代中国法治转型,具有非常重要的指导意义。首先,2013年11月中共中央十八届三中全会通过《中共中央关于全面深化改革若干重大问题的决定》,提出全面深化改革的重大决断,尤其是将"法治中国"当作全面深化改革的核心内容之一,并将其与中国政府治理体系的现代化联系起来。随后,中央全面深化改革领导小组于2014年2月召开第二次会议,会议审议通过的《关于深化司法体制和社会体制改革的意见及贯彻实施分工方案》,明确了深化司法体制改革的目标、原则,确定了各项改革任务的路线图和时间表。大约又过了不到半年时间(2014年6月),中央全面深化改革领导小组第三次会议审议通过了《关于司法体制改革试点若干问题的框架意见》《上海市司法改革试点工作方案》和《关于设立知识产权法院的方案》等三个司法改革的文件。随后在2014年7月,中共中央政治局决定于2014年10月召开中共十八届四中全会,并把会议主题定位于全面推进"依法治国"。这可以被看作中共中央在政治的高度上对十八届三中全会"法治中国"主题的进一步落实和推进。几乎与此同时,最高人民法院通报了

---

① 参见李林、熊秋红:"积极稳妥有序推进司法体制改革试点",《求是》2014年第16期。

② 参见应星:"超越'维稳的政治学'——分析和缓解社会稳定问题的新思路",《人民论坛·学术前沿》2012年第7期。

《人民法院第四个五年改革纲要(2014—2018)》的内容,代表着法院系统对中共中央关于法治中国和司法改革方面重大政治决策的呼应和落实。同时,上海、海南、青海等地法院也已经就新的司法改革的精神和思路,进行试点改革。①

与前面几次司法改革相比,此次司法改革的一个重大变化,就是改革的决策主体由最高人民法院变成了中共中央。在一定程度上,这体现了此次改革并不仅仅是司法体制内部的改良,而是一次全面而系统的改革,体现了国家主权者的意志,许多此前改革由于权限问题无法涉及,但对司法改革又至关重要的问题,也很有可能会成为此次司法改革的对象。同时,这也表明,此次司法改革在政治上也是高度严肃的。

二、中国法治转型的路径依赖

目前我们还难以掌握十八届三中全会、十八届四中全会有关法治建设相关决策的具体背景性资料。我们很难通过公开公布的资料明确地了解,这样的决策过程是基于哪些具体问题,通过何种具体的讨论和商谈过程做出的。将近十年来,司法的调解化和大众化等许多措施,严重阻碍了中国法治建设的深入发展,也严重地打击了法律职业共同体内部许多法律人对中国法治转型的信心。此次司法改革的级别虽然很高,但毕竟是短时间内做出的,还没有落实到具体的制度和行动层面。过去将近十年所形成的司法积弊和惯性仍然存在,没有得到很好的清

---

① 参见杨维汉:"中央司改办负责人就司法体制改革试点工作答记者问",2014年6月15日,http://news.xinhuanet.com/politics/2014-06/15/c_1111149887.htm,2014年9月2日。

算与纠正。因此,在法律共同体内部,有相当一部分人对此次法制改革表现出悲观情绪,持观望态度。的确,将近十年的法治转型的停滞乃至倒退,也耗尽了大家的热情。

但我对此次法治转型的改革,仍然表示热情的期待和支持,并呼吁法律人行动起来,对此次中央重大法制改革的决策进行讨论和呼应。从历史的维度来看,每次中央关于法治建设的重要表态,都极大地拓展了法制改革的空间,缩小了政策禁区的空间,从而极大地促进了法治建设的发展。其中代表性的事件至少有两次。一次是"文革"结束以后,邓小平同志对"文革"的反思与对法制建设的肯定。1978 年 12 月 31 日,邓小平在著名的《解放思想,实事求是,团结一致向前看》报告中指出:"为了保障人民民主,必须加强法制。必须使民主制度化、法律化,使这种制度和法律不因领导人的改变而改变,不因领导人的看法和注意力的改变而改变。现在的问题是法律很不完备,很多法律还没有制定出来。往往把领导人说的话当做'法',不赞成领导人说的话就叫做'违法',领导人的话改变了,'法'也就跟着改变。"①同年 8 月 18 日,邓小平在《党和国家领导制度的改革》中也说道:"斯大林严重破坏了社会主义法制,毛泽东同志就说过,这样的事情在英、法、美这样的国家就不可能发生。他虽然认识到这一点,但由于没有在实际上解决领导制度问题以及其他一些原因,仍然导致了'文化大革命'的十年浩劫。这个教训是极其深刻的。"②当然,邓小平同志关于法制建设的谈话,同他个人的经历有很大的关系,其观点也是朴素的,与理想形态的法治观念还

---

① 邓小平:"解放思想,实事求是,团结一致向前看",载《邓小平文选》(第 2 卷),人民出版社 1994 年版,第 146 页。
② 邓小平:"党和国家领导制度的改革",载《邓小平文选》(第 2 卷),人民出版社 1994 年版,第 333 页。

是有些差距。但这并不妨碍邓小平同志的此番谈话,确实破除了许多政策的藩篱,大大地推动了当时法制改革的进程。目前中国法治建设的许多中坚力量,以及法学教育的繁荣,又何尝不是得益于当时邓小平同志的此番谈话呢？第二个例子是中共十四大提出将"依法治国"当作我国的基本治国方略。现在回顾来看,这或许更多的是一种口号,法治的理念至今仍然没有在制度层面被充分落实。但这确实也极大地推动了中国法律职业共同体的大发展与繁荣,同时也极大地促进了中国司法的专业化进程。

从这个角度来看,一旦法治议题被当作决策层基本国策讨论的主题,则无论决策者法律理论和专业水平如何,也无论决策者对法治建设的理解是否是功利主义的,都不妨碍这可能是推动法治建设的良好契机。只要有任何这样的契机,我们都要抓住机会,对它表示欢迎和支持,并且在理论和学术层面,进行进一步的引导和补充。

许多法学家对中国法治建设日趋悲观,除了上文谈到的现象基础之外,还有认识的原因。相对于具体的改革进程,法律理论的研究必然要处于领先和超前的地位。法学家在从事理论研究,甚至进行具体的政策判断时,难免会受个人时间周期的影响。我们往往有这样的经验,在身处改革中的人来看,改革进行得太慢,而处于改革之外的人,又往往会觉得改革的深入远远超出自己的预期。想想20年前的我们,或许根本难以想象20年后我们的生活方式会改变得如此之大——而20年前,我们同样感受到当时的生活相对于从前,发生了翻天覆地的变化。

因此,当我们在观察中国法治转型的过程时,我们应该跳出个人日常的时间经验,从一个更大的历史视野来观察。同时,我们也不能以个人智识发展和成熟过程的速度,来要求社会变革的速度。许多在法学理论界已经被讨论得很成熟,甚至已经变成专业常识的知识,未必就能够自动地转化为执政者所实际掌握的知识。从一个更宏大的视野来看,执政者所需要的知识,只能通过执政和治理的经验,逐渐地被执政者自身所经验式地习得和内化。理论研究的成果当然构成了执政者此种知识习得和内化的重要条件和支持,但两者并非是完全同步的。实际上,在多数情况下,两者都不是同步的,而是有时间差的,很多时候,此种时间差还很大。

如果我们采取此种观察视角,我们便可以发现,晚近30多年中国法治转型的过程中,法律共同体在其中当然起到了相当关键的作用,但就中央决策层而言,他们对法治的认识遵循了自己的认识轨迹。邓小平同志在"文革"结束后关于法治问题的谈话,当然更多的是来自于个人刻骨铭心的经历和感受。此种经历和感受同时也代表了"文革"中遭受迫害的许多领导干部的共同感受。这就构成了当时法制改革的重要政治基础和保障。以江泽民同志为核心的那一代领导人,对法治建设的认识,则更多地受到了当时建设社会主义市场经济经验的影响。他们提倡法治建设,更多地是基于法治建设对社会主义市场经济改革的重要作用的理解。[①] 而过去将近十年各种调解化思潮的复兴,很大程度上也是基于执政者对各种社会复杂问题的直观理解,我们可以将它们理解成某种对社会矛盾问题的积极回应,只是此种回应乃是在某种旧知识和旧经验的背景下做出的。相对于最高决策者和各级治理者,法学理论研究者自然已是经历了新知识的启蒙,会觉得此种回应策略幼稚得很不可理喻。但基于执政者此前的旧知识传统和治理惯性,这些政策的初衷其实也可以看得很清楚。要实现此种知识观的转换,自然需要他们,尤其是最高层的决策者,从这些失败的经验中经历痛苦的反

[①] 参见程春明、泮伟江:"现代社会中的司法权"(上),《中国司法》2005年第10期。

思，最后通过新知识观的引入，实现某种治理模式的真正转型。而恰恰是过去将近十年法治倒退所带来的治理困境，构成了十八届三中全会以来法治转型的重启。① 这也可以被看作是执政者从自身经验的反思中习得的教训，此种通过失败或挫折的反思而来的知识，显然更加深刻，也更容易被内化到行动中去。

三、法治转型与治理能力的现代化

每次中共中央的三中全会都会引起各种观察者的兴趣，因为一中全会和二中全会往往聚焦于人事的调整，三中全会则往往是党的新一届领导班子解决当下面临的紧迫问题，进行政策方针重大调整的关键性会议。十一届三中全会就是最著名的例子。中共十八届三中全会结束后所公布的决议，其全局性、彻底性和系统性，确实大大出乎人们的预料。在十八届三中全会公布的文件中，"法治中国"仅仅是其中十项重大改革举措中的一项，改革的整体目标则是："完善和发展中国特色社会主义制度，推进国家治理体系和治理能力现代化。"在这个关于总目标的论述中，"完善和发展中国特色社会主义制度"相对抽象，也是中共此前的一贯表述，因此重点就落在了后半句"推进国家治理体系和治理能力现代化"上。后半句有两个关键词，一个是"治理体系和治理能力"，另一个就是"现代化"。"治理体系和治理能力"是并列性词组，讲的是一回事，前者主要是讲静态的结构，后者则是讲动态的功能。将二者联系在一起，传达出来的信号是很明显的，那就是通过对"治理体系"

---

① 参见魏治勋、白利寅："从'维稳政治'到'法治中国'"，《新视野》2014年第4期。

的改革与调整,释放出治理的能量。之所以要调整结构,释放能量,则是因为随着改革开放的深化,中国社会的结构已经发生了翻天覆地的变化,此前被看作不得了的旧矛盾已经逐步化解,不再成其为重要矛盾;而随着社会结构的升级,新矛盾不断涌现,这些全新的社会矛盾就需要有新的治理体系来应对。旧的治理体系和治理方式在面对新的社会矛盾时,不再得心应手,而是左右支绌,不敷应对了。"现代化"这个关键词,就进一步地透露出了这个信息。"现代化"是中共历史上经常用的一个概念,蕴含着某种范式更替的意味,与其对应的是"传统的""旧的"等概念。这意味着要以先进替代落后,改革的意味非常强烈。

为了更好理解"治理体系和治理能力现代化"的问题,我们就要更系统地对中国社会结构的转型与变迁做一个基本的描述。只有明了决策针对的对象及其问题,我们才能够更深刻地领会决策的性质与含义。

中国社会的激烈转型开始于1840年的鸦片战争。自1840年鸦片战争以来,中国与西方文明进行了全面的碰撞与接触,中国也逐渐融入了资本主义的世界体系之中。1949年新中国成立,意义重大,中国人民站起来了,获得了国家主权的独立。然而,由于特殊的国际环境,即冷战时期美苏争霸的世界结构,尤其是中苏关系决裂以来,中国逐渐与整个世界秩序隔绝开来。20世纪70年代末,"文革"结束,中国重启改革开放,又重新开始融入世界秩序,启动中国社会经济的大转型。在这个历史宏观架构中,中国改革开放所启动的政治经济改革,对中国社会转型所造成的影响是最根本的。鸦片战争之后,中国虽然开始融入世界结构,但是由于当时主权不独立,此种融入仅仅是被动的。从广度和深度来看,当时中国的经济与社会也只是局部性地被融入世界结构中,中国农村大量的人口和劳动力虽然受到整个资本主义世界经济秩序的冲击,却没有根本性地被动员起来,加入世界经济秩序之中。但20世纪70年代末80年代初启动的政治经济改革所造成的社会动员能力,逐渐地使得整个中国的人口都被裹挟到世界经济的大循环秩序之中。

从大历史的角度来看,20世纪70年代末80年代初,中国以完整和独立的主权国家身份主动地融入世界结构之中,其对中国社会和经济,乃至整个世界经济与社会的结构所造成的冲击和影响是实质性的,也是全面和深刻的。此前中国对世界秩序的参与是局部性的和被动的,是飞地型的,因此造成中国国内社会结构的二元化,即深度卷入世界经济的城市和与世界秩序相对孤立和隔离的乡村社会。生活在乡村的主要人口并没有被充分动员起来参与世界经济秩序,以西方为模板的政经制度的现代化,遭遇到了许多根本性的困境。费孝通《乡土中国》中揭示的两种社会秩序的冲突,便是在这个背景下发生的。新中国成立之后采取的户籍政策和工业化战略,加强了此种城乡的二元对立。中国的许多法社会学研究也揭示了这一点。

但20世纪70年代末80年代初所开启的改革开放运动,尤其是2001年中国加入WTO,中国最广大乡村的庞大农业人口已经被深深地动员起来,积极主动地卷入了全球经济的价值链中,既深刻地改变了中国的经济与社会结构,同时也深刻地改变了全球贸易结构。这既体现在改革开放后远程贸易网络的恢复、扩展和升级,从而使得乡村社会的剩余农产品和劳动力能够以恰当的方式进入全国乃至全球的贸易网络之中,同时也体现在大量的农村人口进入城市,尤其是沿海开放城市,参与到外贸秩序和全球价值链的循环之中。在这个过程中,中国大规模的廉价劳动力变成了中国参与国际竞争的最大优势,使得中国变成了世界工厂,形成了制造业的"黑洞效应",甚至使得中国成为全球贸易两极化秩序中的一极(另一极是美国),从而形成了全球经贸秩序的双循环结构。①

由此可见,20世纪70年代末80年代初所启动的这场以"建立社会主义市场经济体制"为核心的大规模经济改革形成的重大历史效果,就是深刻地改变了中国的社会结构和形态,中国已经不可避免地日益嵌入整个世界经济体系之中,进入了现代超大规模人群治理的新阶段。在这个新的社会结构形态中,原先由于经济落后、物质短缺所造成的一系列社会问题,基本上得到了解决。然而,新社会结构所带来的一系列新的、更为复杂的问题则凸显出来,从而对国家的治理体系带来了全新的挑战。

笔者曾经在拙著《当代中国法治的分析与建构》一书中对30年改革开放带来中国社会结构的此种转变做了比较详细的描述,并概括了几个重要的特征,即社会结构的高度抽象性、社会结构的高速流动性、社会的日益复杂化。② 首先,经济的发展虽然解决了广大人民群众的基本物质需求,但同时也刺激人民群众产生了更复杂和更深刻的需求,例如对权利的需求,对尊严的需求,更高层次的文化需求。按照马斯洛需求层次理论,生理需求是人性中最低等级的需求,也是最容易满足的需求。安全需求、爱和归属感需求、尊重和自我实现需求则是更高层次的需求,也是更难满足的需求。因此,改革开放前由于物质匮乏所导致的生理需求无法得到有效满足的矛盾被解决后,大量新的需求所产生的矛盾就变得更为尖锐了。改革开放导致的竞争秩序所形成的收入差距和社会地位的分化,直接导致了各种需求层次的分化。需求层次的分化实质上是某种利益的分化、生活方式的分化和价值观的分化。社会

---

① 参见于向东、施展:"全球贸易双循环结构与世界秩序——外交哲学对谈之四",《文化纵横》2013年第5期。
② 参见泮伟江:《当代中国法治的分析与建构》,第100—104页。

因此变得更为复杂而多元。此种新类型的社会矛盾,已经很难仅仅通过经济改革的方式来进行调和。晚近20多年不断产生的各种维权事件及其不断激化,就与社会利益、价值观和生活方式的此种不断分化有关。

其次,经济的发展,尤其是中国通过政府大量的基础设施投资来带动经济发展的模型,以及中国沿海与内陆、城市与乡村发展的不平衡性,导致中国人口大范围的广泛流动。对传统中国社会的治理而言,常规治理结构是建立在人口流动相对静止的假设基础之上的。大规模的社会人口流动,一般只发生在王朝统治的末期,当大饥荒等大规模的经济危机出现,大量的农村人口由于无法维持基本的活命经济而不得不选择流动,成为流民时,才会出现大规模的人口流动现象。流民大量涌现使得整个治理模式变成了流沙上的城堡,从而可能引发整个统治体系的崩溃。① 然而,现代市场经济的繁荣则使得人口的大规模流动变成了社会的新常态。沿海发达地区的外贸经济、大规模城市基础设施的建设,以及远程贸易所带来的各种投机机会,使得大量农村的剩余劳动力流向沿海地区、发达城市,甚至是全国各地。由此给中国社会的日常治理带来了全新的挑战。例如,以静态社会为基础的传统礼俗秩序,在此种大规模人口流动社会的治理中,就很难达到预期的效果。人口的大规模流动带来了陌生人社会治理的问题,如何使得大量陌生人之间形成新的秩序,变成了政府日常治理必须解决的严峻问题。

最后,经济的发展还带来中国社会结构的一个根本性变化,就是人

---

① 参见张岚:"近代中国社会流民产生的原因及其影响",《咸阳师范专科学校学报》2001年第3期。

与人之间的关系,日益通过抽象的商品关系连接起来。这可以被看作是一种更加深刻的陌生人关系。商品并不仅仅是一种消费品,它还是联系人与人之间关系的一个深刻纽带。例如,我们日常所吃的,用的,穿的,其实都是陌生人制造的商品。通过使用和消费这些陌生人制造的商品,我们与陌生人之间发生了某种深刻的联系。这与传统的乡村静态社会的商品关系是不一样的。在传统乡村的静态社会,我们所购买的商品和服务都是来自某个我们认识的熟人,但在抽象的现代商品经济关系中,我们饭桌上吃的粮食和蔬菜,包括各种油盐酱醋,都是远在天边的陌生人所生产的产品。这些蔬菜是否有残留农药,这些食品是否掺杂了某些对人体有永久性伤害的工业原料,这些都是现代商品经济之下个人日常生活中不得不反思的问题。在这个意义上,"陌生人"定义变得比"流动的身体"更为深刻。我们即便足不出户,每天也都与陌生人发生着某种特别亲密的关系。在这个意义上,城市和乡村之间的差异也被消除了,因为无论是城市还是乡村,此种通过商品关系而形成的陌生人关系都是均质化的。如果说城乡差异存在的话,那么就是此种均质化的陌生人关系所造成的某种危害,在乡村要比城市更为巨大。这就是各种假冒伪劣商品所造成的危害在乡村要更剧烈的原因。因为城市人,无论是在知识水平还是自我保护的能力方面,都比乡村人强得多。

由此可见,中国社会正在经历某种根本性的转型,社会的复杂性已经提升至某个质变的层次。潘多拉的魔盒已经由于经济发展而被打开,不再可能被关上。因此,中国社会治理体系与治理能力也必须相应升级,以适应和应对此种中国社会治理的新常态。

就世界范围来看,只有西方社会经历过此种社会结构的根本性变迁。因此,西方近代以来社会结构的激烈变迁就构成了中国社会转型的重要参考。① 根据西方社会现代转型的经验,法治是应对此种复杂性日益提升的现代抽象社会的基本手段和工具之一。经济发展所形成的各种多元利益的分化与冲突,只有被纳入法律权利的框架之中,才能被转化成权利之间的冲突。而对权利冲突的有效化解,则是现代独立司法裁判体系的核心功能。② 通过司法裁判来化解权利冲突的好处在于,它并不着眼于个案化地化解权利冲突,而是通过个案冲突的化解,对权利进行类型化的构造,从而形成抽象的权利界限和规则,批量化和系统化地化解各种权利冲突,将个案纠纷的经验内化到治理结构中,变成治理结构的内化经验和知识。如此,则陌生人之间的信任问题,尤其是大规模陌生人群之间抽象信任关系的建立,也就通过中立性的第三方机构而解决了。

相对于法治的此种抽象化的中立性特征,人治模式更强调个人的人格性特征所拥有的灵活性和自由裁量权。人治超越法治,其背后蕴含的理论是,决策者和执行者通过其拥有的特殊权力地位,而拥有超越和变通法律的可能性。这大大增加了决策者和执行者"腐败"的可能性。所谓的腐败,从组织社会学的角度来看,就是组织中个人行动者超越了组织为其所设定的职权和目标,以个人利益和个人目标替换组织所设定的职权和目标(利益)。在小规模的人群治理中,此种腐败所带来的消极作用是有限的。但在大规模的、系统化的社会结构中,此种"腐败"的消极作用会被无限放大,从而形成某种系统性和结构性的危害。尤其是在大规模的系统和结构中,所有此种腐败形成的"腐败利益"也可能被无限放大,从而对处于某些关键性权力位置和节点的个人

---

① 参见渠敬东:"失范社会与道德秩序的重建",载唐磊编:《三十年三十人之激扬文字》,中信出版社 2008 年版。
② 参见泮伟江:《当代中国法治的分析与建构》,第 25—34 页。

构成了强大的诱惑力。在此种巨大利益面前,个人的道德操守和觉悟对其腐败所构成的约束力就显得非常微弱,甚至接近于零。而在由腐败所引起的系统性和结构性的危害真正爆发出来之前,作为此种腐败的受害者的个人,对此种强大的腐败利益链的抵抗也是很微弱的。而一旦此种腐败的利益链的危害后果累积到某种临界点,最终爆发出来时,所造成的伤害又远远超过一个个具体的受害者所受利益损害的简单加和,而是会造成社会集体性的心理伤害,使得其对整个治理体系的信心遭受打击,进而腐蚀整个社会心理结构,造成更大范围的腐败可能性。如果任由此种情况蔓延,则整个社会治理体系的合法性就会遭受不断的腐蚀和损害,最终掏空整个社会治理结构,造成整个社会治理体系的溃烂,以及社会结构本身的溃烂和失序。①

十八届三中全会将本届政府的工作重心和目标定位为"完善和发展中国特色社会主义制度,推进国家治理体系和治理能力现代化",并在此基础上提出了"法治中国"的政策措施,这就必须被放到此种背景下进行理解。十八届四中全会进一步将会议主题定位为讨论"依法治国"问题,则说明该问题的紧迫性,乃是当前中国社会治理面临的一个紧迫而严重的问题。

四、司法改革:法治转型的关键

毫无疑问,中国社会正在发生着激烈的转变,已经跨过"卢比孔河",进入了大规模现代人群的治理阶段,由此导致国家治理层面出现

---

① 参见泮伟江:《当代中国法治的分析与建构》,第106—115页。

许多从未遭遇的挑战和危机。现有的国家治理体系和构成这一治理体系的决策者和执行者们，十多年来不断地遭遇此种挑战与压力，其体会之深刻，也是旁人难以了解的。现有的治理体系当然也尽量地调动其既有的力量与资源，对此种挑战做出了深刻的回应。在这个意义上来说，被许多法律人看作是中国法治建设倒退的那十年间所出现的种种维稳策略与措施，在治理者看来，或许恰恰是他们努力回应此种挑战和危机的体现。由此带来了种种财政意义的、政治意义的、心理意义的、智识意义的压力和负担，随后转变为某种动力机制，使得治理者不得不反省以既有体系与资源回应这些此起彼伏之挑战的有效性与有限性。十八届三中全会、四中全会的决策，以及正紧锣密鼓进行的中央和地方层面的司法改革措施，代表了对现有治理体系反思的成果，意味着某种结构性的转变与升级，以及治理方向与思路的转变可能性。这些都是可喜的进步，是现有治理体系花费了巨大的代价才习得的认识的进化，是值得高度肯定的。

然而，仅仅有这一步还是不够的。经过痛苦反思所形成的认识，仍然仅仅停留在直观性的判断和经验性的反思基础上，尚无法上升到科学理论的层次。改革要取得真正实质性的效果，就必须在科学理论的指导之下，形成对事情性质的正确理解和领悟，并在中观和微观的改革层面落实和体现出来。在某种意义上，任何实质性改革要成功，就必须在某种正确理论的指导之下。即便是摸石头过河，也必须要有正确的方向感，并且对"过河"这件事情是有所领悟和体会的。因此，如果理论工具和政策工具的装备库不能随着宏观执政理念与原理的更新而升级，最后提供的改革思路和措施无法真正成为执政党的重大政治决断，则改革确实很可能会停留在口号的层面，而无法真正地被贯彻和实施。

此次司法改革在具体思路和措施的层面，主要体现在上文所列的中共中央的几个会议文件和最高人民法院的四五改革纲要中。通过对几个文件的仔细阅读和分析,我们大致可以概括出此次改革的一些基本内容和方案。概括来讲,此次改革的重点是法院人事改革、法官责任机制改革、司法管辖区域改革、加强人权司法保障力度、加强司法公开制度、四级法院职能定位的重新调整、司法行政事务改革、信访制度改革等八个方面。将这八个方面统一起来看,司法改革的基本指导原则还是很清楚的,就是强化司法权与行政权的区别,尊重司法权的独特运行规律,增强司法的专业化和独立性。正如上文所说,对司法运作规律的尊重,强化司法权运作所发挥的独特功能,这是执政者通过长期执政经验所总结的重要认识的深化和进步,是值得肯定的。

许多人都把人事改革当成此次改革的重中之重。确实,从中共中央的十八届三中全会发布的《中共中央关于全面深化改革若干重大问题的决定》,一直到最高人民法院的四五改革纲要,以及上海等地出台的试点改革方案,人事制度的改革都被当作改革的首要措施,同时,相对于其他几项改革措施而言,其在文件中所占篇幅也是最大的,这也是媒体最关注的改革内容。但笔者认为,相对于法院人事制度改革而言,四级法院职能定位的调整反而更关键。人事制度改革处理的是人的问题,无非是分类和分流,但四级法院的职能定位处理的则是结构性问题。对于一项制度改革而言,处理好人的问题,尤其是利益相关者的正确引导问题,当然很重要。但是如果结构性问题得不到矫正,则人事问题往往变成一个"头痛医头,脚痛医脚"的表面问题。相反,如果能够形成正确的制度性结构,结构运作常态化后,就能够对人的行动进行约束、引导,从而使得人的问题也就解决了。总而言之,结构性问题相比于人事问题,更接近于司法改革的本质。对于司法改革,我们需要问的首先是这样一个问题,即我们需要一个什么样的司法机制。这就是一个结构性的问题。其次,我们才会问,这样一个理想的司法机制又需要什么样的法院人员与之相适应。这才是一个人的问题。

遗憾的是,此次司法改革在结构性问题方面的理解和力度仍然是不够的。以四级法院职能定位的重新调整为例,此次改革的思路是改革过去民商事案件根据"诉讼标的额"来确定不同层次法院管辖权的做法,尽量将所有的一审案件都下沉到基层法院,从而使得初审法院和上诉法院之间的功能区分更为清晰。这当然是很值得鼓励的。但与该改革措施所体现的原理和改革目标相比,该改革的措施和力度仍然是远远不够的。

上诉法院与初审法院的功能区分是司法权运作的核心内容之一。① 由于此次改革的重大性(体现了主权者的意志),应该借助此次机会,彻底改革初审法院与上诉法院的职能划分,明确规定上诉法院对上诉案件的审判乃是一种法律审,以区别于初审法院的"事实审"功能。如果为了照顾我国司法体制的特殊国情,二审法院不得不在一定程度上兼顾"事实审",则应该将两审终审制改为三审终审制,将各省的高级人民法院作为终审法院,将其定位为纯粹的"法律审"法院,从而使其承担法律适用之统一化的功能。

实际上,不但要通过明确上诉法院法律审的功能定位,从而明确基层法院的纠纷解决的功能,同时还要通过对基层法院做进一步改革,从而更进一步明确基层法院作为"初审法院"的功能定位。② 也就是说,基层法院应该进一步地被一分为二,县一级人民法院不再被称作"基层法院",而被称作"初审法院"。在初审法院之外,建立"不存卷"的具有

---

① 参见傅郁林:"审级制度的建构原理——从民事程序视角的比较分析"。
② 参见泮伟江:《当代中国法治的分析与建构》,第3—24页。

"准司法"性质的"人民法庭",让人民法庭审理那些诉讼标的额比较小,法律关系相对比较清晰的案件。相对于县一级的初审法院,人民法庭更侧重纠纷解决的功能,带有准司法的性质,适当放宽案件审理过程的程序性要求,同时允许"人民法庭"的法官拥有更多的调解权力。"人民法庭"裁判的多数案件,都不可以上诉到县一级的"初审法院",但如果初审法院认为该案具有重要的法律意义,可以提审相关案件。基层法院许多不具有司法执业资格证书,但审判经验丰富的老法官,可以更多地被充实到人民法庭。给予人民法庭的法官更多的荣誉性,同时放宽人民法庭法官的退休年龄限制。如此一来,初审法院的司法属性可以得到进一步的加强,而其纠纷解决的压力则可以适当地被分流出去。

此次司法改革中,人事制度和财政制度改革被作为改革的重头戏。此项改革被看作是打破司法审判之地方化和行政化的重要举措,也是本轮司法改革力度最大的一项改革措施。针对司法地方化的积弊,本次司法改革的具体措施是将司法权的性质定位为国家事权,从而将人事权和财政权与地方各级政府的权力进行切割,实行人事权和财政权的省级统管制。同时,进一步探索司法管辖区划与行政区划分离的制度。针对司法的行政化,本次司法改革的应对措施是对法院人员进行分类管理,将法院人员分为法官、审判辅助人员和司法行政人员,增强法官独立审判的主体性地位,加强法官的待遇和权责,明确审判辅助人员和司法行政人员的辅助性地位。如此一来,法官实行不同于公务员的晋升体系,从而改变行政待遇对司法人员的诱惑和腐蚀,让专业能力强、审判经验丰富的好法官有动力和意愿留在审判一线,保持司法队伍的稳定性。

相对于此前历次司法改革的具体措施,此次司法改革在人事制度改革和财政制度改革的方面确实力度比较大,涉及了宪法层面的司法制度改革。尽管具体的改革细节目前仍然有不少争议，例如，无论是中央司法改革方案还是各地试点方案，一般都规定司法人员占整个法院人员的33%左右。这个数字是如何划分出来的，其根据为何，许多人表示疑问。又如，在法院人员的分流过程中，具体标准如何设定，是否能够实现程序的正当性，许多法院人员都表示疑问。许多人担心最后留在法官队伍，享受较高待遇和职业尊严的那些法官，仍然是有行政级别但职业能力相对比较弱的法官，真正职业能力强但没有什么背景，在旧体制中政治地位和行政级别比较低，不那么能来事的法官，很可能被分流和清理出法官队伍。因此，据说司法改革方案公布后，法官流失的现象不但没有得到制止，反而更加严重了。许多人因此对这项司法改革的措施提出了批评，认为司法改革的本意和出发点虽然是好的，但在实际操作过程中，不但没有保护法官的利益，很可能还将侵犯法官的利益，从而加剧了我国司法体制的危机。

  对此，笔者的意见是，司法改革的目标首先是通过改革使我国的司法体制更纯粹，更符合司法权运作的规律，从而承担起司法权运作应有的社会功能。司法改革并不是简单地提高司法人员的待遇，保护法院人员的利益。只有那些符合司法改革目标，与司法改革目标设定相一致的利益，才是值得保护的。其次，法院人员流失现象是否加剧了，需要实证调查数据的印证，而不能简单地依靠新闻媒体的报道和渲染，也不能感性地根据个人经验下判断。最后，具体改革措施的落实，尤其是司法人员分流的标准和程序问题，确实可以讨论并改进，但改革的思路和整体措施还是应该肯定的。如果该项改革的思路和方案整体上是符合司法运行规律的，那么即便在改革的初期，某些业务能力强，司法裁判素质高，符合司法执业伦理要求的好法官，会出于种种担忧和考虑，离开司法队伍，但只要改革措施到位，慢慢地就可以赢回法官们的信心,从而在相对较长的时期内,实现改革的目标。

除了四级法院职能定位的调整和人事、财政制度改革之外,其他几项改革,都有可圈可点之处,同时也存在着某些遗憾与不足。例如,司法管辖区域改革提出了建立与行政区划适当分离的司法管辖区划,就很有新意,也确实是打破司法行政化的可行思路,但在具体措施方面,似乎又过于保守,几乎没有提出任何可行性的实质性举措。又如,在厘清法官裁判责任方面,改革方案已经认识到通过舆论和行政来制约法官腐败的无效性,而强调主审法官的责任制,这是很大的进步。但是,法官裁判责任的终身制似乎又迎合了民粹主义思潮,违背了司法的性质。因为所谓法官裁判的错误,如果无法证明其有主观的故意,或者有其他违背法律职业伦理的行为,则可以免责,否则难以保障法官裁判的独立性。

总之,此次司法改革的层次之高,决心之大,高度体现了执政党的主权者意志,也是政治上非常严肃的行动。同时,此次司法改革的措施尽管仍然有令人不满意的地方,但相比前面几次司法改革,确实有重大的进步,虽然很可能是迟来的进步。但是迟来的进步也是进步。

值得注意的是,我国社会的转型正在经济之轮的推动下,加速度地发展和演化着。因此,包括司法体制在内,我国治理结构正面临着越来越大的挑战。治理结构和治理能力的现代化刻不容缓,因此,本次司法改革的决策者应该广开言路,尽可能地将法学研究的一些先进成果纳入决策之中。

原载《中共浙江省委党校学报》2015 年第 5 期

法律全球化的政治效应：
国际关系的法律化

导 论

与经济全球化、科技全球化一样，法律全球化正成为不断扩展的现实。法律全球化的一个核心含义，便是法律发展突破民族国家主权的限制，形成一种超越主权国家的法律秩序。[①] 虽然近代以来形成的国际法秩序，也是一种超国家的法律秩序，但它仍然以民族国家为基本单位和预设前提，因此不但没有超越民族国家，反而强化了民族国家主权的绝对性。就此而言，与法律全球化相对的有两个层次：一个是民族国家内部的法律秩序，另一个是以民族国家为基本单位形成的国际法秩序。相应的法律全球化也体现为两个层次：一个是国内法层面，其实就是国内法秩序的国际化，另一个则是全球层面出现的各种"超国家"和"跨国家"的法秩序。

迄今为止关于法律全球化的讨论，更多地聚焦于法律全球化对民

[①] 参见高鸿钧："法律移植：隐喻、范式与全球化时代的新趋向"，《中国社会科学》2004年第4期。

族国家内部法律秩序的冲击,并从这个角度讨论法律全球化对民族国家主权的超越。① 将此种视角作为法律全球化讨论的优先视角,是可以理解的,因为长期以来,各国的法律人以及各种法律理论,几乎都以民族国家内部统一的实证法秩序作为工作的背景和前提。法律全球化过程"刺透主权面纱",直接对民族国家内部法律秩序产生影响,形成民族国家内部法律秩序的国际化效果,由此所带来的震撼性,就更容易被转化成法律全球化理论的原初问题意识。

然而,法律全球化运动同时也意味着,某种"超国家"法律秩序,或者"跨国家"法律秩序的蓬勃兴起,从外部约束民族国家的主权行为。所谓的"超国家"法律秩序,主要是指某种高于主权国家之法律秩序的存在,对国家主权形成了一种外在的制约与限制。例如,国际人权法以及国际刑事法院的设置等。② 而"跨国家"法律秩序则强调某种超越民族国家范围之法律秩序的存在,此种法律秩序的性质并不依赖高于国家主权的权威,反而表现出与国家主权脱离的特征。③ 例如,在全球化的背景下,各种跨国商人法重新出现,并像其起源阶段一样,在各种民族国家法律秩序之外,独辟蹊径,形成了一种不受国家权力约束的跨国法律秩序。它的范围虽然跨越了民族国家的界限,但它依靠的并非类

---

① 相关论述,参见公丕祥:"全球化与中国法制现代化",《法学研究》2000年第6期;冯玉军:"法律全球化与本土化之争及其超越",《云南大学学报》(法学版)2003年第1期;泮伟江:"挑战与应对——在全球化语境中思考中国国家建设问题",载高全喜主编:《大观》(第2辑),法律出版社2010年版。

② See Mathias Albert, "Beyond Legalization: Reading the Increase, Variation and Differentiation of Legal and Law-like Arrangements in International Relation in World Society Theory", in Christian Brütsch and Dirk Lehmkuhl eds., *Law and Legalization in Transnational Relations*, London: Routledge, 2007, pp. 192–193.

③ Ibid.

似于联合国那样的更高政治权威的存在,而是对政治的某种回避与远离。①

一般而言,当人们提到全球化的概念时,最先想到的往往是经济全球化与科技全球化,然后才会想到法律全球化。即便是承认法律全球化的存在,也往往只承认跨国法意义的法律全球化,对超国家法层面的法律全球化则持怀疑甚至否定的态度。例如,在国际层面,更引人关注的是与经济全球化紧密耦合的私法全球化现象,例如伴随着WTO等贸易组织的建立,在国际贸易领域,逐渐出现了高度全球化的法律秩序,对民族国家的国内经济法律秩序形成了严重的冲击。然而在国际关系领域,更多的人仍然坚持现实主义的国际关系理论,轻视或者忽略与国际政治系统耦合的公法全球化过程。

造成此种局面的原因是多方面的。首先,相对于法律关系,我们的日常生活更容易受经济过程的影响,因此对经济过程的变迁与发展感受得更为直观与强烈。② 其次,在全球层面是否能够形成某种真正的超国家法秩序,是与全球治理或全球宪政是否可能的问题联系在一起的。在许多人看来,全球治理或全球宪政的实现,必须以一个强有力的世界政府的存在为前提。然而,至少相当长的一段时期内,都很难出现真正强有力的全球政府。在世界政府缺位的情况下,只能通过某种程度的

---

① 托依布纳认为,相对于传统民族国家内部法律秩序所体现出来的法律系统与政治系统的紧密耦合关系,在法律全球化阶段,法律系统与政治系统的紧密耦合关系已经松动,而法律系统与经济系统、教育系统、体育系统、科技系统等其他社会功能子系统的耦合性则日趋紧密,从而形成了明显区别于国内法秩序特征的法律全球化阶段法秩序的特征。托依布纳将法律系统与经济系统、体育系统、教育系统等其他社会功能子系统之间的紧密耦合关系称作是"社会宪政"。参见〔德〕托依布纳:《魔阵·剥削·异化——托依布纳法社会学文集》。

② 例如,广受年轻人追捧的苹果手机、平板电脑等电子产品,就最直观地反映了经济全球化与科技全球化的巨大效果。另一个经常被拿来讨论是的波音飞机从设计到成品的整个中间制造环节的流程,通过分布式生产,分布在全球各个角落的例子。

世界霸权提供此种公共产品。但霸权国家所提供的此种公共产品,其基础是某种权力运作,而不是法律运作。因此,超国家法律秩序很难形成,即便形成了,也非常脆弱,是不稳定的。超国家层面的政治秩序的本质是国际权力关系,而不是超国家法律秩序。

然而,如果说冷战时期法律全球化现象仍不明显,因此国际关系仍然体现出高度的政治化与现实主义的特征,那么经过60多年的发展,尤其是经过最近20多年的发展,此种现象的基础已逐渐松动,情况已经发生了重大变化。最近20多年来,国际关系的法律化进程正在逐渐加快,已然形成了一种蔚为大观的局面,并深刻地影响了战后国际关系的格局,形成了一些新的形势与特点。西方国际关系理论与国际法理论已经注意并高度重视此种现象,并且对此进行了热烈的讨论,形成了一批重要的理论成果。然而,国内的法学界与国际关系学界仍然对此现象与趋势反应迟钝,令人遗憾。若任凭此种研究缺憾持续下去,甚至可能会制约中国外交战略的规划与设计。因此,笔者不揣冒昧,愿意抛砖引玉,就全球范围内国际关系法律化问题,做一个有限的描述与分析,以期引发国内学术界的注意与讨论。

一、近代国际法的现实主义逻辑

国际关系的法律化并非是书斋中学者对世界和平的天真而不切实际的幻想,而是正在发生的现实趋势。对整个西方现代国际法体系的简要回顾,可以帮助我们更加清晰地看到此种发展趋势。

现代国际法体系起源于17世纪上半叶三十年战争结束时缔结的《威斯特伐利亚和约》——作为欧洲大陆新兴民族国家之间的战争与和

平法。国际法产生的现实背景是现代民族国家的兴起,理解现代民族国家的关键词则是主权,而在当时欧洲的语境下,主权其实就是各诸侯国中君主相对于罗马教廷的权力,这种权力能够成立的前提则是君主对诸侯国内的土地和人口的控制和动员能力。因此,对于欧洲新兴的主权国家来说,作为君主肉身之有效延伸的行政机构对整个国内土地及人口的控制与动员,具有实质性的意义。

就国际法学说体系的发展来看,国际法学说经历了从国际自然法学派向国际实证法学派的转变。前者的一个重要贡献是将自然法从基督教的神学体系中独立出来,重新恢复了脱离神学的理性自然法的传统。后者的贡献则是使得国际法更切合当时民族国家交往的实践,更强调从国际法的实践层面来理解和适用国际法。[①] 例如,就前者而言,两国之间缔结的条约不能被看作是国际法,只具有政治性质,而不具有法律性质;而就后者而言,两国之间缔结的条约就具有法律的性质。[②] 国际法的实证法学派也可以被看作是国际法的现实主义学派,其整体的精神气质与17世纪、18世纪、19世纪和20世纪上半叶是相适应的。

在两次世界大战期间,围绕着对待民族国家主权态度的不同,在国际法与国际关系理论中出现两种截然不同的理论主张:一种理论强调主权的绝对性,因此也强调国际法的政治性,削弱国际法的法律性,此种国际法与国际关系理论就被称作是现实主义的国际关系理论;另外一种理论主张强调国际法的法律属性,试图建立起一种全球性的宪政结构,压制与削弱民族国家主权的绝对性,此种理论就被称作是理想主

[①] See Malcolm N. Shaw, *International Law*, sixth edition, Cambridge: Cambridge University Press, 2008, p. 26.
[②] Ibid.

义的国际法理论。① 有趣的是,理想主义的国际宪政主张,其代表人物往往是英美的理论家与政治家,例如英国政治哲学家边沁与洛克,美国总统威尔逊。而现实主义的国际关系理论,其代表人物则是欧陆的政治哲学家与政治家,例如黑格尔是现实主义国际关系理论的先驱,德国政治理论家马克思、施米特,以及德国铁血宰相俾斯麦等都是此种现实主义国际关系的坚定支持者。俾斯麦国际政策的成功,以及德国统一的完成,代表了19世纪现实主义国际关系理论的成功,而威尔逊十四点计划与国际联盟方案在巴黎和会的失败,则代表了20世纪国际政治与国际关系的高度现实主义特征。

第二次世界大战对整个国际法体系产生了重要影响。"二战"后,欧洲列强都元气大伤,非典型民族国家美国获得世界霸权,这给战后国际法带来了重大而复杂的影响。理想主义的国际法理论在第二次世界大战后取得了实质性的发展。首先,联合国取代国联,并且获得了更加重要的权力,建立起更具效率的运行机制。其次,与欧洲民族国家相互竞争和工业革命联系起来的殖民体系,在美国的默许甚至压力下,轰然崩溃。美国扮演世界警察角色,吸收了欧洲各民族国家的海外军备竞赛。最后,除了民族国家之外,又多了各种各样的国际组织和非政府组织活跃在世界舞台。这导致除国家之外的其他各种各样的国际法主体的出现,初步形成了国际公民社会。

尽管如此,第二次世界大战后的国际法与国际关系仍然保留了很多现实主义的特征。国际法的现实主义特征,与国际法体系首先作为欧洲现代主权国家之间的游戏规则存在,是很有关系的。其次,这也同

---

① 参见〔日〕筱田英朗:《重新审视主权——从古典理论到全球时代》,戚渊译,商务印书馆2004年版,第105页。

第二次世界大战后美苏冷战的世界格局很有关系。由于意识形态的冲突,整个世界又分成以美国为首的资本主义阵营与以苏联为首的社会主义阵营。1948年,从德国逃亡到美国的汉斯·摩根索(Hans Morgenthau)发表了《主权问题反思》一文,产生了巨大的影响,被后人认为是"卡尔·施米特精神对英美世界的明显入侵"。① 摩根索主张国家主权的绝对性,并将主权归结为民族国家的政府,提出了一种现实主义的国际政治理论。② 1948年摩根索又出版了代表作《国家间政治:权力斗争与和平》,提出了国际政治现实主义学派的六项基本原理,细致全面地阐述了其现实主义的国际政治理论,对战后的国际政治与国际关系理论产生了重大的影响,成为战后到20世纪80年代末这40多年间国际关系的主要理论范式。③

从20世纪70年代末开始,国际政治的新自由主义学派重新开始兴起,以1977年罗伯特·基欧汉与约瑟夫·奈合著的《权力与相互依赖》一书的出版为标志。国际关系的新自由主义学派的关键词是相互依赖(Interdependence)与国际机制(International Regime)。所谓的相互依赖,是指"以国家之间或者不同国家的行为体之间相互影响为特征的情形"④。国家间相互依赖,乃是国际机制生成的重要基础。所谓的国际机制,就是"一系列围绕行为体预期所汇聚到的一个既定国际关系领域而形成的隐含的明确的原则、规范、规则和决策程序。原则是指对事实、因果关系和诚实的信仰;规范是指以权利和义务方式确立的行为标

---

① 参见〔日〕筱田英朗:《重新审视主权——从古典理论到全球时代》,第119页。
② 同上书,第118页。
③ 参见〔美〕摩根索:《国家间政治:权力斗争与和平》(第7版),徐昕等译,北京大学出版社2006年版。
④ 〔美〕基欧汉、约瑟夫·奈:《权力与相互依赖》(第3版),门洪华译,北京大学出版社2002年版,第9页。

准;规则是指对行动的专门规定与禁止;决策程序是指流行的决定和执行集体选择政策的习惯"①。国际机制理论仍然承认现实主义国际政治的基本内容,但是国家在国际范围的交往和行动,也会对国家的价值、目标设定与行动能力发生实质性的影响,从而改变现实主义国际政治理论过强的权力逻辑与策略性行动的逻辑预设。与国际政治的权力逻辑强调主权国家不受任何约束的单边行动逻辑不同,国际机制理论强调通过国家间的合作来达成目标,而合作过程要稳定化,就需要设计出一套共同的机制,来约束、规范和协调合作各方的预期及行动。

从20世纪70年代国际机制理论提出以来,该理论在国际政治与国际关系理论中的影响逐渐扩大,形成与现实主义国际政治理论平分秋色的局面。20世纪90年代以来,全球化运动蓬勃兴起,很大程度上打击了国际政治的现实主义理论,肯定并支持了基欧汉等人提出的国际机制理论。国际领域的各种政治、经济、文化、体育等合作不断发展与深入,并且对国际关系产生了深刻的影响。

基欧汉也高度关注全球化理论,并且强调了国际机制理论与全球化理论之间的联系。② 尽管基欧汉也参与了"国际关系法律化"这个概念的提出,但围绕着"国际关系法律化"的讨论,却远远超出了基欧汉等人原初的问题意识与理论基础。显然,国际关系法律化的理论是在法律全球化背景下,"国际机制"理论进一步发展与深化,甚至是超越的产物。

---

① 〔美〕基欧汉:《霸权之后:世界政治经济中的合作与纷争》,苏长和等译,上海人民出版社2006年版,第57页。
② 参见〔美〕基欧汉、约瑟夫·奈:《权力与相互依赖》(第3版)。

二、国际关系的法律化:概念与发展趋势

国际关系的法律化最早是由美国学者阿博特(Kenneth W. Abbott)等在《法律化与世界政治》一书中提出来的概念,随后被许多国际法学者与国际关系领域的研究者所广泛接受与运用,并进行了进一步的讨论与发展。根据阿博特的说明,法律化这个概念包含了三个要素,即义务、精确性与授权。① 其中义务是指"国家或其他行动者被某个规则或义务,或被一组规则或义务所约束。更准确地说,他们受到规则或义务的约束,意味着他们是否遵循规则是受到一般性规范、程序,以及国际法与国内法话语的严格监督"②。精确性是指"他们所要求、授权和禁止的行为是被清晰地鉴定的"③。授权则是"第三方被授予权威,以执行、解释和适用规则;解决争议;在可能的情况下创制新规则"④。

阿博特提出的这个包含三要素概念的好处,就是提供了一种衡量国际关系法律化的标准与工具。此种可测量性在经验研究上具有很高的适用性。阿博特提出,国际关系法律化的这三个要素都可以作为独立的标准,对国际关系法律化程度进行测量,因为三个要素都是程度性

---

① 就概念界定的技术而言,阿博特承认对国际关系法律化的概念界定,受到了哈特《法律的概念》中初级规则与次级规则区分的影响。
② Kenneth W. Abbott, Robert O. Keohance, Andrew Moravcsik, Anne-Marie Slaughter and Duncan Snidal, "The Concept of Legalization", *International Organization*, Vol. 54, No. 3 (Summer 2000), p. 401.
③ Ibid.
④ Ibid.

与渐进性的,相互之间可以互相独立。(见图2)①

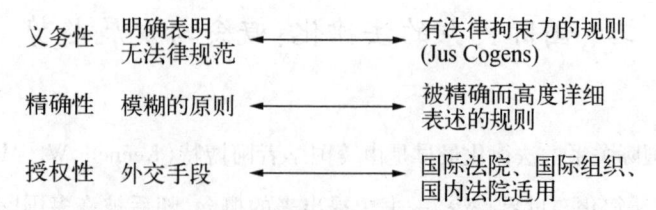

```
义务性    明确表明          ←→    有法律拘束力的规则
          无法律规范                (Jus Cogens)

精确性    模糊的原则        ←→    被精确而高度详细
                                    表述的规则

授权性    外交手段          ←→    国际法院、国际组织、
                                    国内法院适用
```

图2　作为测量标准的国际关系法律化的三个独立要素

在此基础上,按照理想类型的方法,根据程度的差异,他又将国际关系的法律化分成四种情况:第一种情况是绝对的法律化,也就是国际关系法律化的完美状态;第二种是"硬法"意义的法律化,指的是国际关系法律化的程度很高;第三种是"软法"意义的法律化,指的是国际关系法律化的程度相对比较低;第四种是法律化的完全缺失。② 显然,绝对意义的国际关系法律化与国际关系法律化的完全缺失,与当下国际关系的现实都是不相符合的,因此,最重要的是"硬法"意义的法律化与"软法"意义的法律化。

当然,"硬法"与"软法"这两个概念都太抽象,对于经验研究的测量来说,仍然是远远不够的。因此,阿博特在此基础上又对国际关系法律化的三个要素,进行了更细致的描述和区分,从而使得对国际关系法律化的程度测量,变得更加容易与可行。两者结合起来,根据国际关系法律化的三个关键要素程度的高低进行排列组合,就可以列出一张表

---

① See Kenneth W. Abbott, Duncan Snidal, "Hard and Soft Law in International Governance", *International Organization*, Vol. 54, No. 3 (Summer 2000), pp. 401 – 402.

② See Kenneth W. Abbott, Robert O. Keohance, Andrew Moravcsik, Anne-Marie Slaughter and Duncan Snidal, "The Concept of Legalization", p. 402.

格(见表1),其中包含了国际关系法律化的八种情况。①

表1 国际关系法律化的八种情况

类型	义务性	精确性	授权性	实例
理想类型硬法				
I	高	高	高	EU、WTO-TRIPS、European Human Rights Convention、International Crime Court
II	高	低	高	EEC-antitrust, Art. 85 – 6; WTO National Treatment
III	高	高	低	U. S. -Soviet Arms Control Treatises; Montreal Protocol
IV	低	高	高	UN Committee on Sustainable Development (Agenda 21)
V	高	低	低	Vienna Ozone Convention; European Framework Convention on National Minorities
VI	低	低	高	UN Specialized Agency; World Bank; OSCE High Commissioner on National Minorities
VII	低	高	低	Helsinki Final Act; Non-binding Forest Principles; Technical Standard
VIII	低	低	低	Group of 7; Sphere of influence; Balance of power
无政府状态理想类型				

---

① See Kenneth W. Abbott, Robert O. Keohance, Andrew Moravcsik, Anne-Marie Slaughter and Duncan Snidal, "The Concept of Legalization", p. 401.

在这张表格中,横向是义务性、精确性与授权性,这三者中,义务性的权重最高,其次是授权性,权重最低的则是精确性。在这三个要素中,每一个要素都按照高/低这个二元代码进行划分,实际上是将图2的内容包含在了表1之中。因此,在表1中,法律化程度最高的国际组织、国际机制或跨国安排,就是法律化的三个要素都可以被归入高/低二元代码中"高"那一侧的(Ⅰ),而最低的则是三要素都被归入"低"那一侧的(Ⅷ)。这当然是最明显,也是最容易理解的。经过测量与比较,法律化程度最高的国际组织、国际机制或跨国安排有欧盟(EU)、《与贸易有关的知识产权协议》(WTO-TRIPS)、欧洲人权公约(European Human Rights Convention)与国际刑事法院(International Crime Court)。而法律化程度最低的是诸如20国集团之类的经济合作论坛。

此表的精妙之处是在根据三个要素之权重程度的不同,对中间六种状态的排列顺序上。由于"精确性"这个要素在法律化的三个要素中重要性最低,因此,"精确性"比较低这一点对法律化的影响最低,因此,这种情况(Ⅱ)被看作是法律化程度仅次于第一种情形,即三个要素的程度都很高的状态。例如,欧洲经济委员会的反垄断法第85-6条所做的原则性规定,以及WTO架构下的国民待遇原则,都属于此种情况。

由于授权性的权重低于义务性的权重,又高于精确性的权重,因此,授权性的程度比较低,但其他两个要素的程度比较高,此种情况(Ⅲ)的法律化程度就被排到了前述情况的后面。以此类推,法律化程度位列第四的,当然就是义务性的程度比较低,而其他两个要素的程度比较高的情况(Ⅳ)。

法律化程度位列第二、第三和第四的情况可以归为一类,即三个要素中的两个要素程度比较高,只有一个要素的程度比较低的情况。而第五、第六和第七的情况则又可以被归为一类,即两个要素的程度比较低,只有一个要素的程度比较高的情况。由于义务性在法律化程度中的权重比较高,因此,义务性程度比较高,其他两者的程度比较低的情况,理所当然地占据了第五的位置(V)。以此类推,第六是授权性的程度比较高的情形,第七则是精确性的程度比较高的情形。利用这张表格的此种分类方法与标准来测量现实中的国际机制、国际组织与跨国安排的法律化程度,就可以比较精确地找到与每种情况相对应的。

这大大地便利了对国际关系法律化的测量。当然,这个表格要发挥作用,必须对义务性、精确性与授权性这三个要素进行再细化的分类。例如,义务性这个要素,又可以按照其高低程度,被更具体地区分为不同的情况(见图3)。限于篇幅,本文就不再一一详细地介绍和列举精确性与授权性这两个要素基于程度不同而区分的不同情况了。[1]

义务性程度的标示

高
↑
　不设条件的义务、指向内容的语言与表述具有法律的拘束力
　政治条约:明确设置义务成就的条件
　国家对某些特定义务设置了保留条款;不确定的义务条款与规避条款
　规劝性的义务
　由不具有立法权威的主体规定的义务;各种建议性与指引性条款
　明确排斥义务性规定
↓
低

图3　义务性程度的不同类型

---

[1] See Kenneth W. Abbott, Robert O. Keohance, Andrew Moravcsik, Anne-Marie Slaughter and Duncan Snidal, "The Concept of Legalization", p. 406.

阿博特等人提出的国际关系法律化的概念,在国际关系领域影响非常大。这个概念的好处在于它的层次性与丰富性,可以动态地测量不同层面和不同领域中国际关系的法律化程度,有效地软化了传统法律理论合法/非法非此即彼判断的刚性。通过这样一套概念测量工具,我们可以非常清晰而动态地测量最近几十年国际关系法律化的程度和变化趋势。首先,我们可以发现在国际关系领域,越来越多的国家选择通过国际法,以及各种各样的条约等法律化安排来解决各种实质性的政治问题。① 其次,如果考虑"软法"与"硬法"的区分,我们便可以发现,虽然如国际刑事法庭那样具有超越民族国家主权的"硬法"仍占少数,但各种能够提供超国家和制度化的解决方案的"软法",已然在各种国际关系的处理中被广泛接受。② 因此,国际关系的法律化,根据法之"软硬"不同,可以被区分为不同的层次。尤其是,对于不同的国际组织与国际制度,我们也可以用这套概念工具进行测量,从而可以清晰地看出,它们对应的是国际关系法律化的何种不同层次。

国际关系法律化不但区分为不同的层次,同时也是一个逐渐实现的过程。最早阶段出现,也最容易出现的是"软法"层次的国际关系法律化。正如机制理论所指出的,出于各种成本收益关系的分析,各种各样的利益考量,会刺激不少民族国家策略性地选择各种"软法"来增强彼此间的合作。而一旦此种国际机制被设计并稳定下来,就会形成超过任何一方策略性动机的逻辑,逐渐对参与各方的主观预期、价值立场与选择形成约束和规范,从而不断地形成自我增强的局面。"软法"不断自我强化,就会逐渐向"硬法"的方向发展,甚至最终转化为"硬法"。

---

① See Kenneth W. Abbott, Duncan Snidal, "Hard and Soft Law in International Governance", p. 421.
② Ibid.

这种从"软法"到"硬法"的演变逻辑并非是必然的,但确实在许多国际关系的经验领域中经常被证实。比较明显的一个例子就是通常被认为是国际关系法律化程度比较低,不太明显的亚太地区最近20多年的发展过程。正如有论者所指出,其规则体现出高度义务性与精确性,并且,将规则的解释与执行授权给第三方机构的国际性的机制设置主要集中在欧洲与北美,而亚太地区则是国际组织低法律化,甚至是偏离法律化的最典型例证。① 这很大程度是因为亚太地区国际关系受到了该地区各个国家内部法律文化,以及国内政治体制等诸多因素的影响。② 例如,有论者指出,在亚太地区诸多国际机制的产生过程中,许多国家乃是抱着高度策略化的动机参加国际组织的,其目的与国际组织本身的目标并不一致,乃是将之作为实现国家目标的一个策略与手段。③

20世纪90年代,受亚洲金融危机的冲击,亚太地区的许多国家深刻地认识到,许多重要问题(例如国际金融风险的防范问题)单靠国内政策是难以有效应对与解决的,国际协作、国际组织与国际机制在应对相关问题时非常必要,也非常重要。因此,20世纪90年代末是亚太地区国际组织发展的一个小高潮。但即便如此,亚太地区的许多国际组织在设计过程中就明确拒绝法律化,并且保持了高度的非正式性。④

然而,最近十年来这种情况也发生了实质性的变化。其中最突出的一个例子,就是《跨太平洋伙伴关系协定》(Trans-Pacific Partnership

---

① See Miles Kahler, "Legalization as Strategy: The Asia-Pacific Case", in Christian Brütsch and Dirk Lehmkuhl eds., *Law and Legalization in Transnational Relations*, London: Routledge, 2007, p. 165.
② Ibid., p. 166.
③ Ibid., p. 165.
④ Ibid.

Agreement，TPP)中设计的投资者-东道国争端解决机制(Investor-State Dispute Settlement, ISDS)。TPP 的前身是文莱、智利、新西兰和新加坡在2002年发起、2005年签署的《跨太平洋战略经济伙伴关系协定》(Trans-Pacific Strategic Economic Partnership Agreement, P4)。P4 几乎包括了所有的货物贸易，其中最为核心的内容是关税减免，即成员国 90% 的货物关税立刻免除，所有产品关税将在 12 年内免除。美国于 2008 年加入谈判，日本于 2013 年加入谈判，中国目前并没有参加 TPP 谈判，处于观望阶段。

目前看来，由于美国与日本加入 TPP 贸易谈判，以及 TPP 协定内容的革命性，TPP 未来对亚太地区的政治与经济秩序会产生很大的影响与冲击。根据目前掌握的 TPP 的框架协议文本，TPP 继承了 P4 的精神与特色，力求清除成员国之间的关税，打破其他各类的贸易壁垒，追求全面的市场准入。此外，TPP 提出了服务贸易开放的负面清单的形式，即除非明确禁止，否则就是开放的。这对中国等发展中国家的内部法律秩序与行政管理水平都提出了很高的挑战。2013 年中国宣布成立上海自由贸易区，也采用了负面清单的形式，这也可以被看作是对 TPP 此一措施的回应。TPP 谈判目前正在进行中，体现了高度的封闭性，相关资料都没有最终公开，最终谈判结果如何，目前还很难准确预测。

TPP 与亚太地区原有的贸易协定和经济组织的最大不同点，就是其高度的开放性。投资者-东道国争端解决机制便是其中的重要体现。国内已经有学者指出，该设置表明："TPP 协定表面上是贸易协定，但涉及内容已经远远超出贸易范围。"[①]通俗地讲，该机制的实质，就是赋予

---

① 龚柏华："TPP 协定投资者-东道国争端解决机制评述"，《世界贸易组织动态与研究》2013 年第 1 期。

投资者根据国际法和相关的贸易协定与条约,就投资过程中的争议,向中立的第三方法庭或仲裁机构起诉一国的政府。[①] 相关数据显示,投资者-东道国争端解决机制虽然目前被采用的范围和幅度仍然比较小,但最近几年采用此种方式来解决争端的案例越来越多,并且呈现了加速度增长的趋势。很显然,此种纠纷解决方式是一种法律化程度极高的国际机制,一旦在相关类型的纠纷中被广泛采用,被普及化,必然会对国际关系的性质产生实质性的重要影响。这实际上是对国际法中主权国家豁免原则的挑战。可以想象,一旦投资者-东道国争端解决机制成为常见的争端解决机制,主权国家不得不以被告的身份出现在各种各样的仲裁机构与跨国审判机构中,而原告则是国际经贸领域中一个普通而精明的商人,并且此种仲裁或诉讼的结果将具有法律的强制力和执行力。这个画面将具有多大的象征意义,而这个场面对经典的国际法理论所带来的刺激与震撼将会有多大!

诸如 TPP 这样具有重要地位与影响的战略经济伙伴协定选择采用投资者-东道国争端解决机制,并且有美国在背后支持推动,投资者-东道国争端解决机制未来在国际贸易争端与国际关系领域占据重要角色的可能性大为增强。投资者-东道国争端解决机制成为国际关系领域常用的争端解决方式之日,也许就是国际关系法律化普遍实现之时。即便就 TPP 本身而言,一旦投资者-东道国争端解决机制成为 TPP 正式内容,无疑会极大地改变整个亚太地区国际关系的性质。

---

① 龚柏华:"TPP 协定投资者-东道国争端解决机制评述"。

三、结语

如果说,由于世界政府的缺位,法律全球化过程的初始阶段呈现出了某种去政治化、亲经济化特征,那么在经济全球化与法律全球化不断深化的过程中,全球经贸关系与法律关系反作用于国际政治关系的效果便会日益显现。有论者指出:"对于国际关系的理解通常要从贸易活动及其结构的政治、法律、伦理蕴含这种层面来展开,这种知识应当是理解国际问题的基础知识。其中,贸易与秩序的关系是最重要的内容。"①此种见解着实深刻。

国际关系的法律化意味着整个全球化过程一种全新综合的阶段的开始,意味着各种跨国法的发展重新对国际政治产生了强大的影响,并且重新形成了法律系统与政治系统相互耦合紧密化的趋势。或者更通俗地说,迅猛发展的各种自创生跨国法已经对全球范围内政治系统的发展产生了越来越强大的影响。

正紧锣密鼓地进行着的 TPP 谈判过程,以及最近菲律宾将黄岩岛的争议问题提交国际海洋法法庭仲裁的事件,再次表明了国际关系法律化的过程已经对中国的国家利益形成了直观而实际的影响。如果我们不能够在精神层面上形成解放,无法认识到中国已然内在于整个世界结构之中,并且世界结构的每一个实质性的变化,都会对中国的国家利益与内部结构产生深远的影响,那么我们就无法真正地理解和处理所谓的"中国问题",更无法应对"世界问题"。也就是说,在新的世界

---

① 于向东、施展:"全球贸易双循环结构与世界秩序——外交哲学对谈之四"。

秩序中，中国与世界已经浑然一体，密不可分，因此，必须通过世界主义的眼光来打量"中国问题"，将中国问题放到世界格局中进行分析与理解。反过来说，中国也必须积极地参与到对世界秩序的重塑过程中去，增强我们的规范能力，不能缺席为未来世界制定游戏规则的各种谈判、合作与博弈的过程。

然而，由于我们缺乏对法律全球化的直观感受与理性认识，许多人也不明了最近20多年国际关系法律化发展的趋势，导致我们中的许多人对相关问题的理解与处理受到了严重的影响。如果任由此种知识缺乏的状态延续下去，并转化成某种民族主义的排外情绪，而不是积极地进行知识启蒙与精神启蒙，以一种更加自信的态度参与到国际政治游戏规则的博弈与改进的过程中，将来必将对我国的国家决策造成负面影响，损害我国的长远利益。

法律全球化的知识启蒙与精神解放刻不容缓。

原载《求是学刊》2014年第3期

下 编
系统论法学的理论谱系

辉煌的失败
——对哈贝马斯民主法治国理论的方法论批判

导 论

哈贝马斯也许是仍然在世的理论家中最负盛名的一位,《在事实与规范之间》则是哈贝马斯最后一本堪称代表作的作品。由于哈贝马斯作品史呈现出了一种随时间展开和演变的性质,因此,我们几乎可以通过对《在事实与规范之间》的分析和回溯,来观察哈贝马斯整个学术思想的演变。反过来说,通过将《在事实与规范之间》放到哈贝马斯整个学术视野演变过程中,我们也可以更好地理解《在事实与规范之间》的成败得失。

《在事实与规范之间》的问题意识和写作背景是:进入19世纪以来,随着整个社会日益复杂,18世纪的哲学家们(同时也是政治哲学家)所提出的现代规范性政治方案(其核心内容是以国家为中心的社会和以个人结合所组成的社会),已经逐渐失效。马克思对资本主义的批判,便指明了这一点。在哈贝马斯看来,18世纪规范性政治方案的此种失效,其实是18世纪哲学(其核心概念是个人主义的实践理性)的失败。由此造成了严重的后果,以各种面目出现的相对主义和历史主义都是它的表现形式。①

通过对历史处境的此种简单勾勒,哈贝马斯表明了自身历史视野的出发点:在现代复杂社会的背景下,通过在哲学和社会理论层面重新挖掘和释放18世纪启蒙哲学的规范性潜力,以全新的基本概念构造来承载此种规范复兴的事业,并最终将其落实为全新的民主法治国方案。

我们可以看到,在哈贝马斯的这个事业中,有三个问题至关重要:首先是对现代复杂社会的描述与理解;其次是在基本概念层次构造出足以替代实践理性概念,使之成为承担整个视野重量的概念基石;最后是前二者基础上,对民主法治国方案的重新设计。

我们看到,第一个问题涉及的是由马克思、涂尔干和韦伯所开创的现代社会理论的传统,即对现代社会进行描述、理解甚至批判。第二个问题则涉及对启蒙哲学所开创的现代性工程规范内涵的释放,乃是在20世纪下半叶后形而上学的知识语境下为规范性重新奠基。第三个问题则构成了对前两个问题的综合,也就是说,通过这个综合,同时克服后形而上学时代规范性事业与各种注重事实性的社会理论的缺陷,从而形成一种黑格尔式的扬弃与合题。

在《在事实与规范之间》第一章,哈贝马斯提到法律的两个规范性与事实性之间的张力,即内在的规范性与事实性的张力和外在的规范性与事实性的张力。② 如果按照本文提出的这个分析框架,我们可以说,内在的规范性与事实性的张力问题,其实就是在后形而上学的语境中重新对规范性进行奠基的工作;而外在规范性与事实性的张力,就是

---

① 参见〔德〕哈贝马斯:《在事实与规范之间:关于法律和民主法治国的商谈理论》,童世骏译,生活·读书·新知三联书店2003年版,第1—3页。
② 同上书,第41页。

指对规范性的重新奠基工作必须要在现代复杂社会中经受检验,具有某种现实的可能性。这既意味着对现代复杂社会的批判,同时也意味着对规范性进行重新奠基的工作也必须以考虑到现代社会结构的事实性维度为前提。也就是说,规范性的重新奠基工作,必须要内在地包括现代复杂社会的事实性因素。

从全书的结构来看,这一点也是很鲜明的。全书的第三章和第四章构成了规范性重新奠基的部分,而第六章和第七章则是检验和论证此种规范性工作在现代复杂社会背景下的可能性问题。二者正好对应着规范性与事实性外在张力的两个方面。

例如,在该书的第二章,哈贝马斯对规范主义阵营的理论家,尤其是罗尔斯,提出了尖锐批评,批评他们的规范主义过于理想主义,而没有将现代社会的事实运作规律考虑在内,从而导致空想主义;[①]而同时哈贝马斯又批评了卢曼的社会系统理论,认为他对现代社会的描述过于冷酷,从而导致将西方传统的规范主义切除得一干二净,变成了冷酷的保守主义和犬儒主义。[②] 哈贝马斯试图左右开弓,同时在规范和事实的两个层面工作,并最终通过自己设计的民主法治国方案实现二者的大和解。

之所以说哈贝马斯这部作品充满了理论的雄心,就体现在这里。这个工作的困难在于,规范主义进路和事实主义进路在基本概念和基本的方法论层面就是大相径庭的。如何弥合规范与现实之间的理论鸿沟,从而既不是规范主义压倒事实主义,也不是事实主义罔顾规范,是很难的。解决不好,很可能就变成了某种一厢情愿。

[①] 参见〔德〕哈贝马斯:《在事实与规范之间:关于法律和民主法治国的商谈理论》,第70—79页。

[②] 同上书,第54—69页。

本文的重点不在于描述哈贝马斯的成功，而在于指出哈贝马斯的失败，尤其是在方法论层面的前后矛盾，进退失据。因此，本文首先承认哈贝马斯以商谈伦理学为代表的规范性重构事业是相对成功的。在此前提下，通过仔细对照分析《在事实与规范之间》和《交往行动理论》，仍可以发现，哈贝马斯的此种弥合规范与事实之间鸿沟的努力也许仍然是失败的。但这并不意味着哈贝马斯的事业就没有价值。事实上，哈贝马斯的这种勇敢的尝试，尽管整体上是失败的，却仍然在很多方面取得了重要进步，是值得高度肯定的。

一、生活世界的殖民化

商谈伦理学中理想的言谈情境既然是理想的，也就意味着此种言谈情境在社会现实生活中很难完美地实现。哈贝马斯当然考虑到了这一点。但哈贝马斯通过"生活世界"的概念表明，此种理想的言谈情境，确实近似地存在于生活世界之中，并且构成了生活世界的背景性意义关联的规范性内核。通过生活世界概念对"交往理性"的补充，哈贝马斯又将他的规范性事业重新放入 20 世纪后半期以来的复杂社会的语境之中。

通过借鉴科尔伯格的儿童发展心理学理论，哈贝马斯通过历史演变的视角，将整个西方社会的演变分成了三个阶段，即前俗成阶段、俗成阶段和后俗成阶段。现代社会显然已经进入后俗成的社会发展阶段，其特征是每个人都具有高度的个人自由，因此可以依据自己的理性来决定自己的行为。而在俗成阶段，个人尚不具有此种独立的理性判断能力和空间，而被各种习俗性的外部社会规则所约束。在后俗成社会,社会要形成有效的整合,就必须依据交往伦理学的理想言谈情境的设计来达成共识,形成约束自我的规范。

与"后俗成社会"概念相联系的是另外一个概念,即"生活世界的理性化"。这两个概念结合在一起,构成了哈贝马斯对现代社会的诊断基础。之所以说这两个概念是联系在一起的,首先是因为二者都暗示了现代性的主题,因此都指向了西方社会发展的同一个阶段。无论是俗成社会与后俗成社会之区分,还是生活世界与生活世界理性化的区分,其中都暗含着现代社会与前现代社会的区分。根据哈贝马斯的描述,在前俗成阶段,整个世界图景是由原始宗教提供的,原始宗教通过仪式的神圣性与神灵惩罚的恐怖性,将规范有效性和事实性杂糅起来,形成了一种特殊的社会交往的背景性规范结构。[①] 随着前俗成社会向俗成社会的转变,宗教权威所造成的内心恐惧不再是人们遵循规则的基础,规则的有效性更多地依靠传统的惯性和力量获得维持。但是在后俗成社会,整个世界日渐除魅,人们越来越多地拥有理性反思的能力。人们对交往规则的遵守,不再是理所当然的,而是日益拥有对规则提出质疑的能力,人们对规则的遵守,建立在理性的反思和证立的基础之上。[②]

科尔伯格儿童道德心理学的历史唯物主义运用,更多的是规范层面的工作,而生活世界的理性化,则更强调社会学的事实层面工作。就此而言,生活世界的理性化,乃至于"生活世界"与"系统"的二分,都是规范层面"后俗成社会"概念在社会学的事实层面的对应者。

"生活世界"的概念最早是由德国现象学哲学的奠基者胡塞尔提出

---

① 参见〔德〕哈贝马斯:《在事实与规范之间:关于法律和民主法治国的商谈理论》,第28—30页。

② 同上书,第30—32页。

的,针对的是西方历史日益科学化和客观化所造成的"意义丧失"的危机。① 胡塞尔的学生,同时也是韦伯的追随者舒茨进一步将这个概念与韦伯的行动理论结合在一起,将这个现象学的概念社会学化,从而提出了一种完整的"生活世界"的社会学理论。② 在胡塞尔和舒茨那里,生活世界主要是指个人身体在场的面对面交往的世界,乃是一种直接经验的世界,是由拥有共同历史的小型共同体的人们所经历的世界。这是一个前理论的世界,很多日常生活中所要用到的知识,都是未经科学论证过的"直接上手的"背景性知识。因此,在胡塞尔和舒茨的"生活世界"中,既包含哈贝马斯所强调的交往行动,也包含着哈贝马斯所着力批评的"策略性行动",甚至也包含着"工具性的行动"(可以考虑海德格尔在《存在与时间》中对器具的分析)。

哈贝马斯接过了这个概念,并用交往行动的概念对这个概念进行了激进的改造。于是,在哈贝马斯那里,生活世界的范围被严格限定为人类一般行动和一般经验的前理论性背景,被严格限定为对"交往行动概念的补充"。③ 也就是说,哈贝马斯是从"交往行动理论"的视角来理解和改造生活世界理论的。所以,在哈贝马斯那里,生活世界中人们的交往,主要是通过协调双方的目的和意图,达成共识的方式进行着。④ 另外,在舒茨那里的历史累积性知识,在哈贝马斯那里成了"文化传

---

① 参见〔德〕胡塞尔:《欧洲科学危机和超验现象学》,张庆熊译,上海译文出版社1988年版,第58—63页。

② See Alfred Schutz, *The Phenomenology of the Social World*, translated by George Walsh and Frederick Lehneert, Evanston: Northwestern University Press, pp. 13 – 18.

③ See Habermas, *The Theory of Communicative Action, Volume 2: Lifeworld and System: A Critique of Functionalist Reason*, translated by Thomas McCarthy, Boston: Beacon Press, 1987, p. 119.

④ Ibid., pp. 121, 126 – 127.

统",①而除了文化传统之外,人们在生活世界之中还进行着结社等活动,同时完善着自己的人格,形成自我认同。因此,哈贝马斯参考了帕森斯提出的文化-社会-人格的三层结构,将其定义为生活世界的三个结构性要素。② 这三个结构性的要素,既是行动者在生活世界中进行交往和沟通赖以进行的资源,同时也是哈贝马斯用以说明生活世界自我维持和自我生产的方式和途径。哈贝马斯用两个带有强烈马克思主义特征的词汇,即"象征性生产"和"物质生产"来说明生活世界的此种自我维持和自我生产的方式。"象征性生产"是指生活世界中的文化传统、社会制度和人格能力的再生产和持续,而"物质生产"则是指生活世界赖以存在的基质的再生产和持续。③ 其中,对生活世界来说,"象征性生产"更为本质和关键。例如,其中的文化再生产使得各种历史传统累积而来的知识能够得到传承、转化和更新,从而维护了历史知识的延续性和与时俱进,对个人的当下生活提供了帮助和指导。社会制度的再生产则通过共享的规范和价值实现个人之间的社会性整合,从而为个人提供各种日常生活的能力,使得个人能够与历史协调,与集体协调,在这种协调关系中实现个人自我的认同和集体认同。最后,生活世界的这三个结构性要素的再生产,相互之间是紧密关联的,一个结构性要素的再生产,将大大地促进另外一个结构性要素功能的发挥。反过来说,其中一个结构性要素的再生产出现了问题,另外两个要素的再生产和功能发挥也要受到影响。当生活世界的这三个结构性要素的再生产和功能发挥都出现问题时,就出现了总危机——哈贝马斯曾经在《合法

---

① See Habermas, *The Theory of Communicative Action, Volume 2: Lifeworld and System: A Critique of Functionalist Reason*, p. 134.
② Ibid., pp. 133, 138.
③ Ibid., p. 138.

化危机》一书的开篇指出,危机是一个借自医学的概念,预示着对时代的诊断。①

根据哈贝马斯进一步的描述,生活世界的危机起源于生活世界的理性化,从历史的视野来看,在中世纪的晚期,生活世界的理性化即已启动。如果说危机的概念来自马克思(例如马克思对资本主义经济危机的揭示),则理性化的概念来自韦伯。通过理性化和危机这两个概念的奇妙结合,哈贝马斯继承了法兰克福学派将马克思主义"韦伯化"的传统,同时也完成了将韦伯的社会学理论"马克思化"。所谓的将马克思主义传统韦伯化,就是将韦伯对现代社会的理性化批判传统引入传统的马克思主义的批判传统之中,从而替换马克思对资本主义的政治经济学批判。例如哈贝马斯的老师霍克海默和阿多尔诺的《启蒙辩证法》就不是对资本主义经济基础的批判,而是借鉴了韦伯的概念和方法,对资本主义的文化工业进行了批判。② 同样地,哈贝马斯虽然继承了马克思的批判传统,但通过对交往行动与劳动的区分,哈贝马斯也放弃了马克思的剩余价值学说和政治经济学的方法,接受了韦伯的"理性化"的概念。所谓的韦伯的马克思主义化,则是指韦伯的理性化概念超越了资本主义的概念,是对整个现代性的批判,而哈贝马斯则将这个概念嫁接到资本主义的概念中,从而通过马克思批判视野所蕴含的"解放潜能",通过对资本主义的克服,也克服了韦伯的悲观主义现代性论调,展现了一幅乐观主义的未来图景。

很显然,"生活世界的理性化"来源于韦伯在《宗教社会学》绪论中

---

① 参见〔德〕哈贝马斯:《合法化危机》,刘北成、曹卫东译,上海人民出版社2000年版,第1页。

② 参见〔德〕哈贝马斯:《交往行为理论》(上卷),曹卫东译,上海人民出版社2004年版,第326—347页。

以理性化为标准对西方世界和非西方世界所做的比较。① 生活世界的理性化具体体现为以下几个方面。由于陌生人之间的交往越来越多,他们之间的交往不再建立在共同的历史和记忆基础之上,所以在文化层面,文化知识不再建立在传统之设定的基础上,而是出现在理性反思的基础上。对规范的遵守也越来越依赖于对规范性的理性证立过程。对于各种各样的传统智慧,个人也不再盲目接受,而是采取一种批判性的态度和立场,进行理性选择。

更重要的是,生活世界的象征性再生产,变得越来越专业化了。文化传统自身随着理性化而分化为自然科学、宗教、理性自然法、自律的艺术等不同的领域。② 在这些不同的领域中,他们都遵循自身的规律:

> 现代社会所特有的意识结构源于文化合理化,而文化合理化包括认知、审美表现以及宗教传统的道德评价三个部分。有了科学和技术、自律的艺术和自我表现的价值以及普遍主义的法律观念和道德观念,三种价值领域就出现了分化,而且各自遵守的是自己特有的逻辑。这样,不仅文化的不同组成部分(认知部分、表现部分以及道德部分)有了自己的内在规律,这些价值领域之间也形成了紧张关系。③

同时,这些不同领域和层面的追求和活动,都脱离了个人日常交往所需要的层次,而由相应的机构和制度进行专门化承担。例如,科学日

---

① 参见〔德〕韦伯:"宗教社会学论文集·绪论",载氏著:《新教伦理与资本主义精神》,苏国勋等译,社会科学文献出版社 2010 年版,第 1—14 页。
② 〔德〕哈贝马斯:《交往行为理论》(上卷),第 161 页。
③ 同上书,第 159 页。

益在大学、科研机构进行,艺术也通过专门的画廊、博物馆等进行,道德则由教会进行专门的研讨,法律则需要由经过专业训练的人士来操控,如此等等。①

这是文化层面,在社会层面,《经济与社会》中着重描述的资本主义企业、官僚制的行政国家和形式化的实证法是社会理性化最典型的例证。② 从个人的层面来看,人际交往层面的双重偶联性问题日益严重,用哈贝马斯自己的概念来说,就是异议风险日益强化,个人越来越倾向于通过策略性的行动而对他人的意志表示冷漠,双方之间通过商谈达成共识的机会越来越渺茫。而这一点,在未被理性化的生活世界中,在各种混合的背景性文化共识的作用下,本来不是很困难的。③

生活世界理性化严重到一定程度,就会从生活世界中分化出以媒介导控的社会系统。社会系统一旦从生活世界中分化出来,就能够通过导控性媒介,进行自我维持和自我运作,从而独立于生活世界之外。如此一来,现代社会是通过生活世界和系统两种方式和两个渠道进行整合的。通过生活世界的整合是社会整合,这是哈贝马斯所欣赏和肯定的。通过系统的整合则是系统整合,这是哈贝马斯所要批判的,但同时哈贝马斯也承认系统整合在现代社会中不可避免,并且系统整合有其特殊的功用。例如,经济系统的整合在效益方面的成就是无可替代的,而政治系统的整合在达成目标的有效性方面也是无可替代的。

但系统的理性一旦脱离生活世界的导控,按照自身的媒介进行运作,不断进行自我扩张,最后就会反过来危害生活世界,尤其是生活世

---

① 参见〔德〕哈贝马斯:《交往行为理论》(上卷),第160页。
② 同上书,第154页。
③ 同上书,第159页。

界象征性再生产的过程,从而导致系统对生活世界的"殖民"。①

由此可见,哈贝马斯的社会理论是高度二元论的,整个社会被区分成两个相互比较独立的部分,即生活世界和系统。系统虽然最初是从生活世界分化出来的,但其最终形成了相对独立于生活世界的运作逻辑,茁壮成长,最后形成了强大的动力机制,甚至入侵到生活世界之中,瓦解和分化"生活世界",犹如现代西方的资本主义体系不断扩展,入侵到太平洋和非洲的诸"部落社会",瓦解和分化这些部落社会一样。

那么,社会系统的内部逻辑是什么呢?在描述和分析社会系统的内部逻辑和运作形态时,哈贝马斯借鉴了韦伯《经济与社会》中的理性化主题,但更多地还是建立在帕森斯的社会系统理论,尤其是帕森斯后期关于系统交换媒介的理论上。20世纪60年代,帕森斯曾经在《论政治权力》②和《论影响力》③两篇论文中提出,社会系统是在普遍的象征性交换媒介的帮助下形成自主运作逻辑的。例如,货币是经济系统的普遍化的象征性交换媒介,权力是政治系统的普遍化的象征性交换媒介,影响力是交往系统的普遍化的象征性交换媒介,等等。帕森斯普遍化的象征性交往媒介,对于社会系统理论的建构具有非常重要的影响——同时对哈贝马斯及其社会理论的主要对手卢曼,都具有深刻的影响。在这两篇论文中,帕森斯首先通过对人们最熟悉的经济系统的货币的分析,指出货币类似于语言,甚至本身就是一种特殊的语言。正

---

① See Habermas, *The Theory of Communicative Action, Volume 2: Lifeworld and System: A Critique of Functionalist Reason*, pp. 332 – 373.

② Talcott Parsons, "On the Concept of Political Power", *Proceedings of the American Philosophical Society*, Vol. 107, No. 3 (Jun. 1963), pp. 232 – 262.

③ Talcott Parsons, "On the Concept of Influence", in Talcott Parsons, *On Institutions and Social Evolution* (Selected Writings), ed. by Mayhew, The University of Chicago Press, 1982, pp. 224 – 252.

如语言本身不是语言所指涉的客观物体一样,语言却可以传达出关于客观物体的信息。例如,黑板上写了一行字,外面的狗在叫。标记在黑板中的"狗"字本身不是狗,当然也不会叫,但它却能够指涉狗的实体,从而产生意义。而经济系统中的货币,本身没有任何实际的使用价值,却能够指涉各种具体的物品,并且通过货币体系所赋予的交换价值,能够购买到几乎任何实际的使用价值。这恰恰是因为货币象征着经济系统的首要价值,即效用。① 在此基础上,帕森斯进一步指出,政治系统的普遍化象征性交换媒介是权力,权力本身只是严重惩罚,但惩罚没有任何实际的意义,它只有通过对惩罚的运用禁止人们做什么,遵守什么时才有实际意义,而象征着政治系统的首要价值,即集体约束力的决策的做出。② 交往系统的普遍化象征性交换媒介则是影响力,其象征着交往系统的首要价值,即说服。帕森斯进一步将社会行动分成了四种类型,每种类型都是为了影响对方的行动,但是每一个类型影响对方行动的通道是不一样的。具体见下表:③

表2 社会行动相互影响的四种不同通道和类型

影响通道		
惩罚	意图	环境
积极	说服	激励
消极	义务感的激励	威慑

通过该表可以看出,通过意图这个影响通道,我们既可以采取积极的说服的手段来改变对方的行为,同时也可以采取消极的施加义务的

---

① Talcott Parsons, "On the Concept of Influence", p. 226.
② Talcott Parsons, "On the Concept of Political Power", pp. 236–242.
③ Talcott Parsons, "On the Concept of Influence", p. 231.

方式来影响对方的行为。除了直接通过影响对方意图的通道改变对方的行为之外,我们也可以通过改变对方的环境来改变对方的行为。例如,我们可以通过经济激励诱惑对方改变行动,也可以通过施加惩罚来改变对方的行动。在帕森斯看来,这四种影响对方行动的特定通道,就构成了四种特定的"语言",从而在此基础上就可以构成四个特定的社会系统。

哈贝马斯基本上接受了帕森斯关于象征性普遍化沟通媒介的这种定义,同时也承认通过改变对方行动的环境的两种通道,即积极通道和消极通道,以及对应的两种媒介,即货币和权力,并承认在此基础上形成了两种系统,即经济系统和政治系统。但他不承认通过改变行为意图的两个特殊通道同时也能够形成两个现代社会系统。在哈贝马斯看来,这二者恰恰是生活世界覆盖的范围,它们的首要目的是通过交往和论证形成普遍共识,而不是为了改变对方的行为。通过对帕森斯这部分内容的交往伦理学的改造,这部分就被哈贝马斯的生活世界的概念吸收了。

当然,哈贝马斯也承认,在后俗成社会,由于系统理性和科学理性对生活世界的入侵,文化、宗教、习俗等各种原先在俗成社会中不言自明的规范性意义关联,对个人的约束力越来越弱。在生活世界的那一面,个人与个人之间要达成交往性共识,其论证负担和理性负担也越来越重了。在系统层面,系统是通过法律的媒介进行建构的,而法律自身必须被正当化,但现代社会系统运作的逻辑却体现了规范空心化的趋势。

为了扭转这些趋势,哈贝马斯试图通过"生活世界"对"系统世界"的反抗和反向渗透,来扭转韦伯的理性化的悲观结论。这就是哈贝马斯《在事实与规范之间》提出民主法治国方案的基本问题意识背景。

二、法律的重要性：两种有效性的张力

在哈贝马斯看来,要完成生活世界对系统的反攻,通过生活世界的理性重新控制和引导系统理性,法律占据着相当关键的位置。简单地说,法律是生活世界重新对系统发生影响,从而引导和矫正系统之偏执理性的中介。对哈贝马斯而言,生活世界的概念意味着其规范性事业在社会现实中的对应者,因此也意味着现实存在的规范性渊源。而社会系统则是它不得不面对的事实性,是他要认真应对和克服的。而法律,恰恰典型地将此种规范性和事实性蕴含于自身之中。因此,内在于法律的规范性和事实性恰好对应于宏观层面的生活世界所象征的规范性与社会系统所象征的事实性的紧张关系,这就是哈贝马斯《在事实与规范之间》所着重指出的规范性与事实性的内在张力和外在张力及其二者之间的关系。

我们可以将所有的问题都聚焦在如下这个假设性的问题情境中进行理解,即两个人相互之间面对面的互动和交往。如果是在典型的生活世界情境之中,因为交往双方都是熟人,他们有共同的历史背景,彼此知根知底,由共同认同的规范所制约,所以他们将比较容易达成共识,形成有效的交往。但如果是已经被高度理性化的生活世界,则意味着神灵的权威已经被消减,交往双方也可能拥有完全不同的出生地点和成长经历,他们之间可能是互不信任、处处设防的陌生人。如此一来,双方之间如何达成相互的理解,就构成了一个困难。在极端的情形下,相互交往的双方都构成了对方的"黑匣子"。① 交往的一方不清楚的

---

① 参见泮伟江:"双重偶联性问题与法律系统的生成——卢曼法社会学的问题结构及其启示"。

是,对方是抱着一种真诚交往和交流的态度与自己交往,还是抱着一种利用和完全以追求个人利益为目标的态度来和自己交往。在这种情况下,交往的一方随时可能中断交往和沟通。例如,当交往的一方发现另一方完全是在带着利用态度操控交往过程时,他就可能退出交往,或者同样采取策略性的行动,从而使得交往失去任何真正的有效性。

哈贝马斯设想,在这种情况下,法律就出场了。对于那些违背交往伦理的策略性行动,法律是容许的,但又必须将其控制在某种限度之内。由此达成的效果是,只要遵守法律,即便交往者是带着策略性的意图来遵守法律的,也可以被假设成他是带着规范目的从事交往的。对于那些超越了法律设定之底线的策略性行动者,法律则施以强制性的惩罚。但法律的此种强制性惩罚必须以法律自身的规范性为前提。这意味着,法律的规范性必须以真诚交往参与者的视角为基础制定出来。如此一来,法律的制定,就必须是以生活世界的交往行动和交往伦理学为基础,而法律的执行,则可以对策略性行动者发挥作用。[①]

正如前文所述,交往行动和策略性行动是哈贝马斯整个社会学理论的两个关键性概念,分别对应着生活世界和系统。因此,法律就构成了生活世界和系统发生关系的媒介。只要法律的制定过程能够扎根于生活世界之中,被生活世界所塑造,则生活世界就能够通过法律这个中介对策略性行动者发生作用,从而也对系统发生作用和影响。从另外一个角度来看,正如韦伯曾经指出的,经济系统和政治系统的官僚化,恰恰建立在法律的基础上。例如,各种经济制度和政治制度都是通过实证法的规定建立起来的。我们通常所说的市场经济是法治经济,表

---

① 参见〔德〕哈贝马斯:《在事实与规范之间:关于法律和民主法治国的商谈理论》,第33—52页。

达的其实也是类似含义。

如此一来,对哈贝马斯在交往行动理论中所揭示的整个现代性的危机,便可以通过对法律的重新塑造而得到实现。而哈贝马斯通过商谈伦理学所落实的整个规范性事业,也可以通过立法活动而被建制化和具体化。因此,哈贝马斯的整个哲学和社会学的事业,都可以通过某种民主法治国的工程学设计而得到终极的解决。就此而言,《在事实与规范之间》构成了哈贝马斯毕生事业的终极总解决。这个方案又具体分成两个部分,分别被放在"法律"这杆秤的两边:一边是规范性的那一部分,即对基本权利的重构;另一边则对应着法律的实施,即民主法治国内部的具体分权逻辑。关于基本权利重构的部分,笔者已经在另外一篇文章中专门做了分析与评价,此不赘述。下面不妨重点看看他的民主法治国分权逻辑的部分。

三、民主法治国的分权逻辑

哈贝马斯通过商谈伦理学的运用,对民主法治国的基本权利的重构确实精彩。但哈贝马斯自己也认识到,此种基本权利体系如果无法被落实到民主法治国的具体建制过程中,则只能是一种模拟的象征性,难以有实际的力量。实际上,卢曼就曾经如此评论过哈贝马斯对基本权利体系的重构之举。[1] 实际上,哈贝马斯自己也明确承认这一点。[2]

因此,哈贝马斯必须将他对基本权利之重构的规范性事业,重新安

---

[1] Sehe Niklas Luhmann, *Das Recht der Gesellschaft*, S. 11.
[2] 参见〔德〕哈贝马斯:《在事实与规范之间:关于法律和民主法治国的商谈理论》,第164页。

放在现代社会的现实之中,使得它有坚实的现实基础。对哈贝马斯来说,内在法律的那个事实性,即对基本权利之强制性的落实,就是这个现实性的基础。为了能够有效地组织起对基本权利体系的保护,就必须有一个中央权威,以及中央权威领导下的高效的组织系统。此外,当围绕着基本权利之边界的界定发生各种冲突和纠纷时,一个中立的司法机构来裁判这些纠纷和冲突就显得很必要。而这个司法同样是高度组织化的。通过商谈伦理学形成的基本权利体系仍不是具体的法律权利,而是法律权利正当化的条件。因此,要将这些基本权利具体化为法律权利,还需要有一个组织化和程序化的立法权威,通过立法商谈,将基本权利体系具体化为各种实在的法律权利。① 如此一来,一个建制化的立法权也很必要。最后,无论是立法权、行政权或司法权,又都是通过法律的方式建立的。

这就涉及了对自孟德斯鸠以来的三权分立的内在逻辑的重构,或者说,是对国家的逻辑的重构。在孟德斯鸠的传统三权分立逻辑之下,权力分立的原因乃是"政府职能的分化"。立法部门负责制定法律,司法部门负责根据立法部门制定的法律来解决纠纷,而行政部门则是主动实施那些不自动生效的法律。除此之外,这种权力分立理论更是以国家和私人之间的横向对立为理论背景。之所以需要独立于立法权力的司法权力和行政权力,乃是出于对独断权力侵犯自由的恐惧。同理,一旦有了立法权力,行政权力和司法权力也必须在法律规定的范围内行动。

为了更好地理解和解释法律与政治权力的复合体——国家,哈贝马斯通过一种历史回溯式的分析,将国家的形成和发展的历史放到了

---

① 参见〔德〕哈贝马斯:《在事实与规范之间:关于法律和民主法治国的商谈理论》,第164页。

社会的形成和发展的大背景下进行理解。对哈贝马斯来说,远在现代国家形成之前,在原始社会阶段,即已经形成现代国家的功能对等物,用来裁决纠纷,形成有效的社会交往,达成集体性目标。与现代国家不同,此时政治性权力的基础是社会性权力,例如家族力量、宗教权威等。①

哈贝马斯对法律与政治权力的此种历史回溯,其潜台词其实是,就像法律与道德都是根源于生活世界一样,法律与政治权力也同样根源于生活世界,他们是同源性的存在。在生活世界之中,帕森斯模式中的社会整合和集体目标达成,构成了生活世界中占据核心地位的两种功能。社会整合的功能主要是通过对冲突的裁决来承担,而集体目标达成则需要一个共同的权威来发布命令。冲突裁决的方式又可以根据两种理想行动类型,即交往行动和策略性行动,分成两种:一种是共识型的方式,另外一种是仲裁型的方式。集体目标达成也可以被分成两类:一种是通过权威的决断,另外一种是通过参与者的妥协。哈贝马斯认为,仲裁和妥协这两种功能实现方式,依据的是生活世界中各种复杂的分散型的权威符合模式,只有共识和权威这两种模式,才需要将法律与政治权力交织在一起。② 因此,哈贝马斯进一步将此种政治与法律交织在一起的同源发展,分成了两个范式阶段。第一个阶段是国王范式,国王身兼祭祀和军事首领的角色,因此同时拥有来自宗教的规范性权威和以军事力量为支持的强制性力量。因此,国王也就同时拥有了法律的规范性和政治的事实性。我们可以将此种法律与政治权力的结合模式看作是拼合模式,国王的肉身是此种拼合得以可能的中介。在第二

---

① 参见〔德〕哈贝马斯:《在事实与规范之间:关于法律和民主法治国的商谈理论》,第170—171页。
② 同上书,第172—174页。

个阶段,法律与政治才真正地互相结合在一起,法律和政治互相利用:政治权力通过法律规范建构起来,法律赋予了政治权力的行使以合法性;反过来,法律规范则通过政治权力被贯彻,从而使得法律变成了一种正式的国家机构。法律与政治之间构成了一个交换和循环的关系。①

法律与国家的互相利用与交换,使得法律系统与政治系统的形成得以可能:

> 一旦法律赋予政治权力之实施以法律形式,法律的作用就是帮助形成一种二值权力代码。谁掌握权力,谁就可以对别人发号施令。就此而言,法律的作用就是充当国家权力的组织手段。反过来说,就权力造成了对法庭判决的服从而言,权力有助于一种二值法律代码。法庭判决何者是对的,何者是错的。就此而言,权力的作用是促进法律的国家建制化。②

对此,哈贝马斯绘制的下表非常清晰地讲述了法律与权力之间的功能联系:③

表3　法律与权力之间的功能联系

代码	内在的功能	彼此服务的功能
权力	集体目标的实现	法律的国家建制化
法律	行为期待的稳定	政治统治的组织手段

---

① 参见〔德〕哈贝马斯:《在事实与规范之间:关于法律和民主法治国的商谈理论》,第175—177页。
② 同上书,第176—177页。
③ 同上书,第177页。

哈贝马斯对法律与权力关系的这种描述，有几点很值得注意：首先，在哈贝马斯关于法律和权力的此种描述中，开始出现了"代码"的概念，同时，除了"权力"作为政治代码之外，也出现了法律的代码。因此，这意味着法律也成为一个正式的社会系统，平行于政治系统和经济系统。但问题是，如果法律也是一种由代码所导控的社会系统，那么法律是否还能够成为连接和沟通社会系统与生活世界的中介呢？其次，在此种法律与政治权力的关系图景中，哈贝马斯描绘了法律与权力的相互交换关系，这实质上也意味着，法律系统和政治系统互为对方的前提。因为法律系统内在功能的实现依赖于权力系统的强制力实施的支持，而政治系统要实现其内在功能，必须要依赖于法律所提供的国家建制化的功能。如此一来，法律与权力之间形成了某种闭合的循环。

在处理法律与政治关系时，通过代码概念的重新引入，哈贝马斯实际上重新引入了在《交往行为理论》中尝试引入的系统论的思路和术语。但是在《交往行为理论》中，系统论的思路和术语虽然是受到哈贝马斯批判性审视的，但具有内在的一致性。《在事实与规范之间》的立场是建设性的，因此在某种意义上就应该超越和克服系统论的概念体系，因此就必须在基本概念层次和方法论的层次对这套概念体系的变更做出说明。我们看到，虽然哈贝马斯试图在基本概念的层次这样做，但做得却似乎远远不够。

哈贝马斯已经做的工作是将权力区分成三种类型：交往性权力、行政性权力和社会性权力。社会性权力是一种纯粹的事实性权力，其并不依赖于法律的授权和建制而存在，因此是不合法的权力。行政性权力是一种政治性权力，它的存在是通过法律而建制化的，因此是一种合法的权力。但此种合法性，是由实证性的法律所赋予的。然而，实证法必须自身也具有"合法性"，即正当性。因此，交往性的权力解决的就是实证法的正当性问题。而这种交往性的权力，是无法被实证地占有的。在此，哈贝马斯援引了阿伦特的理论，将权力的概念同暴力的概念区分开来，强调"权力所对应的人类能力不仅是行动和做某事的能力，而且是与他人协调一致地行动的能力"①。哈贝马斯进一步指出：

> 这样一种交往权力，只可能形成于未发生畸变的公共领域之中。它只可能产生于未受扭曲之交往中的那种未遭破坏的主体间性结构。在产生交往权力的地方，意见形成和意志形成过程，由于每个人所拥有的"每个点上公开地运用自己理性"的无障碍交往自由，使"扩展了的心智"发挥出创造力来。这种扩展表现在，"人们把他们的判断同别人的可能的判断而不是实际的判断相比较，并且把自己放在任何别人的立场之上"。②

通过引入交往权力，哈贝马斯的民主法治国方案至此一目了然：

> 把由权力代码所导控的行政系统同具有立法作用的交往权力相联系，并使之摆脱社会权力的影响，也就是摆脱特定利益的社会事实性实施能力。行政权力不应该自我繁殖；它的再生产，应该仅仅是交往权力之转化的结果。归根结底，法治国应当调节的就是这种转化，但并不扭曲权力代码本身，也就是说并不干预行政系统的自我导控逻辑。③

---

① 参见〔德〕哈贝马斯：《在事实与规范之间：关于法律和民主法治国的商谈理论》，第180页。
② 同上书，第182页。
③ 同上书，第184—185页。

表面上看，除了在立法权层面将多数决的民主改造成审慎商议式的民主之外，这样一种商谈论的民主法治国方案与古典的三权分立方案没有什么区别。但哈贝马斯指出，在20世纪后半期的福利国家的语境下，行政部门承担了越来越大的功能，立法越来越以一般条款的方式，对行政权力和司法权力授予更强的自由裁量权，从而有可能掏空民主法治国的基础。

因此，如果以商谈论的角度来理解立法权、行政权和司法权的关系，则仍然可以保持民主法治国的一贯逻辑。在商谈论的视角下，不仅立法可以被看作是一种交往性权力的运用，甚至还可以通过行政程序和司法程序的设置，将行政权力和司法权力也变成一种"准商谈"的设置，从而将行政权力和司法权力也变成一种"准交往性的权力"。这种"准交往性的权力"在哈贝马斯的概念中，就是一种"运用性商谈"形成的权力。如此一来，概括性的授权和一般性的条款也就不再那么可怕了。但问题是，如此一来，哈贝马斯还能够像当初所保证的，此种交往性权力对政治系统的全面性渗透，真的不会干涉"行政系统的自我导控逻辑"吗？

四、对司法权运作样态的考察：自我检验

《在事实与规范之间》的整个篇章结构相当考究。全书的第一章和第二章既是对此前工作的扼要回顾，同时也是对全书主题的呈现和确认——哈贝马斯着重要强调和说明的是，为什么法律在现代社会中占据如此重要的位置，因此哈贝马斯要将自己毕生理论视野的最终解决放到法律这个主题之上。第三章和第四章是哈贝马斯提供的最终的规

范性方案,或者说,是哈贝马斯提供的最终答案,解决的是内在于法律的事实性与有效性的张力。第七章和第八章则是要将这个答案放到现代社会的语境下进行重述,解决的是哈贝马斯所说的外在的有效性和事实性的紧张关系。第五章和第六章,在某种意义上是将哈贝马斯的方案放到狭义的法学理论的语境下进行验证。

就此而言,第五章和第六章对于哈贝马斯的理论方案的可行性,是相当重要的。如果说,在第三章和第四章,哈贝马斯是从政治哲学的角度来理解民主法治国方案的话,那么在第五章和第六章,哈贝马斯不得不从法律理论的角度来理解和验证民主法治国方案。此种验证并不容易。例如,哈贝马斯的民主法治国方案实际确立了立法权的优先性地位。① 但哈贝马斯也承认,在狭义的法律理论范畴中,法官的视角具有优先的地位。② 因此,哈贝马斯最终承认,虽然法律理论不但包含专家的视角,同时也包含立法者、公民行动者等多维视角,但"法律理论首先仍然是关于司法的理论和关于法律商谈的理论"③。

就狭义的法律理论而言,司法的核心问题便是裁判的自由裁量权问题。按照经典的法治理论,法官的裁判必须受到法律的约束。然而,正如哈特承认的,当抽象的法律规则运用于具体的情境之中时,就会发现具体的情境永远比抽象的法律规则要丰富得多。因此,法官在裁判过程中,必须同时满足两个要求,即忠实于法律规则与个案裁判的正当性。当这两个要求之间发生矛盾或紧张关系时,不同的法律理论流派

---

① "在民主法治国中,政治立法被当作核心功能。"参见〔德〕哈贝马斯:《在事实与规范之间:关于法律和民主法治国的商谈理论》,第242页。
② "像法理学一样,法律理论也赋予法官的视角以特别地位。这是由司法部门在狭义的法律系统之中的功能地位引起的。"同上书,第243页。
③ 同上书,第244页。

采取了完全不同的立场和进路。①

代表法律实证主义,哈特提出的一种方案是,通过区分词语的核心含义与边缘含义,承认概念和语言的开放性,因此,承认法律规则也有空缺结构。在法律规范的边缘区域,确实存在着抽象规则无法覆盖的新事实,在这种情况下,赋予法官自由裁量权。②

哈特对待司法裁量权的此种态度,相对于以霍姆斯为代表的美国法律现实主义者而言,已算是保守,因为他并没有像霍姆斯那样,彻底颠覆法治的基本原则,只是允许在例外情况下授予法官自由裁量权。而对霍姆斯而言,法律就是法官做出的司法裁判,因此也就是从坏人的角度对自己所做坏事即将面临何种惩罚的预测。③ 而法官在裁判的过程中,根本不受任何成文法的约束,而是依靠自身道德感、意识形态、情绪等诸多因素做出裁决。也就是说,法官拥有充分的自由裁量权,以立法者的身份做出判决。判决就是立法,通过判决,就可以像立法那样对未来的社会行为进行调控。

哈贝马斯相对地欣赏德沃金所持的建构性诠释的立场——事实上,哈贝马斯关于司法的整个理论,基本上是建立在德沃金的建设性诠释学的基础之上。德沃金坚持法官必须受到法律约束这一法治的基本立场,强调该基本立场构成了法官裁判的核心导控性原则,从而使得法官在裁判过程中,必须做出一个唯一正确的判决。④ 当既有的法律规则体系无法覆盖新的案件事实时,德沃金强调可以通过援引隐藏在法律

---

① 限于本文的篇幅和性质,此处不对诠释学理论(德国法学方法论传统)和批判法学做介绍和评价。
② 参见〔英〕哈特:《法律的概念》,张文显等译,中国大百科全书出版社 1996 年版,第 124—134 页。
③ 参见〔美〕霍姆斯:"法律的道路"。
④ 参见〔美〕德沃金:《认真对待权利》,第 40—54 页。

规则背后的法律原则来指导裁判,从而平衡法律的确定性与个案的正当性。①

对于德沃金来说,为了克服法律实证主义和法律现实主义,坚持法律的整体性就显得很有必要。德沃金做了一个形象的比喻,认为法官面对新的案件事实,做出一个唯一正确的判决,就类似于续写一本小说的全新章节一样。新章节的内容相对于旧章节而言,一定是出现了新的情节和内容,但就其能够与旧章节缝合的角度看,又是旧章节的延续和发展,内在于整个法律发展的故事之中。②

对法律整体性的此种重视和强调,使得德沃金理论对法官的能力要求非常之高。德沃金用赫拉克勒斯——整个古希腊时代半神半人的大力神的名字——来命名法官。这个赫拉克勒斯式的法官,天生聪明,精力无穷,从而可以穿过规则和先例的丛林,将此前的所有规则和先例串联起来,与当前处理的案例相联系,平衡法律的整体性与当前所处理案例的个案正当性:

> 如果每个有效的规范同可运用于一情境的其他规范之间都必须处于一种融贯的互补关系的话,那么,它的意义在每个情境都会发生变化。这样我们就依赖于历史,因为只有历史才为我们产生出无法预见的情境,这些情境迫使我们对所有有效的规范每次都采取不同的诠释。③

---

① 参见〔美〕德沃金:《认真对待权利》,第40—54页。
② 参见〔美〕德沃金:《法律帝国》,李长青译,中国大百科全书出版社1996年版。
③ 〔德〕哈贝马斯:《在事实与规范之间:关于法律和民主法治国的商谈理论》,第269页。

有趣的是，司法裁判的确定性和个案的正当性之间的张力，在哈贝马斯阐释德沃金的裁判理论时，重心发生了巧妙的偏离。哈贝马斯这样表述这二者的关系："在这个司法领域中，法律中的事实性和有效性之间的内在张力表现为法的确定性原则和对法的合法运用（也就是作出正确的或正当的判决）之主张这两者之间的张力。"①接着，哈贝马斯还对这两个核心概念做了解释：所谓法的确定性，是指"判决是在现存法律秩序内自洽地做出的"；所谓的合法性，指的是"判决不仅与过去类似案例的处理相一致，与现行法律制度相符合，而且也应该在有关问题上得到合理论证，从而所有的参与者都能够把它作为合理的东西而加以接受"。在此基础上，哈贝马斯总结裁判的合理性问题是："一种偶然地产生的法律的运用，如何才能既具有内部自治性又具有合理的外在论证，从而同时保证法律的确定性和法律的正确性呢？"②

我们看到，在哈贝马斯的理解中，个案裁判的正当性变成了"合法性"或"外部证成"。个案正当性的论证确实需要引入"外部证成"的因素，例如在疑难案件的个案裁判过程中引入道德等因素，但引起个案裁判正当性疑问的原因，以及个案裁判正当性的关键，仍然是个案裁判过程中出现了法律规范所覆盖不到的新事实。对整个法律史的"整体性回溯"，以及外部证成过程，都是个案事实引发的"涟漪效应"（贡特尔语），都是为了"个案"裁判的正当性服务的辅助性手段。哈贝马斯作为法律系统的外行人，尽管有贡特尔等如此优秀出色的法律理论家的辅导，仍然无法明白这一点。因此，在哈贝马斯关于"整体性""合法性""外部证成"等问题的讨论中，以及在他代表德沃金对批判法学的反驳

---

① 〔德〕哈贝马斯：《在事实与规范之间：关于法律和民主法治国的商谈理论》，第244页。

② 同上书，第245—246页。

过程中,问题的关键点已经发生了变化和位移。

遗憾的是,哈贝马斯随后端出的运用性商谈这盘菜,恰恰是根据哈贝马斯的这个理解做出的。由于忽略了个案裁判的个案正当性与法律确定性之间紧张关系的要点,哈贝马斯接下来开始指责"法律专业共同体"自我赋予合法性,同时他指出,"外部证成"也好,"合法性"也罢,其实都是要回归到正义法律秩序的原点,根据这个原点来裁判眼前的案件。而根据哈贝马斯关于商谈论的基本权利体系和民主法治国方案,正义法律秩序的起点就是对话和商谈性的。因此,司法裁判在法律适用领域也必须继承这种对话性和商谈性,除了法官视角之外,也必须将公民商谈的视角包含进来。①

在此,我们可以看到,本意是想把自己的理论放到狭义法律理论的视野和论辩语境下进行内测的哈贝马斯,却对法律理论提出了颠覆性的批判,同时为了适应自身理论的需要,甚至把法律理论的定义也改变了——如今法律理论不再以法官的视角为优先,立法商谈在此前民主法治国方案中的优先性倒被恢复了。

《在事实与规范之间》写成之前,德国法律理论家阿列克西已经通过将哈贝马斯的商谈伦理学运用到法律理论中,提出了法律论证理论。这对哈贝马斯关于司法的法律商谈理论来说,是一个很好的先导性工作。② 但阿列克西的法律论证理论将法律论辩当作道德论辩的一个特例,是哈贝马斯不同意的,因为这又再次混淆了哈贝马斯此前已经澄清的法律与道德的区分。对于哈贝马斯来说,司法裁判乃是适用民主商

---

① 〔德〕哈贝马斯:《在事实与规范之间:关于法律和民主法治国的商谈理论》,第273—274页。

② See Michel Rosenfeld and Andrew Arato eds., *Habermas on Law and Democracy: Critical Exchanges*, Berkeley: University of California Press, 1998, p. 428.

谈形成的实证法律的过程,与道德商谈在程序性设置和条件性要求的诸方面都是不同的。① 因此,哈贝马斯并没有采纳阿列克西的法律论证理论,而是采取了他的同事贡特尔的商谈理论。根据贡特尔的理论,法律商谈区分为两个层次,一个是立法商谈的层次,另外一个则是运用性商谈的层次。立法性商谈解决的是法律规则的正当性问题,而运用性商谈由于是对合法之法的适用,因此并不需要证立法律的正当性问题。两种商谈的不同功能和目标设定,决定了两种商谈的规则也是不一样的。②

在建制化的层面,法律的运用性商谈和立法性商谈倒存在着某种类似性。为了平衡司法裁判的确定性与正确性要求,运用性商谈也必须类似于立法的商谈,通过法庭辩论的程序设置,将司法判决实践建制化,从而产生如下一种效果:"判决及其论证都可以被认为是一种由特殊程序支配的论辩游戏的结果。"③这种司法商谈的程序性设置,"并不对规范性法律商谈进行调节,而只是在时间向度、社会向度和实质向度上确保运用性商谈之逻辑支配的自由的交往过程所需要的制度框架"④。

就理论的内在融贯性而言,哈贝马斯关于法律的运用性商谈的理论确实能够自圆其说。但哈贝马斯设置司法商谈这一章的目的并非仅仅是自娱自乐的自圆其说,而是为了从法律理论的角度来验证自己从政治哲学和社会理论的双重视角建构起来的民主法治国方案。那么,哈贝马斯的这个民主法治国方案是否经受住了司法实践的可靠性检

---

① 参见〔德〕哈贝马斯:《在规范与事实之间:关于法律和民主法治国的商谈理论》,第285页。
② 同上书,第286页。
③ 同上书,第287页。
④ 同上。

验呢?

恐怕未必。事实上,哈贝马斯关于司法的论述和分析,可能是哈贝马斯这部作品所遭遇的第一个滑铁卢。笔者当年从一个坚定的哈贝马斯商谈论的追随者,到最后放弃哈贝马斯的法律理论,也是出于对哈贝马斯关于司法问题论述的不满和失望。

具体来说,虽然哈贝马斯在批评阿列克西的时候,强调法律与道德的区别,强烈反对将裁判过程的法律论证看作是道德商谈的一个特例,但哈贝马斯对司法的描述和理解,仍然是从一个法律共同体的局外人,以一种政治哲学家的思维和视角进行的。由于缺乏法律共同体的训练,哈贝马斯对司法权运作的某些独特性显然缺乏感觉。例如,从法律人的视角来看,即便是哈贝马斯的运用性商谈,也过于靠近政治哲学,而远离司法裁判的真实。① 事实上,无论是阿列克西版本的法律论证理论,还是哈贝马斯版本的法律运用性商谈,其典范都来自道德哲学的实践,而不是从法官法律解释的实践中总结出来的。

实际情况是,虽然在象征性的层面,法官必须受到法律规则的约束,因此立法相对于司法具有位阶上的优越性。尽管如此,这只不过是表明法律人,尤其是法官在开展工作时,必须以对成文法的尊重为前提。但这并没有排斥如下可能性,即关于成文法的真实含义为何,实际上仍然需要由法官通过法律解释的方法来确认。而任何一个成文法的规则,在具体案件中,往往总是会出现多种解释的可能性。由此,法官必须受到法律的约束,并非如哈贝马斯所想象的那样,完全是一种单线条的类似于"传输带"的输送模式。在司法实践过程中,法官结合具体

---

① See Niklas Luhmann, "Quod Omnes Tangit: Remarks on Jürgen Habermas's Legal Theory", in Michel Rosenfeld and Andrew Arato eds., *Habermas on Law and Democracy: Critical Exchanges*, p. 166.

案件事实对法律规则的解释,远远比此种合法性的单线传输模式要复杂得多,法官在裁判过程中所拥有的创造性发挥的空间,也远远比哈贝马斯所想象的要复杂得多。

无论是阿列克西还是哈贝马斯,他们的司法商谈理论都强烈地预设了通过论证性商谈,可以形成具有高度客观性的正当的个案裁判结果。但这很可能是理性的高度自负。一种关于司法裁判更加真实的态度是,承认在司法裁判过程中,决断的因素是不可避免的。裁判的本质就是一种决断。试图通过理性论证规则的设置完全排除决断因素,是一种非常高贵但过于天真的幻想,就像通过运用性商谈和立法性商谈的区分,完全摒弃司法裁判的隐性立法的功能一样天真。

休·巴克斯特(Hugh Baxter)批判哈贝马斯的法律运用性商谈理论忽略了英美普通法的经验,其实指的也是这一点。① 在普通法中,很多时候先例对于裁判的影响要远远超过正式的成文规则。法官在裁判的过程中,通过区分技术对先例进行鉴定,从而能动性地区分哪些先例是与手头裁判的案件相关的,因此对本案具有拘束力,哪些案件与手头裁判案件是不相关的,因此不具有正式拘束力,而仅仅具有参考的效力。就此而言,法官确实拥有相当自由的空间来解释和适用法律。同样地,当立法机关指定的实证法在法律适用的过程中带来荒谬或不正义的结果时,法官也可以通过法律解释的技术,适当地冷冻和回避这些法律规则。

当然,对司法过程的这种描述和理解,并不表明笔者就是赞同现实主义法学的立场。法官在法律解释过程中的这种自由度,并非是具体某个个体法官所享有的,而是抽象和一般意义的法官所享有的。因此,

---

① See Hugh Baxter, *Habermas: The Discourse Theory of Law and Democracy*, Stanford: Stanford University Press, 2011, pp. 116 – 119.

法官所享有的此种法律解释的自由空间,同样也受到了整个法律共同体的拘束和限制。例如,整个法律共同体共享一套类似的法律训练体系,因此也共享了同样一套法律概念和知识体系,他们具有同质化的法律思维结构和法律职业伦理。因此,司法裁判的法庭在某种意义上构成了法律职业共同体的公共空间和公共舞台。法律职业共同体的存在,对司法裁判的客观性提供了某种最低限度的担保。

除此之外,司法裁判运作的体系也能够对法官的自由裁量权做出拘束和引导。与立法不同,整个司法活动是建立在个案裁判的基础之上的,"相同情况相同对待,不同情况不同对待",构成了整个司法裁判体系运作的基础性原理。因此,整个司法裁判的关键和难点就是就相同情况和不同情况做出具体的判断。因此,当任何一个案件判决做出来之后,理论上它都可能构成未来某个案件的先例,从而对未来的案件形成预先的拘束力;反过来,基于这种可能性,未来的案件也预先对该案的裁判进行了某种干预。而这个案件同时又要受到先例的拘束。整个司法裁判实际上就是在这样一个裁判的链条下进行的。①

通过对司法裁判运作形态的描述,笔者实际上已经指出了某种将哈贝马斯的立法权边缘化的可能性。在法律系统的运作中,司法权真正居于中心的位置,正如哈贝马斯也承认的,法官裁判的视角居于整个法律体系的优先位置。而立法与司法并没有如哈贝马斯所希望的那样,构成那么明确的一种"授权"和直接传输的关系。实际上,立法商谈形成的各种法律决断只有真正被司法裁判所采纳,应用到具体案例中,才算是真正具有法律的拘束力。很多时候,甚至"立法者原意"也是司法解释和建构的产物。对于那些无法被法律化和概念化的政治决断,

---

① Sehe Niklas Luhmann, *Das Recht der Gesellschaft*, S. 360 – 362.

即便是通过哈贝马斯的"立法商谈"形成的交往性权力的决断,也可能被司法裁判所冷落、回避和无限期地延迟,从而在事实上不具有任何法律的地位和价值。此种情形在历史上屡见不鲜。

反过来说,哈贝马斯"理想的商谈情境"理论即便要运用到法律论辩过程中来,也未必要局限于"法庭"之中,而是要将整个法律专业共同体围绕司法裁判进行的法律教义学研究和论辩包含进来。如果把法律教义学围绕司法裁判的评论和研究整体地看作是理想言谈情境的现实应用,又不免让人想起当初激发哈贝马斯"理想言谈情境"的皮尔斯的科学研究的共同体:

> 皮尔斯把"真"解释为合理的可接受性,也就是说解释为对具有可批判性的有效性主张的确认,而这种有效性主张的提出,则需要一种特定的听众群体作为交往条件——在社会空间和历史时间中理想地扩展的有判断能力的听众群体。[①]

很显然,在皮尔斯的理想言谈情境中,听众群体就是专业的科学研究共同体之中的一员,犹如法律共同体的情况一样。反过来说,法律职业共同体中的这些法学研究者们,由于与法庭裁判中的个案没有特殊的利益关系,而是内在于一个法学(科学)研究体系之中,因此他们有足够的动机去阐明真理,提供更富有说服力的论据。反而是在生活世界中,每一个参与交谈和交往的人,都由于特殊的个人利益而存在某种惰性,逃避理想言谈情境的交往。

---

① 〔德〕哈贝马斯:《在事实与规范之间:关于法律和民主法治国的商谈理论》,第18—19页。

五、"计划经济"的幽灵：系统与生活世界的抵牾

司法裁判现象学的描述，对哈贝马斯民主法治国方案的可能性与可行性，是一场关键的考验。通过上文的分析，我们已经看到，表面上逻辑自洽的民主法治国方案，尽管在基本权利体系的规范性自我理解的层面，仍然具有相当的自洽性，但在权力分立的现实运作层面，却似乎败下阵来。需要指出的是，这并不是规范性本身在现实性面前的失败，失败的反而可能是哈贝马斯民主法治国的理论策略和架构本身。

我们通过对哈贝马斯《在事实与规范之间》第七、八章的分析，可以更清楚地看到这一点。在哈贝马斯的理论架构安排中，第七、八章是在其理论经历了司法权问题的考验之后，进一步在社会语境下经受事实性的考验。如果说第五、六章是接受来自法理学的考验，则第七、八章就是接受来自社会理论的考验。如果说第五章是内测，第七、八章则是投入竞技场接受真实的检验。通过对第七、八章的阅读和分析，我们也确实看到了哈贝马斯的整个理论脉络。

第七、八章可以用一个主题来概括，即在现代复杂社会中如何可能实现民主。这实际上是哈贝马斯在做了所有的理论准备后，同系统理论的一次总决战。用哈贝马斯的话来说，这场战斗是民主法治国方案的逆导控(gegensteuern)逻辑同系统理论的媒介导控逻辑之间的总决战。这实际上呼应了该书第二章外在的规范性与事实性张力的两条学术脉络的梳理。在规范性这条学术脉络中，最后的承接者和代表人物是罗尔斯，这表明罗尔斯是哈贝马斯在规范性事业方面的最大竞争者。在事实性这条学术脉络中，最后的承接者和代表人物是卢曼。因此，可

以说,哈贝马斯毕生学术事业最大的敌人,既不是福柯,也不是德里达,而是卢曼。确实,正如哈贝马斯的学生和英美世界最大的学术盟友麦卡锡曾经指出的,卢曼是哈贝马斯一直不懈地与其进行斗争的一个"幽灵"。① 通过将哈贝马斯的交往行为理论与涂尔干关于有机团结的分析联系起来,麦卡锡指出,卢曼之于哈贝马斯的意义,犹如当年实证主义社会学之父斯宾塞之于涂尔干的意义。② 麦卡锡也指出,哈贝马斯与卢曼之间的缠斗由来已久。在哈贝马斯的早期作品《作为意识形态的技术和科学》中,哈贝马斯就敏锐地检测到关于社会的自我规制的组织理论的危险性——颠覆人在社会中的主体性。此后,哈贝马斯基于同样的关切与卢曼进行了论战,并在《合法化危机》和黑格尔奖的讲座中再次对系统理论展开了系统性的批判。此后,哈贝马斯几乎所有的著作都涉及卢曼的社会系统理论。③ 然而,令人惊异的是,对卢曼系统理论轮番轰炸的结果,竟然是在《交往行为理论》中对卢曼理论的半心半意的接受——在《交往行为理论》中,卢曼理论虽然仍备受批判,却堂而皇之地登堂入室,在哈贝马斯的社会理论中占据半壁江山,因为在《交往行动理论》中,社会由生活世界和系统共同组成。哈贝马斯的生活世界概念并没有覆盖全社会,社会系统虽然由生活世界所分出,但却构成了自我循环的运作方式,不依赖于生活世界而存在,同时还可能反过来对生活世界进行"殖民"。麦卡锡因此将哈贝马斯《交往行为理论》中关于复杂性和民主的讨论,看作是哈贝马斯经受不住社会系统理论引诱

---

① See Thomas McCarthy, "Complexity and Democracy: Or the Seducements of System Theory", in Axel Honnth and Hans Joas eds., *Communicative Action: Essays on Jürgen Habermas's The Theory of Communicative Action*, translated by Jeremy Gaines and Doris L. Jones, London: Polity Press, 1991, p. 120.

② Ibid., p. 121.

③ Ibid., p. 120.

的结果。

《在事实与规范之间》表明,哈贝马斯仍然坚持将卢曼的社会系统理论放置到自己的理论视野之中,并且将其当作自身理论的关键支撑。对卢曼理论的接纳,甚至构成了哈贝马斯与罗尔斯等规范主义视野的同行者和竞争者之间最大的差异,代表了哈贝马斯最大的理论野心,也就是将规范性视野放到更现实的现代复杂社会的理论背景下进行建构。就此而言,哈贝马斯的理论抱负和勇气即便最终不成功,也是值得高度肯定和赞美的。

在这个意义上,《在事实与规范之间》可以说是对《交往行动理论》的呼应和补偿。如果说在《交往行动理论》中哈贝马斯的社会概念仍然是二元性的,是由生活世界和社会系统两个平行的"实体"所组成,犹如斯宾诺莎哲学中身体与精神一样,互不往来和沟通,那么在《在事实与规范之间》中,生活世界已经通过法律的媒介而覆盖了全社会,实现了社会系统的彻底改造。

问题是,这种改造如何可能? 在批判精神映射下的《交往行为理论》中,哈贝马斯强调的是社会系统通过媒介的自创生功能。哈贝马斯因此认为,生活世界与系统之间存在着某种界限。生活世界无法直接越过这条界限直接作用于系统,因此,系统的发展和生活世界的演化是互相脱节的。哈贝马斯实际上也承认了卢曼系统理论的观点,即恰恰是像货币和权力这样的系统媒介,使得系统与生活世界的界限成为可能。像帕森斯一样,哈贝马斯也是用语言来比喻系统的媒介。一个系统的媒介就像某种专业化的语言,日常生活中的普通人,如果不经过系统的训练,就无法理解此种特殊的语言。而不同的特殊语言之间,如果不经过翻译,也无法直接进行交谈,就像说着不同国家方言的人相互之间无法交谈一样。

但是在《交往行为理论》中,系统和生活世界之间确实进行着某种交换的关系。但是此种交换关系首先是在系统的操控下进行,同时也必须以日常的生活世界按照系统设定的条件被转换成系统语言为前提。如下图所示:①

生活世界的体制性秩序	交换关系	媒介导向的次系统
私人领域	1) ——P'→ 劳动力 ←——M—— 工资收入 2) ←——M—— 物品与服务 ——M'→ 要求	经济系统
公共领域	1a) ——M→ 税收 ←——P—— 组织化的目标达成 2a) ←——P—— 政治决断 ——P'→ 大众化的忠诚	行政系统

注:M 为货币媒介,P 为权力媒介

图 4　系统和生活世界的交换关系(从系统的视角看)

---

① Habermas, *The Theory of Communicative Action, Volume 2: Lifeworld and System: A Critique of Functionalist Reason*, p. 320.

很显然,哈贝马斯关于系统和生活世界的此种交换,受到了帕森斯《经济与社会》一书中关于经济系统通过工资机制与家庭进行物品和劳动力交换那部分论述的影响。按照这样一个模型,政治系统与生活世界之间的交换,是通过生活世界的公共领域那部分完成的。政治系统向生活系统中的个人征收税款,并且得到大众化的忠诚,反馈给生活世界的则是组织化目标的达成和政治决断。除此之外,生活世界对政治世界似乎不能输入更多的东西。

这种情况在《在事实与规范之间》中出现了实质性的变化,即法律在其中占据了一个特别重要的地位。哈贝马斯关于法律和权力之间的关系理论,相当形象地说明了法律连接生活世界和政治系统的媒介作用。哈贝马斯自己在批判卢曼自创生的社会系统理论时,也以语言做比喻,强调法律就像日常生活语言一样,具有无限的丰富性和多义性,从而使得不同的社会系统之间的沟通,可以通过法律这个共同的中介得以进行。[1]

但是,这种形象化是以牺牲基本概念的精确性为代价的。因为哈贝马斯同时也说明法律也是一个有自己独立媒介的社会系统。那么,某个有自己独立媒介的社会系统,如何可能成为另外一个社会系统与生活世界的沟通媒介?事实上,根据我们上文关于司法的描述,法律系统确实构成了一种运作上封闭、认知上开放的社会系统。《交往行为理论》的缺憾是,哈贝马斯不得不承认整个现代社会是由生活世界和社会系统两个部分构成的,两个部分相互之间是"脱节"的关系,因此他的规范性事业也只能覆盖到生活世界这部分,而对社会系统这部分无能为

---

[1] 参见〔德〕哈贝马斯:《在事实与规范之间:关于法律和民主法治国的商谈理论》,第68—69页。

力。《在事实与规范之间》试图弥补这个缺憾,试图通过法律这个媒介沟通生活世界和社会系统,从而使得规范性之活水能够通过法律而覆盖到社会系统之中,并改造社会系统。但这样做却带来了另外一个层次的问题:如果坚持《交往行为理论》对社会系统的描述和理解,则社会系统的边界可以界定,但生活世界和社会系统的两分局面仍要维持;如果要完成《在事实与规范之间》试图实现的工作,就必须放弃《交往行为理论》中用来描述和理解社会系统的那套概念,采用全新的描述和理解社会系统的理论概念和方法。

我们目前看到的情况是,哈贝马斯在描述交往性权力如何通过规范性逆向导控行政系统的过程时,就其行为的逻辑主线来看,他似乎已经放弃了《交往行为理论》的那套概念和体系;但就其选用的术语和概念,包括对社会系统的一些具体特征的描述来看,他仍然保留了导控性媒介、自创生系统等概念,同时也仍然保留了系统和生活世界二分的宏观架构。并且,他也没有对他在《交往行动理论》中关于社会系统的整套理论和概念框架做出任何批判性的描述和反思。这是很令人费解的。

哈贝马斯不可能没有注意到,政治系统的理性官僚制权力是通过法律具体建制化的,这种形象和生动的描绘,与社会系统通过媒介建构起自己独特的、脱离规范的运作形态和结构,是不同层面的工作。按照哈贝马斯曾经用过的概念来说,前者是一种具体的"社会工程学"的建筑工作,而后者则是基本概念层面的社会学方法论的建构。将两者强制性地结合在一起,可能注定是一场不愉快的强制婚礼。甚至,正如汉斯·约阿斯(Hans Joas)曾经指出的,哈贝马斯的工作实际上可以分成三个部分:一个部分是行动理论的建构,一个部分是社会秩序的建构,另外一部分则是民主法治国的方案建构。① 这三者中的前二者是处于社会学基本概念和基本方法论层面的工作,但二者是互相独立的,其中一个工作的成功,并不必然带来另外一个工作的成功。而第三个工作则带有很强的经验性和社会工程学的性质,同样独立于前二者的工作,甚至与前二者的工作不处于一个层面上。但在哈贝马斯的工作中,这三者被混淆起来,甚至不同层次的工作也被混淆起来,互相替代,由此带来了理论的混淆与错乱。

我们可以承认,哈贝马斯在行为理论层面区分工具行为和社会系统,在社会行为中又提出交往行为,以区别于韦伯的策略行为,这些工作都是很精彩的。但在社会秩序的建构这个问题的探讨中,哈贝马斯的工作似乎不太令人满意。而这似乎又最后影响到了他的民主法治国方案的实现。

哈贝马斯自己承认,《在事实与规范之间》关于法律沟通生活世界和系统的中介作用的一系列论述,受到了彼得斯(Bernhard Peters)相关论述的启发,其实就是借用了彼得斯的理论。② 但彼得斯恰恰是反对生活世界和系统二元分化的理论的。彼得斯认为系统和生活世界只能作为一个分析性的概念装置,但却无法和现实进行一一对应。③ 哈贝马斯一方面引入彼得斯的理论来改造自己关于系统与生活世界"绝缘"和"隔离"的观点,但在描述系统时,仍然保留了卢曼自创生社会系统理论的一些核心概念和基本概念,由此导致了理论建构层面的自相矛盾。例如,彼得斯质问哈贝马斯,法律系统究竟是内在于系统,还是在系

---

① See Hans Joas, "The Unhappy Marriage of Hermeneutics and Functionism", in Axel Honnth and Hans Joas eds., *Communicative Action: Essays on Jürgen Habermas's The Theory of Communicative Action*, p. 98.
② Ibid., pp. 440 – 444.
③ 参见〔德〕彼得斯:"法律和政治理论的重构",载〔美〕德夫林编:《哈贝马斯、现代性与法》,高鸿钧译,清华大学出版社2008年版,第165—167页。

之外?① 哈贝马斯的理论在这一点上显然过于模糊。类似的,休·巴克斯特则质问,当哈贝马斯把彼得斯的中心/边缘区分带入到系统/生活世界这一对区分的框架之中时,是否考虑过这样一种引入所带来的概念生态系统的混淆?边缘究竟是内在还是外在于系统呢?②

下面的类比对哈贝马斯也许有些不尊敬,但似乎很有道理:如果说苏联和中华人民共和国改革开放以前的计划经济是"生活世界朴素逻辑"对经济系统的恐惧和逆导控的结果,那么哈贝马斯的民主法治国方案就有些类似于生活世界朴素逻辑对政治系统的逆导控逻辑的后果。二者在基本理论逻辑上确实有很强的相似性,都是生活世界的朴素逻辑对系统逻辑的反抗,当发现无法完全消解系统逻辑时,都希望强化某种中央政府的逻辑,对两个系统(经济系统和政治系统)的逻辑进行层层的控制,监控系统的每一个具体运作。而这样一种"计划经济"的方案遭遇"信息成本"无限之大的难题,似乎也是如出一辙。也许一种更好的调控方法是尊重和承认经济系统和政治系统的相对自主性,通过相对而言比较间接的"货币工具"和"权力工具"来进行"宏观调控"?

六、简短的总结

像哈贝马斯本人的工作一样,本文对哈贝马斯的考察同样遵循了规范性与事实性的双重视角。就本文规范性层面的写作而言,笔者力图将哈贝马斯的作品还原到哈贝马斯的认识兴趣背景中,从而通过对

---

① 参见〔德〕彼得斯:"法律和政治理论的重构",第 165 页。
② Habermas, *The Discourse Theory of Law and Democracy*, Stanford: Stanford University Press, 2011, pp. 165 – 167.

哈贝马斯作品的分析,抽象和还原出隐藏在哈贝马斯著作背后的那种规范性背景。简单地说,本文试图勾勒出隐藏在哈贝马斯众多作品背后的那种规范性的自我理解。同时,本文对哈贝马斯的分析也带有强烈的事实性色彩,注重将哈贝马斯的理论方案放到社会现实之中进行检验,尤其是跳出哈贝马斯来理解和客观评价哈贝马斯,将哈贝马斯的作品放到与卢曼、罗尔斯等同时代的对话者和竞争者的谱系之中进行理解。

通过本文的考察,我们发现哈贝马斯基本上是一个规范性事业的追求者,其基本立场是启蒙现代性的规范性内涵仍然没有穷尽,通过对启蒙现代性规范性内涵的挖掘和释放,现代性仍然可以进行自我治疗和发展,从而应对后俗成社会的各种挑战。但哈贝马斯与一般的规范性事业的追求者不同,他将规范性的政治哲学工作与强调事实性的社会理论事业结合起来,强调规范性事业的建设必须考虑社会理论的事实性制约。在这个意义上,哈贝马斯承认20世纪晚期的西方资本主义社会是一个后工业化、后俗成和后形而上学时代的复杂社会。规范性的政治哲学事业当前所遇到的挑战,很大程度来自20世纪晚期以来的此种复杂社会形态的挑战。哈贝马斯则试图在兼顾此种后现代复杂社会的形态下,坚持现代性方案。具体来说,就是他通过商谈伦理学和交往行为理论的探索,最后形成的民主法治国方案。

通过本文的分析,我们认识到,哈贝马斯在规范性事业的追求和建设方面功效卓著。由于他比其他规范性事业的追求者多了一层社会理论的视野,其规范性方案的设计,具有更强的现实感和更宽阔的视野。但哈贝马斯试图将规范性事业覆盖到全社会,消化社会理论的事实性维度的工作并没有成功。这意味着,他在社会行动理论的工作是相当成功的,但他在社会秩序如何可能的问题上,却相当失败。由此导致他的民主法治国方案也是一半成功,一半失败。如此一来,虽然哈贝马斯在规范性事业方面的成就要比他的同道者和竞争者高一些,但他的成就最后也就仅止于规范性事业方面的成功。尽管如此,哈贝马斯在沟通规范性与事实性方面的努力值得尊敬,他的失败也是有价值和有启发意义的。

原载《南京大学法律评论》2016年秋季卷

超越"错误法社会学"
——卢曼法社会学理论的贡献与启示

导 论

关于法社会学研究,恐怕没有人会对如下的定义表示异议:法社会学研究是将法律当作"社会事实"进行的研究。许多人在理解这个定义时,往往都将"社会事实"理解成某种"如其所是"地预先存在的事实。因此,法社会学研究的任务,就是将此种预先存在的事实客观地描述出来。社会事实本身的性质决定了社会学研究采用的概念与方法。早期的法社会学正是在此种社会学思想的刺激下产生的,因此它尤其注重区分"规范意义的法"与"事实意义的法",并在此基础上对那些无法体现在人们日常行动中而仅仅是"写在纸面上的法"进行了无情而又尖刻的揭露和嘲讽。①

然而,法社会学要成为一门严格的科学,就不能仅仅局限于对某些

---

① 对此,可以参见柏林工业大学社会学所舍费尔教授的总结与分析。〔德〕舍费尔:"作为法社会学研究客体的法教义学:'带有更多法学元素的'法社会学",张福广译,载李昊、明辉主编:《北航法律评论》(总第6辑),法律出版社2015年版,第177—206页。

法律之不具社会实效性进行揭露与批评,它还必须从正面描述和说明,法社会学视野中的法律究竟是什么,它的内部运作结构是什么,它与社会之间的关系又是什么。对出错和扭曲时候之法律是什么的观察和描述,并不能取代对处于正常运作状态的法律是什么的观察和描述。对作为真正科学的法社会学研究来说,后者远比前者具有更大的重要性。然而,恰恰在正面描述作为一种规范而存在的社会事实方面,传统法社会学遭遇了各种各样的方法论困难。传统法社会学一直无法在方法论层面发明合适的工具对作为一种"规范"存在的法律进行正面的描述,而只能对某些法律规范难以贯彻在人们日常生活的行动中的情况予以揭示。① 就此而言,社会构成学派在批评曼海姆的知识社会学时提出的"错误社会学"概念也适用于传统法社会学的研究。所谓的错误社会学,主要是指知识社会学往往"只有在必须对非理性或者非逻辑观点的产生做出解释的地方才将社会原因考虑进来","当一种观点与一种理论的内在逻辑理性而有效地相契合时",却无法对作为社会事实存在的知识生产机制做出社会学描述。此种类型的知识社会学因此"就沦为了一种揭露或者也仅仅是确认社会思想扭曲的社会学"。② 类似地,将传统以揭示规范与事实之偏离与分裂为己任的法社会学研究称之为"错误法社会学",恐怕也并不为过。

迄今为止主流法社会学研究的旨趣和成就仍停留在"错误法社会学"的研究层次。以本体实在论世界观为预设的传统社会学研究方法,无法在概念与方法层面对诸如"认知""规范"等类别的特殊社会事实做出有效的观察与描述。这是传统社会学理论在基本范畴与方法论层

---

① 参见〔德〕卢曼:《法社会学》,第39—43页。
② 参见〔德〕舍费尔:"作为法社会学研究客体的法教义学:'带有更多法学元素的'法社会学",第185页。

面的内在困境。显然,此种困难已深深地阻碍了法社会学研究对"法律"这种人类社会生活中最重要和基本的事实的研究进展,甚至也深刻地影响了法社会学的学科地位——法社会学研究在法学与社会学两门学科中已然处于某种双重边缘的状态。[①] 法学的专业门槛高也不能成为借口,因为医学或者自然科学的专业门槛比法学高得多,至少笔者听说过当代好几个从事自然科学研究的学者转行而成为法学家的例子,却几乎没有听说过当代的法学家转行成为科学家的例子。但医学社会学或者科学社会学的研究,都比法社会学研究要繁荣兴盛得多,也要卓有功效得多。

目前看来,早期社会学将"社会事实"看作是某种完全客观独立的,仅仅是有待于研究者去发现的"本体实在论"的观点是不恰当的。20世纪下半叶以来,建立在"预先给定世界"(vorgegebene Welt)假设基础上的社会科学研究方法论已经饱受质疑。例如,20世纪50年代智利生物学家马图拉纳等人通过著名的"青蛙实验"就表明,在青蛙视角中观察到的世界与我们人类视角中观察到的世界就存在着重大而实质性的差异。[②] 脱离观察者所依赖的特定观察视角与观察体系而谈论世界"如其所是"的客观性往往是不靠谱的。这就促使我们重新反思社会学的基本概念与基本方法论的问题,并将社会学研究的方法论基础放到一个完全相反的前提假设之上,即"无论是概念还是世界都不能被看作是给定的"[③]。

本文旨在介绍卢曼法社会学对相关问题的严肃探索与尝试。卢曼

[①] 参见〔德〕卢曼:《法社会学》,第39—43页。

[②] See J. Y. Lettvin, Humberto R. Maturana, W. S. McCulloch, W. H. Pitts, "What the Frog's Eyes Tells the Frog's Brain", *Proceedings of Institute of Radio Engineers*, Vol. 47, No. 11, 1959, pp. 1940–1951.

[③] Niklas Luhmann, "Sinn als Grundbegriff der Soziologie", S. 25.

借鉴胡塞尔现象学理论,直面世界的"偶联性"与"复杂性"问题,重新反思了社会学研究对象的问题,不再将世界想象为一个"有待于去发现的给定实体",而是将世界理解成一个"偶联的",包含着无限复杂性的有待于去化约的复杂整体。在此基础上,卢曼将"意义"设定为社会学的基本范畴和基本概念,提供了一种全新的观察与描述社会世界的理论可能性。①

卢曼围绕"意义"的概念所构造的社会学方法论,一经提出,便在德国社会学界引发热烈而强大的反响与讨论。哈贝马斯与卢曼围绕该问题所展开的讨论,成了 20 世纪 60 年代德国社会学界最重要的一场争论,构成了德国社会学理论复兴的标志性事件,由此可见其重要性与影响之深远。② 这样一套全新的社会学研究范式,也对法社会学研究产生了重大而深刻的影响。卢曼本人就用此种方法论范式,围绕法律的社会功能这个核心主题,发展出了一套严格而系统的法律与社会共同演化的理论,对观察与描述现代法律系统的功能与内部结构等方面,均具有精彩而独到的贡献。③ 卢曼的法社会学理论,也可以为我们思考中国法社会学所面临的基本方法论问题提供重要的参考和借鉴。

---

① Sehe Niklas Luhmann, "Sinn als Grundbegriff der Soziologie", S. 26.
② 参见〔德〕霍斯特:"是分析社会还是改造社会:哈贝马斯与卢曼之争",逸涵译,《国外社会科学》2000 年第 3 期。
③ 卢曼法社会学著作主要包括:《作为制度的基本权利》(1965)、《通过程序的合法化》(1969)、《法社会学》(1972)、《法律系统与法教义学》(1974)、《法律系统的分出》(1981)、《对法律的社会学观察》(1985)、《社会中的法》(1993)、《偶联性与法律》(2013)以及大量的论文。

一、重新界定法社会学研究的对象

卢曼对法社会学基本问题的思考,是从对法社会学研究对象的重新界定开始的。众所周知,社会学的学科创立,最初是受到了自然科学方法的刺激,强调自身实证研究的特性,认为社会学乃是对"社会事实"的经验性研究。通过对社会事实的强调,社会学就将自身与建构性的"社会契约论"传统区分开来。但同时,从这门学科创立伊始,关于什么是"社会事实"的问题,就充满了各种困难与争议。首先,作为社会学学科的创始人,涂尔干与韦伯都认识到,社会事实并不纯粹是人的"行为",否则社会学就陷入了"行为主义"的窠臼。同时,如果社会学的任务仅仅是收集大量个体行为的数据,并进行某种统计学的归类与总结,社会学就不过是统计学的某种应用。因此,"社会事实"在一定程度上总是与行动的意义问题联系在一起的,而意义难免就涉及人的主观精神世界问题。因此,涂尔干在界定社会事实时,强调"社会事实"拥有的"内在强制"的特征与属性。[①] 这同时也带来一个难题,即如何区分"社会的"与"心理的"之间的差异,或者说,社会学在何种意义上与心理学是统一的,在何种意义上又区别于心理学。这就涉及社会学的第二个特征,即社会学更强调主体间性的特征。韦伯的社会行动概念,已经强烈地包含了主体间性的维度,[②]西美尔的"社会几何学"则突出"关系"

---

① 参见〔法〕迪尔凯姆:《社会学方法的准则》,狄玉明译,商务印书馆1995年版,第23—34页。

② 参见〔德〕韦伯:《经济与社会》(第1卷),第111—114页。

的概念。① 但社会学研究对象并不仅仅是人与人之间的关系,因为关系具有高度的情境化特征,同时纯粹个人之间的关系,仍然无法构成抽象与宏观意义的"社会"。社会学也不是群体心理学。社会学不同于群体心理学之处在于,社会学意义的主体间性并非源于主体本身,而是相对于主体而独立存在的。就此而言,社会学之所以能够独立于心理学,就在于"社会"具有某种相对于"个体"或者"群体"的独立性,否则社会学就很难独立于心理学,成为一门独立的学科。

社会学研究对象的这种难以界定性,对"法社会学"研究产生了难以估量的影响。当我们将"法律"界定为"社会学"研究的对象时,我们究竟指的是何种类型的社会事实?如果我们将社会学研究的对象界定为人的行动的话,那么法律似乎是某种引导或者约束个人行动的规则,因此并无法成为社会学研究的真正对象。② 就此而言,就像不存在着一门以"道德"为研究对象的"道德社会学"一样,也并不存在着"法律社会学",而仅仅存在着"受或者不受法律影响"的社会行动的社会学,也即研究行动是否受到了法律与规范影响的社会学研究。如此一来,社会研究变成了某种发挥"验证"性的技术工种。这毫无疑问是社会学的堕落,因为它不再关心"社会的构成"这个社会学原初与核心的问题。

借助于胡塞尔现象学的方法与成果③,卢曼对社会学研究对象的问题做了非常精彩与出色的分析。现象学的精髓是"回到事实本身",而回到事实本身的关键,则是通过"现象学还原",发现真正"本质直观"

---

① 参见〔德〕西美尔:《社会学:关于社会化形式的研究》,林荣远译,华夏出版社 2002 年版,第 16 页。
② 参见〔德〕卢曼:《法社会学》,第 39—43 页。
③ 关于胡塞尔现象学对卢曼的影响,参见 Armin Nassehi, "Luhmann und Husserl", in Oliver Jahraus, Armin Nassehi u. a. (Hrsg.), *Luhmann Handbuch: Leben-Werk-Wirkung*, S. 13 – 18。

的"现象"(事实)。胡塞尔的现象学方法一方面并不认同将一切内容,例如数学、逻辑等问题的基础,都还原到个人的心理体验之中,[①]同时,现象学也不认为科学与逻辑等问题是独立于人类的某种现成的东西。胡塞尔认为,一切纯粹科学的真正前提,一定还是会"涉及它与主体的关系"问题,"而这个主体是活在一个生活世界里的,与原本的生活情境是息息相关的"[②]。

从胡塞尔现象学的角度看,真正的科学既不是脱离人的精神的纯粹客观外在的物理学,也不是纯粹从人的个体主观心理出发的心理学,而必须是人与世界交往的现象学。这种既非心理学现象也非物理学现象的在人与世界"打交道"过程中涌现出来的现象,就是现象学所强调的"事情本身",它构成了包括心理学与物理学等一切科学的本源与基础。现象学的一切方法,都是用来直观此种"显现出来的现象"本身的。

举个例子来说,如果从传统的社会学方法论的立场来看,人们也许会说"天是蓝的",或者更学术化地说,"天如其所是地是蓝的"。此种判断和观察的问题是,它隐藏了"观察者的位置"。所以,根据胡塞尔现象学的方法论,更准确的说法应该是"我看见天是蓝的",或者更严格的说法是"那叫作天的东西呈现在我意识中是蓝色的"。这个时候,"天"并非是完全独立于我的意识之外的某种"如其所是"的对象,而是在我的意识与"意向对象"共同作用下,在我的意识中涌现出来的东西。观察者与观察对象共同建构起了现象世界。所以,"现象学排除一切独断和设定,只认可在意识中所呈现的东西并进而描述呈现之物在意识中

[①] 对此,可以参见〔德〕胡塞尔:《逻辑研究》(第1卷),倪梁康译,上海译文出版社1994年版,第163—167页。

[②] 张祥龙:《现象学导论七讲:从原著阐发原意》(修订新版),中国人民大学出版社2011年版,第24页。

的呈现方式以及意识在呈现之物得以呈现过程中的作用和机制"①。简单地说,意识并无法在独立于意识之外的世界与意识所认识的世界之间做出明确的区分。这与斯宾塞-布朗由运作而产生的形式理论是一致的,②所谓的外在现象和内在自我的区分,不过是意识内部所做出的一种指涉而已。现象与意识的区分,本质上不过就是意识内部所做出的自我指涉与异己指涉的区分。③

胡塞尔关于意识现象的此种构成理论,给了卢曼社会学研究很大的启发。显然,我们都同意社会学的观察对象是人。但社会学究竟观察人的哪些方面呢? 传统的社会学往往将对人的观察理解成对"人的外在行为"的观察,以区别于心理学对人的心理状态的观察。而胡塞尔的现象学则启示我们,人类的经验生活本质上就是人类的精神与世界遭遇,并且形成人类对世界认识的过程与结构。在此种人类经验现象生成的过程中,如果最后选择(即复杂性化约)形成的结果被归因为"环境",则此种选择就是"体验"(erleben);如果最后选择形成的结果被归因为意识的运作,则此种选择就呈现为人类的"行动"(handeln)。④ 所以相对于人的行动而言,由人类意识与世界遭遇所涌现出来的"意识现象的结构"乃是更为"本真"的"现象本身"。任何行动都必须被放到此种"经验的秩序形式"(也即意义)的基础和框架中,才能够被发现其真正的内涵。如果我们对人类意识现象世界的结构与形式缺乏理解,那么我们也就不能正确地观察和理解人类的行动。反过来,即便是雪花、

---

① 方东红:"意识与时间:胡塞尔的《内时间意识现象学》",《中华读书报》2002 年 6 月 26 日。
② Sehe Niklas Luhmann, *Die Neuzeitlichen Wissenschaft und die Phänomenologie*, Wien: Picus, 1996, S. 31.
③ Ebd., S. 34.
④ Sehe Niklas Luhmann, "Sinn als Grundbegriff der Soziologie", S. 77.

餐具、财产、资本主义等,虽然并非人类的行动,但也有可能在意义的框架中显示出意义,从而成为社会学考察的对象。需要注意的是,社会学考察这些事物,并非在本体论的意义上"如其所是"地对它们进行描述,而是考察它们在意义框架中呈现出来的意义关联性。① 例如,15英寸等雨线对于我们理解和考察中国历史上农耕文明与草原游牧文明而言,往往具有根本的重要性与关联性。

在此基础上,胡塞尔的理论进一步发展,将人与世界"打交道"的现象,进一步扩展到人与人互相"打交道"的本源性现象,从而提出了作为前科学阶段的"生活世界"的观念。② 胡塞尔在现象学基础上发展出来的此种"生活世界"的理论,恰恰是卢曼法社会学思考的出发点。在卢曼看来,此种现象学意义的人与人之间打交道所显现出来的现象,同时构成了"心理学"与"社会学"的基础,甚至可以说构成了一切人文与社会科学的基础。用卢曼自己的话来说,这是一个"前心理学和前社会学的研究领域"。无论是对心理学还是对社会学而言,澄清这个研究领域的一些"基础性概念与机制",意义重大:"在这个领域中,为满足秩序需求而存在的法律的起源问题也可以得到澄清。同时,法律生产的结构和过程的基础也只能在这一领域中寻找。"③

由此带来的一个重大成果是,心理学与社会学构成了在这一现象学基础上成立的两个并列学科。或者说,心理系统与社会系统虽然各自独立,但在这个"前心理学和前社会学的研究领域",二者又是统一的。我们马上就可以看到,此种统一性是一种功能的统一性,也就是

---

① Sehe Niklas Luhmann, "Sinn als Grundbegriff der Soziologie", S. 77.
② 参见〔德〕胡塞尔:《生活世界现象学》,倪梁康、张廷国译,上海译文出版社2002年版,第150—164、250—274页。
③ 〔德〕卢曼:《法社会学》,第70页。

说，无论是心理系统还是社会系统，将它们放到此种"前心理学和前社会学的研究领域"观看的话，它们其实是在解决同一个问题。这就涉及卢曼借助于胡塞尔现象学形成的第二个重要的洞见，那就是卢曼关于世界的复杂性与偶联性的理解。

二、意义与世界的复杂性和偶联性

卢曼关于意义、世界的复杂性与偶联性的理论，很大程度上受到了胡塞尔的发生现象学的刺激与启发，但同时又不局限于胡塞尔的现象学理论。众所周知，胡塞尔的现象学研究发生过转折，可以大致分成两个阶段。第一阶段是静态的现象学（static phenomenology）研究阶段，着重揭示先验主体性的规则结构。"回到事实本身"就是这个阶段提炼的方法论准则。卢曼关于"前社会学与前心理学"研究阶段的考察，很大程度上就来自胡塞尔静态现象学研究的启发。从《内时间意识现象学》[1]的考察开始，胡塞尔开拓了所谓的发生现象学（genetic phenomenology）研究阶段，着重处理意义的起源与发生的问题。[2] 卢曼关于意义的理解，与胡塞尔生前最后审定的一部集大成之作《经验与判断》[3]中的"经验的视域结构"理论有着非常密切的关系。[4] 在胡塞尔看来，任何的

---

[1] 参见〔德〕胡塞尔：《内时间意识现象学》，倪梁康译，商务印书馆2009年版，第51—131页。
[2] 参见倪梁康："纵意向性：时间、发生、历史——胡塞尔对它们之间内在关联的理解"，《哲学分析》2010年第1卷第2期。
[3] 参见〔德〕胡塞尔：《经验与判断：逻辑系谱学研究》，邓晓芒、张廷国译，生活·读书·新知三联书店1996年版，第47—55页。
[4] Niklas Luhmann, *Soziale Systeme: Grundriß einer allgemeinen Theorie*, S. 93.

经验与认识活动,从最开始,就是处在"世界"之中的。需要再次强调的是,这种世界并非我们日常理解的那种已经给定的,外在于主观的,纯物理的外在世界,而是与我们"内在相关的、事先就潜在地隐含着你的知识的可能性的世界"①。也就是说,在胡塞尔那里,世界就是一种"总是包含了进一步可能性的无限视域"②,因为视域总是"对任何现成者的超出"③。

举个胡塞尔曾经举过的,也不断为现象学研究者所津津乐道的听音乐的例子,也许能够帮助我们更好地理解胡塞尔的发生现象学思想。当我们听音乐的时候,我们听到的是一段延续的美妙音乐。但如果只有外在的客观时间,那么实际上更符合所谓自然科学的"事实"应该是:在每一个具体的时间点,我们的听觉都能够"感知"到"一个声音",但这些"一个个声音"应该是"彼此独立"的"声音",那么我们听到的应该是许多不同的声音的集合,而不是像我们感受到的是"抑扬顿挫的旋律"。④ 我们之所以听到的是一段连续和美妙的音乐,而不是各种不同声音的断断续续的集合,主要就是因为内时间意识在发挥作用:

当一段音乐出现时,我们首先听到了一个音符 a,在现象学中这被称作是原印象,随后,"一个新的音符 x 进入我的感觉,这是新的被给予对象,它对应于我的意识中的新的当下,我可以有把握地说,'我眼下体验到的是 x'"⑤。但原先的音符 a 并没有消失,而是"滞留"下来,变成了音符 xa。一方面,音符 xa 不再是当下,但它也不是过去,而仍然被包含在当下,因此"滞留"与"回忆"是很不同的。更进一步地,作为当下

---

① 张祥龙:《现象学导论七讲:从原著阐发原意》(修订新版),第 176 页。
② Niklas Luhmann, *Die Neuzeitlichen Wissenschaft und die Phänomenologie*, S. 31.
③ 张祥龙:《现象学导论七讲:从原著阐发原意》(修订新版),第 179 页。
④ 参见方东红:"意识与时间:胡塞尔的《内时间意识现象学》"。
⑤ 同上。

的对作为"过去之当下"的音符 x 的感知不但包含着对音符 xa 滞留的感知,同时也对"未来的当下"的音符 y 也保持着开放,因为它预期了音符 y 的到来,胡塞尔称之为"前摄"。①

胡塞尔关于声音现象学的此种细致入微的区分表明,一个感知行动并不仅仅包含着对当下出现之感知对象的感知,它事实上包含着"滞留""当下"和"前摄"三个时间维度的感知。如果我们仅仅用"实证主义"的眼光,看到当下出现的对象,而将"滞留"与"前摄"的维度排除在外,则我们并不能完整客观地把握"当下感知过程中涌现出来的现象世界"。因此,我们可以说,世界并非当下现存事物的简单罗列,如果我们把观察者与他对世界的观察也包含在世界之中予以考察的话,则世界其实同时包含着"过去""现在"和"未来"三个维度,过去作为"已发生的当下",未来作为"未来的当下",都同时参与到了"当下世界"的建构之中。因此,我们必须发展出一种能够将三个时间维度都包含于其中的社会学方法论。由于未来的因素通过"预期"的方式介入对当下世界的建构中,而预期同时又意味着"失望"的可能性,所以未来很可能以与"预期"不一致的方式到来,从而带来"惊讶"——这一点总是无法被排除的。"视域"的概念由此就被引入了发生现象学。

所谓的"意义",就是胡塞尔所揭示的此种"人类经验的秩序形式"。如卢曼所说,意义就是"当下正被实现者与可能的视域之区分,每一个正实现者总是导向与此相关之可能性的可见化"②。意义的特性就是它的不稳定性,即每一个当下正被实现的,都无法持久永存,而只能是通过关联即将到来的诸种可能性,才能够获得真正的意义。③ 所以,

---

① 参见方东红:"意识与时间:胡塞尔的《内时间意识现象学》"。
② Niklas Luhmann, *Soziale Systeme: Grundriß einer allgemeinen Theorie*, S. 100.
③ Ebd.

卢曼给意义做了如下定义：

> 所谓有意义这件事指，一旦任何一个当下逐渐消逝，稀释，因自身的不稳定性而放弃实在性，可连接的某个可能性能够并且必须被当作紧接着的实在性而被选择，实在性与可能性的区分允许一种时间上相替换的运作，并且因此形成一种各自围绕着诸可能性指引的实在性的过程化。因此，作为一种自我推进（通过系统而可被条件化）的过程，意义是实在化与可见化，以及再实在化与再可见化的统一。①

胡塞尔在发生现象学中所做的此种关于"意义"的起源与发生过程的现象学考察，尤其是胡塞尔关于"经验的视域结构"的描述，给了卢曼极大的刺激与启发。在卢曼看来，胡塞尔的意识现象学最大的启示在于，它指出了任何经验的实在性都以"它的其他可能性的超验性"的存在为前提。也就是说，特定时刻充溢于经验之中的"既定经验内容"，必然不可避免地指向此时尚未实现的，但却超越自身的某些其他的内容。我们可以将其称作是"自我超越的指涉"或"经验固有的超验性"，它构成了经验得以可能的条件。② 简单地说，一旦我们将观察者与观察对象同时纳入考察范围，这就意味着，我们所处的世界，尤其是社会世界，并非是一堆"死"的"物体"的静态罗列，而是无时无刻不在发生着变化和流动的现象世界。这就好像我们观察某个人时，不仅他当下的表现，而且他过去的表现，以及他对未来的预期，都需要被包含进我对他的观察

---

① Niklas Luhmann, *Soziale Systeme: Grundriß einer allgemeinen Theorie*, S. 100.
② Sehe Niklas Luhmann, "Sinn als Grundbegriff der Soziologie", S. 31.

之中。

　　这是胡塞尔对卢曼理论特别有启发的部分。卢曼也有不同意胡塞尔的部分。例如,胡塞尔的现象学是一种"超验现象学",其超验性主要体现在它预设了"超验主体"的存在。因此,胡塞尔的超验现象学虽然很有启发性,但它对意义的理解仍然是"参照主体来澄清意义的概念,并通过主观意图来定义意义"①。这给社会学研究设置了根本性的困难,即便胡塞尔自身的"生活世界"概念,也很难彻底克服此种"作为孤独个体"之"超验主体"所带来的困难。胡塞尔超验主体现象学因此存在着许多内在的困境与自相矛盾之处。②

　　卢曼采取的理论策略是,用更高分化性的分析工具替代了主体,在这种理论分析工作中,功能与系统的概念扮演了非常特殊的角色。③ 在此基础上,卢曼关于意义的分析,就超越了胡塞尔先验现象学的层次,变成了一种以问题为导向的功能分析的理论。④ 此种理论策略首先分析意义的功能,随后便可以发现,此功能的满足预设了意义构成系统(meaning-constituting system)的存在。此种意义构成系统本质上乃是一种"意义综合体",既可以指心理系统(这部分是胡塞尔超验现象学着重研究的),同时也可以指社会系统(这部分是卢曼的社会系统理论着重研究的)。

　　如此一来,不但"心理学"与"社会学"在"前心理学与前社会学的基础上"统一起来,同时"心理系统"与"社会系统",甚至"生理系统",都在一个具有更高抽象层次的"自创生系统"中统一起来。卢曼因此也

---

① Niklas Luhmann, "Sinn als Grundbegriff der Soziologie", S. 31.
② Ebd., S. 26 – 28.
③ Ebd., S. 28.
④ Sehe Niklas Luhmann, *Soziale Systeme: Grundriß einer allgemeinen Theorie*, S. 94.

对胡塞尔的超验现象学提出了批评。卢曼尤其批评了胡塞尔1935年5月7日以77岁高龄在"维也纳演讲"中关于"欧洲科学危机"的论断,指出第二次世界大战后自然科学的发展并未追随胡塞尔对科技的批评,现代技术已与胡塞尔当年的理解完全不同,尤其是20世纪50年代控制论、信息论和系统论等交叉学科研究,在一个更高的抽象层次上解释和说明了胡塞尔意识现象学研究的许多成果,例如胡塞尔对"意识的运作性"与"意识运作的基础结构"的揭示,同时也超越和突破了胡塞尔"超验主体"的研究范围,从而使得胡塞尔的超验意识现象学变成了"自创生系统理论"的一个特例。①

例如,卢曼认为现象学与控制论就可以在更抽象的层次统一起来。类似于胡塞尔现象学中意识/现象的二元结构及其关联的根本性,控制论将自我指涉/异己指涉的区分及其关联看作是根本的。在控制论中,自我指涉主要是指系统的反馈回路(feedback loop),而异己指涉则主要指"目标导向的行为"(goal-oriented behavior)。系统的运作则被看作是一种递归性的信息处理的过程。由此时间因素被导入系统的运作之中,从而形成系统运作中过去(记忆)与未来(在区分两侧震荡的可能性)的维度。② 这就意味着,系统只能通过自我指涉性的运作,形成对"世界"的认识(异己指涉)。也就是说,系统并不能在"如其所是存在的世界"与"系统所认识的世界"之间做出区分。③

综合卢曼对胡塞尔意识现象学的继受与批评,我们可以说,胡塞尔意识现象学对我们理解意义系统最大的启示是,它揭示了所谓的"实

---

① 尤其注意该文第4节用斯宾塞-布朗的区分理论来重构胡塞尔的意识现象学,并将胡塞尔现象学与控制论所做的比较。Sehe Niklas Luhmann, *Die Neuzeitlichen Wissenschaft und die Phänomenologie*, S. 29–40.
② Ebd., S. 40.
③ Ebd., S. 41.

在"不过是意识系统运作的结果,而意识系统的运作本质上乃是一种区分的形式,即实在/潜在的区分与标示。所谓"回到现象本身",并非回到某种客观的和给定的"实在本身",而是回到意义系统(在胡塞尔那里是意识系统)之运作及其超验基础本身,因此,现象学的洞察力并非"透过现象看本质",而是告诉我们,"实在本身就是意识运作的一部分,作为意识的意识,也即,意识到意识运作的意识"①。

由此可见,"经验自我负担其他可能性展示了偶联性与复杂性的双重结构"②。由于任何经验的过程在已经实现的认识之外,还包含着视域,也就是其他经验与认知的可能性,因此,世界是复杂的。而由于经验的过程总是动态的,因此,一个经验的过程总是伴随着下一个经验的过程。"在即将到来的下一步体验中,被指向的可能性总是有可能与期望中的可能性不一致"③,这就是卢曼所理解的偶联性。所谓的偶联性,就是既非必然,又非完全不可能的中间状态,是某种根本的"非决定性"(indeterminateness)。由于经验的过程总是动态的和不断进行的,而世界又是复杂的,所以就存在着被迫在各种可能性中进行选择的强迫性。而由于偶联性的存在,选择就有可能会遭遇到"失望"的风险。

此种"意义"概念对于社会学研究的重要性主要体现在,它揭示了人类经验秩序的内在结构,从而防止或克服了旧社会学自身难以克服的痼疾,即"将世界收缩至特定的每一个行动决定经验的意识内容"④。同时,卢曼也进一步指出,关于意义系统运作过程和结构的说明,也表明人类经验秩序中拥有的"特定的否定能力"的重要性。因为,任何一

---

① Niklas Luhmann, *Die Neuzeitlichen Wissenschaft und die Phänomenologie*, S. 32.
② Niklas Luhmann, "Sinn als Grundbegriff der Soziologie", S. 32.
③ 〔德〕卢曼:《法社会学》,第 71 页。
④ Niklas Luhmann, "Sinn als Grundbegriff der Soziologie", S. 34.

种意义过程和结构中呈现出来的"实在性",都是通过对伴随而生的"其他可能性"的否定而实现的。尽管如此,否定同样也可以被运用到自身,从而实现"否定之否定"。这意味着,在意义过程的某一刻中,虽然其他可能性被暂时地否定了,但并没有消失,而是作为资源被储存了起来,因为"否定之否定"的存在也有可能对这些暂时被否定的其他可能性予以重新激活,并使其成为另外一个时刻的现实。这就是"否定的反身性"。①

否定的反身性同时又依赖和支持普遍化,即某一刻对某种可能性的肯定(即使之"实在化")同时也意味着对所有其他可能性的普遍否定。这意味着,肯定与否定一并参与到了对经验实在之确定的界定与支持之中。②

这就给社会学重新理解"经验"概念提供了全新的可能性与方法论根据。在主流的社会学研究传统中,经验被看作是某种本体论式的既存实在,因此可以用数据和证据予以证实与验证。但是,如果我们将意义作为社会学的基本概念,并在意义概念所规定的范畴中理解经验,则经验不过是一种不断进行的对意义构成的实在重新建构的过程,也就是说,经验的实在性本身必须被放到暂时被否定的诸多其他未被实现的可能性的视域之中,才能够被理解。因此,意义是正在进行中的经验性过程的前提条件。③

因此,社会学就必须脱离主体概念的框架,将"可能性客观化",从而使得可能性"在事情本身中被看到"。④ 也就是说,"世界并非从任何

---

① Sehe Niklas Luhmann, "Sinn als Grundbegriff der Soziologie", S. 35 – 39.
② Ebd., S. 35 – 36.
③ Ebd., S. 31.
④ Ebd., S. 47.

特定的视角出发都必须被秩序化,但仍然以一种方式使得我的经验中下一个视角的选择不用承担过度的困难,甚至被建议给我"①。这就使得意义显现为"可能性之复杂性的同一性"。② 卢曼指出,同一性的意义可以承担化约经验复杂性的功能,通过否定的分化,使得世界呈现为多个互相独立的经验维度,即事实的维度、时间的维度和社会的维度。③ 所谓事实的维度,就是通过否定的方式,确认是此物而非彼物。④ 所谓社会的维度,主要是指不同经验主体相互之间的非同一性,也即不同视角之间的可交换性。⑤ 而时间的维度则是经验主体之间的经验的同步性,即"没有人能穿越到他人的过去或未来",因此就可以确保"所有的可能性存在于未来而非过去——而这对所有人都是可能的"。⑥ 由于伴随着实在的未被实现的诸多可能性在共同的未来是有可能会变成现实的,因此又导致了面向未来的预期的问题,预期失望后产生的失望问题,以及在失望的情形下学习或者不学习等一系列问题。

三、作为一致性、一般化的规范性行为预期的法律

卢曼通过借鉴与超越胡塞尔意识现象学的洞见与成果,围绕着"意义"概念所发展出来的一整套概念与方法论系统,为在一种全新的视野下观察作为"复杂巨系统"而存在的现代法律系统提供了全新的可能

---

① Niklas Luhmann, "Sinn als Grundbegriff der Soziologie", S. 34.
② Ebd., S. 48.
③ Ebd.
④ Ebd., S. 48－50.
⑤ Ebd., S. 51－53.
⑥ Ebd., S. 355.

性。我们下面就结合卢曼法社会学研究的相关成果,对此予以概要的介绍。

如上所述,在社会生活世界中,意义被分成了三个维度:事实维度、时间维度、社会维度。事实的维度对应着胡塞尔现象学的意向性的概念,也就是说,当我们与世界打交道时,在我和世界之中所喷涌出来的诸种"现象"并不是空的,而是"意有所指"的,有意向性的。① 时间的维度则意味着,我们的经验永远是动态的,是一个经验紧接着下一个经验的,因此也是一个选择紧接着下一个选择的。每一个选择都面临着由视域构成的多种可能性,当一个选择完成时,紧接着下一个选择同样面临着多个选择的可能性。② 意义的社会维度则意味着,由于自我与他我同时存在,而自我与他我的诸种预期,不但无法同时得到满足,甚至有可能是相互冲突的。自我预期的满足,很可能意味着他我预期的失落。因此意义的社会维度就意味着在诸多的预期可能性中进行区别对待,选择其中的某种预期,将其作为共识予以支持。

由于经验现象的意义构成,以及世界的复杂性与偶联性,经验与交往过程中的失望现象就在所难免。尤其需要指出的是,由于这是"前心理学"的阶段,因此"失望"也并非是一种"心理现象"(虽然它确实同时包含着心理现象),而是指做出选择时的"预期"与选择做出后的结果并不符合这一客观现象。③ 当然,这里"预期"也并非仅仅是一种心理现象,而是在"前心理学"阶段做出选择时对选择结果的"预先估计"。由于人类概念认知大多数停留在心理学阶段,同时由于心理学与社会学都在"前心理学与前社会学"阶段被统一起来,而这个阶段是前概念化

---

① Niklas Luhmann, *Soziale Systeme: Grundriß einer allgemeinen Theorie*, S. 93.
② Ebd.
③ 参见〔德〕卢曼:《法社会学》,第 71 页。

的阶段,因此不得不从心理学中借用某些具有统一性的概念。①

当然,在意义的社会维度中,由于双重偶联性问题的存在,失望的问题要比上述的情境还要复杂一些。② 在社会领域中,人们与之打交道的是另外一个主体,即他我。所以自我与他我在"打交道"过程中,是互相拥有预期的。更复杂的是,自我往往能够感知(或猜测)到他我对自我的预期,并且在此基础上来形成自我对他我的预期。反之亦然。如此一来,就形成了更为复杂的交往情境。例如,在《三国演义》中,诸葛亮就善于运用此种双重偶联性困境,通过伪装的方式引导或者强化他人对自己的预期,大打"空城计","死诸葛吓走活仲达",几句话骂死王朗等。我们日常生活中的大部分交往,其实都是在这种社会性的"预期的预期"的引导下进行的。而正如诸葛亮的例子所揭示出来的,这种预期的预期又隐含着相互欺骗,或者至少相互误解的可能性。同时,预期的预期背后,还可能隐藏着更深的对预期的预期的预期,对预期的预期的预期的预期……。这就导致了交往过于复杂,以及交往负担过重的问题。③

为了解决这个问题,心理系统与社会系统也发展出了各自的解决方案。但正如卢曼指出的,人类"基于人类学的理由几乎无法改变的"

---

① 参见 Niklas Luhmann, "Sinn als Grundbegriff der Soziologie", S. 29; Niklas Luhmann, *Soziale Systeme: Grundriß einer allgemeinen Theorie*, S. 93,尤其是卢曼在该页注释 3 中的说明与解释。许多学者,包括德国法社会学领域非常著名的学者,由于欠缺此种现象学的眼光与训练,往往会困惑于这一点。例如,柏林自由大学法社会学教授 Hubert Rottleuthner 就曾经在一篇论文中表达了此种困惑。参见 Hubert Rottleuthner, "A Purified Sociology of Law: Niklas Luhmann on the Autonomy of the Legal System", *Law & Society Review*, Vol. 23, No. 5, 1989, p. 785。

② 关于"双重偶联性"问题更系统和全面的分析与阐述,参见泮伟江:"双重偶联性问题与法律系统的生成——卢曼法社会学的问题结构及其启示"。

③ 参见〔德〕卢曼:《法社会学》,第 73—78 页。

处理复杂性的能力是"非常小"的。① 因此,处理复杂性的能力就主要落在了社会系统的身上。在意义的不同维度上,社会系统都发展出各种各样的机制,"反事实地"实现人们规范性预期的稳定化。

首先,在意义的时间维度上,社会系统主要是通过"认知性预期"与"规范性预期"的分化来实现的。面临失望,有两种选择的可能性。一种是坚持原先的预期,一种则是改变原先的预期。卢曼将能够随后改变的预期,称作是"认知性预期",而将不可改变或者不予以改变的预期,称作是"规范性预期"。在卢曼看来,无论是"认知性预期",还是"规范性预期",它们要实现的功能都是一样的,那就是处理意义过程中的失望现象。人在世界中生活,如果接连不断地遭受失望,就会变得不可承受,无所适从。这就是秩序对人类生活而言的意义。而无论是"认知性预期"还是"规范性预期",都可以在特定情况下帮助人们处理失望,从而重新建立起生活的秩序。就此而言,二者是"功能对等项"。②

当然,在面临失望时,究竟是优先适用认知性预期还是规范性预期,这是与特定情境相关的。例如,我预期新聘用的秘书是一个年轻的金发美女,而出现在我面前的这位秘书却是一位相貌丑陋的老年妇女,这时我可能会迅速改变原先的期望,而适应这个变化的情境。但是如果当我发现这位新秘书根本无法履行秘书的职责时,我就会坚持原来关于秘书工作能力的期望,而将这位秘书换掉。③

其次,在意义的社会维度上,主要是通过将"各种预期依托于假定的第三方的预期的预期"来实现。最后,在意义的事物维度上,主要是通过"预期叠合体的同一化"来实现。当然,卢曼也指出这三个维度对

---

① Sehe Niklas Luhmann, "Soziologie als Theorie Sozialer Systeme", S. 113 – 136.
② 参见〔德〕卢曼:《法社会学》,第81页。
③ 同上。

避免失望的处理未必总是一致的,很多时候,它们也往往是互相阻碍和相互干扰的。而三个维度的期望结构的兼容性"建构了一个更为狭窄的行为预期选择,这些行为预期在时间性、社会性和事实性维度被一般化了,并因而享有突出的声誉"。卢曼就将此种"一致性、一般化的规范性行为预期"定义为法律。①

综上所述,在卢曼看来,社会学研究的既不是自然的客观物体,也不是个人内在的心理现象,而是人与人之间在打交道过程中涌现出来的现象与结构,即在运作上封闭,但在认知上开放的,具有自创生性质的,作为意义结构而存在的社会系统。在此种法社会学视野中,规范本身是一种特定性质的预期,因此也可以被作为"事实"而存在。因此,与规范相对的概念并非是事实,而是认知。由旧的主体哲学所划分的"规范与现实"的鸿沟被打破了,规范作为社会学的对象也成为可能。

这就使得我们得以从功能的角度对法律进行观察,从而使观察作为一种社会结构而存在的"法律"成为可能。尤其值得注意的是,此种现象学视野下的法律,并非某个特定的法律规范或者条文,而是某种现象学意义的人类经验结构。我们因此就获得从整体上考察法律与社会关系的可能性。我们也可以明确地认识到,无论是在原始社会还是现代社会,只要世界是复杂的,则选择的压力就必然存在,而意义的偶联性也难以避免,预期的失望也必然存在。在处理预期的失望时,只要规范性预期与认知性预期得以稳定地分化,就必然存在法律。当然,由于社会结构面临着的复杂性压力是不同的,因此不同社会中的法律当然是有区别的。尤其是,当社会所面临的复杂性压力增强时,法律与社会也必然随之发生演化。因此,一种法的演化理论成为可能。

---

① 参见〔德〕卢曼:《法社会学》,第100—134页。

四、卢曼法社会学理论的贡献与启示

当前中国的法律正处于前所未有的大转型的过程之中,中国法律的转型乃是中国社会转型的重要部分。中国已经进入一种超大规模的陌生人群治理的新阶段。由于中国的超大规模的体量,即便是放在整个人类历史演化的视野中,这也是一个影响深远的大事件。① 这为一种基于中国现实的法社会学研究的理论与实践提供了千载难逢的机遇,同时也在基本概念、基本范畴和基本方法论层面提出了更高的创新要求。

卢曼不满足于以再解释、再建构和综合"古典"社会学理论为己任,而是综合胡塞尔的意识现象学与20世纪40年代以来发展出来的一般系统理论、控制论、生物认识论和信息理论,将"意义"概念作为社会学研究的基本范畴,并在此基础上推陈出新,提出了一套全新的社会学理论范式,②这为中国法社会学的复兴与发展,提供了非常重要的理论资源与刺激。

例如,此种以意义为基本范畴的法社会学研究就超越了规范与事实两分的逻辑,从而突破了"错误社会学"的窠臼:它从意义系统的角度观察人的行动预期,从而发现了行动预期中潜藏的失望可能性,以及在面对失望时的两种选择可能性:改变预期或者维持预期。能够被改变的预期,就被界定为是认知的,而被维持的预期就被看作是规范的。如

---

① 参见泮伟江:《当代中国法治的分析与建构》(修订版),第120—123页。
② See Niklas Luhmann and Stephan Fuchs, "Tautology and Paradox in the Self-Descriptions of Modern Society", *Sociological Theory*, Vol. 6, No. 1, 1988, p. 21.

此一来,规范/事实的区分被改造成规范/认知的区分,使得"规范"作为一种事实被观察成为可能。

对于中国的法社会学研究来说,卢曼法社会学研究的另外一个借鉴意义也许在于,它启发我们在观察与分析转型时期的法律事实时,必须首先去勘定该事实所处的特定的意义构成系统是什么,从而将该特定当下的事实与其伴随而生的视域中的被否定的(但并未被彻底删除的)其他可能性联系起来进行观察与界定。如果我们不能首先检测与勘定作为"社会事实"之"实在性"前提的此种意义系统,那么我们收集的所有的所谓事实或数据,其实都是死的,也是毫无用处的。

另外,卢曼以意义为基本范畴的法社会学理论,重新改变了我们观察"社会事实"的角度与方法论工具,从而使得社会事实不再在本体实在论的意义上被观察,而被置入一种特殊的时间结构和演化的逻辑中被观察。卢曼尤其指出,任何"实在性"本质上都是"当下"的实在性,而任何的"当下实在性"都必须通过澄清作为其前提的"意义结构"才能够真正被观察与描述。因为此种当下实在性,本质上是通过对同时存在的其他潜在可能性的否定才被确立起来的。这些被否定的其他可能性虽然在当下被否定,但并没有因此消失,在共同的未来之中,它仍然可能通过"否定之否定"重新变成"未来之当下"的实在性。

卢曼以意义为基本单位与基本范畴的此种法社会学理论,使得我们可以突破实证主义的束缚,将法律放到一种演化的过程中进行观察。卢曼关于"心理系统"与"社会系统"在"前心理学与前社会学"阶段的统一,使得二者之间的内在一致性超越了类比的阶段,而达到了严格科学的程度。在此基础上,卢曼进一步揭示了生物系统、心理系统与社会系统这三者也可以在一个更高与更抽象的层次上统一起来。社会系统与心理系统都是作为意义系统而存在的。借助于"自创生"的概念,卢曼后来进一步指出,生物的自创生与意义系统的自创生在原理层面是一致的,因此不过是"自创生"的两种不同的表现形式而已。① 这就解决了社会演化与生物演化的一致性问题,从而使得生物演化的公式"变异—选择—稳定化"在一个更高的抽象程度上同时适用到社会与生物的层次。② 因此,毫不奇怪,卢曼在任何一个法社会学论文或著作中,都会花费大量的篇幅讨论法律演化的历史,并着重从法律与社会共同演化的历史过程阐明法律是如何演化到我们今天所观察到的这个样子。

此种法社会学研究对当代正处于大转型时代的中国法律社会学的研究尤其具有借鉴意义。正如笔者在另外一篇论文中指出的,多数的西方法理论研究都预设了法律体系的成熟状态,并在此种预设基础上提出各自的理论概念与方法论体系。因此,他们的理论在观察、描述和解释处于激烈转型时期的中国法律变迁方面,往往捉襟见肘,不敷其用。然而,对于身处大转型时代的我们而言,也许我们会更关心如下这些问题:所谓的转型,必然意味着某种"将变未变"的"中间状态"与"不确定性",那么这种"将变未变"的中间状态中,究竟哪些因素是"将变"的,哪些因素是"不变的"? 变化的契机与原理是什么? 对此种变化而言,过去的传统究竟是负担还是资源? 变化的未来是有明确的方向,还是不确定的? 过去和未来各自在变化的过程中扮演何种角色?

---

① Sehe Niklas Luhmann, *Soziale Systeme: Grundriß einer allgemeinen Theorie*, S. 16.
② 生物演化理论的核心问题关切并不是"优胜劣汰"的问题,而是如下这个问题:高度复杂的生物体(例如人类)出现的概率,从演化的历史上来看,是极低的,因此从演化的起点上来看,是高度难以实现的;而如此高度难以实现的演化成就,居然被成就了,并且变成了非常稳定的存在(例如人类遍布地球),那么这一切是如何发生的? 类似地,社会演化论的核心问题是:从演化的起点看,抽象而复杂的现代社会是很难实现的,究竟经过了哪些演化史上的"偶然事件"的变异,又经过一种什么样的选择机制与重新稳定化过程,最终演化出了目前我们生活于其中的现代社会? Sehe Niklas Luhmann, *Die Gesellschaft der Gesellschaft*, S. 190.

这些问题，都需要在基础理论的层次做出深刻的回应。卢曼的法社会学理论则少见地将法律看作是一种转型与演变的社会事实，并在此基础上提出了一整套具有针对性的法社会学概念、体系与方法。就此而言，卢曼的法社会学理论对中国法社会学理论与经验的研究，都具有某种特殊而重要的意义。

最后，需要做一个补充性交待的是，本文并没有对卢曼的法社会学理论做一个面面俱到的描述与介绍。恰恰相反，通常人们在许多介绍性论文和教材中能够看到的许多卢曼理论的著名概念，例如自创生系统、沟通、运作封闭性与认知开放性、合法/非法二值编码、二值编码化与纲要化等概念，本文要么基本没有涉及，要么一带而过，不做详细的展开与交待。熟悉卢曼理论的读者也许可以看出，本文所介绍和处理的都是卢曼早期法社会学的一些核心概念。本文如此处理，并非是认为卢曼后期法社会学的许多关键概念与理论不重要，而是认为卢曼后期法社会学许多的概念和理论，都是在卢曼早期法社会学研究基本范畴与路径的根本性决断与选择的基础上发展起来的。因此，选择"意义"作为基本范畴来建构社会学研究的基本理论，并将此种社会学决断与方法的选择贯彻到法社会学研究的尝试中，对于我们理解卢曼法社会学而言，具有更根本的意义。恰恰是卢曼社会学理论告别古典法社会学研究范式的这一小步，为卢曼今后的包括法社会学研究在内的社会学一般理论的研究提供了广阔的空间与可能性。即便抛开卢曼理论自身发展的脉络，卢曼选择以"意义"作为社会学研究的基本范畴，并将此种理论策略运用到法社会学研究的尝试中这一点，对于我们进行一种基于中国大转型时期的法社会学研究也具有上述两点直接的参考与借鉴意义。

原载《中外法学》2019 年第 1 期

双重偶联性问题与法律系统的生成
——卢曼法社会学的问题结构及其启示

导 论

自鸦片战争以来,无论是和平年代还是革命战争时期,中国的法律与社会都一直处于激烈的转型过程之中,因此有李鸿章所谓的"中国处于三千年未有之变局"的说法。中国社会长达一百多年持续不断的激烈变迁,构成了中国法治建设的基本语境。如果法学研究忽略中国法治建设的这个基本处境,就会遭遇很多根本性的困难。自20世纪90年代以来,已经有越来越多的研究指明了这一点。其中尤其引人关注的是一批法社会学与法人类学的实证研究与理论反思。他们相当尖锐而清晰地指出,脱离中国具体而特殊的社会语境所制定出来的法律规范,在具体适用过程中如何与社会现实相脱节,变成了仅仅是"写在纸面上的法律"。[①]

[①] 其中尤其是以苏力的研究为代表,参见苏力:《法治及其本土资源》;苏力:《送法下乡》。

毫无疑问,此类研究对于仅仅关注法律规则,而忽略社会现实结构的传统法律教义学研究来说,是非常有启发意义的。遗憾的是,除了对规范性的法教义学研究之狭隘与封闭进行批评外,他们中的多数却无法提供更进一步的内容。尤其是,因为无法提供更严格与科学的关于何谓"现代社会"的定义,他们无法对现代社会中法律与社会的关系提供足够丰富的答案。

尽管几乎所有的人都承认当代中国社会处于一种由传统向现代社会加速转变的过程中,但多数从事法社会学理论研究的学者,基于知识积累、文化偏好,以及中西文化碰撞下民族自尊心理等诸多原因,都把更多的时间与精力投注在对传统社会秩序的调查与研究之中。例如,自费孝通先生的《乡土中国》以来,中国社会学研究的主流是对中国传统乡土社会秩序的人类学田野调查,与此种田野调查主流相适应的则是诸如"文化多元"[1]"地方性知识"[2]等用来捍卫传统乡土社会秩序的各种概念与理论的流行。

在这些法社会学与法人类学的实证研究与理论探讨中,现代社会被预设为一个面目模糊的、负面的标签化存在,现代性变成了某种肤浅的、未经反思的、唯西方主义式的东西,可以被看作是幼稚浅薄的代名词。此时,"现代社会"这个概念本身已经成了某种"印象式批评"的牺牲品。这与现实中正在发生中的由旧传统礼俗社会向现代社会激烈转变的实际过程形成了鲜明的对比。由此形成的某种高度扭曲的规范与现实的偏离关系,其程度并不比"写在纸面上的法律"与"行动中的法

---

[1] 参见苏力:"法律规避与法律多元",载氏著:《法治及其本土资源》,第41—58页。
[2] 参见〔美〕吉尔兹:"地方性知识:从比较的观点看事实和法律",载氏著:《地方性知识》,王海龙、张家瑄译,中央编译出版社2000年版,第222—322页。

律"之间存在的偏离与扭曲逊色。①

无论对当代中国正在进行中的此种社会转型做何种评价,对现代社会的正面描述与深入研究都是必不可少的。即便是对传统礼俗秩序的提倡者与支持者来说,其论点的深刻程度如何,也高度依赖于他们对现代社会的观察与理解的深刻程度。

就此而言,中国法律转型所处的特殊中国问题语境,即中国所处的激烈社会转型的语境,要求一种更加深刻与成熟的、更具有建设性的法社会学研究。此种法社会学研究要求在方法论与基本概念的层面对现代社会的内部深层结构特征与运作逻辑做出说明,并在此基础上提供一幅关于法律与社会关系的完整图景。

对于一个足够深刻的法与社会的研究来说,仅仅是"法的社会科学研究"还远远不够——未经反思地将社会科学的方法引入法律研究中,所带来的结果只能是法律的消失,因为当他们否定了"写在纸面上的法律"时,他们同时也否定了"规范"本身,最后他们通过社会科学的方法所发现的也并非"行动中的法律",而仅仅是各种碎片化之"行动"的堆砌。但"行动"本身并不是"规范",也不是"法律"。因此,法律的规范属性乃是法律不可被化约的本质属性。如果规范性因素被化约掉,则法律也就不成其为法律了。

如果法律的规范属性是不可消除的,而转型期中国社会转型的特殊语境又必须拓宽法学研究的视界,将法律与社会联系起来进行理解,那么,规范就必须是一种社会学可以进行观察的事实。传统的法社

---

① 这一点与西方的社会理论传统形成了鲜明的对照。在西方社会理论传统中,无论是对现代社会持较积极立场的,例如涂尔干、马克思与帕森斯,还是持较保守与悲观立场的,例如滕尼斯、韦伯、舒茨和福柯,他们作品的核心内容都是对现代社会的描述与分析,并且在方法论层面与基本概念层面做出了非常卓越的贡献,使得传统社会与现代社会之间的分析与比较得以在更为客观与科学的层面进行。

学研究无法做到这一点。因为传统的法社会学研究以休谟意义的规范与事实之二分为预设前提,对他们而言,"作为规范性存在的事实"是一个自相矛盾的概念,因此是无效的。

规范与事实既必须要统一,又相互矛盾与排斥,这是中国法治建设必须要处理的问题,也是法社会学研究的斯芬克斯之谜。由德国社会学大家卢曼所提出的社会系统理论,以及作为社会系统理论之重要内容的法律社会学理论,为我们解决这个难题提供了深富启发性的思路。尤其是,由帕森斯提出,经卢曼改造与深化的"双重偶联性"概念,对于我们所关心的"何谓现代社会"以及"现代社会中法律与社会的关系是什么"等问题,提供了重要的概念工具与理论模型,具有直接的启发性与相关性,特别值得有志于法治中国问题的相关学者密切关注与认真学习。

卢曼的社会理论,尤其是其双重偶联性的概念,此前已经以不同的方式对中国的学者产生过很重要的影响。例如,李猛曾经在《论抽象社会》①一文中,借鉴卢曼的社会分化理论与程序理论,将现代社会理解成一个抽象社会,具有三个特征,即程序性、反思性与非人格化。然而,这篇文章更强调的是对抽象社会做一个观念史与社会史的分析,其对抽象社会的描述更多地停留在对各种程序技术与抽象价值的描述与理解,对相关问题的思考还没有深入帕森斯与卢曼的双重偶联性理论的层面,殊为可惜。

与此相对,张志杨的"偶在论"可以被看作是卢曼双重偶联性理论对中国学者思考的更直接的影响。然而,张志杨虽然也附带介绍了卢曼的社会系统理论,却更看重卢曼的思考与胡塞尔意识哲学的联系,其

---

① 参见李猛:"论抽象社会",《社会学研究》1999 年第 1 期。

自我设定的抱负与目标,也是通过说明语言的"偶在性"来化解西方的形而上学传统与虚无主义传统的紧张关系,更多地局限于纯粹哲学的领域。实际上,张志杨强调的是卢曼所界定的偶联性,即"虽然可能,却不必然"的状态,而不是社会学层面的双重偶联性。①

对中国法治转型问题如此重要的一个概念,迄今为止的国内法社会学研究文献却几乎没有哪怕片言只语的提及,更不用说专门的系统研究与阐述,②这未免过于缺憾,也实质性地阻碍了相关领域研究的进一步发展与深化。因此,笔者不揣冒昧,抛砖引玉,根据自己的阅读与积累,对卢曼的"双重偶联性"理论做一个简要的概念梳理与理论评述,以求教于各位方家。

一、帕森斯与双重偶联性概念的提出

根据卢曼自己的介绍,双重偶联性这个概念最早是由西尔斯(Robert Sears)提出来的——这个概念是在哈佛大学的一个跨学科研究的项目中首先被提出来的,这表明这个概念本身的跨学科特征。③ 但真正使这个概念变成一个社会学关键概念的则是帕森斯。在由帕森斯和

---

① 参见张志杨:"现象学意识与卢曼的偶在演化",《哲学研究》1999 年第 6 期。
② 与此相反,在英文世界,早在 20 世纪 80 年代,就已经出现了专门的研究性论文,尽管目前看来稍微有些陈旧;晚近以此为论题的研究论文也相当常见,但多数仍然停留在初步的介绍和描述层次,仍缺乏有分量的评论性作品。此类作品中,流传度比较广的两篇文献是:John Benarz, "Complexity and Intersubjectivity: Towards the Theory of Niklas Luhmann", *Human Studies*, Vol. 7, No. 1, 1984, pp. 55 – 69; Raf Vanderstraeten, "Parsons, Luhmann and the Theorem of Double Contingency", *Journal of Classical of Sociology*, Vol. 12, No. 1, 2002, pp. 77 – 92。
③ Sehe Niklas Luhmann, *Einführung in die Systemtheorie*, S. 317.

希尔斯于1952年编写的《走向一般的行动理论》中的"总论"部分,帕森斯第一次对这个概念做了细致的分析。① 在《走向一般的行动理论》的总论涉及对"社会互动"的解释中,帕森斯讲道:

> 我们在此区分能够与主体互动的客体和不能与主体互动的客体。这些互动着的主体自身就是拥有自身行动系统的行动者或自我(ego)。他们可以被称作是社会客体或他者(alters)。一种可食用的客体,就其体现出可食用的潜在状态而言,并不是他者,因为它不能对自我的期待做出回应,并对自我的行动有所期待。另外一个人,例如母亲或某个朋友,却是他者。对另外一个行动者,即他者看作是互动着的客体,给行动系统的组织和发展带来重大的后果。②

帕森斯对社会客体或他者的定义简洁明了。很显然,所谓的社会客体或他者,其实就是另外一个我(alter ego),简称就是他我③。自我与他我都是社会的主体,又互为客体。两者之间形成的关系,即为社会互

---

① See Tacott Parsons, "Some Fundamental Categories of the Theory of Actions: A General Statement", in Tacott Parsons and Edward Shils, *Toward a General Theory of Action*, Cambridge: Havard University of Press, 1962, pp. 14 – 17. 此后帕森斯在不同的场合又多次提及这个概念,但始终无法在自己的行动理论中为该概念找到合适的位置——这个理论在提出后,就消失在此后的理论建构工作中,之后又突然出现,如此循环反复。卢曼认为这是由于这个概念天生适合用来解释"社会系统"的概念,却不适合解释帕森斯所热衷的"行动系统"的概念。Sehe Niklas Luhmann, *Einführung in die Systemtheorie*, S. 317.
② Ibid., pp. 14 – 15. 中译文由笔者所译。
③ 社会客体、他者、他我三个概念指涉同一对象,但在理论描述上是步步深入的关系。客体的概念表明自我将他我首先当作一个对象与客体处理,仍然停留在主客体关系的层次上,但"社会客体"表明自我对"他我"与一般客体的区别已经有所察觉,"他者"意味着对他我主体性的承认,而"他我"则意味着主体认识到他者其实是另外一个我。为表述方便,本文将此三个概念看作是同一个概念,不区别使用。

动关系。社会互动的关系与传统笛卡尔式的主客体关系的本质区别在于,主客体关系乃是人与自然的关系,因此,关系的本质取决于其中一方,即主体的行动;而对社会互动关系的分析,却不能单看其中任何一方,而必须同时将互动双方都考虑在内。这就突破了单一的行动者视角的局限,必须将双方,甚至多方行动者的视角同时考虑在内。这与胡塞尔晚年提出的"主体间性"概念的内涵基本上是一致的。①

一旦多方行动者的视角被带入社会学的考察之中,问题的复杂性也就显现出来了:

> 在此案例中,自我的期待被同时导向他者行动的选择范围(也就是在此情境下向他者开放的选择)与他者的行动选择,而这又主观地依赖于自我在选择范围中采取的行动。反之,亦然。②

帕森斯将此种互动系统中期待的互相依赖性称作"期待的互补性"。此种具有互补性的期待与主客体关系中的期待具有实质性的区别:

> 自我并不期待一个非社会的客体的行为被他对自我行为的期待所改变,尽管自我的行为当然地会被他对非社会客体行为的预期所改变。期待同时在既定行动者的双方运作着,并且社会互动中的客体与非社会性客体有所区别,这都是事实。③

---

① See John Benarz, "Complexity and Intersubjectivity: Towards the Theory of Niklas Luhmann", pp. 55 – 69.
② Tacott Parsons, "Some Fundamental Categories of the Theory of Actions: A General Statement", p. 15. 中译文为笔者自译。
③ Ibid. 中译文为笔者自译。

此种期待的互补性,其实也是一种期待的依赖性,也即自我对他我的期待依赖于他我对自我的期待,反之亦然。如此一来,自我对"他我对自我的期待"形成期待,反之亦然。而自我与他我的期待,对自我与他我的行动具有本质性的导向作用。因此,在社会互动的结构中,行动者的行动选择具有高度的不确定性,高度依赖于另外一方行动者的选择可能性与实际做出的选择。而另外一方的行动同样是高度不确定的,高度依赖于自己一方行动的可能性与实际做出的选择。这是一种双重的不确定性和双重的依赖性。帕森斯于是将此种社会互动结构定义成"双重偶联性"。①

此后,帕森斯在《社会系统》一书,以及在他参与写作的《社会科学国际百科全书》的"社会互动"词条中②,又再次介绍和分析了"双重偶联性"的概念。例如,在《社会系统》中,帕森斯指出,在此种结构中,"自我将采取何种行动"以及"他我将对行动采取何种反应",都是偶联的。因此,一种介于主体间的、超越主体性的主体间性,乃至于自创生的社会系统理论,都具有了可能性。③

"双重偶联性"与帕森斯的问题意识是紧密联系在一起的。帕森斯毕生关心的一个问题,就是如下这个康德式的问题:"社会秩序如何可能?"在其早期的代表作《社会行动的结构》中,帕森斯即强烈地意识到,一种原子式的、以自利追求为核心的个人主义,根本无法承托起西方现

---

① 用"偶联性"来翻译"Contingency"沿用了卢曼著作翻译者鲁贵显的译法,因为Contingency 既有不确定性的含义,在帕森斯那里也有依赖性的含义,偶联性既能同时表达此两层含义,也能够体现出卢曼社会系统理论的知识趣味和概念风格。

② Talcott Parsons, "Social Interaction", in David L. Sills ed., *International Encyclopedia of the Social Sciences*, Vol. 7, The Macmillan Company & The Free Press, 1968, pp. 429-440.

③ See Talcott Parsons, *The Social System*, London: Routledge, 1991, p. 62.

代社会。这一点在第二次世界大战打击了西方个人主义的道德自信后,愈发显得明显而紧迫。① 帕森斯于是远追霍布斯,重新思考现代社会如何可能的问题。这个问题在前现代社会是不存在的,或者说是不难回答的。例如,在古希腊和古罗马人的观念世界中,人天生是政治动物,因此,超越私人领域,进入城邦,形成公共生活,乃是人之本质实现的必然要求。② 基督教的兴起改变了古希腊人所形成的此种共同体观念,代之以"团契"生活的概念,然而,此种本质主义的思想范式却保留了下来。16 世纪和 17 世纪以来的宗教战争带来了欧洲的怀疑主义,人类自私的本性与欲望在现象层面被重视,这也动摇了古老共同体观念的哲学基础。18 世纪的哲学家通过对罗马法中契约观念的借用,形成了崭新的主权观念,并在此基础上建立起了新的共同体观念。③ 霍布斯式的此种政治社会观,由于过于依赖暴力和绝对主义色彩而饱受诟病。亚当·斯密所开创的"看不见的手"的隐喻,则在霍布斯之外提供了另外一种全新的社会观。

帕森斯对霍布斯的政治社会观与亚当·斯密的经济社会观都不满意,因此希望重新思考霍布斯和亚当·斯密所希望解决的问题。针对霍布斯的理论,帕森斯认为克服自然状态中一切人对一切人的战争并非只能通过签订社会契约、组建政治共同体才能够解决,家庭、村庄等更小的、自然形成的共同体同样能够提供最低限度的和平与秩序。针对亚当·斯密传统的、带有一定达尔文色彩的自由市场经济的社会观,帕森斯则指出,一种纯自利式的个人主义在组建社会秩序时,具有高度的不稳定性。"双重偶联性"的概念就非常清晰地指明了此种自利式理

---

① 参见〔美〕帕森斯:《社会行动的结构》,张明德等译,译林出版社 2008 年版。
② Sehe Niklas Luhmann, *Einführung in die Systemtheorie*, S. 316.
③ Ebd.

性个人对社会秩序之稳定性的颠覆意义。①

相对于霍布斯与亚当·斯密而言,帕森斯的问题意识虽然接近于霍布斯与亚当·斯密,但其提问方式却是康德式的。"如何可能"并不意味着巨细无遗地提供解决问题的具体方案,而是意味着将问题的条件极端化,从而在更为一般和抽象的基本概念层次来解决问题。康德自己的三大批判就是此种思维模式的典范。在此理论背景下,"社会如何可能"的问题,也可以被转换成如下问题:"形成稳定社会的最低限度的条件是什么?"②

那么帕森斯是如何解决这个问题的呢?受到米德的象征互动论的启发,帕森斯高度重视"象征性符号"在克服双重偶联性过程中发挥的作用。帕森斯认为,在双重偶联性困境中,互动的双方能够进行沟通的前提条件是,二者进行沟通的"意义"是稳定的。此种意义的稳定性,意味着拥有一种能够超越特定沟通语境的一般化语言,或者说,特定语境中的经验能够被进行类型化的处理,从而拥有一种相对比较普遍和抽象的含义。米德所提出的"一般化的他人"这个概念,对帕森斯的思考提供了重要的启发。③ 通过象征性的互动,个人学习将特定他人的行动归类到类型化的一般化他人中,从而与他人形成沟通与理解。此种一般化他人的概念形成过程,就是个人的社会化过程,或者说是文化内化到个人人格的过程。

很显然,帕森斯解决"双重偶联性困境"的方案预设了互动参与者行动的某种规范性导向,而这恰恰是帕森斯从《社会行动的结构》以来

---

① 帕森斯注意到了经济学中的博弈论,认为博弈论就是双重偶联性在经济学中的典型体现。See Talcott Parsons, "Social Interaction", pp. 429–440.

② Niklas Luhmann, *Einführung in die Systemtheorie*, S. 315; Raf Vanderstraeten, "Parsons, Luhmann and the Theorem of Double Contingency", p. 81.

③ See Talcott Parsons, "Social Interaction", p. 435.

就一直强调和孜孜以求的。在帕森斯看来,能够为互动参与者提供此种规范性导向的,只能是通过长期"博弈"而形成的规范,以及作为此种规范基础的"共享的象征系统"。①

正如后来许多批评者所指出的,帕森斯的结构功能主义理论的本质缺陷在于,它过于注重结构持存的稳定性问题,为此而过分地牺牲和忽略"冲突"在结构形成、演进过程中扮演的作用与功能。帕森斯针对双重偶联性困境所提出的"文化"思路,也体现了帕森斯理论的此种特征。

针对帕森斯的方案,人们不禁要问:在双重偶联性困境中,人们在语言沟通无碍、能够互相理解的情况下,仍有意地选择冲突立场,又该怎么办?显然,帕森斯所预设的规范性共识的立场,在面临激烈社会冲突的情况下,是无能为力的。然而,此种冲突并非完全是消极的,冲突意味着另外一种选择的可能性,是制度创新的重大契机。②

多数帕森斯的批评者都认为,帕森斯之所以会形成此种相对保守的立场,乃是由于帕森斯的理论过于抽象,不够具体,对社会演进的具体历史过程缺乏敏感性。然而,就双重偶联性困境的解决而言,帕森斯方案的失败,倒并非是其理论过于抽象的缘故,而是由于帕森斯理论还不够抽象,在描述和分析"双重偶联性"的结构时,被日常生活的交往情境的具体场景所约束,因此对这个概念构造的分析还没有达到基本概念的程度。例如,在帕森斯那里,contingent 这个概念就不够精密与科学化,其含义源于 contingent on 这个词组,核心的意思是依赖性。帕森斯在分析双重偶联性时,也突出和强调了"互相依赖"的含义。③ 这与卢曼

---

① See Talcott Parsons, "Social Interaction", p. 437.
② Sehe Niklas Luhmann, *Einführung in die Systemtheorie*, S. 318.
③ Ebd., S. 317.

后来在更为抽象,也更为严格的意义上将此概念界定为"多种选择的可能性",仍然有不小的差距。

二、双重偶联性:卢曼的改造

卢曼关于双重偶联性的分析,最集中的表述是在1984年出版的《社会系统》一书中。在该书中,卢曼用了整个一章的篇幅集中地处理了这个主题。在该章的第一节,卢曼做的工作就是重新描述和分析帕森斯曾经描述过的双重偶联性模型,将其从具体人际交往的日常场景中抽象出来,变成更为扎实和牢靠的科学概念与模型。例如,将contingent 这个概念从 contingent on 这个词组中解放出来,放置到"模态逻辑"的语境中进行处理。如此一来,contingent 意味着排除"必然是"与"绝对不可能"这两个选项,乃是"既非必然",又"非绝对不可能"的偶联状态。① 也就是说,虽然它目前是此种状态,下一刻或许就变成其他状态了。如此一来,通过对 contingent 这个概念的模态逻辑化,卢曼就使得帕森斯的以系统/环境的区分为特征的结构功能主义分析框架与胡塞尔及其弟子的现象学理论统一起来。②

除此之外,卢曼对帕森斯"双重偶联性"模型的改造,还体现在对社会互动主体的改造。在帕森斯那里,社会互动的双方是日常生活中具体的个人,因此,他还幻想可以通过"生活世界"中存在的某种共享的价值系统来承担意义沟通之担保的功能。确实,在小型的生活共同体中,

---

① Sehe Niklas Luhmann, *Soziale Systeme: Grundriß einer allgemeinen Theorie*, S. 152.

② See John Benarz, "Complexity and Intersubjectivity: Towards the Theory of Niklas Luhmann".

这一点是可以实现的,胡塞尔与舒茨对"生活世界"的揭示已经表明了这一点。然而,正如舒茨通过"直接经验"与"间接经验"、"纯粹我们关系"与"他们关系"、"直接经验世界"与"遥远世界"这些概念所揭示的"社会世界的层化"(stratification of social world)现象,[①]在现代社会中,那些与我们从来没有共同生活经历和历史的人,或者说并不与我们拥有共同故乡的人,却与我们共同生活在同一个世界,发生着各种抽象的联系,这一切已经不可避免。这就是舒茨所说的"同时共存,却并未直接经验到的"人群,也就是我的"同时代人"。[②] 由此而带来的一个后果,就是现代人际交往的陌生性与抽象性的加强:

> 同时代人的意义脉络在数量和复杂性方面都相当程度地被匿名化。进而,认知的综合不再是关于某个独特的人在其生活的当下的存在。相反,他永远地要将他人描绘成一成不变的人与同质的人,而不去考虑个体性所拥有的变化与模糊性。所以,不论一个理想类型涵盖了多少人,他都绝非对应着任何一个特定的个体,正是在这个意义上,韦伯将其称为是"理想的"。[③]

"社会世界的层化"要求社会发展出一套不同于"生活世界"之意义理解与沟通的技术,因为简单地将生活世界的"自然态度"与"常人方法学"套用到"遥远世界"的社会互动中,难免会犯将"理想类型"等置

[①] 参见李猛:"舒茨和他的现象学社会学",载杨善华主编:《当代西方社会学理论》,北京大学出版社1999年版,第14—16页。
[②] 参见孙飞宇:"流亡者与生活世界",《社会学研究》2011年第5期。
[③] Alfred Schutz, *The Phenomenology of the Social World*, p. 184. 这段文字的中译,笔者采用了孙飞宇的版本,参见孙飞宇:"流亡者与生活世界",第107页。

于"具体个人"的范畴错误,陷入"理解的陷阱"中。①

在相互匿名化的现代陌生人交往模型中,由于交往双方都拥有多种选择的可能性,因此在交往过程中的怀疑因素,相对于生活世界中的交往,就大大增强。② 此种"怀疑"也必须在基本概念的层次上体现出来,按照康德"如何可能"的精神被极端化,这就使得双重偶联性中的交往主体被"黑匣子"化。这就是卢曼对帕森斯模型的第二个重大改造——双重偶联性的主体相互都视对方为黑匣子! 如此一来,双重偶联性的基本情境可以重新被表述为:

> 两个黑匣子,无论是出于何种偶然性,形成了互动的关系。每一方都在自己的界限内通过复杂的自我参照的运作来决定自己的行为。因此被看到的每一方都必然是被化约后的形象。每一方都同样地对对方做出假设。因此,无论他们做出多少努力,也无论他们花费了多长时间,黑匣子双方都对对方保持不透明性。③

如此一来,双重偶联性的交互主体,就不仅仅可能是两个个体的人,也可以是两个集体,甚至是两个系统之间,也可能形成此种双重偶联性的交互关系。④ 实际上,用系统论的观点来看,两个个体的人就是两个系统,即两个对立的心理系统。

卢曼对双重偶联性困境的这两个改造,使得帕森斯试图通过"共享的象征系统"的文化方案成为不可能的。那么,双重偶联性的困境如何

---

① 参见孙飞宇:"流亡者与生活世界",第108页。
② 同上文,第109页。
③ Niklas Luhmann, *Soziale Systeme: Grundriß einer allgemeinen Theorie*, S. 156.
④ Ebd.

解决?

卢曼的答案是,双重偶联性的结构自身就蕴含着走出双重偶联性困境的可能性。换句话说,双重偶然性未必如帕森斯所预设的那样,仅仅是消极性的、有待解决的困境——恰恰相反,双重偶联性的结构是积极的,自身就蕴含着系统生成的可能性。走出双重偶联性的困境,并不能从双重偶联的结构之外寻找方案,例如帕森斯强加给双重偶联结构的价值共识,而是必须从双重偶联性自身的内部来寻找。问题的关键是将双重偶联性的结构时间化:

> 所有的开端都是简单的。陌生人相互之间开始发出信号告诉对方互动的一些最重要的行为基础:对情境的定义、社会地位、主观意图等。这就开启了系统的历史,其中也包括对双重偶联性问题的重构。[1]

开端一旦产生,则接下来的每一步,都会产生化约复杂性的效果。也就是说,虽然接下来的每一步,互动双方都有自由选择的可能性,但此种选择必然受制于先前所做出的选择。而马上做出的选择,又会对未来的选择形成某种化约的关系——无论此种选择是肯定的选择还是否定的选择。如此一来,每一步选择都具有化约复杂性、重构交互结构的作用和效果。卢曼将双重偶联性的此种特性,概括为"自我催化的事实"(autocatalytic factor)。[2] 因此,对社会系统的生成而言,过程与历史比开端更重要。

---

[1] Niklas Luhmann, *Soziale Systeme: Grundriß einer allgemeinen Theorie*, S. 184.
[2] Ebd., S. 170.

由此形成了双重偶联结构中两个层次的自我参照。如果说,第一层次的自我参照——双重偶联结构中的交互主体通过将"他者"看作"另一个我",从而通过参照自己来观察他者——乃是双重偶联性问题的根源,则第二个层次的自我参照性,即系统的自我参照性,通过在双重偶联结构中对交互主体的期待与选择设置条件,从而强化了某些选择的可能性,限制和排除了另外一些选择的可能性,使得一个沟通链接另一个沟通成为可能。① 通过沟通的此种自我参照式的生成过程,社会系统与作为其环境的个体区分开来,并且通过沟通的递归性的运作,塑造了自己的边界。②

如此一来,前面讲到的交互主体的黑匣子化问题,也能够通过偶联结构自身的特征得到解决。如果说,交互结构的主体是模糊混沌的黑匣子,则由双重偶联结构所催生出来的社会系统,却可以是透明的、中立的与客观的,是可以重复地被验证的。如此一来,透明性就在全新的层次被重构出来了③——"就此而言,当黑匣子互相靠近时,就创造了白色,或者说彼此应对所需要的足够透明度"④。白色的社会系统与作为其环境的黑匣子的对比,恰好对应着社会系统理论的核心议题,即"复杂性的化约"。在系统理论视角下,双重偶联结构中的自我和他我,就构成已然生成之社会系统的环境,而双重偶联结构中自我与他我选择的多种可能性与互为条件性,即意味着环境的复杂性。社会系统则通过系统结构,限制了此种无限可能的复杂性,形成了系统内的理性与秩序。

需要再次提醒的是,卢曼是以康德式的提问方式,即在"社会如何

---

① Sehe Niklas Luhmann, *Soziale Systeme: Grundriß einer allgemeinen Theorie*, S. 183 - 184.
② Ebd., S. 177 - 179.
③ Ebd., S. 159.
④ Ebd., S. 156.

可能"的问题意识背景下对双重偶联性的问题做此分析的。这也就意味着,"纯粹"意义的双重偶联性从来不可能发生在社会现实中。① 卢曼所做的工作是将双重偶联性作为基本概念提炼出来,将其中蕴含的不确定性和复杂性极端化,以此思考社会秩序形成的最低限度条件。

三、象征性的普遍化媒介与社会系统的生成

卢曼对双重偶联性概念的改造和彻底化,给社会理论带来的一个重要后果,便是表明行动理论已经不足以解决双重偶联性的问题。一旦坚持行动理论的进路,则双重偶联性问题的解决,就不得不依赖于交互主体中的一方,如此一来,最终就难免把交往双方的共识当作解决问题的最终方案。无论是帕森斯还是哈贝马斯,最终都强调共识性的因素和交互主体一方的自我反省的要素,即是一例。卢曼对此的批评主要有两点,一是反对从双重偶联结构之外,强加某个规范的东西于双重偶联结构之中,②另外则是忽略了该结构的内在一致性,将双重偶联结构中的交互双方看作是机械连接在一起的组合。③

双重偶联的交互结构本身即明确地表明,任何一方主体的行动视角都无法解决双重偶联性问题。因此,应该有一个超越主体性与行动理论的新的概念,作为社会系统理论得以生成的基本单位。在卢曼的社会系统理论中,这个概念就是沟通。卢曼认为沟通是一个三阶段的

---

① Sehe Niklas Luhmann, *Soziale Systeme: Grundriß einer allgemeinen Theorie*, S. 168. 卢曼同时指出,这恰恰也表明社会系统的生成是自我参照和自我生成的。Ebd., S. 186.
② Ebd., S. 174.
③ Ebd., S. 153.

组织过程:讯息(Information)、告知(Mitteilung)和理解(Verstehen)。①讯息是沟通的主题,指的是实际上说出来的内容与其他可能的内容的区别;告知则是信息传播的方式,指的是此种传播方式与另外潜在可能之传播方式的区别;理解则是其他人是否理解了告知的信息,这只能通过他告知另外一个信息才能够被判断出来。例如,"你怎么了?"这个陈述是否被理解,必须通过另外一个陈述"我头疼"来判断其是否被理解。第二个陈述"我头疼"既可以被看作是一种告知行动,同时也表明了沟通过程中"理解"被建构起来。就此而言,"理解"具有一种递归性的特征,一个沟通自然地倾向于链接到下一个沟通,同时也表明沟通至少需要两个主体才能够被完成。在此种链接的过程中,不同的选择就形成了不同的沟通链接,从而也就形成了不同的社会系统,犹如物理学中,不同的原子组合,形成了不同的分子,从而形成了不同的物质一样。②

沟通如果确实存在的话,也只能是沟通自己进行沟通,而不是意识系统与意识系统之间进行"沟通"。沟通自己进行沟通,也就意味着意识系统并非沟通之所以能够沟通的外在根源和动力,沟通在一定意义上独立于人类的意识,具有自我生产、自我建构的能力。这就像细胞能够独立于它的物质环境进行自我生产和自我建构,意识系统能够独立于人类的生理系统进行自我生产和建构一样。但是,这并不意味着社会的沟通系统相对于人类的意识系统来说,是自足的。相反,"每个社会所发生的事件,每个沟通,都得依靠某些有机系统、神经系统,以及生理系统的状态。而且沟通以至少两人为前提,因此是以多个有机系统、

---

① Sehe Niklas Luhmann, *Soziale Systeme: Grundriß einer allgemeinen Theorie*, S. 194 - 196.
② See Jesper Taekke & Michael Paulsen, "Luhmann and the Media: An Introduction", *MedieKultur: Journal of Media and Communication Research*, Vol. 26, No. 49, 2010.

神经系统,以及心理系统的状态为前提。然而,这也正说明,沟通不是生命、神经活动及意识动作,因此也就不能被化约成参与沟通者身上的诸系统状态"①。

从这个意义上讲,沟通是社会系统运作的基本单位。这就像细胞是生命系统的基本单位,这是因为细胞虽然从外界环境获得其自创生的各种原料,但是其本身并不能被还原成这些外界的各种原料,而是一个独立的和封闭的,拥有某种外界环境所不具有的内部统一性运作的单元。

然而,将沟通作为社会系统的基本单位,仅仅是社会系统生成的第一步。马上我们就面临着一个根本性的困难,因为沟通本身是一个"未必会发生"的事件。我们知道,沟通所包含的三个要素,其实是双重偶联结构中的三个选择。其中三个选择都包含着不确定性,因此也随时有可能会中断沟通。对此,有学者曾经举过的一个例子非常典型地说明了这一点:

> 即便两个意识主体偶然地在同一时间相聚在某一个地点,他们也未必要选择发出一个信息,进行互动。即便是选择发出信息,他们也可能由于语言的障碍而无法交流。即便他们说的是同一种语言,因此一方发出的信息传达到了另外一方,另外一方也未必会做出回应。哪怕是做出了回应,对方也可能会不同意这一方的观点。哪怕他们取得了一致意见,他们也许很快就会忘记他们讨论的主题。并且,他们下一次也许将不再遇见,因此也不再有可能有下一个沟通。②

---

① 〔德〕Kneer, Nassehi:《卢曼社会系统理论导引》,第84—118页。
② Daniel Lee, "The Society of Society: The Grand Finale of Niklas Luhmann", *Sociological Theory*, Vol. 18, No. 2 (Jul. 2000), p. 326.

如此种种的选择可能性与不确定性,只要其中一个发生了,沟通就会被迫中断,而不再发生。这就是沟通的"难以实现性"(unwahrscheinlichkeit)。在《社会系统》一书中,卢曼就已提出沟通的三种"难以实现性":首先是自我与他我形成理解的不太可能性;其次是沟通是否能够传达到接收者的不太可能性;最后是沟通成功的不太可能性,[1]即"即便是沟通被它所达到的人所理解,这并不因此就确保它会被接收并被遵循下去"[2]。因此,以沟通为基本单位的社会系统要在双重偶联的结构中茁壮生成,就必须克服沟通的此种"难以实现性"。

沟通诸媒介的出现,就是为了克服沟通的此种难以实现性。那么,究竟什么叫做媒介呢？在卢曼的理论中,媒介的概念建立在形式/媒介的区分之上。所谓的形式,就是在松散耦合形成的媒介中所形成的元素间的紧密耦合。这句话比较抽象,我们不妨用一个例子来说明。例如沙滩上的一串脚印。在这个例子中,沙滩是媒介,是由沙子之间的松散的耦合形成的;脚印则是形式,使得脚印所覆盖的沙子形成了更加紧密的耦合。所以,脚印作为形式,必须以作为媒介的沙滩的存在为前提,而沙滩之所以成为一种媒介,则是由于脚印赋予了其形式。恰恰是由于沙滩中沙子之间耦合的松散性,脚印才使得其中部分沙子形成更为紧密的耦合,从而赋予其形式。[3] 另外一个例子则是语言。各种各样的词语构成了语言的媒介,他们之间松散地耦合着;而句子则赋予其形式,并使得各种词语以一种更为紧密的耦合组织起来,从而成为沟通的一种媒介。语言使得噪音/意义得到了区分,从而使得两个人之间通过

---

[1] Sehe Niklas Luhmann, *Soziale Systeme: Grundriß einer allgemeinen Theorie*, S. 217 - 219.

[2] Ebd., S. 218.

[3] See Jesper Taekke & Michael Paulsen, "Luhmann and the Media: An Introduction", p. 3.

语言建立结构性耦合成为可能。① 这也就使得沟通的沟通成为可能,使得社会成为可能。可以说,语言的产生是社会出现的前提条件,所以卢曼将语言比作是"社会的缪斯"。②

卢曼区分了三种媒介,除了语言作为一种沟通媒介之外,第二种沟通媒介是扩展性媒介,对应着沟通中的告知要素。扩展性媒介决定的是互动性沟通的数量和范围,因此在互动型沟通发生频率比较高的小型团体中显得比较有用。口头的言说、书面的文字、电视、电话、互联网,都是扩展性的媒介。但由于扩展性媒介的普及与提高,将使得越来越多人都有机会参与到沟通中来,从而带来了沟通主体的陌生化程度的提高,由此使得双重偶联结构的偶联程度和风险也大大提高了。例如,当你在写作时,你根本无须考虑与你沟通的某个具体对象是谁,是哪一类,因为你的读者是匿名的,你也不知道哪些读者会读到你的作品。这大大地增加了社会沟通的可能性。但是一旦参与者人数变得越来越多,仅仅适用扩展性媒介就会出现问题。③

最后一种是成就性媒介。所谓的成就性媒介,就是"象征性普遍化沟通媒介",它通常在功能系统内部传递意义,从而使得沟通产生某种效果。例如,货币作为经济系统的沟通性媒介,使得沟通产生某种经济的效果;权力作为政治系统的沟通媒介,使得沟通产生政治效果;法律作为法律系统的沟通媒介,使得沟通产生法律效果。所有这些媒介都共享一个核心的特征,即都贯彻一个普遍性的和象征性的二值代码。对于法律系统来说,二值代码是合法/非法;对于政治系统来说,二值代

---

① See Daniel Lee, "The Society of Society: the Grand Finale of Niklas Luhmann", pp. 320 – 330.
② Sehe Niklas Luhmann, *Die Gesellschaft der Gesellschaft*, S. 225.
③ Sehe Niklas Luhmann, *Soziale Systeme: Grundriß einer allgemeinen Theorie*, S. 220 – 221; Niklas Luhmann, a. a. O., S. 202 – 223.

码是有权/无权;对于经济系统来说,二值代码是支付/不支付;对于科学系统来说,二值代码是真理/非真理;对于宗教系统来说,二值代码是信仰/不信仰。

二值代码的结构是不对称的。一般而言,在二值代码区分的左侧,往往是积极的一面,例如合法/非法中的合法一面,有权/无权中的有权一面;右侧则是消极的一面,例如非法、无权、不支付、非真理等。此种积极/消极的二值区分,就与人的动机结构形成了紧密的结合:人们都希望自己掌握权力,而不希望自己失去权力;都希望自己的行为是合法的,而不愿自己的行为非法;都希望自己是有支付能力的,而不希望自己是属于没有支付能力的那一方。如此一来,通过此种成就性的代码运作而发挥功能的社会沟通,就可以激发参与者向左侧积极价值的那一面链接,从而接受该沟通,形成社会系统。① 也就是说,成就性代码使得沟通的链接成为可能,从而也就使得社会系统的生成成为可能。当然,成就性媒介并不必然使得沟通的链接成为可能——它只是通过催化动机的方式促进此种可能性。②

通过代码的运作,社会系统形成了自己的封闭性,也就是说,"一个值只能朝着对立值的方向被抛弃":对于法律系统来说,某个事实行为要么是合法的,要么就是非法的,不可能是有利可图的;对于科学系统来说,某个科学结论要么是真实的,要么就是不真实的,不可能是丑的。③ 一个社会功能子系统通过这样一种二元代码的运作,对整个世界进行了完整的和一致的描述,从而实现了恺撒的归恺撒,上帝的归上

---

① See Jesper Taekke & Michael Paulsen, "Luhmann and the Media: An Introduction", p. 5.
② Ibid.
③ 参见〔德〕鲁曼(卢曼):《生态沟通:现代社会能应付生态危害吗?》,汤志杰、鲁贵显译,台湾桂冠图书股份有限公司2001年版,第74页。

帝,政治的归政治,法律的归法律。

四、法律系统的生成及其功能

现在我们回到卢曼的法社会学主题。通过对双重偶联性及其内在蕴含的复杂性概念,我们在一个更为宏大的理论结构中大致廓清卢曼法社会学的理论视野。通过对现代功能子系统生成过程的考察,我们不难理解,同任何一个现代功能子系统一样,法律系统的生成,也是某种解决双重偶联性困境独特方式。由此就产生了下面的问题,即又何以需要生成一个法律系统?或者用卢曼自己的语言,该问题也可以被如下表述:"全社会系统的什么问题,会透过专门法律规范之分出,并且最后透过一个特殊的法律系统的分出,而获得解决?"①

如果说,本文前面章节的内容,都是在一般社会系统理论的层次论述双重偶联性问题,则该问题将我们带入到特定的法律功能子系统的层面来思考双重偶联性问题。我们当然同样可以将此提问中的"法律系统"替换成"政治系统""经济系统""宗教系统""教育系统"等。如果说,双重偶联性问题关涉到的是"现代社会如何可能"的问题,则这里的问题就涉及法律系统在现代社会中的必不可少性,或者独一性如何体现的问题。为什么现代社会必须要有一个法律系统?它解决的是何种具体问题?

这个问题问的其实是现代法律系统的功能问题。关于法律系统的功能,20世纪的许多理论家都曾经提出过自己的理解,其中最著名的,

---

① Niklas Luhmann, *Das Recht der Gesellschaft*, S. 152.

莫过于庞德的"社会控制"说与帕森斯提出的"整合说"了。在卢曼看来,这两种理解未必是错的,但却并没有深入到类似于"社会如何可能"的基本概念层次进行思考。

卢曼因此区分了功效(Leistung)与功能(Funktion)的概念。无论是"社会控制说"还是"整合说",其实都不过是在功效的层面,而不是在功能的层次思考法律的功能问题。所谓的功效,指的是法律系统能够带来的某些效用或好处,虽然法律系统能够带来此类效果或好处,但同时存在着许多类似的功效等同项,因此是可替代的。因此,为何是法律系统来承担该项功效,就必须提供额外的说明和解释。此种说明的解释负担过重,就会抵销法律系统之功效所带来的好处。而功能则与社会功能子系统的特性本质相关的,是唯一的,不可替换的。

如果我们像卢曼一样在一个更深的康德式提问的层面思考法律的功能问题,就会发现,法律系统的功能与双重偶联性的时间面向有关,与期待有关。[①] 正如上文所说,在交互结构中,互为黑匣子的两个意识系统之间,在时间的未来面向上总是存在着某种预期,此种预期的基础则是意识系统过去的沉淀,也即意识系统的现状。[②] 在时间面向上,如果对方行为不符合自己的预期,这种情形就叫做失望。面临失望,有两种选择:一种选择是调整和改变自己的行为和预期,这就是对失望采取认知的立场;另一种选择是坚持原先的行为和预期,这就是对失望情形采取规范的立场。(见图5)

[①] 需要指出的是,此处的期待,"并非指的是某个特定个体的实际意识状态,而是诸沟通之意义的时间视域"。Sehe Niklas Luhmann, *Das Recht der Gesellschaft*, S. 152.

[②] 在双重偶联性的结构中,交互主体往往会对对方的行动进行预测,但此种具体预测还不是预期。预期乃是某种普遍化的内部信息处理的过程,或者更直接地说,就是系统内部的结构。

```
A（自我）              认知              B（他我）
(A对B的期望) ──→ 面临失望     面临失望 ←── (B对A的期望)
                      规范
```

图 5　面临失望的两种选择

如果每当对方的行动不符合自己预期的时候，当事人都做出改变，就会带来一个严重的后果，就是使得自己的行动，也变得很难被其他人事先预期了。一旦自己的行为变得更难以预期，则对方也就会更频繁地调整自己的行动（见图6）。如此一来，双重偶联性的困境是加深了，而不是解决了。

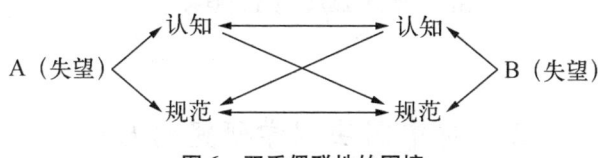

```
              认知 ←───→ 认知
A（失望）         ╳             B（失望）
              规范 ←───→ 规范
```

图 6　双重偶联性的困境

要稳定人际交往的此种预期，就必须有一个中立的第三方来稳定行为者双方的预期，尤其是稳定"对方对自己行为的预期"，而要稳定对方对己方行为的预期，就必须对失望现象采取规范的态度，也就是不做出改变的态度。如此一来，就需要对自我与他我彼此的规范性预期提供担保，此种担保唯有通过某种反事实的建构才能够实现——而现代法律系统作为一种反事实的建构，承担的就是此种对规范性预期进行担保的功能。

此时，作为象征性的普遍化媒介，以合法/非法二值代码形式表现出来的法律媒介，使得法律系统在双重偶联性结构中自我催化和生成出来。正如上文所分析的，通过某种条件化的纲要（以"如果……那么……"的形式表现出来）的设置，法律系统将符合规范性预期的选择或行动判定为合法的,赋予其积极的价值,从而诱发双重偶联性中的自我与他我都倾向和选择积极的一面,而否定和回避消极的"非法"那一面。而法律系统的此种判定,乃是通过自我递归、自我参照的方式做出来的(见图7)。①

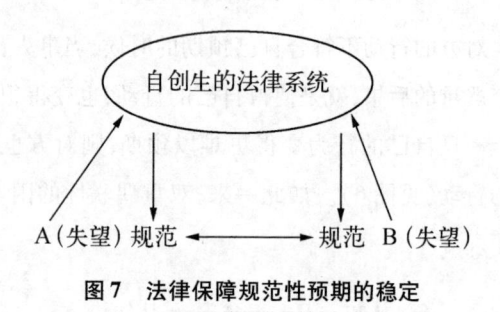

```
         ┌──────────────┐
         │ 自创生的法律系统 │
         └──────────────┘
          ↑    ↓    ↓    ↑
      A(失望)规范 ←→ 规范 B(失望)
```

图7　法律保障规范性预期的稳定

五、对中国法理学研究的启示

本文将卢曼的法社会学理论放到卢曼的一般社会系统理论的整体中进行理解,又通过双重偶联性问题这个卢曼一般社会系统理论的核心问题来观察卢曼一般社会系统理论的基本问题意识,以及卢曼对现代功能分化社会的基本理解。通过这三个层次的考察和长途跋涉,我们基本了解了卢曼社会系统理论的基本问题立场,也了解了法社会学在卢曼整个理论大厦中的大致位置。我们既领略了卢曼深沉又宏大的问题视野,也体验到了卢曼在概念锻造过程中堪与康德哲学相比肩的严格科学性与精确性,以及问题意识与严格概念科学之间的完美结合。

---

① 它非常清晰地说明了,对于现代法律体系而言,为何某个具体的个人违背了某个具体的法律规范,并不意味着该具体法律规范的失效,更不意味着整个法律体系的失效。

当然，卢曼的法社会学理论乃至一般的社会系统理论，对于中国法理学，乃至整个中国社会科学的启示与介入，并非仅限于为中国问题研究者提供思维品质与问题能力的锻炼与提升的机会与可能。卢曼思考的问题意识及其由此生发的整套概念工具本身，对中国正在进行的波澜壮阔的社会转型与法律转型过程而言，仍然是极富启示和借鉴意义的。

首先，通过对双重偶联性中复杂性与偶联性程度差异的揭示，卢曼的社会系统理论延续了古典社会理论家所开创的现代性主题的探讨，并更为系统和深刻地对现代性的本质进行了阐发。与许多社会理论大家不同的是，卢曼的社会系统理论少了几分对传统小共同体社会的留恋与不舍，他冷静地看到现代大型抽象社会的产生，已经是不可避免的趋势。因此，对此种现代大型、抽象的陌生人社会进行观察、描述和阐释，已经是社会理论刻不容缓的工作。这个工作是所有批判工作的前提，也比任何批判工作更为紧迫和重要。卢曼的社会系统理论至少为这个工作提供了一份草图。这是了不起的贡献。

当代中国正在进行一场前所未有的大变革。这场变革源起于清末中国与西方两个世界的接触与碰撞，因此本质性地将西方现代社会转型的过程和内容蕴含其中。因此，对西方社会的观察、描述和了解，一直是中国社会转型过程的重要参考。卢曼的社会系统理论，包括他的法社会学理论，为中国现代社会的转型与法律转型，提供了重要的智识资源与支持。

其次，卢曼将社会系统的生成放到双重偶联性问题的视野中进行理解，并提出社会系统的生成乃是双重偶联性问题内在包含的和自我催化地形成的，并非是任何人为设计的结果。双重偶联性问题中的自我与他我，虽然是社会系统生成的前提条件，但在系统的生成过程中，仅仅是沟通形成的外部环境。借助于象征性的普遍媒介的作用,社会系统通过自我生成的过程,形成了自身内部的期待结构,界定了自己的边界。

　　社会系统的这个自我生成的过程,同样也适用于法律系统的生成。作为一种反事实的建构,法律系统的生成承担了稳定规范性预期的功能。因此,这个过程虽然可长可短,也许会付出更多或者更少的代价,但整个法律系统的生成过程一旦形成,便是不可逆的。这一点,对于中国法治建设的决策者和参与者来说,也是很值得认真玩味与思考的。

　　最后,如果说,双重偶联性的概念作为基本概念工具,有助于我们看清现代社会系统的深层结构与逻辑,那么在此背景下所形成的关于现代法律系统生成的图景,则为我们提供了一套完整的关于法律系统与社会系统之关系的整体描述。

　　这尤其体现在如下这一点,即卢曼的法社会学区分法律系统的功能与功效,将两者放在不同的层次进行讨论。显然,对于理解什么是法律,为什么要建立现代法治体系等对当代中国法治建设具有根本重要性的问题来说,对法律系统的功能形成正确的理解,比理解法律系统的功效更为重要与根本。联系到中国法治建设的批判者总是在功效的层次来理解法律系统的功能,由此形成对现代法治建设的否定,这一点尤其具有正本清源和提神醒脑的作用。

原载《中外法学》2014 年第 2 期

托依布纳对系统论法学的创新与贡献

导 论

毋庸讳言,过去的将近 20 年是中国法学理论发展最开放、最富有激情和想象力,呈现出爆炸性增长态势的黄金时期。中国法学理论界在这短短 20 年为中国的法学界和社会科学理论界所提供的知识增量和理论刺激,以及不断涌现的优秀的青年法学理论研究者,都是有目共睹的。犹如暴露在一盏巨大无比的知识探照灯下,整个现代西方法律理论论域的任何一个角落似乎都已经被辐射到了。这极大地提升了法学在整个中国人文社会科学领域的信誉与影响力。

当然,希望的种子已经播下,但未来这些种子能否真的生根发芽,茁壮成长,成为参天大树,开花结果,却有待于时间的积淀和艰苦的努力。同当下中国的法治转型与社会转型问题的艰巨性和深刻性比较起来,当下中国法学理论的这种发展,根基还是很单薄的,相关的理论积淀与研究的深度、广度,仍然有待于进一步的展开。相较于过去的 20 年,未来的 20 年或许将显得更加平静和深沉,那种知识的躁动和激情将变成一种冷静的、不断向下挖掘的辛苦劳作。果真如此,则未来中国的法治与法律理论的发展仍然值得期待。

显然,未来中国法律理论必须在两个方面进行细致和深入的研究与挖掘:一方面是对已然发现的整个现代西方法律理论的脉络和理路进行系统、全面和深刻的阐述、观察和评价,将其真正转换成中国的与汉语的现代法学理论资源;必须同时进行的另一方面工作,则是对转型期中国现实的描述、理解与把握。这两个方面的工作必须同时进行,并且互相关照,形成一种类似诠释学循环的问题结构。

将这两方面工作连接起来,最终形成的一个核心问题,就是如何理解和把握当下中国正在进行的,每个人都被深度裹挟于其中的三千年未有之变局,以及中国的法治转型与当代中国急遽发生的社会转型之间的关系。这个问题虽然已经被中国的法学理论论辩深刻地提出来,并进行了初步的分析,但仍然没有得到令人满意的和有理论分量的分析与提炼。既有的法律理论研究或者过于执着于纯粹规范性的法学视角,而失之于忽略转型期规范与现实越来越深的背离与断裂的现实处境,或者过于狭隘地从这种规范之无力的现实处境出发,无视当下中国社会结构现代性转型的大势所趋,将虽然不那么令人满意,却对当代中国社会转型具有巨大潜在意义的现代法治建设完全拒之门外。在对现代法治的热情拥抱与冷酷拒绝的顾此失彼的两种可能性的犹豫不定之间,当代中国法律理论界逐渐耗尽了宝贵的理论热情与天真单纯,变得疲惫不堪而老态龙钟。这或许可以解释最近几年中国法律理论界日益沉寂的现状。

要走出当下中国法律理论研究与论辩的这种尴尬局面与两难处境,对将近20年的法律理论论辩做深入细致的盘点和梳理,尤其是对论辩过程中启发和支持各种论辩立场的元理论问题进行更加开阔和全面的检讨,从而为新的法治转型的中国问题的论辩提供更加坚实的法律理论基础,就是必不可少的。

一、系统论法学的理论洞察力

窃以为,最近中国法律理论界的论辩和理论积累的一个很大的缺憾,就是过于受制于西方法学理论话语与论辩的局限,反而没有发展出一种令人满意的关于法律与社会相互作用以及共同演变的基础理论。这样一种基础理论既不单一地局限于规范性和自主性的法律概念与理论的范围内,对急遽进行的社会变迁及其对法律提出的要求和挑战不闻不问,也并非从外在于法律的社会视角将法律完全化约为社会的"镜像",从而根本性地消除现代法治体系的各种相对于社会的自主性与规范性,将"各种法律关系中的法本身趋于剩余化与边缘化"[①]。这种法与社会的理论,"不仅仅要关注在历史的不同阶段或者不同文化中法律的种种面目,还要关注化身在这些千变万化面目中的法律本身;不仅要理解,法律过程同时也是社会过程、经济过程或文化历史过程,更要理解,在现代社会中,法律过程为什么没有变成上述这些过程的'附庸'或者所谓的'附属现象',法律过程作为法律过程又是如何发挥作用的,并借此产生法律的社会后果与政治后果"[②]。因此,一种更加全面的法与社会理论,必须"思考所谓'法律'与'社会'之间的内在联系,将法律作为社会理论的核心部分,而非应用领域,并通过这种联系,同时为法学理论与社会理论提供'理论的想象力'和'经验的感受性'"[③]。

---

① 李猛:"法律与社会",载《北大法律评论》第 2 卷第 2 辑,第 391 页。
② 同上文,第 392 页。
③ 同上文,第 393 页。

要构建这样一种关于法律与社会共同转型与演变的基础理论,就不能仅仅局限于规范性的法律教义学的知识体系,甚至也不能仅仅局限于各种法理学的理论视野之中,而必须深入历史学与社会理论的深厚传统之中,深入西方中世纪后期以来整个社会的现代转型的脉络之中,探寻西方社会现代性转型历史的深层逻辑。这样一种对西方现代性历史传统的追根溯源与理论总结,当然必须与中国清末以来社会转型的历史脉络与理论反思结合起来,也必须与清末以来中国的法律改革与法律移植传统结合起来进行分析。

这就是我的导师高鸿钧教授多年来提倡并身体力行的社会理论法学研究的旨趣所在。在这种问题意识和视野之下,我们策划和编辑了《魔阵·剥削·异化——托依布纳法律社会学文集》。[1] 我们与德国法兰克福大学法学院托依布纳教授协商,共同选定了他最近30年关于法律与社会关系的最重要的理论法社会学论文,由我的导师高鸿钧教授和我共同主编,在马剑银、陆宇峰、祁春轶、周林刚等诸位学友的参与和协助下,将其翻译成中文并汇编成册出版。选择编译并出版托依布纳教授的这本论文集,并非一时冲动,而是认识到由卢曼奠基,并经由托依布纳等人参与的系统论法学研究的相关思考,对当下中国法律理论界以中国法治转型为背景所进行的理论论辩有重大借鉴意义。

卢曼的社会系统理论也许是目前西方社会理论发展史中对西方的现代性经验的阐释最成熟与最深刻的现代性社会理论。但由于其"过于冷静"的分析品质和"过于宏大"的问题视野而带来的在外人看来"过于复杂"的内部理论结构,使得许多法律理论研究者往往对其望而却步,敬而远之。目前,不仅国内社会理论研究领域和法学研究领域对

---

[1] 参见〔德〕托依布纳:《魔阵·剥削·异化——托依布纳法律社会学文集》。

卢曼的关注甚少,敬而远之,即使是在国际社会理论界和法理学领域,对卢曼的研究也是远远不够充分的。尽管许多人都认为卢曼社会理论的深度和质量远在哈贝马斯之上,但卢曼在国际社会理论界被接受的程度和知名度,仍远不及哈贝马斯。当然,最近几年,情况已经慢慢地发生了改变,越来越多的卢曼著作正在被翻译成英文出版,而英美与德国各大学以卢曼社会理论为背景或主题的研讨班,也方兴未艾。

的确,以笔者最近五六年学习卢曼系统论法学的经历而言,其中的艰辛和努力,实在难以与外人道也。然而,越是深入卢曼的系统论法学内部,尤其是透过各种被严格鉴定内涵外延的系统理论的概念,逐渐深入卢曼深层的理论动机和问题视野时,那种豁然开悟与一目了然的震撼与激动,恰恰是对这种艰苦与努力最恰当的回馈。在对卢曼的系统论法学与一般社会系统理论的艰难研读中,笔者逐渐形成了一种强烈的感觉,即卢曼的系统论法学与一般社会系统理论,对于长期困扰于中国法治转型问题的中国法律理论界具有重大而直接的借鉴意义,对于解决当下中国法治建设过程中所面临的诸种疑难杂症,也有着不可替代的启发性,能够为法治建设的中国难题提供许多直接有用的观察角度与理论工具。

卢曼的社会系统理论最大的一个可能的贡献,恰恰就在于对发端于西方中世纪中后期(最早或许可以追溯到公元 11 世纪末到 12 世纪初),以古希腊的哲学、古罗马的政治与法律遗产,以及基督教思想与西欧封建制度为背景的现代性经验进行了最激进,也许也是最正面和最全面细致的基于内在视角的总结与反思。卢曼对西方现代性经验的这种反思与总结当然是在整个西方社会理论与概念系统的基础上进行的。就问题意识而言,通过对帕森斯的社会系统理论的继承与改造,卢曼继承了早期经典的社会理论家涂尔干与韦伯的问题视野,并对这三位经典的社会理论家的理论进行了激进的改造与扬弃。就内部理论构建而言,卢曼工作的基础是胡塞尔的意识现象学,与同时代最重要的哲学家与社会理论家海德格尔、福柯、利奥塔、列维纳斯、德里达、哈贝马斯等共同分享了胡塞尔意识现象学,同时也共同地对胡塞尔的意识现象学在解释社会维度时的根本缺陷表示不满,因此共同构成了欧洲战后的哲学与社会理论的理论主流。此外,卢曼的社会系统理论还广泛地吸收了马图拉纳与瓦瑞纳的生物自创生理论以及斯宾塞-布朗的形式法则理论等现代生物学与逻辑学的研究成果。

简而言之,卢曼的一般社会系统理论将西方现代社会描述和理解成一个功能分化的社会,整个欧洲社会演化的路径则是分成三个阶段,即条块式分化的社会、阶层式分化的社会与功能分化的社会。社会复杂性程度的演变则构成了社会演化的主要动力。也就是说,所有的社会系统都存在于多维度的社会环境之中,因此必须应对社会环境的各种复杂性压力。因此,为了在一个多重复杂性的环境下生存,社会系统必须发展出一种系统内部的机制以降低系统生存的环境的复杂性。当旧的系统内部机制在日益增加的环境复杂性压力下崩溃时,具有新的内部结构与机制的社会系统就会取而代之,从而形成新的社会系统的范式。现代功能分化的社会中,政治、法律、经济、宗教、教育等诸社会功能子系统是通过一种自反性的,具有运作封闭性和认知开放性的社会系统结构来应对现代风险社会日益增强的复杂性压力的。因此,卢曼的系统论法学认为,现代法律作为功能分化的现代社会的一个子系统,其系统内部的结构与作为其环境的社会系统并不存在一种点对点的直接对应的反应机制,法律系统要维持自主运作,就必须建立起必要的运作性封闭,从而使得法律系统内部与其环境建立起一种不对称的复杂性程度。借助于生物学的概念来说,只有当社会的变迁能够被法律系统的触角所感知,并且法律系统通过内部的程序化运作对外在环境的变迁进行内部消化与处理之后,法律系统才能够通过内部结构的改变对外部环境的变迁做出适应。

因此,系统论法学非常精确地指出了法律系统与其社会环境之间非常复杂和微妙的互动关系。在系统论法学那里,法律系统拥有相对于社会系统的运作自主性,但并非对社会的变迁无动于衷,而是通过内部的程序性运作发展出一种认知的开放性,从而对外部社会环境的变迁保持足够的敏感性和适应性。在系统论法学看来,法律的这种相对自主的封闭化运作,使得现代法律系统拥有一种任何其他社会系统都无法替代的功能,即现代抽象社会的运作赖之以为基础的,对人际交往和系统间交往而言具有基础性意义的相互之间"稳定的对预期的预期"。

卢曼的系统论法学与一般社会系统理论有助于我们正确认识当下中国正在进行的社会转型的性质以及现代法律系统建构对于此种社会转型所具有的可能意义。首先,我们要认识到,随着中国日益融入世界社会(Weltgesellschaft),中国社会自身也变得越来越多元与抽象,越来越依靠于各种抽象社会的复杂系统的程序化运作来应对各种各样的现代性挑战。[1] 其次,我们更要认识到,如果无法建立起足够稳定和自主运作的抽象法律系统,则这种抽象社会之建立与维持的根基,即"自我"与"他我"之间稳定的对预期的预期就难以建立。再次,考虑到当下中

---

[1] 中国开启于20世纪70年代末80年代初的以"改革"与"开放"为关键词的牵涉政治、经济、文化、社会的全方位的改革过程,通过经济发展优先的战略,取得了举世瞩目的成就,也大大地消除了新中国成立以来所面临的贫困和社会发展停滞等问题。然而,经济的发展带来了利益主体和利益冲突的多元化,又极大地刺激了社会的变迁,使得社会变得日益复杂与多元,从而对政治与法律的社会治理提出了更加尖锐的挑战。然而,当下我国政府对日益升级的社会复杂性的准备和应对却明显不足,由此形成的复杂性负担已经日渐侵蚀我国政府统治的合法性。对此,韦伯曾经在《法律社会学》中做出了非常明确的揭示:"基于市场共同体关系与自由契约的经济理性化,以及借着法创制与法发现来调节利益冲突的日益复杂化,在强烈地激发法律分门别类地理性化发展,并且促使政治团体往组织化机构的方向发展。"韦伯:《法律社会学》,第26页。

国社会正在经历的激烈社会变迁,而作为一种现代社会功能分化系统之一的现代法治系统的建设,恰恰就是这种社会变迁的一个重要组成部分,因此这个建设中的现代法治体系的封闭性(自主性)就不能过于绝对,必须具备最基本的回应社会转型与变迁的能力。如果这个正在建设中的法治体系无法有效地回应转型社会的激烈变迁所提出的挑战,那么现代法治体系的必要自主性也就无法有效地建立起来,更勿论其所承担的"确保预期的预期"的基本功能的实现了。

因此,如何处理现代法律的自主性与回应性,对于中国法治建构来说,就具有核心的重要性。卢曼的系统论法学所区分出来的运作封闭性与认知开放性,对于如何处理中国法治建设的运作封闭性(法律的自主性)与认知开放性(法律回应社会变迁的能力)之间的关系,提供了极好的理论借鉴。

二、托依布纳的社会法理学

托依布纳与卢曼有着亦师亦友的学术友谊。2012年应张骐教授之邀,托依布纳访问北京大学法学院,并先后以"匿名的魔阵"和"自我颠覆的正义"为主题做了两场学术演讲。我与我的导师高鸿钧教授也有幸受邀参加托依布纳的第二场"自我颠覆的正义"的演讲,并在演讲结束后,与托依布纳就演讲中提到的相关问题进行了交流。在谈到自己的学术研究与卢曼的系统论法学的关系时,托依布纳认为虽然自己没有直接受教于卢曼,但自己的学术思想受到卢曼理论的深刻影响;同时也表示,当年卢曼曾经鼓励自己不要亦步亦趋地跟随他的理论思考,而应该有自己的研究视野和判断。托依布纳因此幽默地说,自己是卢曼的一个不那么安分的学生,并没有完全按照卢曼的理论来开展自己的研究,而是根据自己的观察和问题意识,做了很多开拓性的研究,因此既可以说丰富了卢曼的大量理论,同时也确实存在着许多与卢曼理论不完全一致的地方。

托依布纳目前任教于德国法兰克福大学法学院,学术经历和学术背景相当多元和复杂。托依布纳早期求学于哥廷根大学法学院,1970年在图宾根大学法学院获得博士学位,1974年在加州大学伯克利分校学习一年,获得了硕士学位,1977年通过教授资格论文答辩,成为法学教授,此后先后任教于不来梅大学、意大利佛罗伦萨的欧洲大学学院、英国伦敦政经学院和法兰克福大学法学院。国际化和多元的学术经历恰恰对应着托依布纳不按常理出牌,以私法理论起步,却又醉心于法的社会理论研究,具有开阔的比较法和国际视野的学术风格。

对托依布纳的大名,国内法学界早已不陌生。他的一篇早期成名作与代表性著作,即《现代法中的实质要素和反思要素》①与《法律:一个自创生系统》②,分别被翻译和引入中文世界,已经10年有余,国内法学界也早已出现不少针对这两部作品的初级研究性文献。通过这两个作品,托依布纳被国内法学界看作是法的系统理论的重要代表和后自由主义法时代最重要的法律理论家之一。

---

① 〔德〕托依布纳:"现代法中的实质要素和反思要素",矫波译,载《北大法律评论》第2卷第2辑,第579—632页。
② 〔德〕托依布纳:《法律:一个自创生系统》,张骐译,北京大学出版社2004年版。国内法学界对于该书在整个法的系统理论中的认识与理解并不清晰。该书译者更注重的是该书对于国内学界理解法的系统之基本概念的"启蒙"作用,而对于该书作者意图偏离卢曼之法的系统而独树一帜的创新苦心,则不够重视。此外,国内学者评论或引用该书时,也多是从说明和阐释法的系统理论的一些基本概念的角度切入的,同样对该书在法的系统理论的整体脉络中的位置,以及该书在托依布纳著述脉络中的位置,缺乏体察。这不能不说是一件遗憾的事情。

略微令人感到遗憾的是,这两个作品都是托依布纳较早时期(20 世纪 80 年代末左右)的作品,而此后托依布纳近 20 年的法律理论研究,既更加丰富和深化了其中的核心思想,也部分地扬弃了这两部作品中的一些重要内容。尤其重要的一点是,作为法的系统理论的最重要和最具原创性的理论家,卢曼一直到 20 世纪 90 年代中后期,才写作出版了真正代表其成熟时期法律思想的法的系统理论最重要的代表作,即《社会中的法》,而一直将卢曼的社会系统理论当作自身理论研究最重要的支撑理论与灵感来源的托依布纳,受卢曼成熟时期的法律理论思想影响之深与之巨,使得托依布纳早期理论中的一些核心概念甚至基本消失于后期的写作之中。20 世纪末到 21 世纪初的十多年里,托依布纳的理论写作一直集中在如下两个领域,即对卢曼作品进行深度解读和精微阐发,并在一般理论的层面发展和改革法的一般系统理论;另外,通过各种尝试,将法的系统理论运用到部门法研究与个案研究之中,其中最重要的一个尝试,就是创造性地将卢曼的法的系统理论运用到法律全球化问题的研究之中。因此,通过一本译著将托依布纳前后期法律理论研究的连续性与变化体现出来,勾勒出托依布纳法律理论研究的全貌,对于国内读者了解托依布纳的整体法律思想,促进国内对法的系统理论最新研究成果的理解与接受,就显得很有意义了。下面,笔者将结合托依布纳最近工作的这两个重点,简要地介绍一下托依布纳后期法律思想的两个重点。

(一) 对系统论法学的发展与贡献

如果仅仅将托依布纳看作卢曼系统论法学的忠实阐释者,就很难把握两位系统论法学思想家之间的真正关系,对托依布纳来说也是不公平的。的确,卢曼比托依布纳年长17岁,早在20世纪60年代末70年代初,卢曼就因与哈贝马斯的论战而闻名于欧洲理论界。① 1974年,卢曼的《法律系统与法教义学》②出版,卢曼在整个西方的法律理论论辩中的立场和思路已经清晰可见,托依布纳当时则刚刚在加州大学伯克利分校跟随法社会学研究的伯克利学派攻读硕士学位。当然,事后来看,这两件事情汇合到一起,对托依布纳产生了重要的影响。因为当时恰恰是伯克利学派的代表人物,即诺内特与塞尔兹尼克理论创造最活跃的时期,而诺内特与塞尔兹尼克恰恰是当时美国强调法律的社会效果与政策考量的大氛围中,相对比较强调法律的规范性与社会性面向并重的一支法的社会科学研究力量。③ 诺内特与塞尔兹尼克著名的"压制型法—自治型法—回应型法"的范式区分,④也构成了托依布纳的理论法社会学研究的重要背景。而卢曼于1974年出版的《法律系统与法教义学》则令人印象深刻地强势回应了当时流行的美国法律现实主义与德国利益法学的权衡理论,强调法律只能通过系统内部的运作对外部世界的变迁进行有限度的回应,因此,法律系统的社会适应性并不意味着对传统的法律教义学的突破,而必须在法律教义学的帮助下才能够实现。对法律与社会变迁的适应采取这样一种立场,与当时流行的美国法律现实主义与德国利益法学的理论旨趣,已经大相径庭,在当时如果不谈点利益权衡、法的交叉研究就会显得有些落伍的潮流下,也显

---

① Sehe Niklas Luhmann & Jürgen Habermas, *Theorie der Gesellschaft oder Sozialtechnologie—Was leistet die Systemforschung?*.
② Niklas Luhmann, *Rechtssystem und Rechtsdogmatik*.
③ 参见季卫东:"从边缘到中心:20世纪美国的'法与社会'研究运动",载《北大法律评论》第2卷第2辑,第557—560页。
④ 参见〔美〕诺内特、塞尔兹尼克:《转变中的法律与社会》,张志铭译,中国政法大学出版社1994年版。

得相当地特立独行和不同凡响。当然,当时卢曼的社会系统理论大厦还远称不上成熟,诸如"自创生""二阶观察"等关键概念仍未出现在卢曼的理论之中。但卢曼对法律教义学的概念建构的这种认识及其在法的社会适应性方面的贡献的认识,已经有了日后运作封闭性与认知开放性之区分的影子了。

塞尔兹尼克与诺内特提出的回应型法的概念与卢曼提出的系统/环境的二分,这两种理论的历史效果必须要放到整个西方法律思想史的大背景下,才能够看清楚。20世纪早期,也就是韦伯、凯尔森所处的那个时期,是一个重要的分水岭。韦伯是这个关键点中的关键人物。在《法律社会学》中,韦伯用理性/非理性、形式/实质这两对理想类型作为概念工具来分析西方法律的独特性问题。这两对概念可以组合成四种可能性,即形式理性、实质理性、形式非理性、实质非理性。其中最实质的区分,就是理性/非理性的区分。所谓的形式非理性,按照韦伯的理解,就是"为了顺当处理法创制与法发现的问题而使用理智所能控制之外的手段,譬如诉诸神谕或类似的方式"①,典型的代表就是原始人的神明裁判;而所谓的实质非理性,按照韦伯的理解,就是"全然以个案的具体评价——无论其为伦理的、感情的或政治的价值判断——来作为裁判的裁决的基准,而非一般的规范",最典型的就是伊斯兰文化中的卡迪司法,中国的传统法也被看作是实质非理性法;②所谓实质理性,则是"特具别质的规范——有别于通过逻辑性的通则化(亦即经抽象的意义解明)而得来的规范——对于法律问题的判定理应具有影响力",最典型的是印度的法律。③ 最重要的是形式理性,在韦伯看来,形式理性

---

① 〔德〕韦伯:《法律社会学》,第29页。
② 同上。
③ 同上。

具有两种表现形式:一种是与原始法联系在一起的形式理性,即各种直观的形式性,例如签名盖章、绝不会弄错的象征性行为,现代法律的这种严苛的形式性,或许来自于早期神明裁判的神学渊源;在韦伯看来,现代法律更重要的形式性则是另外一种形式性,即"法律上重要的事实特征借着逻辑推演而解明含义,并且以此而形成明确的、以相当抽象的规则的姿态出现的法律概念,然后被加以适用"①。这种形式理性被看作是西方现代法律的根本性特征,以区别于其他文化的实质理性法、形式非理性法、实质非理性法。韦伯更是将这种形式理性法看作是唯有西方(西欧)出现现代资本主义的最重要的原因之一。就裁判问题而言,形式法律体系强调法律规范对法官的拘束作用,强调法律规则的明晰性与稳定性,同时也强调法律与政治、道德等其他社会规范之间的区别与相对自主性,对应的则是19世纪以来的法律的实证化倾向。奥斯汀的法律实证主义理论与凯尔森的纯粹法学,都表明了这种形式理性法的自我理解。②

然而,韦伯对西方现代法律的这种理解遭遇了两个困难:首先,以遵循先例原则与类比推理为特征的英美普通法并不完全符合他的形式理性法特征,但英美显然是最典型的资本主义社会;其次,韦伯也看到当时西欧的形式理性法已经出现了重新实质化的倾向。韦伯所提出的

---

① 〔德〕韦伯:《法律社会学》,第29页。
② 值得一提的是韦伯与凯尔森关于法律社会学内容的不同理解。按照凯尔森的说法,法律社会学研究的是法律的"实效性",而韦伯的《法律社会学》其实关注的是现代西方法律所独有的文化的与社会学的渊源与背景。因此,韦伯的法律社会学能够看到现代西方法律的形式化特征,以及当时已经形成趋势的法律实质化的回潮,现代西方法律的形式化特征与日趋明显的法律重新实质化之间,构成了一种深刻的矛盾。这种深刻的矛盾,恰恰是卢曼的《法社会学》与法的系统理论要处理的一个重要主题,而凯尔森的理论概念设置则只能够执其一端,与偏执另一端的利益法学构成了非此即彼的对峙,反而错失了问题解决的可能性。

这一套概念设置，无法解释这两个现象。前者作为韦伯社会理论中的英国法问题，已经得到了社会理论研究的足够研究与关注；而后者，即形式理性法的逐渐实质化，在20世纪的中叶逐渐变成了西方法律思想的主流，成功地取代了德国的概念法学范式与美国的形式主义法学范式，而演变成了德国的利益法学运动与美国的现实主义法学运动。20世纪中叶恰恰也是西方社会激烈变迁的时期，传统的形式法律体系似乎无法适应社会的激烈变迁，法官不得不在形式法之外，通过个案权衡的方式来寻找正当的个案判决；同时，罗斯福新政之后日渐增强的福利国家趋势，也使得国家权力日益挣脱形式法治的束缚，而更多地运用各种政策性工具来回应社会的变迁。

强调个案裁判的结果取向和利益权衡，突出了法官的地位与作用，增加了法官的权力，短期内确实大大增强了现代法律的社会适应性，但将其内在逻辑推到极致，必然会导致对形式法律体系的解构，从而走向一种法律的虚无主义。这恰恰是美国法律现实主义自霍姆斯、卡多佐，中经卢埃林与弗兰克，一路的激进化，最后演变成批判法学的根本原因。卢曼显然已经洞察到法律现实主义与利益法学这种内在的逻辑悖论，因此他希望在新的知识语境与思想潮流中，重新捍卫韦伯形式理性法的基本立场。

1972年的《法社会学》①就是体现卢曼法律理论旨趣最鲜明的作品。该书最核心的关键词，就是法律系统的功能。卢曼认为，现代法律的唯一功能乃是维护和稳定社会"对预期的预期"，而预期的预期之稳定之所以重要，是与现代社会的功能分化问题联系在一起的。也就是说，法律系统的功能使得法律系统必须拥有一种相对于社会环境的结

---

① Niklas Luhmann, *Rechtssoziologie*, 2 volumes, Reinbek: Rowohlt, 1972.

构性封闭,用我们所熟悉的话说,就是法律系统的相对自主性。然而,法律系统的这种相对自主性,并不能用 19 世纪的"实证法"的概念得到解释,而必须通过功能—结构主义的系统/环境的区分来解释。从这个角度来看,卢曼接受了 19 世纪经典理论家的问题意识,但扬弃了他们的理论模型,并且用更具复杂性与社会适应性的理论模型覆盖与消融了 19 世纪经典法律理论家的理论模型。

更具体地说,卢曼区别于 19 世纪经典理论家的地方在于,卢曼承认 20 世纪的主流法律理论家对 19 世纪经典法律理论家的批判的正确性,认识到 19 世纪经典的法律实证主义理论无法解释 20 世纪法律重新实质化的潮流,无法解决形式法律对激烈变迁的社会现实的适应性问题。因此,卢曼既要承认法律系统的相对自主性规定了法律系统的存在方式,同时也要在此前提下发现法律系统的社会开放性问题。

卢曼对法律现实主义与利益法学最尖锐的批评,恰恰是它们的法律工具论,即将法律看作是社会改造的工具——霍姆斯、卡多佐、庞德、耶林等恰恰是用这个理由来支持对形式法治的突破的。卢曼则认为,这种将法律当作社会改造与政策调控的工具的想法,最大的错误在于没有认识到"功能"与"功效"的区分。卢曼认为在功能分化的社会中,就法律、政治、经济等现代社会的复杂巨系统而言,存在着三种系统指涉:就其与全社会的关系而言,是功能;就其与其他子系统的关系而言,是功效;就其与自身的关系而言,则是反思。①

功能系统之所以能够从全社会分化出来,主要是由于其在全社会层面承担了独特的功能。功能的专殊化因此构成了功能系统的基本规定性。同时,由于诸功能系统之间彼此互相为对方的社会内环境的一

---

① Sehe Niklas Luhmann, *The Differentiation of Society*, S. 36.

部分,并且往往相互之间成为对方比较稳定的外部环境的一部分,因此,功能系统之间形成了结构耦合的关系,共同演化,形成某种结构性飘移的效果。因此,功能系统之间往往互相承担着某种功效。① 例如,政治系统通过决策,能够修改法律的内容,从而实现某种政治意志和目标,这就是所谓的调控。功效当然也是重要的,因为功效的问题不解决,累积到严重的程度,很有可能会影响功能的稳定性。但如果将功能与功效混同,或者即便不混同,而将重点放到法律系统的功效层面,就很容易误解现代法律系统与社会、其他功能子系统,以及自身之间的关系问题。所以,通常人们津津乐道的功能失调的说法是不准确的,如果法律系统无法履行自身的基本功能,就不可能从社会中分化出来。② 卢曼关于功能和功效的区分,对于当时各种理论流派将法律作政策导向与工具主义理解的做法,提供了最直接和深刻的批评。

托依布纳或许是少数较早地领悟到卢曼的问题意识与理论努力之意义的人。而究竟是由于托依布纳借助于加州伯克利学派的理论而理解了卢曼,还是借助于卢曼的法的系统理论而了然加州伯克利学派的理论路径,实在是不得而知。从托依布纳后来的理论发展脉络来看,前者的可能性更强一些。也许加州伯克利学派的理论作为托依布纳攀爬的一个阶梯,使得托依布纳接近卢曼的问题意识与理论建构成为可能,而一旦托依布纳理解了卢曼的系统理论之后,居高临下地看加州伯克利学派理论,其缺陷反而变得一目了然了。"反思性的法"这个概念暗含的对"回应性的法"的批评与修正,实在精彩无比。

无论如何,卢曼的社会系统理论建构的努力,尤其是卢曼在一般社

---

① Sehe Niklas Luhmann, *The Differentiation of Society*, S. 37.
② Sehe Niklas Luhmann, *Das Recht der Gesellschaft*.

会系统理论框架下对当时重大的法律理论问题的思考，与加州伯克利学派对法律规范与法律的社会适应性的研究汇合在一起，成就了托依布纳早期的成名作，即《反思性的法》一文。就该文的论述思路来看，托依布纳基本上是在《转变中的法律与社会》的语境下对法律的开放性与社会适应性进行讨论的。或者说，这更像是一位德国的法学理论研究者写给美国法学理论研究界同行的作品。该文的前部分系统地探讨了加州伯克利学派关于法的三个范式的划分在整个现代西方法理学中的地位与贡献，并且细致地讨论了这样一套理论模型可能存在的不足，尤其是其提出回应型法时，虽然较现实主义法学与利益法学而言，更加重视法律系统的内生因素，但仍然没有区分法律的政策性回应与反思性回应。所谓反思性回应，就是借鉴了卢曼关于现代社会功能子系统与自身关系的思考。同时，加州伯克利学派理论的另外一个问题，就是仅仅重视法律内生变量的变化导致法律范式的转变，而没有或者根本缺乏能力对外在于法律的社会本身的转型及其对法律范式转变的影响提供清晰的说明。在托依布纳看来，两位德国的社会理论家，即哈贝马斯与卢曼的理论，恰恰在这方面提供了非常有吸引力的理论思路。

不过，在《反思性的法》里，托依布纳更强调哈贝马斯在《重建历史唯物主义》中提出的社会变迁理论，而仅仅将卢曼的社会系统理论看作是对哈贝马斯的一个有益的补充。1982 年，卢曼的社会系统理论日渐成熟，两年以后他的社会理论集大成之作《社会系统》[①]的出版标志着卢曼社会系统的全面成熟，此后的一系列著作则是卢曼系统理论在各个领域的细节展开。因此，虽然托依布纳此时对卢曼社会系统理论的一些成熟概念还不甚了了，但他对卢曼社会系统理论中对社会结构演变

---

① Niklas Luhmann, *Soziale Systeme: Grundriß einer allgemeinen Theorie*.

的逻辑说明以及范式的划分,已是相当清楚。托依布纳对卢曼社会系统理论的援引,既体现在卢曼早期《法律系统与法教义学》里的理论旨趣,同时也更具体地援引了卢曼关于社会演变的复杂性理论。托依布纳关于《转变中的法律与社会》的精彩分析,为卢曼的社会系统理论进入欧美法律理论视野做了一个非常成功的理论铺垫。

如果说,《反思性的法》乃是托依布纳早期理论法律社会学代表作的话,那么自卢曼的《社会系统》出版以后,包括其间涉及法律的多部作品《对法律的社会学观察》[1]《生态沟通》[2]以及 1984 年前出版的《通过程序的合法化》[3]《法社会学》[4]和《法律系统的分出》[5]构成了托依布纳构造自身系统论法学的重要智识背景。托依布纳在 20 世纪 80 年代末的几部重要作品,包括已被翻译成中文的《法律:一个自创生系统》及收入文集的《企业社团主义:新工业政策与法人的"本质"》,都体现了这一阶段托依布纳研究的重要特征。《企业社团主义:新工业政策与法人的"本质"》,乃是托依布纳将系统理论贯彻到更为具体的法律教义学中具体概念研究的重要尝试,同时在整个托依布纳的法的社会理论的思考中,也占据着重要地位。托依布纳的社会性宪法的思想,在此文中已经初见端倪。此文将社会系统理论的视角应用到对法人性质的研究之中,强调与法人概念对应的"社会本体"乃是一种自我指涉地建构起来的、具有自我描述能力的社会系统,这样一种法人观念,已经非常接近

---

[1] Niklas Luhmann, *Die soziologische Beobachtung des Rechts*, Frankfurt: Metzner, 1986.
[2] Niklas Luhmann, *Ökologische Kommunikation: Kann die moderne Gesellschaft sich auf ökologische Gefährdungen einstellen?*, Opladen: Westdeutscher Verlag, 1986.
[3] Niklas Luhmann, *Legitimation durch Verfahren*, Neuwied/Berlin: Luchterhand, 1969.
[4] Niklas Luhmann, *Rechtssoziologie*, 2 volumes, 1972.
[5] Niklas Luhmann, *Ausdifferenzierung des Rechts: Beiträge zur Rechtssoziologie und Rechtstheorie*, Frankfurt: Suhrkamp, 1981.

于托依布纳后来借用电影《黑客帝国》(Matrix)所描述的匿名魔阵(Matrix)的意象,而这种匿名魔阵恰恰是托依布纳此后提倡的社会宪政理论所要处理的主题。

《法律:一个自创生系统》则展现了托依布纳更为宏大的理论抱负,在该书中,托依布纳试图以卢曼的系统论法学为背景和依托,发展出区别于卢曼理论的具有自身特色的系统论法学版本。在该书中,托依布纳尤其注重法律系统与其他社会系统之间的关系,"超循环"概念的引入,以及在此基础上对卢曼的系统论法学的修正,就最典型地体现了这一点。① 尽管卢曼的法社会学代表作《社会中的法》正式出版后,超循环的概念基本上就消失在托依布纳的理论法社会学作品中,但托依布纳对法律系统与其他社会系统之间关系的热情关注,尤其是强调法律系统与其他社会系统在结构耦合过程中会产生一个从边缘到中心的"规范生产机制"以及产生"系统际的冲突法"的思考方向,一直没有改变。因此,《法律:一个自创生系统》仍然是理解托依布纳此后法律思想的一把重要的钥匙。

将托依布纳中期的理论作品与卢曼的作品进行比较,也是一件相当有趣的事情。卢曼在《法社会学》之后,其法律理论的问题意识和根本立场已经相当清楚。接下来的工作乃是建构一套更加成熟的理论模型来使得这种问题意识更加清晰化,同时更强地论证自身的理论立场。将马图拉纳与瓦瑞纳的生物自创生理论扩展到社会系统的层面,同时在胡塞尔的意识现象学的基础上提炼出"沟通"的概念,将其当作社会

---

① 参见〔德〕托依布纳:《法律:一个自创生系统》。遗憾的是,尽管卢曼《社会系统》一书早已于1984年正式出版,但托依布纳在写作《法律:一个自创生系统》时并没有注意到这本书的重要性。查证该书的参考书目可以发现,卢曼理论的奠基之作《社会系统》并没有对《法律:一个自创生系统》产生任何的影响。

系统理论的基本单位，在此基础上提出一套全面系统的社会系统理论，描画社会系统的运作性封闭与认知性开放，使得卢曼的这项艰巨工作最终完成。这是卢曼在《法社会学》之后系统论法学的发展路径。托依布纳则沿着另外一条道路前进。卢曼理论的两个重点，即坚持法律系统的功能在于"稳定对预期的预期"与通过自创生理论说明法律系统的运作性封闭与认知开放性，只有后者得到了托依布纳的接受与运用，而前者，作为卢曼系统论法学思考的起点和前提，则被托依布纳忽略或者放弃了。从这个角度来看，卢曼理论中出现的自创生、悖论、代码等概念与理论意象让托依布纳有些着迷，并且看到了自身理论发展的可能性。在托依布纳看来，卢曼关于法律功能的论述使得卢曼带有过于坚硬的实证化倾向，从而忽略了某些灰暗的中间地带。因此，他的理论支点处于某种靠近卢曼，但又不那么极端的立场上。因此，不同于卢曼，托依布纳承认存在着某些半自创生的社会系统，更加关注自创生的社会系统之间的罅隙与缝合。这就是托依布纳的"超循环理论"的独特之处。

1993年，代表卢曼成熟时期对法的系统理论的最终观点的《社会中的法》出版之后，托依布纳对卢曼的系统论法学终于有了最彻底与清晰的理解。此后，托依布纳对系统论法学的阐释与发展，基本上就以彻底接受该书的核心概念为基础进行。此后，托依布纳对系统论法学的贡献主要集中在两个方面：一方面是对卢曼的系统论法学的精细阐释与深度解读；另一方面则集中于将卢曼法的社会系统进行符合自己需要的修正，并适用到法的全球化理论的研究之中。

这一时期，托依布纳仍然是西方法律理论领域中卢曼系统论法学最重要的对话者与阐释者。与其他卢曼的社会系统理论阐释者不同的是，托依布纳并不着眼于对卢曼系统论法学的教科书式的介绍与分析，而是集中抓住卢曼系统论法学中最关键的概念与问题，通过将卢曼的概念和思考与法学理论领域中其他理论家对该问题的分析进行比较，来显示卢曼系统论法学的特色与深刻洞察力。其中，《法律异化》一文延续托依布纳之前的理论旨趣，旨在关注法的系统理论视野下法律系统的双重封闭性（与认知开放性相对的运作封闭性，以及认知层面存在的相对封闭性）以及法律系统与社会系统之间的相互关系，颠覆的是自埃利希以来广泛对法律系统异化社会生活世界的指责，乃是对卢曼著名的"第12只骆驼"故事及其相关论著的精彩阐发，读来妙趣横生。该文的后半部则在卢曼的基础上进一步发挥和阐释，在此引入托依布纳《法律：一个自创生系统》中的思路，强调在法律系统与社会系统的耦合结构中，存在着法律对社会生活世界的异化与其他社会系统对法律系统的异化，并强调其中存在着一个"规范的生产机制"。《礼物的经济学》一文则将卢曼的社会系统理论与德里达的解构理论进行比较，着重阐释的是作为法律无基础的基础，即"悖论"，以及两位社会理论大家对法律系统的此种根本悖论的不同应对，这对于理解卢曼社会系统理论的胡塞尔哲学背景非常有助益，也很能够澄清系统论法学自身的限度与"盲点"。《自我颠覆的正义》则是托依布纳2008年的新作，既是对卢曼的"正义"作为法律系统偶联性公式这一命题的精微阐发，同时也是对卢曼理论的委婉修正，强调了现代法律系统中的"正义"的自我颠覆的性格。

我们看到，虽然在《反思性的法》中，哈贝马斯与卢曼都构成了托依布纳论述的支撑理论，并且卢曼还仅仅被看作是哈贝马斯理论的一个补充，但此后托依布纳对卢曼理论的吸收和倚重越来越大，而哈贝马斯的理论则基本上消失在托依布纳的理论之中。可以说，托依布纳乃是卢曼法的系统理论最重要的阐释者与对话者，也是其最大的宣传者。

因此,托依布纳在法的系统理论内的相关研究,也就构成了我们了解法的系统理论的问题意识、分析方法、理论结构与关键概念最重要的参考和指引之一。

(二) 法律全球化研究

前已述及,托依布纳对卢曼所奠基的系统论法学研究的最大贡献,除了对卢曼的系统论法学进行精彩阐释、评论与发展之外,便是将法的系统理论运用到法律全球化问题的分析之中而产生的重要理论成果。这或许是托依布纳在卢曼之后,对系统论法学的发展最重要的发展和贡献。

《"全球的布科维纳":世界社会的法律多元主义》一文代表着托依布纳法律全球化研究的总纲领。托依布纳对法律全球化的根本观点是全球化并未带来多数全球化理论家所设想的全球法律的统一,而是全球范围内法律更深刻的趋异状态。其根本原因则在于法律系统与政治系统、经济系统各自不同的运作逻辑,使得法律系统形成了独立的全球化形态。构成托依布纳此一论断的基础现象则是全球商人法的复兴,形成了一个迥异于以民族国家为局限、以政治等级结构为基础的实证法形态的商人法。新的全球商人法乃是一种由商事仲裁为表现形态的"软法",商事仲裁直接依据国际商事合同进行裁判,如果从经典的以法律渊源等级效力为核心的法律理论来看,就很难认定其为一种法律。但是如果从系统论法学的视角观察,国际商人法更典型也更极端地体现了法律的代码化特征:国际商人法通过自身代码化的运作来自主地界定自身的边界,从而形成一种自主运作、自主扩张的自创生形态。由此,托依布纳将法的系统理论与以民族国家为依托的经典的法律理论之间的论辩战场扩展到了全球领域,并且认为被传统法律理论视为不成熟和处于初级形态的国际商人法,恰恰是法律发展的最新与最高级的形态。

同时,由国际商人法的例子,托依布纳进一步推论出如下结论:未来的全球法律将逐步超越民族国家的界限,从而形成新的全球法律统一秩序,但是,这种全球法律的统一秩序仍然存在自己的界限,即专业的界限,从而形成一种全球法律既趋同,又趋异的形式。趋同的是突破民族国家界限后的全球法,诸如全球卫生法、全球商人法、全球人权法等,趋异的则是这些全球卫生法、全球商人法、全球人权法等都有着完全自主的演进路径,拥有各自的裁判机构和裁判方式、法律渊源,甚至形成了相互冲突的局面。《组织-冲突:在全球法的片断化中对法律统一性的徒劳追求》就更加深入地描述了全球法的这种片断化和多元化的局面,而《匿名的魔阵:跨国活动中的"私人"对人权的侵犯》则描述了这些片断化的全球法相互之间的冲突所构成的类似于全球法的"交通事故"的后果。这一后果则又进一步地提出了一种"全球宪政"的要求。因此,全球化的深化进一步地提出了脱离民族国家限制的宪政问题。《社会宪政:以国家为中心的宪法理论之外的选择》进一步地从理论层面解决这个全球宪政的问题。这就扬弃了传统的以民族国家为限界,以限制政治权力为核心的宪政模式。在新的全球法律秩序中,新的全球宪政机制并非是哈贝马斯所设想的全球宪政模式,而是一种以制约各种匿名的魔阵为核心内容的宪政模式。这些匿名的魔阵都是某种片断化的理性的最大化,例如政治系统的权力逻辑的最大化及其所遭遇的抵抗,就是经典的政治宪政机制形成的历史背景。从这一幅图景之中,我们又可以看到《企业社团主义:新工业政策与法人的"本质"》一文的影子。

但这仅仅是托依布纳所描绘的法律全球化的一部分图景。也许托依布纳自身并未意识到,他的理论还衍生出了另外一种法律全球化的图景,而吊诡的是,这种法律全球化图景同样是托依布纳自身基础理论内部逻辑发展的结果。这幅图景是托依布纳在处理以法律移植问题为主题的比较法研究过程中所形成的。《特异的生产体制:资本主义变体中经济与法的共同演化》一文是文集中收入的最早一篇就该主题展开讨论的文章。该文所关注的问题是比较法领域中广泛被关注的法律移植的问题。引起托依布纳兴趣的是如下这个现象,即随着各种远程通信技术和交通技术日新月异的发展以及经济全球化的展开,各国之间的联系和交往日益密切。但是随之而来的并非是各国法律制度的日益趋同,相反,各国的法律制度形态仍然保持着一种顽固的地方性,全球的法律发展并非是许多预言家所设想的不同国家法的相互同化过程,而是产生了更加深刻的趋异的形势。对于法律全球化的反常趋势,各种既有的理论都无法做出令人信服的解释。甚至卢曼本人的法的社会理论,也无法对此做出明确的解释。

托依布纳认为自己于20世纪80年代末90年代初在卢曼法的社会理论的基础上所开辟的独特的理论探索,可以为这一现象提供有益的解释。正如上文所述,相较卢曼的法的系统理论,托依布纳的自创生法理论更加注重不同系统之间的结构性耦合关系,他的理论关键词"超链接"也是基于此一独特的理论关怀而提出来的。对托依布纳来说,不同系统之间的这种结构耦合关系,虽关乎社会系统理论,以社会系统的存在为基础,但又不是社会系统。托依布纳认为不同系统之间的这种联系,可以用一个概念,即"生产体制"来描述。简单地说,生产体制即是各个系统,例如法律系统、经济系统、教育系统等所形成的稳定的相互联系又相互差异的平衡状态。这种系统间稳定的平衡状态意味着,当接受国的这种生产体制处于稳定的平衡状态时,就很难通过法律移植的方式,简单地将另外一个社会的某个单一制度直接移入这个社会的系统平衡之中。

《特异的生产体制:资本主义变体中经济与法的共同演化》既是《法律:一个自创生系统》一书在具体个案分析中的展开,同时也构成了托依布纳此后一系列的法律全球化讨论的基础和起点。也可以说,托依布纳对卢曼法的系统理论的研究与发挥,通过这篇文章构成了他整个法律全球化问题探讨的理论基础。两年后的另外一篇重量级论文《法律刺激:英国法中的诚信条款或统一法律目的如何止于新的趋异》无疑是《特异的生产体制》一文的进一步延伸,并且进一步强化了法律系统与经济系统的结构耦合所造成的二者的共同演化的命题,也更进一步地打开了法律全球化并不带来全球法律的趋同而是趋异的论述空间。该文的德文标题《法律刺激:法律规范与生产体制的趋异》,也表明了二者思路的延续性。

这两篇文章与托依布纳其他明确以法律全球化为主题的研究有重合之处,即二者都明确地指出法律全球化的根本面貌是趋异,而不是趋同。但二者又有微妙的不同。不同之处在于,前者的核心是法律突破民族国家的界限,从而形成了一种全球化的状态;而后者则更加强调法律体系与民族国家现有的经济体系、政治体系、教育体系的结构耦合,以及由于这种结构耦合所形成的法律演化的顽固性与地方性。如果按照前面一种全球化逻辑,则全球法应该是一种跨国性的、全球性的存在;而后一种逻辑则指出,这种跨越国界的法律扩展具有天然的限制性,并非那么容易。很显然,托依布纳的不同作品所展示的这两幅法律全球化图景都有一定的现实性,因此究竟如何处理二者之间的关系,便成了一个很值得探讨的问题。当然,二者的理论基础具有一致性,都是从托依布纳所强调的法律系统与诸社会系统之间的结构耦合所生发出来的,只是前者是由全球性的法律与其他社会系统的结构耦合所形成的法律系统,例如全球卫生法、全球体育法、全球人权法等;而后者则是民族国家的法律系统与民族国家内部的政治、经济等其他社会系统的结构耦合所形成的后果。两者之间的区别是,民族国家内部的法律系统显然是卢曼所描画的那种以司法裁判为核心的内在一致的法律系统,而前者所描述的全球性法律系统与卢曼所描画的内部统一的法律系统已经大相径庭,乃是一种内部分裂的全球法图景。由于二者都内在地生长自托依布纳的基本理论观点,也许托依布纳所描画的两幅法律全球化图景之间的冲突,恰恰是托依布纳的基础理论内部的矛盾所引起的。而这就又再次涉及托依布纳理论与构成其基础的卢曼法的系统理论之间的衔接与比较的问题。

卢曼在生前的一系列的社会系统理论研究中,基于自己的社会系统理论的内在逻辑,已经预见到了一个无中心的、由诸功能分化的社会子系统组成的世界社会。在《社会中的法》之中,卢曼也花了一定的篇幅论述世界社会中的法律。但卢曼英年早逝,并没有直接见证20世纪90年代末蓬勃兴起的法律全球化进程在21世纪的全面展开。托依布纳的法律全球化理论研究因此可谓是接续了卢曼的理论事业,并弥补了卢曼的此一缺憾。

当然,托依布纳并未完全亦步亦趋地跟随卢曼的步伐,仅仅将自己的全球化研究当作卢曼理论的一个简单运用。托依布纳的法律全球化研究同样可以分成两个面向,就代表法的系统理论研究与其他全球化理论进行论辩而言,托依布纳基本坚持了卢曼的系统理论立场,批评康德规范主义理论传统的当代传人哈贝马斯等的法律全球化理论,强调一个规范性的、以民族国家的法律理论为基础的法律全球化是不现实和一厢情愿的，当下法律全球化展现出来的是一种根本上抛弃民族国家主权的，以诸社会子系统的功能分化为基础的无中心的图景。这种新的全球性的法律多元主义，恢复了法律作为一种社会系统的本来含义，但又与强调法律多元主义理论的经典理论家，例如提倡"活法"的埃利希的法律多元主义相当不同，因为埃利希的法律多元主义主要指不同的地方基于共同历史和风俗形成的地方性习惯法的多元性，而托依布纳的法律多元主义则更强调全球范围内以不同功能系统的多元逻辑为基础的法律多元主义。

同时，相对于卢曼的系统论法学，托依布纳也更加强调法律全球化理论所提出的一些新的深具挑战性与颠覆性的法律问题，例如国际人权领域中私人对基本权利的侵犯、国际商人法的复兴、国际互联网的电子法等现象，都必须从不同的社会功能系统内部所蕴含的内部二元代码逻辑的极致化以及由此引起的代码冲突（也就是系统际冲突法）的问题。显然，这部分托依布纳基本认同卢曼对法律全球化的判断，但是在论证这个判断时，他又偏离了卢曼基本的法律理论的结构。在卢曼的法律理论结构中，马图拉纳和瓦瑞纳的自创生理论是与法律沟通的合法/非法二值代码结合起来的，这恰好对应着法律功能的独特性。也就是说，法律系统的独特功能构成了法律系统能够以合法/非法二元代码运作的基础和前提。托依布纳的理论则抛弃了卢曼系统论法学的这个功能论的基础和前提，直接以自创生理论所形成的意象，以及二元代码、结构耦合等卢曼版本的系统理论的核心概念来建构自己的理论。这是托依布纳能够跳出卢曼法的系统理论的诸多限制，从而能够在不同功能系统之间的结构耦合关系上做文章，进行理论突破的根本前提。但由此也带来了托依布纳自身理论的某些混乱局面。而托依布纳的法律全球化理论所形成的两种互相冲突的现象，恰恰又是这种基础理论混乱的体现。

一方面,超越民族国家界限的全球法遵循的不再是功能论的界限,而代之以更加模糊的专业化界限,卫生法、人权法、商人法都不再是一个统一的法律系统的某些面向,而构成了一个个独立的专业法的社会系统。这在卢曼的系统论法学之中是不可想象的。在卢曼的系统论法学中,部门法的分类不具有根本意义,而只有合法/非法的二元代码的划分,才具有最根本的理论意义。因此,必须存在着一个统一的司法裁判机制,构成了整个法律系统的核心,并且形成一种裁判的链条,来统一这个法律系统的合法/非法区分。通过这种统一的合法/非法区分,法律系统承担了其在现代社会系统中确保稳定的"对预期的预期"的功能。托依布纳由于放弃了社会系统的"功能"前提,因此也就不需要这个作为法律系统核心的司法,从而不同专业领域的法律,例如人权法、卫生法、商人法,也就拥有了自己独立的司法裁判机制,而各个司法裁判机制之间甚至在运作原理方面,都不尽相同,例如商人法就不遵循卢曼所强调的那种"相同情况相同处理,不同情况不同处理"的统一化机制,而更加具有调解的意味。如此一来,裁判机制的多元化必然带来不同法律系统之间的冲突。

而突破了卢曼功能论的法的自创生理论更关注结构耦合问题,也可以用来解释托依布纳更强调法律与其他社会系统例如经济系统之间共同演化的理论。然而,这种共同演化理论仍然解释不了法律系统作为一个独立系统存在的必要性问题。如此一来,各种独立存在的法律系统,例如商人法系统、民法系统,甚至民法之下更小的诚信条款系统,就变成了一个个更加具体而多元的法律系统,并且独立地与其他系统形成了共同演化的状态。但是,卢曼已经直截了当地说明了整个法律系统都共同地依据形式化的合法/非法二元代码而运作,因此法律部门的划分对于法律系统而言,仅仅是一种内部的区分,对法律系统的统一性问题而言毫无意义。因此,托依布纳并没有突破"存在着诸如民法系统、商法系统、卫生法系统等多个独立存在的法律系统"的意象。托依布纳仅仅在法律移植和比较法的层面,非常隐晦地提到法律系统内部的具体法律制度,例如诚实信用条款与莱恩生产方式之间稳固的结构耦合与共同演进;而在直接处理法律全球化主题时,则又大胆地沿着自己的理论直觉前进,果断地抛弃了卢曼法的系统理论的某些核心思路,描述了一幅多元复杂的法律全球化图景。然而,这种理论选择的犹豫与暧昧,却直接导致了两幅全球化图景之间直接的矛盾。

因此,问题的关键仍然是托依布纳对卢曼法的系统理论两个核心部分,即功能结构论与自创生理论的接受。托依布纳对"自创生"概念的接受是彻底的,但对"功能论"的接受则是半心半意。在国内法层面,托依布纳勉强接受了功能论,但对这种功能论进行了最大限度的淡化,我们可以在《法律:一个自创生系统》与《法律异化》两个作品中看出托依布纳的这种犹豫与暧昧。在《法律:一个自创生系统》中,托依布纳反对卢曼对功能与功效的严格区分,强调法律"效用"的重要性,并且认为法律系统通过内部的自我调整,从而产生对社会的调控作用。[①] 这样一种观点既没有否认卢曼区分功能与功效所试图达到的理论效果,但同时又试图肯定法律调控社会的效用的意义。这样一种骑墙或者中和的理论苦心,已经与卢曼 1974 年回应法律现实主义和利益法学的问题意识,发生了实质性的偏离。相反,对托依布纳等人对该问题的批评,卢曼并不为其所动,仍然坚持自己在《法律系统的分出》[②]中所提出的此一

---

① 参见〔德〕托依布纳:《法律:一个自创生系统》,第 77—112 页。
② Sehe Niklas Luhmann, *Ausdifferenzierung des Rechts: Beiträge zur Rechtssoziologie und Rechtstheorie*.

立场,并且设计出了一个更加清晰的理论结构来贯彻自己的意图。其实,如果说法律的进化是盲目的,那么法律又如何可能进行"主动"和"有意识"的调整呢?法律系统所做的无非是对外界刺激的一种反应而已。托依布纳实际上接受了《社会中的法》的这种理论升级,表现在《法律异化》一文中,托依布纳强调规范生产与纠纷解决之间的差异,这可以被看作是对卢曼功能论的接受,但随后"生产体制"理论对规范生产的扭曲与变形则可以看出托依布纳对卢曼的功能论的抵制。由于在处理法律全球化论题时,卢曼的牵制比较少,因此功能论几乎完全被抛弃,但由此带来的后果,便是托依布纳所描述的全球法又重新回到了纠纷解决论的窠臼。如果我们将卢曼的功能论引入法律全球化的论题,则托依布纳所描述的全球法更类似于一种纠纷解决的手段和工具,却几乎没有起到卢曼所强调的那种法律系统独一无二和不可替代的稳定"对预期的预期"的功能。因此,如果从极端的卢曼意义的系统理论来看,是否存在着一个严格意义的法律全球化的过程,都是很值得怀疑的。对于这样的论断,许多人未免觉得过于回避现实,但从长的历史时段看,最新一轮的全球化过程的展开不过几十年的时间,并且仍然处在急遽而深刻的变化过程中,未来真正的全球化图景究竟如何,目前仍然很难看得清楚。对卢曼来说,世界社会中分化出一个法律系统,这是肯定的。但这并不意味着法律系统内部的再分化,也是按照功能分化的逻辑进行的。法律系统内部的再分化,仍然有可能出现中心/边缘的分化,以及条块式的分化。例如,法律系统内部司法/立法的分化,就是中心/边缘式分化的。而不同民族国家法律系统的分化,则是条块式分化的。这与卢曼的社会分化的基本理论模型并不冲突。就此而言,卢曼理论中的世界社会中法律系统的分出,与法律全球化并非是一个概念。

反过来说,虽然托依布纳早在《法律:一个自创生系统》中就已经提出了不同系统间的"系统际冲突法"与"超循环"的概念,但托依布纳并没有在基本概念的层次对此给出足够有说服力的解释与改造。① 这不得不说是托依布纳理论发展的一个重大遗憾。而之所以会造成这种遗憾,或许在于托依布纳并没有像卢曼一样,拥有一个整体的社会系统理论来支撑自己的法律社会学。尽管如此,我们并不能小看托依布纳对卢曼理论所做的这种修正与批评的严肃性与重要性。托依布纳持续二三十年的理论发展所具有的内在一致性,足以表明托依布纳的这种理论努力是严肃的和值得认真对待的。而卢曼去世后法律全球化运动的兴起,以及托依布纳的理论逻辑与此一全球性法律现象之日益显现之间内在的亲和性,也极大地肯定了托依布纳这种理论努力的历史效果。因此,无论如何,托依布纳对卢曼法的系统理论的处理与发展,以及对法律全球化运动的分析,既为我们提供了观察和理解卢曼法的系统理论的一个独特视角,也为日益卷入法律全球化进程的中国的法律理论研究者提供了理解自身处境的重要启示。

原载《清华法律评论》第 5 卷第 1 辑,清华大学出版社 2011 年版;刊发时题名为《托依布纳的系统理论评述》,收录本书时做了较大的删改和完善

---

① 对此,台湾学者张嘉尹也曾经专门撰文做过辨析,很值得参考。参见张嘉尹:"系统理论对全球化的考察",载王鹏翔主编:《2008 年法律思想与社会变迁》,台湾"中央研究院"法律储备处专书 2009 年版,第 85—139 页。关于卢曼理论与托依布纳理论的一般性介绍与比较,也可参见 Gralf-Peter Galliess, "Systemtheorie: Luhmann / Teubner", in Sonja Buckel, Ralph Christensen & Andreas Fischer-Lescano (Hrsg.), *Neue Theorien des Rechts*, Stuttgart: Lucius & Lucius, 2006, pp. 57–75。

通过社会认识法律
——一种描述性法理学的尝试

导 言

哈特曾经在其名著《法律的概念》的序言中将自己的理论界定为"一个描述社会学的尝试"①,引发了法学理论界广泛讨论的兴趣。一个共识是,多数人都认为哈特这句话涉及了法理论研究的方法论问题,分歧的地方在于,这句话的关键之处,究竟是强调法理论的"描述性质"还是"社会学性质",更进一步地说,在哈特的这句话中,"描述"与"社会学"之间,究竟是何种关系?

由于哈特本人在多个场合曾强调自身理论的哲学性质,坚决否认自身理论的"社会学性质",②同时也非常清楚地对社会学方法提出了批

---

① 〔英〕哈特:《法律的概念》,张文显等译,中国大百科全书出版社1996年版,"序言",第1页。
② 参见〔英〕莱西:《哈特的一生:噩梦与美梦》,谌洪果译,法律出版社2006年版,第281页。

评与质疑,①所以,目前的主流理论往往认为,哈特这句话的重点在于"描述",而非"社会学"。在这里,社会学仅仅具有修辞的性质。② 哈特本人在《法律的概念》后记中也对此做出澄清,指出此处的"描述",强调的是自身理论的"道德中立性"和"无正当性目标"。③ 据此,许多学者进一步指出,此处的"描述社会学"概念实质上是从方法论层面处理"法律与道德分离"的命题,指的是"法理论能够并且应该为某个特定社会现象(也即法律)提供一个规范性上中立的描述"④。

对"描述社会学"的此种理解,实质上是以消极的方式界定"描述"这个概念的含义,即用规范/描述这一对区分来观察法理论的性质,并将法理论标示为这对区分中"描述"的那一侧。由此"描述社会学"就在方法论意义上呼应了"应然/实然"的分离命题。当然,由于哈特公开否认了自己的理论是社会学的,所以,通过"规范/描述"这对区分所进行的观察,又被进一步补充了基于另外一个区分"概念/经验"所进行的观察,即法理论并非一种以经验调查为基础的社会学研究,而是一种以概念分析为特征的法理论研究。⑤ 或者说,法理论并非通过对某个特定的法体系的经验观察,从而形成对该特定法体系的描述性说明,恰恰相反,法理论研究的是"法律是什么"这个普遍性问题,是"关于法律一般

---

① 例如,哈特对涂尔干理论的批评。参见〔英〕哈特:"社会连带与道德强制",载氏著:《法理学与哲学论文集》,支振锋译,法律出版社 2005 年版,第 261—276 页。
② See Brian Bix, "Conceptual Jurisprudence and Socio-Legal Studies", *Rutgers Law Journal*, Vol. 32, 2000, pp. 236 - 237.
③ 参见〔英〕哈特:《法律的概念》,"后记",第 220 页。
④ Stephen Perry, "Hart's Methodological Positivism", in Jules Coleman ed., *Hart's Postscript: Essays on the Postscript to the Concept of Law*, Oxford: Oxford University Press, 2001, p. 311.
⑤ 参见〔英〕麦考密克:《大师学述:哈特》,刘叶深译,法律出版社 2010 年版,第 65 页。

性质的问题"。①

对"描述社会学"概念所做的这种研究非常富有启发性,但也存在着自身的问题。例如,有许多论者指出,在哈特所主张的法理论研究的"描述性"与"一般性"之间,存在着内在的紧张关系。这一点在德沃金"语义学之刺"的批评之后,尤其凸显出来。即便"描述性"的法理学研究是超越于具体法体系与法文化的经验研究层次的,但它并不可能是一种脱离文化与社会语境的"关于概念之标准定义"的研究,而必然是基于特定社会文化语境的关于"法律概念"的研究。因此,描述性的法理学研究,必然是关于"我们的法律"的研究,而难以实现跨文化的关于"法律必然是什么"的普遍性。②

笔者认为,哈特"描述性社会学"的重点不但是"描述的",同时也是"社会学"的,并且此处"描述"与"社会学"之间存在着某种内在的关联。因此,在哈特围绕分离命题、法律的性质等问题的思考中,社会理论的视野与思考发挥了非常重要的作用。哈特整个法理学事业的成功与下面这一点是分不开的:哈特将法律看作"是人类社会的一个方面",因此在社会理论的视角下观察与分析法律。忽略或者排斥哈特社会理论的视野与思考,我们就无法更为精确和深刻地认识哈特法理学的内涵及其贡献,也限制了法律实证主义理论发展的空间与可能性。因此,恢复哈特《法律的概念》的社会理论内涵,综合与平衡哈特理论中的哲学努力与社会理论尝试,在此基础上发展出一套全新的法理论的方法论,仍然是一件非常值得尝试的工作。

---

① 参见〔英〕哈特:《法律的概念》,第221页。
② 参见朱振:"描述性法理学与法理论的建构",《南京大学法律评论》2016年春季卷,第34—37页。

一、"分离命题"与现代法律的偶联性

由于消极面向的解释是通过分离命题来解释"描述社会学"的,因此,我们的论证不妨从对"分离命题"的分析开始。所谓的分离命题,实质上就是区分"应然的法"与"事实的法",认为"法律应当是什么"与"法律事实上是什么"是两回事。法律实证主义者往往将前者理解成是"评价问题",而后者是"事实问题"。恰恰由于法律的存在与否是一个事实问题,所以关于法律的理论,就只能是一种"描述性理论"。

但已经有许多研究者指出,无论是边沁还是哈特,都不能避免自身理论中的"评价性因素"。例如,瓦尔德隆指出,多数的法律实证主义理论都隐含着一个判断,即法律与道德的分离是好的。[①] 波斯塔玛也曾指出,一个充分的法理学理论不能和对法律制度的目标、内容(point)或者功能的思考脱离开来。[②]

从发生学的角度看,分离命题是在休谟所提出的"规范与事实"二分的框架中被认识和表述的。而法理论在阐述和论证分离命题时,确实又隐含着"分离命题是好的"这一规范性兴趣与利益。然而,休谟命题并非是理解与观察分离命题的唯一视角。其实我们也可以用社会学的方式,将分离命题放到社会转型与变迁的现代性视角下进行观察。

例如,如果我们将分离命题放到自然法/实证法这样一对区分图式

---

① 参见〔美〕瓦尔德隆:"规范(或伦理)的实证主义",泮伟江译,载李昊、明辉主编:《北航法律评论》(总第1辑),法律出版社2010年版。
② See Gerald J. Postema, *Bentham and the Common Law Tradition*, Oxford: Oxford University Press, 1986, p. 335.

中进行理解,将它看作是对自然法/实证法这一对区分图式中"实证法"这一侧的标示,那么"分离命题"也可以被看作是完全不同的一项观察。从社会理论的视角看,自然法/实证法这一对区分的核心洞察在于,自然法的不变性与实证法的可变性。① 自然法作为"自然本性",具有超越时空的稳定性,只能被发现,而无法被"创立",更不可能被"改变"或者"废除";与此相对,分离命题将实证法作为自然法的对立面(不是 un-moral 意义的,而是 non-moral 意义的对立面),却意味着不再是"发现法律",而是可以"创设法律"、修改法律和废除法律。就此而言,分离命题意味着揭示法律的"偶联性",即法律不再是"必然如此",而是有可能发生变化,处于一种模态逻辑的"既非必然,又非完全不可能"的"意义"的"视域"之中。②

如果我们从这个视角来理解分离命题,就可以发现分离命题的新含义。由于多数论者都将法律的规范性与道德性等同起来,所以都对法实证主义理论中的规范色彩表示担忧。但如果我们把法律与道德分离命题中的道德,界定为在旧欧洲"宇宙论"框架下,法律之"自然本性"的"恒久不变性",则承认法律功能意义的"规范性",并不会损害分离命题。晚近社会学研究的进展,已经在方法论层面上实现了将"规范"作为"社会事实"进行观察的可能性。③

如果我们用此种社会理论的眼光重新解读哈特的分离命题,便可以发现,对哈特来说,承认法律确实在社会中发挥了某种功能,例如"保障社会预期"的功能,这并不是什么严重的问题。此处关键的不是否认

---

① Niklas Luhmann, *Das Recht der Gesellschaft*, S. 39
② 参见泮伟江:"双重偶联性问题与法律系统的生成——卢曼法社会学的问题结构及其启示"。
③ 参见〔德〕卢曼:《法社会学》。

法律的规范性,而是否认法律的此种规范性来自旧形而上学宇宙论的那种"道德必然性"。此处法律的规范性不过是用来解决某种问题与需要的"功能性",也是可变的。所以,哈特并不需要着重去论证"保障社会预期"的规范性的道德必然性根据,而只需要指出,从实用主义角度来看,此种保障社会预期功能的重要性是显而易见的,来源于人类明显可见的几个特征,例如人类的脆弱性、资源的有限性等约束性条件。①也就是说,哈特此处论证的要点在于,即便是此处功能意义的"规范性",也并非"天然地普遍与必然",而是有条件的,因此也是偶联的。如果这些条件发生了变化,那么此处的规范性也可以取消。正如哈特曾经说的,假如"人类变得刀枪不入且易于相互攻击,也许他们就像巨大的陆地蟹一样披着坚固而又难以刺破的外壳,并且从体内的某种化学程序而从空气中自动分离出食物"②,则这些所谓的最低限度自然法就不像当前人类社会中那样变得必不可少和不可变更。

法律与道德的分离,意味着对法律之偶联性的发现。那么,此种法律的偶联性,是如何可能被发现的呢?或者说,如果道德是通过对立面的方式,以消极的方式参与了对法律"偶联性"的标示,那么,如何可能从正面的意义,形成对法律偶联性的认识呢?

哈特给出的答案是"社会"。如果说,古典自然法是借助于道德的"永恒性"实现对法律本性的认定,那么,在哈特这里,他其实是通过将法律理解成"社会中的",从而通过社会本身的偶联性,来揭示法律的偶联性。因此,我们就可以理解,哈特关于现代实证法的考察与讨论,必然包含着从"简单社会"到"复杂社会"演化轨迹部分的讨论。③

---

① 参见〔英〕哈特:《法律的概念》,第180—185页。
② 同上书,第87页。
③ 同上书,第75—93页。

在古典宇宙论中,由于社会乃是世界本性的反映(恰如古希腊城邦世界与自然宇宙之间的对应),由于世界的本性是"不变的存在",因此城邦和社会的本性也是不变的。① 的确,城邦可能会偏离"世界的本性",这意味着堕落。但无论现实城邦如何堕落,城邦的本性仍然是不变的。

但是在现代社会,此种具有完美本性的宇宙论崩溃了,在现象世界之外,不再有一个世界本性隐藏在后面,作为根据,托住一切,那么,整个人类世界突然就变成"无根基的",由此"未来的不确定性"与"新颖性"就突然展现出来。② 一种真正演化论的世界观由此成为可能。就像生物演化论指出的,46亿年以前,也许地球上根本就没有生命。因此,生命的出现,并非是命定的,而是偶然事件。随后,经过漫长的演化,出现了人类,并随后有了人类社会。

二、规则的内在视角与义务的根据问题

法律与道德的分离命题尽管如此重要,但对于回答"法律是什么"的问题仍然是不充分的。因为它仅仅通过揭示法律的偶联性,告诉我们法律不是永恒真理式的道德,却没有进一步告诉我们法律是什么。甚至,将法律放置在社会之中,通过社会演化的逻辑来解释现代法律内部结构"由简入繁"的演变逻辑,也仍然不足以说明"法律是什么"的问题。因为在现代社会中,不仅法律具有偶联性,经济、政治等其他现代

---

① 参见洪涛:《逻各斯与空间》。
② See Niklas Luhmann, "Paradox of Observing System", *Cultural Critique*, No. 31, Part II (Autumn 1995).

事物,也都具有偶联性。① 所以,在近代早期,不仅存在着一个法律脱离道德而自主的问题,同时也存在着经济、政治等脱离道德而自主的过程。例如,马基雅维里的《君主论》就将政治与美德问题区分开来,从而深刻揭示了现代政治的偶联性。②

因此,揭示法律的偶联性,主要是从"法律不是什么"(即法律不是真理式的道德)的角度来理解法律,但若要进一步从正面认识"法律是什么"的问题,光靠分离命题仍然是不够的,因为在现代世界中,法律必须进一步与其他也同样具有偶联性的社会事物区别开来。这就需要在法律与其他事物之间做出进一步的区分,也即,寻找进一步的区分标准或图式。奥斯汀的尝试是用强制性/非强制性这一对区分来进一步定义法律的概念,也即法律是强制性的规则,而其他规则是非强制性的。③ 但哈特认为,奥斯汀提出的这个区分并不令人满意。强制/非强制并不足以将法律与其他规则区别开来,因为法律并不依赖于"强制"。哈特尝试提出的区分则是义务性/非义务性。需要注意的是,哈特所提出的这对区分,以法律/道德这一对区分为前提与基础:首先,法律不是真理与道德;其次,在所有不是真理与道德的规则中,法律是具有义务性的,而其他规则不具有义务性。因此,综合两个区分,哈特提出的区分其实是非道德的义务性/非道德的非义务性这一对区分。那么,如何可能证成一种既非道德的,同时又具有义务性的规则呢?

这里就涉及对"义务"这个概念的分析。在"自然法"所提供的一整套概念框架中,义务的概念相对来说是容易理解的:义务就是神的命令,或者理性的命令。但是,如果我们脱离自然法的概念框架,脱离道

---

① See Niklas Luhmann, *The Differentiation of Society*.
② 参见〔意〕马基雅维里:《君主论》,潘汉典译,商务印书馆1985年版。
③ 参见〔英〕奥斯汀:《法理学的范围》。

德哲学的概念框架,我们如何来分析"义务"这个概念呢?尤其是,义务的义务性,也就是义务本身内在包含的那种"你应该如此做"的性质,其根据何在?这是哈特必须从理论上解决的一个根本性难题。

哈特的主要策略是提出"内在描述"的方法,通过一种概念分析与描述相结合的理论策略,来说明此种"非道德的义务性"。① 此种"内在描述"的方法,将一种"非道德的义务性"作为既存的社会事实来说明,说明在"事实层面"确实存在着此种"非道德的义务性"。一方面,它是义务性的,因为人们遵守此种"非道德的义务规则",并非出于外在强制的被迫,而是主动的遵守,并且此种主动的遵守,也并非是"功利计算"的后果,而是将它当作自身行动的一个"准则",因此,如果其他处于相同情境的人没有遵守它,将会遭受我的批评。② 在对此种"非道德的义务性规则"的现象描述中,我们看到了某种"主动接受的态度与行动"。另一方面,此种非道德的义务性又是"非道德的",因为它并非是从"内容的正确性"的意义上被"内嵌的",而是"偶联的",这些主动的接受与遵从,既可能存在,也可能不存在,是可以被改变的。也就是说,这种"主动的接受与遵从"是有条件的,这个条件就是这些规则的"效力",而这些规则的效力,仅仅是一种形式的"象征",而缺乏任何的"自然本性"意义的稳定性。

从自然本性意义上来说,当你把石头向上抛时,石头必然会落下。③ 这一点是内在于石头本性之中的,也是无法更改的。但法律的效力并不具有这样的属性。法律规则的效力既可以获得,自然也可以失去。

---

① 参见哈特在《法律的概念》"后记"中结合对德沃金质疑的回应对此种方法论的说明。〔英〕哈特:《法律的概念》,第218—257页。
② 同上书,第81—82页。
③ 参见〔古希腊〕亚里士多德:《尼各马可伦理学》,第35页。

所以,任何一个规则,既可能是有效的,同时也可能是无效的。这就是规则效力的偶联性。

简单地说,哈特试图"绕过"对一种非道德规则之义务论的规范层面的"证立",而仅仅通过纯粹"描述"的方法指出,此种非道德规则之义务性"事实上确实存在",以此来回避非道德规则之义务性的根据问题。比较麻烦的是,在此种描述中,"对规则的接受"与"义务"两种态度是否一致,这一点是很可疑的。

非强制的与非算计的"主动接受与遵从",就一定是"义务"吗?未必。哈特也承认这一点。例如,习惯就是非强制的和非算计的"主动接受与遵从",但它并非是义务的。① 但哈特同时也指出,习惯性接受与义务性接受有一个本质性区别,即习惯性接受并没有设置一个判准,来判断自己与他人的行为是否符合该判准。② 但同时,哈特还是不得不承认,诸如礼仪或者语法规则,也是有判准的,但仍然不是"义务性规则"。③ 最后哈特又不得不求助于"强制",即诸如礼仪与语法规则,虽然有判准,但不具有强制性,而义务性规则必然是具有强制力的。④ 但义务性规则必须具有强制力吗?或者说,"强制"能否作为"义务"成立的必要条件?

如果哈特放弃将"强制"作为"义务"的必要条件予以设置的做法,那么他就不得不面临如下的质疑:"义务"的存在,是否以当事人主观的"认知与接受"为条件?如果我们用哈特擅长的日常语言分析的方法来分析,当某人说"你有义务这么做",或者"某人有义务……"时,此项义

---

① 参见〔英〕哈特:《法律的概念》,第53—55页。
② 同上书,第53—55页。
③ 同上书,第81—82页。
④ 同上书,第82页。

务的存在,是否必须以当事人对该义务的主观认知为前提？恐怕未必。如果义务的存在是独立于当事人主体的认知与行动,[1]那么,我们就无法用"描述"的方法来说明义务。

如此看来,用义务性/非义务性规则来说明法律,相对于用强制性/非强制性规则的区分来界定法律性质的做法,并未提供更多的东西。就此而言,哈特关于"法律是什么"所转化的三个命题——法律与道德的分离命题、法律与强制的分离命题、法律的规则命题——之间的地位是不相等的。其中第一个命题构成了基础命题,后两个命题则不过是补充命题。也就是说,后两个命题之所以需要,是为了补充第一个命题遗留下的问题。我们甚至可以说,第一个命题是成功的,但第二个和第三个命题却很可能失败了,不但对命题的论证而言是失败的,甚至这两个命题表述的思考方向本身就是失败的。[2]

三、存在论进路之描述法理学的困境

我们回到法律与道德的分离命题。如果我们对分离命题的分析是正确的,那么隐含在分离命题背后的根本性区分,其实是自然/人为这一区分。古典自然法标示的是这一区分中自然的那一侧,强调的是法律的"真理性"与"恒久性",从而将自然与存在对等起来。分离命题则转换了自然/人为这一对区分,标示的是人为这一侧,从而揭示了法律

---

[1] 参见朱振:"再探'权威与自主性'的悖论:以'服务权威观'为中心的讨论",《法治现代化研究》2018年第2期。

[2] 拉兹曾经尝试用权威性/非权威性这一对区分来观察法律的性质,但效果似乎也不是很好,因为并非只有法律具有权威性,类似于宗教性规则也具有权威性。更要紧的是,权威的概念并无法将法律与政治区别开来,从而仍然不能说明法律的特性。

的"偶联性",即法律本质上是"既可以这样,也可以那样"的。

由此可见,分离命题的一个含义是,在现代社会中,存在/不存在这一对作为整个古典世界宇宙论根基的观察图式已失去了核心地位。内部/外部这一对观察图式,取代了存在/不存在这样一对观察图式,构成了现代社会图景的根本性观察图式。① 在这样一幅世界图景中,"所有事物、客体、系统的品质或特性,都不是事物、客体或系统的品质或者特性,而是对它们做出观察的观察者的描述"②。由此带来了现代社会的功能分化与多元主义。③

也就是说,在现代社会,当我们进行观察时,我们不是在本体论意义上预设"某物存在",然后在此基础上"观察和提炼"该物的"内在特征"。更可能的情况是,我们看到的仅仅是我们的观察系统内含之认知框架允许我们看到的东西。④ 对于现代社会来说,任何观察都必须首先解决"谁是观察者""特定的观察角度是什么"的问题。基于不同的观察点与观察图式,所观察到的往往是不同的世界与对象特征。

由此反观哈特关于描述性法理学的阐述,我们便可以发现,社会理论视野下分离命题包含的关键含义,即现代法律的偶联性,在休谟命题的视野下,恰恰变成了消失的"盲点"。也就是说,在规范与事实分离的架构下,法律的偶联性特征消失了。甚至,在一种普遍法理学的雄心壮志之下,哈特兜兜转转,又试图用一种传统本体论世界观的提问方式来

---

① 对此,可参见卢曼《观察系统的悖论》一文最后一节的思想史梳理。See Niklas Luhmann, "Paradoxy of Observing System", pp. 49 – 52.

② Elena Esposito, "Die Beobachtung der Kybernetik", in Dirk Baecker (Hrsg.), *Schlüsselwerke der Szstemtheorie*, 1. Aufl., GWV Fachverlage GmbH, 2005, pp. 291, 298.

③ See Niklas Luhmann, "Paradoxy of Observing System", p. 48.

④ See Raf Vanderstraeten, "Observing Systems: a Cybernetic Perspective on System/Environment Relations", *Journal for the Theory of Social Behaviour*, Vol. 31, No. 3, 2001, pp. 297, 299.

重新研究法律。

例如，有论者指出，哈特对法理学的贡献就在于他将传统的"法律是什么"的提问方式转换成了"法律必然是什么"的提问方式，从而使得一种普遍法理学的研究成为可能。① 此后，拉兹等法律实证主义者的理论，都继承了哈特法理学的这个传统，认为"法律理论的建构就是揭示出法律的性质或本质特征"②。的确，自哈特的理论提出以来，概念问题一直贯穿着法理学的研究与争论之中，甚至可以说，"概念问题使错综复杂的现代普遍法理学问题史呈现出一目了然的有机结构"③。

拉兹提出的概念分析方法的核心思路，就是试图找到只有法律具有的，并且是法律所内在具有的某种"自然特征"，从而通过这些特征来界定法律的性质。此种观念的前提是，法律的存在类似于自然物体的存在，是一个独立自在自为的对象，而我们通过对法律这个对象的观察、描述与分析，提炼和概括出法律的内在特征。此种认识论本身仍然属于亚里士多德的本体实在论的认识论传统。例如，按照亚里士多德的范畴理论，首先必须存在着某物，我们再通过对该存在者的属性的揭示来定义该存在者。④ 在这样一种认识图式中，存在/不存在占据着基础性的地位。因为如果不存在存在者，也就无所谓属性了。

这种以存在/不存在为先导性区分，并以此为基础建构出来的认识图式，在认识法律的性质时，却遭遇到了许多根本性的困境。这尤其体现在哈特理论抱负中两个根本面向之间的矛盾，即法实证主义理论的

---

① 参见刘叶深："论法律的概念分析——普遍法理学方法论研究"，载郑永流主编：《法哲学与法社会学论丛》（总第13期），北京大学出版社2008年版，第100页。
② 朱振："描述性法理学与法理论的建构"，第34页。
③ 刘叶深："论法律的概念分析——普遍法理学方法论研究"，第102页。
④ 参见〔古希腊〕亚里士多德：《范畴篇/解释篇》，方书春译，商务印书馆1986年版，第12—18页。

描述性与普遍性之间的矛盾。如果法实证主义理论要坚持它的普遍性，那么它关于"法律"的概念分析就必须适用于世界上所有的法律之上，而不能仅仅局限于对"我们的法律"的"描述"。但正如许多批评者指出的，无论在历史上还是现实中，确实存在着跨文化的，异于法实证主义通过概念分析所揭示的拉兹所谓的"我们的法律"，却被本地人称之为"法律"的法律现象。而存在/不存在区分基础上的认识图式，如果要将自身贯彻到底，那么只能有两个选择，即要么宣称这些与"我们的法律"不一致的所谓法律并非法律，也就是说，剥夺它们"存在"的资格；要么只能是修正此前所做的概念分析，从而将这些现有版本的法实证主义理论所无法容纳的现象，包容到"法律"这个事物当中，从而重新提炼与概括"法律"这个"存在者"全新的属性。很显然，要在这两者之间做出选择，对现有法律实证主义理论的框架而言，都是困难的。[①]

四、新的尝试：建构主义认识论的观察概念

如果我们放弃存在论进路的描述法理学，通过对分离命题中隐含的法律之"偶联性"与"人为性"的重新发现，重新寻找一种以法律之偶联性与人为性为基础的观察与描述的方法论，我们将会有什么收获呢？

借助于斯宾塞-布朗、马图拉纳和冯·福斯特等人的研究，建构主义理论将观察定义为："做出一个区分，并标示区分中的某一侧。"[②]例如，当我们从窗户往外面看，看到了一棵树。通常，我们也可以说，我们

---

① 参见朱振："描述性法理学与法理论的建构"，第34—37页。
② Niklas Luhmann, "Paradoxy of Observing System", p. 43.

观察到一棵树。这个观察之所以是可能的,是因为在这项观察中,我们使用了一个区分,即树/所有其他事物。通过这项区分,并标示该项区分中"树"的这一侧,我们把树从世界上所有的其他事物中区分出来。

建构主义的观察概念带来了一系列影响深远的理论后果。例如,在建构主义的观察理论中,不但"XX 是什么"的本体论问题必须以"认识 XX 如何可能"的认识论为前提,同时,近代哲学通过笛卡尔式"我思故我在"而形成的外在于世界的"超验主体"也是不存在的,并不存在着任何脱离世界的超级观察者。① 任何的观察都是世界之中的观察,因为观察本质上仍然是世界之中的某种运作,仍然属于世界的一部分。任何观察都是在世界之中的观察。②

更进一步地说,不但人类主体能够观察,任何能够持续地做出区分并标示区分中的某一侧的系统都能够做出观察。例如,恒温器也能够做出观察:当房间里的温度高于恒温器所设置的温度 25 ℃时,恒温器就开始工作,释放冷气;当房间的温度再度低于恒温器所设置的温度 25 ℃时,恒温器就停止工作。这就是两个观察性运作。在两个观察中,恒温器都做出了区分,即 25 ℃以上/25 ℃以下。第一个观察性运作标记了 25 ℃以上,第二个运作标记了 25 ℃以下。③

如果说,观察仅仅是一项运作的话,则观察者就是一系列连续而稳定的区分性运作。④ 无数的区分性运作前后相连,形成稳定的区分性运作时,这一系列运作构成的连续性网络,就将自身从环境中区分出来,

---

① Sehe Claudio Baraldi, Giancarlo Corsi & Elena Esposito, *Glossar zu Niklas Luhmanns Theorie sozialer Systeme.*
② See Raf Vanderstraeten, "Observing Systems: a Cybernetic Perspective on System/Environment Relations", pp. 297-311.
③ 参见〔德〕Kneer, Nassehi:《卢曼社会系统理论导引》,第 119 页。
④ Sehe Niklas Luhmann, *Einführung in die Systemtheorie.*

从而形成了区别于环境的系统。由此就形成了观察者/环境这一项区分。① 因此，观察者本质上乃是一种持续不断进行观察性运作的"观察系统"，其中第一项观察运作所使用的区分，对观察系统的观察具有关键意义，构成了此后一系列观察性运作的基础性条件，我们可以称之为"主导性区分"。例如，法律系统作为观察系统，其初始性区分就是合法/非法。② 在观察者/环境这一对区分中，又再次引申出了内部观察/外部观察的区分。③ 在现代社会中，内部观察/外部观察的区分替代了传统本体论世界观的存在/不存在的区分，构成了整个建构主义观察理论的基础性区分。④

如果我们将建构主义的观察理论引入当代法理学围绕"法律是什么"所展开的一系列认识论与方法论的讨论中，就会给既有的讨论带来许多丰富而有益的刺激与启发。

例如，哈特的"非极端的外在观察者"的概念。⑤ "非极端的外在观察者"这个概念的启发性在于，它指出了观察者之所以能够对被观察对象进行观察，并进而形成知识，恰恰是因为观察者具有一种"跳脱"被观察者所处情境的能力。社会科学观察者的此种"跳脱"的能力，乃在于观察者除了拥有被观察者所拥有的"认知结构框架"之外，还拥有一个观察者所不拥有的"认知结构框架"。所谓的社会科学观察者，也就是哈特所谓的"非极端的外在观察者"，就是一个能够同时在两种"认知结构框架"中进行相互切换和比较的人。更具体地说，这两种"认知结构

---

① Sehe Claudio Baraldi, Giancarlo Corsi & Elena Esposito, *Glossar zu Niklas Luhmanns Theorie sozialer Systeme*, S. 73.
② Ebd., S. 72.
③ Ebd., S. 124.
④ See Niklas Luhmann, "Paradoxy of Observing System", p. 49.
⑤ 参见〔英〕哈特：《法律的概念》，第84、223页。

框架"分别就是"科学研究的认知结构框架"与"法律实践的认知结构框架"。

所以,"非极端的外在观察者"所观察的并非是法律实践者,而是法律实践者所实践的"法律实践的认知结构框架"。① 如果我们将观察者看作是一种"认知结构框架"的展开,那么,法律理论研究者对法律实践者所进行的观察,不过是"对观察的观察",也就是二阶观察。此种对观察的观察,不仅观察"法律能观察到什么",同时也观察"法律观察不到什么"。②

那么法律能观察到什么呢?有些人说,法律观察到的是,某些人遵守了法律规则,某些人没有遵守法律规则。这样说当然没有错,但这仍然是模糊的。因为,当实践者并不知道法律规则存在时,法律仍然对实践者进行观察。法律的观察并不预设实践者事先知道规则的存在。因此,更准确地说,法律观察到的是,实践者的诸行动分别是合法的,还是非法的。法律仅仅提供这些观察。法律无法观察到的是,实践者的诸行动是道德还是不道德的,是美的还是丑的。就此而言,法律理论观察到的内容是,它观察到法律观察到诸实践者的诸行动分别是合法的,还是非法的。就此而言,法律观察并不以法律实践者是否"接受"法律为条件。

如果说,法律系统只能通过合法/非法这个二值代码所设置的观察

---

① 卢曼通过对"悖论"的概念史的考察指出,在修辞学传统中,悖论乃是对生活世界中各种尝试突破的契机(para-doxa),本质上是对常识中隐含的"认知框架"的解构(de-frame)与重构(reframe)。因此,观察日常生活中的悖论,本质上就是"从一种认知框架跳脱出来,进入另外一种认知框架,同时回望原认知框架的过程",这非常类似于社会科学的外在观察者的工作。See Niklas Luhmann, "Paradoxy of Observing System", p. 39.

② 二阶观察本质上是对一阶观察之"悖论"的观察,也就是观察一阶观察的"盲点",即对一阶观察不能观察什么的观察。Sehe Niklas Luhmann, *Einführung in die Systemtheorie*, S. 157.

框架进行观察,那么科学系统只能通过真值/非真值这个二值代码所设置的观察框架进行观察。① 因此,所谓的法理论研究者,其实就是指那些在法律系统与科学系统两种观察框架中不断"穿梭往返"地切换的那些人,或者试图进行这种切换的人。当我们这么说的时候,我们需要注意两个问题:

首先,这种切换是单向的,即仅仅涉及从法律系统的观察框架切换到科学系统的观察框架,并用科学系统的观察框架观察法律系统的那些人。从科学系统的观察框架切换到法律系统的观察框架,并用法律系统的观察框架观察科学系统的那些人,本质上是法律人,而非科学理论的研究者。

其次,这种切换的具体含义是什么,仍然是不清晰的。例如,如果这种切换是彻底的,那么,这种从科学系统认识框架出发对法律系统的观察,就变成了纯粹的科学观察,那么它与不发生切换,纯粹从作为法律系统外部视角的科学系统视角出发进行的观察有何区别?用我们熟悉的例子来说,那就是,法教义学与社科法学之间的界限何在?在法理论的观察中,"内在视角"的合理性与意义,如何能够被更严格与清晰地界定与说明?

笔者的观点是,法理学研究者尝试用科学系统的语言与观察框架来观察法律系统,仅仅是一种姿态或者理论策略,实质上,法理论研究所借用的基本观察框架仍然是法律系统的框架,即合法/非法二值代码所设置的框架。也就是说,法理论研究仍然必须以承认法律系统合法/非法二值代码所规定的整个法律系统的内在结构之合理性为前提,才

---

① Sehe Claudio Baraldi, Giancarlo Corsi & Elena Esposito, *Glossar zu Niklas Luhmanns Theorie sozialer Systeme*, S. 34.

能够展开自身的工作。① 而法理论研究者之所以要借用科学话语的装置与策略,主要是因为法理论研究希望将自身与注重法律适用的所谓法律方法论研究以及各种部门法教义学研究区分开来。通过这个概念装置与表达策略,法理论将自身标示成"理论"的,但实质上却是"反思性"的。此处所谓的反思性,主要是指法理论工作的一个特征,即总是倾向于将法律当作一个整体进行研究,尤其关注的是法律的"自我同一性"问题,也即"法律是什么"的问题。②

由于法律理论必须内置于合法/非法区分所设置的法律系统的基本框架内,并以承认与预设该框架的合理性为基础开展工作,所以法律系统只能预设法律系统的内在视角为前提。法律系统的内在视角就是法律系统合法/非法二值代码规定的观察视角。

尤其需要注意的是,法律系统的内在视角并非遵守法律之社群成员的视角,而是法律系统本身内置的视角。如果是遵守法律之社群成员的视角,则正如德沃金所指出的,社群成员遵守法律的动机各不相同,他们之所以最终都看起来一致地遵守法律,不过是一种偶然的行动叠合而已。③ 所以,似乎内在视角应该是法律体系的内在视角,也就是法律体系预设的内在视角。但如此一来,内在视角就不能通过"观察"和"描述"来说明,内在视角的说明依赖于对法律系统的内在性的说明。也就是说,内在视角也是结构性的,或者说是制度性的。

---

① Sehe Niklas Luhmann, *Das Recht der Gesellschaft*, S. 498.
② Ebd.
③ See Ronald Dworkin, "Social Rules and Legal Theory", *The Yale Law Journal*, Vol. 81, No. 5 (Apr. 1972), pp. 863–866.

五、描述性法理学:法律系统的自我观察与自我描述

如果我们将此种"观察"的概念引入到法理论中,那么,所谓法律的普遍性,就不是"我们的法律"的"超越时空与文化"的普遍性,而是法律系统所运用的合法/非法二值代码的普遍适用性。也就是说,法律系统预设了所有的社会领域和所有的社会事实在理论上都可以通过合法/非法的二值区分进行观察,甚至"观察者"自身也可以被"如此观察"。就此而言,法律的普遍性意味着法律的"自我指涉性",也即法律自身也应该成为法律代码指涉的对象。

然而,任何的区分都存在着盲点,那就是区分的形式本身。例如,合法/非法这样一个观察图式,其观察的盲点,就是合法/非法这个观察图式自身:合法/非法这个区分本身是否合法? 由于合法/非法的区分本身同时包含了合法与非法,而观察性运作只能标示这对区分的某一侧,而不能同时标示该区分的两侧。否则,这项运作就会因为在区分的"左右两侧"之间不断"摇摆"和"举棋不定"而崩溃。由此就导致了悖论,即它既是合法的,同时也是非法的。这意味着,任何观察得以进行的条件是,将观察者自身设置为观察的盲点。尤其需要注意的是,此处的"悖论","并非是逻辑学意义的自相矛盾($A = -A$),而是说,世界之所以是可观察的,恰恰是因为它不可观察。如果不做出一个区分,世界就不可观察,而做出区分这个运作本身又是不可观察的。它能够被辨识出来,但这只能是通过另外一个观察"[①]

[①] Niklas Luhmann, "Paradoxy of Observing System", p. 46.

如果从单个法律沟通来看，法律系统的悖论是不可解的，法律系统不但无法观察自身，甚至也无法成为绵延不断的系统。法律系统的此种自我观察要成为可能，就必须使用另外一项区分对该项区分进行观察。这就是所谓的二阶观察。[①] 对法律系统而言，这个工作就是追问"法律是什么"的问题。通过这个工作，法理论实现了对法律系统的自我观察，并通过这个自我观察，实现了对法律系统合法/非法二值代码化的观察的解悖论工作。这就是追问"法律是什么"的法理论研究对法律系统理论的最大贡献。它本质上乃是法律系统对"我是谁"这个自我同一性问题的反思。而此种反思要成功，就必须用另外一种区分来替换与隐藏"合法/非法"这一对区分。

那么，被用来替换"合法/非法"这一对区分的另外一对区分究竟是什么呢？就"我是谁"这个问题而言，它其实包含着一个特定的区分，即"自我"与"他者"的区分。在法理学的语言中，"我是谁"的问题就是"法律是什么"的问题。[②] 因此，自我与他者的区分，其实也就是法律/非法律的区分。需要提醒的是，这里法律（law）/非法律（non-law）的区分与合法（lawful）/非法（unlawful）是两对不同的区分。在法理学的语境中，这就是法律与道德的分离命题。如果我们在法律的自我同一性的视野下重新理解法律与道德的分离命题，那么法律与道德的分离命题其实是法律自我同一性问题中的一个子命题，因为除了法律与道德的分离之外，法律的自我同一性同时也包含法律与政治、经济、宗教等其他社会事物的分离。所以，法律与道德的分离命题并非是对法律自我

[①] 参见宾凯："法律如何可能：通过二阶观察的系统建构——进入卢曼法律社会学的核心"，载《北大法律评论》第7卷第2辑，法律出版社2006年版，第353—380页。

[②] 拉兹是法理学研究中少数将分离命题放到法律的自我同一性问题的视野中进行研究的学者。参见〔英〕拉兹："法律体系的统一性"，载氏著：《法律的权威性：法律与道德论文集》，第68—89页。

同一性命题的最好概括,对法律自我同一性命题更好的概括是内部/外部的区分。也就是说,将法律这一侧作为法律观察的内部,而将所有的道德、经济、政治、宗教等都作为法律观察的外部进行处理。我们知道,在社会系统理论中,内部/外部的区分其实对应着系统/环境的区分。因此,法律的自我同一性问题,其实就是对法律系统/法律系统的环境做出的区分,也就是法律/社会的区分。

通过在法律系统之内重新引入系统/环境的差异,法理论在法律系统内部建立了关于"法律自我"的一整套的统一性的论述。也就是说,法律系统要在法律系统内部实现关于法律自我同一性的建构,就必须将法律与作为其环境的社会区分开来。或者更精确地说,一方面,法律本身是社会的一部分,因为法律本身就是社会系统运作的一个功能子系统;另一方面,法律又是社会系统内部分化的结果,通过社会系统的此种内部分化,全社会又构成了法律系统的外部环境。① 法律系统恰恰是通过法律与社会的区分,并标示出法律这一侧,实现了"自我观察",也即自我同一性的建构。也就是说,恰恰是通过否定,即法律不是道德、法律不是宗教、法律不是政治、法律不是经济,法律系统的自我同一性的建构才有可能。就此而言,社会因素在法律系统自我同一性的建构中,是作为"建设性否定"的内在要素而存在的。而法理论的本质,就是在法律系统内部关于"法律是什么"的一种法律之自我同一性的建构。

---

① Sehe Niklas Luhmann, "Die Einheit des Rechtssystems".

六、结语

通过认识法律来认识社会,还是通过认识社会来认识法律?拉兹等法实证主义者认为,通过认识法律,我们可以更好地认识社会。① 但问题恰恰是,如果我们不能很好地认识法律存在于其中,甚至本身就是其一个组成部分的社会,我们又何以可能认识法律?从认识论的角度看,我们恰恰是通过"认识社会如何可能"的方法论的工具,才得以认识"社会中的法律"。

本文通过引入20世纪40年代以来发展出来的一般系统理论、生物学认识论、控制论和信息理论的交叉学科研究,尤其是卢曼的社会系统理论,重新审视了哈特关于"分离命题"的阐述,指出哈特围绕分离命题的分析包含两个层次的含义,即揭示现代法律的偶联性与在此背景下建构现代法律的自我同一性。在此基础上,我们通过分析进一步揭示了,无论是揭示现代法律的偶联性还是阐述和建构现代法律的自我同一性,哈特都是通过将法律放到"社会"的框架中进行观察的。这并不意味着哈特是用经验社会学的方式来研究法律的。恰恰相反,这意味着,在概念的层面,社会的要素内在地包含在对法律概念的界定与分析之中。也就是说,社会的因素在哈特的法理学中扮演了非常关键的角色。

由此,我们可以说,哈特将自己的法理学定位成"一种描述社会学

---

① See Joseph Raz, "Authority, Law and Morality", in Joseph Raz, *Ethics in the Public Domain: Essays in the Morality of Law and Politics*, Oxford: Clarendon Press, 1994, pp. 210, 221.

的尝试",既是指它在概念分析层面上是"非规范性的",也意味着哈特的法理学确实同时是"社会理论"的,并且社会理论的要素在哈特的法理学中扮演着某种关键而不可或缺的角色。

参考文献

中文专著

陈景辉:《法律的界限》,中国政法大学出版社 2007 年版。
邓小平:《邓小平文选》(第 2 卷),人民出版社 1994 年版。
费孝通:《乡土中国》,生活·读书·新知三联书店 1985 年版。
洪涛:《逻各斯与空间》,上海人民出版社 1998 年版。
李达:《法理学大纲》,法律出版社 1983 年版。
李贵连:《沈家本传》(修订版),广西师范大学出版社 2018 年版。
梁治平:《礼教与法律:法律移植时代的文化冲突》,上海书店出版社 2013 年版。
泮伟江:《当代中国法治的分析与建构》,中国法制出版社 2012 年版。
泮伟江:《当代中国法治的分析与建构》(修订版),中国法制出版社 2017 年版。
泮伟江:《一个普通法的故事:英格兰政体的奥秘》,广西师范大学出版社 2015 年版。
苏力:《法治及其本土资源》,中国政法大学出版社 1996 年版。
苏力:《送法下乡》,中国政法大学出版社 2000 年版。
苏亦工:《中法西用:中国传统法律及习惯在香港》,社会科学文献出版社 2007 年版。
谢立中编:《结构-制度分析,还是过程-事件分析?》,社会科学文献出版社 2010 年版。

张文显主编:《法理学》,高等教育出版社 2011 年版。
张祥龙:《现象学导论七讲:从原著阐发原意》(修订新版),中国人民大学出版社 2011 年版。
张志铭:《法律解释的操作分析》,中国政法大学出版社 1999 年版。

中文译著

〔意〕阿奎那:《阿奎那政治著作选》,马清槐译,商务印书馆 1982 年版。
〔德〕阿列克西:《法律论证理论》,舒国滢译,中国法制出版社 2002 年版。
〔英〕奥斯汀:《法理学的范围》,刘星译,中国法制出版社 2001 年版。
〔古希腊〕柏拉图:《理想国》,郭斌和、张竹明译,商务印书馆 1986 年版。
〔美〕伯尔曼:《法律与革命——西方法律传统的形成》,贺卫方等译,中国大百科全书出版社 1993 年版。
〔美〕伯尔曼:《法律与革命——新教革命对西方法律传统的影响》,袁瑜琤、苗文龙译,法律出版社 2011 年版。
〔美〕德沃金:《认真对待权利》,信春鹰、吴玉章译,中国大百科全书出版社 1998 年版。
〔美〕德沃金:《身披法袍的正义》,周林刚、翟志勇译,北京大学出版社 2010 年版。
〔法〕迪尔凯姆:《社会学方法的准则》,狄玉明译,商务印书馆 1995 年版。
〔美〕富勒:《法律的道德性》,郑戈译,商务印书馆 2005 年版。
〔德〕格林:《现代宪法的诞生、运作和前景》,刘刚译,法律出版社 2010 年版。
〔德〕哈贝马斯:《合法化危机》,刘北成、曹卫东译,上海人民出版社 2000 年版。
〔德〕哈贝马斯:《在事实与规范之间:关于法律和民主法治国的商谈理论》,童世骏译,生活·读书·新知三联书店 2003 年版。
〔德〕哈贝马斯:《交往行为理论》(上卷),曹卫东译,上海人民出版社 2004 年版。
〔英〕哈特:《法律的概念》,许佳馨、李冠宜译,法律出版社 2006 年版。
〔德〕胡塞尔:《逻辑研究》(第 1 卷),倪梁康译,上海译文出版社 1994 年版。

〔德〕胡塞尔:《经验与判断:逻辑系谱学研究》,邓晓芒、张廷国译,生活·读书·新知三联书店 1996 年版。

〔德〕胡塞尔:《欧洲科学危机和超验现象学》,张庆熊译,上海译文出版社 1997 年版。

〔德〕胡塞尔:《生活世界现象学》,倪梁康、张廷国译,上海译文出版社 2002 年版。

〔德〕胡塞尔:《内时间意识现象学》,倪梁康译,商务印书馆 2009 年版。

〔英〕怀特海:《过程与实在》,杨富海译,中国城市出版社 2003 年版。

〔英〕霍布斯:《利维坦》,黎思复、黎庭弼译,杨昌裕校,商务印书馆 1986 年版。

〔美〕基欧汉、约瑟夫·奈:《权力与相互依赖》(第 3 版),门洪华译,北京大学出版社 2002 年版。

〔美〕基欧汉:《霸权之后:世界政治经济中的合作与纷争》,苏长和等译,上海人民出版社 2006 年版。

〔奥〕凯尔森:《法与国家的一般理论》,沈宗灵译,中国大百科全书出版社 1995 年版。

〔德〕考夫曼:《类推与"事物本质":兼论类型理论》,吴从周译,台湾学林文化事业有限公司 1999 年版。

〔德〕考夫曼、哈斯默尔主编:《当代法哲学与法律理论导论》,郑永流译,法律出版社 2002 年版。

〔德〕Kneer,Nassehi:《卢曼社会系统理论导引》,鲁贵显译,台湾巨流图书公司 1998 年版。

〔美〕肯尼迪:《判决的批判》,王家国译,法律出版社 2012 年版。

〔德〕拉伦茨:《法学方法论》,陈爱娥译,商务印书馆 2003 年版。

〔英〕拉兹:《法律的权威性:法律与道德论文集》,朱峰译,法律出版社 2005 年版。

〔美〕莱昂斯:《伦理学与法治》,葛四友译,商务印书馆 2016 年版。

〔英〕莱西:《哈特的一生:噩梦与美梦》,谌洪果译,法律出版社 2006 年版。

〔德〕鲁曼(卢曼):《生态沟通:现代社会能应付生态危害吗?》,汤志杰、鲁贵显译,台湾桂冠图书股份有限公司 2001 年版。

〔德〕卢曼:《信任:一个社会复杂性的简化机制》,翟铁鹏、李强译,上海人民出版社 2005 年版。

〔德〕卢曼:《法社会学》,宾凯译,上海人民出版社 2013 年版。

〔英〕洛克:《政府论》(下篇),叶启芳、瞿菊农译,商务印书馆 1996 年版。

〔英〕麦考密克:《大师学述:哈特》,刘叶深译,法律出版社 2010 年版。

〔美〕米歇尔:《复杂》,唐璐译,湖南科学技术出版社 2011 年版。

〔美〕摩根索:《国家间政治:权力斗争与和平》(第 7 版),徐昕等译,北京大学出版社 2006 年版。

〔意〕尼古拉斯:《罗马法概论》(第 2 版),黄风译,法律出版社 2004 年版。

〔美〕诺内特、塞尔兹尼克:《转变中的法律与社会》,张志铭译,中国政法大学出版社 1994 年版。

〔法〕帕斯卡尔:《帕斯卡尔思想录》,何兆武译,湖北人民出版社 2007 年版。

〔美〕帕森斯:《社会行动的结构》,张明德等译,译林出版社 2008 年版。

〔英〕乔伊斯:《尤利西斯》,萧乾、文洁若译,译林出版社 2005 年版。

〔德〕施米特:《政治的概念》,刘宗坤等译,上海人民出版社 2004 年版。

〔美〕桑斯坦:《就事论事:美国联邦最高法院的司法最低限度主义》,泮伟江、周武译,北京大学出版社 2006 年版。

〔法〕斯特劳斯:《结构人类学》(1—2),张祖建译,中国人民大学出版社 2006 年版。

〔美〕塔玛纳哈:《一般法理学:以法律与社会的关系为视角》,郑海平译,中国政法大学出版社 2012 年版。

〔法〕托克维尔:《旧制度与大革命》,冯棠译,商务印书馆 1997 年版。

〔德〕托依布纳:《法律:一个自创生系统》,张骐译,北京大学出版社 2004 年版。

〔德〕托依布纳:《魔阵·剥削·异化——托依布纳法律社会学文集》,泮伟江、高鸿钧等译,清华大学出版社 2012 年版。

〔法〕涂尔干:《社会分工论》,渠东译,生活·读书·新知三联书店 2000 年版。

〔德〕韦伯:《法律社会学》,康乐、简惠美译,广西师范大学出版社 2005 年版。

〔德〕韦伯:《经济与社会》(第 1 卷),阎克文译,上海人民出版社 2010 年版。

〔德〕西美尔:《社会学:关于社会化形式的研究》,林荣远译,华夏出版社 2002 年版。

〔英〕休谟:《人性论》(下),关文运译,商务印书馆 1980 年版。
〔古希腊〕亚里士多德:《范畴篇/解释篇》,方书春译,商务印书馆 1986 年版。
〔古希腊〕亚里士多德:《尼各马可伦理学》,廖申白译,商务印书馆 2003 年版。
〔日〕筱田英朗:《重新审视主权——从古典理论到全球时代》,戚渊译,商务印书馆 2004 年版。

中文论文

白斌:"论法教义学:源流、特征及其功能",《环球法律评论》2010 年第 3 期。
宾凯:"法律如何可能:通过二阶观察的系统建构——进入卢曼法律社会学的核心",载《北大法律评论》第 7 卷第 2 辑,北京大学出版社 2006 年版。
宾凯:"法律悖论及其生产性:从社会系统理论的二阶观察理论出发",《上海交通大学学报》(哲学社会科学版)2012 年第 1 期。
宾凯:"法律自创生机制:隐藏与展开悖论",《交大法学》2013 年第 1 期。
卜元石:"法教义学:建立司法、学术与法学教育良性互动的途径",载《中德私法研究》(第 6 卷),北京大学出版社 2010 年版。
卜元石:"法教义学与法学方法论话题在德国 21 世纪的兴起与最新研究动向",《南京大学法律评论》2016 年春季卷。
陈端洪:"论宪法作为国家的根本法与高级法",《中外法学》2008 年第 4 期。
陈端洪:"宪法的法律性阐释及证立",《清华法学》2016 年第 2 期。
陈景辉:"规则的普遍性与类比推理",《求是学刊》2008 年第 1 期。
陈景辉:"法律的内在价值与法治",《法制与社会发展》2012 年第 1 期。
陈景辉:"同案同判:法律义务还是道德要求",《中国法学》2013 年第 3 期。
陈景辉:"法理论为什么是重要的——法学的知识框架及法理学在其中的位置",《法学》2014 年第 3 期。
陈景辉:"法理学的性质:一元论还是二元论?",《清华法学》2015 年第 6 期。
陈景辉:"部门法的教义化及其限度——法理论在何种意义上有助于部门法",《中国法律评论》2018 年第 3 期。
陈兴良:"我国案例指导制度功能之考察",《法商研究》2012 年第 2 期。

陈兴良:"案例指导制度的法理考察",《法制与社会发展》2012年第3期。
陈巍等:"案例指导意欲何为?——新法学·读书沙龙第七期'案例指导制度'讨论纪要",载《法学方法论论丛》(第1卷),中国政法大学出版社2013年版。
程燎原:"'法律人'之治:'法治政府'的主体性诠释",《西南民族学院学报》(人文社科版)2001年第12期。
邓刚:"论马里埔和巴迪欧的事件概念",《苏州大学学报》(哲学社会科学版)2017年第4期。
杜宴林:"论法学研究的中国问题意识",《法制与社会发展》2011年第5期。
方东红:"意识与时间:胡塞尔的《内时间意识现象学》",《中华读书报》2002年6月26日。
方流芳:"罗伊判例:关于司法与政治分界的争辩",《比较法研究》1998年第1期。
冯文生:"审判案例指导中的'参照'问题研究",《清华法学》2011年第3期。
冯象:"法学三十年:重新出发",《读书》2008年第9期。
冯玉军:"法律全球化与本土化之争及其超越",《云南大学学报》(法学版)2003年第1期。
傅郁林:"审级制度的建构原理",《中国社会科学》2002年第4期。
傅郁林:"建立判例制度的两个基础性问题——以民事司法的技术为视角",《华东政法大学学报》2009年第1期。
高鸿钧:"法律移植:隐喻、范式与全球化时代的新趋向",《中国社会科学》2004年第4期。
高鸿钧:"关于传统法研究的几点思考",《法学家》2007年第5期。
高全喜:"政治宪法学的兴起与嬗变",《交大法学》2012年第1期。
龚柏华:"TPP协定投资者-东道国争端解决机制评述",《世界贸易组织动态与研究》2013年1期。
公丕祥:"全球化与中国法制现代化",《法学研究》2000年第6期。
郭道晖:"法理学的定位与使命",《上海师范大学学报》(哲学社会科学版)2007年第6期。

贺剑:"法教义学的巅峰:德国法律评注文化及其中国前景考察",《中外法学》2017年第2期。

贺卫方:"通过司法实现社会正义——对中国法官现状的一个透视",载贺卫方:《司法的理念与制度》,中国政法大学出版社1998年版。

何勤华:"法律移植与本土化",《中国法学》2002年第3期。

侯猛:"社科法学的传统与挑战",《法商研究》2015年第5期。

侯猛:"司法中的社会科学判断",《中国法学》2015年第6期。

胡云腾、于同志:"案例指导制度若干重大疑难争议问题研究",《法学研究》2008年第6期。

胡云腾等:"《关于案例指导工作的规定》的理解与适用",《人民司法》2011年第3期。

黄卉:"论法学通说(又名:法条主义者宣言)",载《北大法律评论》第12卷第2辑,北京大学出版社2011年版。

黄卉:"关于判例形成的观察和法律分析——以我国失实新闻侵害公众人物名誉权案为切入点",《华东政法大学学报》2009年第1期。

黄文艺:"法学是一门什么样的科学",《法制与社会发展》2001年第3期。

季卫东:"从边缘到中心:20世纪美国的'法与社会'研究运动",载《北大法律评论》第2卷第2辑,法律出版社2000年版。

姜峰:"法院'案多人少'与国家治道变革",《政法论坛》2015年第2期。

焦宝乾:"理论与实践的难题——以中国法律体系形成为背景的反思",《政治与法律》2012年第7期。

劳东燕:"正当防卫的异化与刑法系统的功能",《法学家》2018年第5期。

雷磊:"法律论证中的权威与正确性:兼论我国指导性案例的效力",《法律科学》2014年第2期。

雷磊:"法教义学的基本立场",《中外法学》2015年第1期。

雷磊:"指导性案例法源地位之再思",《中国法学》2015年第1期。

雷磊:"法理论及其对部门法学的意义",《中国法律评论》2018年第3期。

李贵连:"清末修订法律中的礼法之争",《法学研究资料》1982年第1期。

李林、熊秋红:"积极稳妥有序推进司法体制改革试点",《求是》2014年第

16 期。

李猛:"论抽象社会",《社会学研究》1999 年第 1 期。

李猛:"舒茨和他的现象学社会学",载杨善华主编:《当代西方社会学理论》,北京大学出版社 1999 年版。

李猛:"法律与社会",载《北大法律评论》第 2 卷第 2 辑,法律出版社 2000 年版。

李拥军:"我与吉大法理的不解之缘",载《法苑芳华·老故事》(第 1 辑),吉林大学出版社 2018 年版。

李忠夏:"中国宪法学方法论反思",《法学研究》2011 年第 2 期。

柳经纬:"当代中国私法进程中的民商事司法解释",《法学家》2012 年第 2 期。

刘蒙之:"格雷格里·贝特森对传播学研究的奠基性贡献",《上海师范大学学报》(哲学社会科学版)2009 年第 4 期。

刘星:"法学'科学主义'的困境:法学知识如何成为法律实践的组成部分",《法学研究》2004 年第 3 期。

刘叶深:"论法律的概念分析——普遍法理学方法论研究",载郑永流主编:《法哲学与法社会学论丛》(总第 13 期),北京大学出版社 2008 年版。

刘忠:"规模与内部治理——中国法院编制变迁三十年",《法制与社会发展》2012 年第 5 期。

刘作翔、徐景和:"案例指导制度的理论基础",《法学研究》2006 年第 3 期。

刘作翔:"我国为什么要实行案例指导制度",《法律适用》2006 年第 8 期。

刘作翔:"法理学的定位——关于法理学学科性质、特点、功能、名称等的思考",《环球法律评论》2008 年第 4 期。

陆宇峰:"'自创生'系统论法学:一种理解现代法律的新思路",《政法论坛》2014 年第 4 期。

陆宇峰:"社会理论法学:定位、功能与前景",《清华法学》2017 年第 2 期。

牟绿叶:"论指导性案例的参照效力",《当代法学》2014 年第 1 期。

倪梁康:"纵意向性:时间、发生、历史——胡塞尔对它们之间内在关联的理解",《哲学分析》2010 年第 1 卷第 2 期。

泮伟江:"挑战与应对——在全球化语境中思考中国国家建设问题",载高全喜主编:《大观》(第 2 辑),法律出版社 2010 年版。

泮伟江:"从规范移植到体系建构:再论中国法律的本土化困境及其出路",《北京航空航天大学学报》(人文社科版)2011 年第 5 期。

泮伟江:"托依布纳法的系统理论评述",载〔德〕托依布纳:《魔阵·剥削·异化——托依布纳法律社会学文集》,泮伟江、高鸿钧等译,清华大学出版社 2012 年版。

泮伟江:"法学的社会学启蒙",《读书》2013 年第 12 期。

泮伟江:"双重偶联性问题与法律系统的生成——卢曼法社会学的问题结构及其启示",《中外法学》2014 年第 2 期。

泮伟江:"社科法学的贡献与局限",《中国社会科学报》2015 年 5 月 20 日。

泮伟江:"论指导性案例的效力",《清华法学》2016 年第 1 期。

泮伟江:"法律的二值代码性与复杂性化约",《环球法律评论》2017 年第 4 期。

泮伟江:"超大规模陌生人社会治理:中国社会法治化治理的基本语境",《民主与科学》2018 年第 2 期。

泮伟江:"中国本土化法教义学理论发展的反思与展望",《法商研究》2018 年第 6 期。

渠敬东:"失范社会与道德秩序的重建",载唐磊编:《三十年三十人之激扬文字》,中信出版社 2008 年版。

饶曙光、李国聪:"'重工业电影'及其美学:理论与实践",《当代电影》2018 年第 4 期。

沈宗灵:"论法律移植与比较法学",《外国法译评》1995 年第 1 期。

宋晓:"判例生成与中国案例指导制度",《法学研究》2011 年第 4 期。

苏力:"面对中国的法学",《法制与社会发展》2004 年第 3 期。

苏力:"也许正在发生——当代中国法学发展的一个概览",《比较法研究》2001 年第 3 期。

苏力:"崇山峻岭中的中国法治:从电影《马背上的法庭》透视",《清华法学》2008 年第 3 期。

孙飞宇:"流亡者与生活世界",《社会学研究》2011 年第 5 期。

孙笑侠:"法律家的技能与伦理",《法学研究》2001 年第 4 期。

孙笑侠:"法治乃法律人之治",《法治日报》2005 年 11 月 16 日。

舒国滢:"求解当代中国法学发展的'戴逸之问'",《北方法学》2018年第4期。

田夫:"法理学'指导'型知识生产机制及其困境——从法理学教材出发",《北方法学》2014年第6期。

王晨光:"法学教育的宗旨——兼论案例教学模式和实践性法律教学模式在法学教育中的地位、作用和关系",《法制与社会发展》2002年第6期。

王亚新:"判例研究中新的视角与方法探求",《昆明理工大学学报》(社会科学版)2011年第1期。

魏治勋、白利寅:"从'维稳政治'到'法治中国'",《新视野》2014年第4期。

奚晓明:"建立以案件审理为中心的案例指导制度",《河北法学》2007年第3期。

夏辰旭:"可普遍化原则——法律实践的基础性原则",《云南行政学院学报》2010年第4期。

解亘:"案例研究反思",《政法论坛》2008年第4期。

信春鹰:"法律移植的理论与实践",《北方法学》2007年第3期。

徐爱国:"论中国法理学的'死亡'",《中国法律评论》2016年第2期。

许德风:"法教义学与价值判断",《中外法学》2008年第2期。

许德风:"论基于法教义学的案例解析规则——评卜元石《法教义学:建立司法、学术与法学教育良性互动的途径》",载《中德私法研究》(第6卷),北京大学出版社2010年版。

许德风:"法教义学的应用",《中外法学》2013年第5期。

徐显明、齐延平:"法理学的中国性、问题性与实践性",《中国法学》2007年第1期。

杨贝:"论判决理由与判决原因的分离:对司法虚饰论的批判",《清华法学》2016年第2期。

杨维汉:"中央司改办负责人就司法体制改革试点工作答记者问",2014年6月15日,http://news.xinhuanet.com/politics/2014-06/15/c_1111149887.htm,2014年9月2日。

应星:"超越'维稳的政治学'——分析和缓解社会稳定问题的新思路",《人民论坛·学术前沿》2012年第7期。

于向东、施展:"全球贸易双循环结构与世界秩序——外交哲学对谈之四",《文化纵横》2013年第5期。

张岚:"近代中国社会流民产生的原因及其影响",《咸阳师范专科学校学报》2001年第3期。

张嘉尹:"系统理论对全球化的考察",载王鹏翔主编:《2008年法律思想与社会变迁》,台湾"中央研究院"法律储备处专书2009年版。

章剑生:"对违反法定程序的司法审查——以最高人民法院公布的典型案件(1985—2008)为例",《法学研究》2009年第2期。

张文显:"法理:法理学的中心主题和法学的共同关注",《清华法学》2017年第4期。

张骐:"试论指导性案例的指导性",《法制与社会发展》2007年第6期。

张骐:"再论指导性案例效力的性质与保障",《法制与社会发展》2013年第1期。

张翔:"形式法治与法教义学",《法学研究》2012年第6期。

张翔:"宪法教义学初阶",《中外法学》2013年第5期。

张志杨:"现象学意识与卢曼的偶在演化",《哲学研究》1999年第6期。

翟小波:"无用之大用:法哲学的性质与用途",《中国法律评论》2018年第3期。

郑毅:"政治宪法学与规范宪法学的分野——兼评陈端洪新作《制宪权与根本法》",《中国图书评论》2010年第10期。

郑永流:"出释入造——法律诠释学及其与法律解释学的关系",《法学研究》2002年第3期。

郑永流:"法律判断大小前提的建构及其方法",《法学研究》2004年第1期。

郑玉双:"法理学贡献于刑法学的方式:以刑法观为例",《中国法律评论》2018年第3期。

郑智航:"中国指导性案例生成的行政化逻辑",《当代法学》2015年第4期。

周林刚:"'政治宪法'的概念:从'政治宪法学'与'规范宪法学'之争切入",《天府新论》2016年第1期。

周佑勇:"作为过渡措施的案例指导制度",《法学评论》2006年第3期。

朱芒:"行政诉讼中判例的客观作用——以两个案件的判决为例的分析",《华东政法大学学报》2009年第1期。
朱芒:"判例在中国的作用",载黄卉等编:《大陆法系判例:制度·方法》,清华大学出版社2013年版。
朱振:"描述性法理学与法理论的建构",《南京大学法律评论》2016年春季卷。
朱振:"再探'权威与自主性'的悖论:以'服务权威观'为中心的讨论",《法治现代化研究》2018年第2期。

中译论文

〔奥〕埃利希:"法社会学方法——关于活法的研究",张菁译,《山东大学学报》2006年第3期。
〔德〕彼得斯:"法律和政治理论的重构",载〔美〕德夫林编:《哈贝马斯、现代性与法》,高鸿钧译,清华大学出版社2008年版。
〔法〕德里达:"结构符号与人文科学话语中的嬉戏",盛宁译,载王逢振等编:《最新西方文论选》,漓江出版社1991年版。
〔英〕哈特:"社会连带与道德强制",载氏著:《法理学与哲学论文集》,支振锋译,法律出版社2005年版。
〔德〕霍斯特:"是分析社会还是改造社会:哈贝马斯与卢曼之争",逸涵译,《国外社会科学》2000年第3期。
〔美〕吉尔兹:"地方性知识:从比较的观点看事实和法律",载氏著:《地方性知识》,王海龙、张家瑄译,中央编译出版社2000年版。
〔德〕基希尔曼:"作为科学的法的无价值性",赵阳译,《比较法研究》2004年第1期。
〔英〕拉兹:"法律的功能",载氏著:《法律的权威性:法律与道德论文集》,朱峰译,法律出版社2005年版。
〔德〕卢曼:"法律的自我复制及其限制",韩旭译,李猛校,载《北大法律评论》第2卷第2辑,法律出版社2000年版。
〔德〕舍费尔:"作为法社会学研究客体的法教义学:'带有更多法学元素的'法社会学",张福广译,载李昊、明辉主编:《北航法律评论》(总第6辑),法律出版社2015年版。

〔德〕托依布纳:"现代法中的实质要素和反思要素",矫波译,载《北大法律评论》第 2 卷第 2 辑,法律出版社 2000 年版。

〔德〕托依布纳:"法律异化——论第 12 只骆驼的社会剩余价值",载氏著:《魔阵·剥削·异化——托依布纳法律社会学文集》,泮伟江、高鸿钧等译,清华大学出版社 2012 年版。

〔美〕瓦尔德隆:"规范(或伦理)的实证主义",泮伟江译,载李昊、明辉主编:《北航法律评论》(总第 1 辑),法律出版社 2010 年版。

〔德〕韦伯:"宗教社会学论文集·绪论",载氏著:《新教伦理与资本主义精神》,苏国勋等译,社会科学文献出版社 2010 年版。

〔德〕维克亚尔:"法教义学的实践功效",载《中德私法研究》(第 6 卷),北京大学出版社 2010 年版。

外文专著

Ashby, William, *Design for a Brain: The Origin of Adaptive Behavior*, London: Chapman and Hall, 1976.

Baraldi, Claudio; Corsi, Giancarlo; Esposito, Elena, *Glossar zu Niklas Luhmanns Theorie sozialer Systeme*, Frankfurt am Main: Suhrkamp Taschenbuch Wissenschaft, 1997.

Baxter, Hugh, *Habermas: The Discourse Theory of Law and Democracy*, Stanford: Stanford University Press, 2011.

Dworkin, Ronald, *Law's Empire*, Cambridge: Harvard University Press, 1986.

Garfinkel, Harold, *Studies in Ethnomethodology*, New Jersey: Prentice-Hall, 1967.

Habermas, Jürgen, *The Theory of Communicative Action, Volume 2: Lifeworld and System: A Critique of Functionalist Reason*, translated by Thomas McCarthy, Boston: Beacon Press, 1987.

Jahraus, Oliver; Nassehi Armin u. a. (Hrsg.), *Luhmann Handbuch: Leben-Werk-Wirkung*, Stuttgart: Verlag J. B. Metzler, 2012.

Kimball, Bruce, *The Inception of Modern Professional Education: C. C. Langdel, 1826 - 1906*, Chapel Hill: University of North Carolina Press, 2009.

Kieserling, Andre, *Selbstbeschreibung und Fremdbeschreibung: Beiträge zur Soziologie *soziologischen Wissens*, Frankfurt am Main: Suhrkamp Taschenbuch Wissenschaft, 2004.

LaPiana, William, *Logic and Experience: The Origin of Modern American Legal Education*, Oxford: Oxford University Press, 1994.

Luhmann, Niklas, *Legitimation durch Verfahren*, Neuwied/Berlin: Luchterhand, 1969.

Luhmann, Niklas; Habermas, Jürgen, *Theorie der Gesellschaft oder Sozialtechnologie— Was leistet die Systemforschung?*, Frankfurt: Suhrkamp Verlag, 1971.

Luhmann, Niklas, *Rechtssoziologie*, 2 volumes, Reinbek: Rowohlt, 1972.

Luhmann, Niklas, *Rechtssystem und Rechtsdogmatik*, Stuttgart: Kohlhammer Verlag, 1974.

Luhmann, Niklas, *Ausdifferenzierung des Rechts: Beiträge zur Rechtssoziologie und Rechtstheorie*, Frankfurt am Main: Suhrkamp Taschenbuch Wissenschaft, 1999.

Luhmann, Niklas, *The Differentiation of Society*, translated by Stephen Holmes and Charles Larmore, New York: Columbia University Press, 1982.

Luhmann, Niklas, *Die soziologische Beobachtung des Rechts*, Frankfurt: Metzner, 1986.

Luhmann, Niklas, *Ökologische Kommunikation: Kann die moderne Gesellschaft sich auf ökologische Gefährdungen einstellen?*, Opladen: Westdeutscher Verlag, 1986.

Luhmann, Niklas, *Soziale Systeme: Grundriß einer allgemeinen Theorie*, Frankfurt am Main: Suhrkamp Taschenbuch Wissenschaft, 1987.

Luhmann, Niklas, *Political Theory in the Welfare State*, Berlin, New York: de Gruyter, 1990.

Luhmann, Niklas, *Soziologie des Risikos*, Berlin, New York: de Gruyter, 1991.

Luhmann, Niklas, *Soziologische Aufklärung 1*, Opladen: Westdeutscher Verlag, 1991.

Luhmann, Niklas, *Die Wissenschaft der Gesellschaft*, Frankfurt am Main: Suhrkamp Taschenbuch Wissenschaft, 1992.

Luhmann, Niklas, *Das Recht der Gesellschaft*, Frankfurt am Main: Suhrkamp Taschenbuch Wissenschaft, 1995a.

Luhmann, Niklas, *Soziologische Aufklärung 6*, Opladen: Westdeutscher Verlag, 1995b.

Luhmann, Niklas, *Die Neuzeitlichen Wissenschaft und die Phänomenologie*, Wien: Picus, 1996.

Luhmann, Niklas, *Die Gesellschaft der Gesellschaft*, Frankfurt am Main: Suhrkamp Taschenbuch Wissenschaft, 1998.

Luhmann, Niklas, *Die Politik der Gesellschaft*, Frankfurt am Main: Suhrkamp Taschenbuch Wissenschaft, 2002.

Luhmann, Niklas, *Einführung in der Theorie der Gesellschaft*, Dirk Baecker (Hrsg.), Heidelberg: Carl-Auer Verlag, 2005.

Luhmann, Niklas, *Politische Soziologie*, Berlin: Suhrkamp Verlag, 2010.

Luhmann, Niklas, *Macht*, Comstanz und München: UVK Verlagsgesellschaft mbH, 2012.

Luhmann, Niklas, *Kontingenz und Recht*, Berlin: Suhrkamp Verlag, 2013.

Luhmann, Niklas, *Introduction to Systems Theory*, edited by Dirk Baecker, translated by Peter Gilgen, London: Polity Press, 2013.

Luhmann, Niklas, *Vertrauen*, Comstanz und München: UVK Verlagsgesellschaft mbH, 2014.

Marmor, Andrei, *Philosophy of Law*, Princeton: Princeton University Press, 2011.

Maturana, Humberto, *Erkennen: Die Organisation und Verkörperung von Wirklichkeit: Ausgewählte Arbeiten zur biologischen Epistemologie*, Braunschweig/Wiesbaden: Braunschweig, 1985.

Nassehi, Armin, *Die Zeit der Gesellschaft: Auf dem Weg zu einer soziologischen Theorie der Zeit*, Opladen: Springer Fachmedien Wiesbaden, 1993.

Parsons, Talcott, *The Social System*, London: Routledge, 1991.

Postema, Gerald, *Bentham and the Common Law Tradition*, Oxford: Oxford University Press, 1986.

Rosenfeld, Michel; Arato, Andrew eds., *Habermas on Law and Democracy: Critical Exchanges*, Berkeley: University of California Press, 1998.

Schutz, Alfred, *The Phenomenology of the Social World*, translated by George Walsh and Frederick Lehneert, Evanston: Northwestern University Press.

Shaw, Malcolm, *International Law*, Cambridge: Cambridge University Press, 2008.

Shiner, Roger, *Legal Institution and the Source of Law*, Netherlands: Springer Press, 2005.

Van denBoogert, Maurits H. , *Capitulations and the Ottoman Legal System: Qadis, Consuls and Beraths in the 18th Century*, Boston: Koninklijke Brill NV, 2005.

外文论文

Abel, Richard, "A Comparative Theory of Dispute Institutions in Society", *Law & Society Review*, Vol. 8, No. 2 (Winter 1974).

Abbott, Kenneth; Snidal, Duncan, "Hard and Soft Law in International Governance", *International Organization*, Vol. 54, No. 3 (Summer 2000).

Abbott, Kenneth; Keohance, Robert; Moravcsik, Andrew; Slaughter, Anne-Marie; Snidal, Duncan, "The Concept of Legalization", *International Organization*, Vol. 54, No. 3 (Summer 2000).

Esposito, Elena, "Die Beobachtung der Kybernetik", in Dirk Baecker (Hrsg.), *Schlüsselwerke der Systemtheorie*, 1. Aufl., GWV Fachverlage GmbH, 2005.

Albert, Mathias, "Beyond Legalization: Reading the Increase, Variation and Differentiation of Legal and Law-like Arrangements in International Relation in World Society Theory", in Christian Brütsch and Dirk Lehmkuhl eds., *Law and Legalization in Transnational Relations*, London: Routledge, 2007.

Benarz, John, "Complexity and Intersubjectivity: Towards the Theory of Niklas Luhmann", *Human Studies*, Vol. 7, No. 1, 1984.

Dworkin, Ronald, "Social Rules and Legal Theory", *The Yale Law Journal*, Vol. 81, No. 5 (Apr. 1972).

Dworkin, Ronald, "Objectivity and Truth: You'd Better Believe It", *Philosophy and Public Affairs*, Vol. 25, No. 2, 1996.

Galliess, Gralf-Peter, "Systemtheorie: Luhmann / Teubner", in Sonja Buckel, Ralph Christensen & Andreas Fischer-Lescano (Hrsg.), *Neue Theorien des Rechts*, Stuttgart: Lucius & Lucius, 2006.

Hart, H. L. A. , "Positivism and the Separation of Law and Morality", *Harvard Law*

Review, Vol. 71, No. 4 (Feb. 1958).

Joas, Hans, "The Unhappy Marriage of Hermeneutics and Functionism", in Axel Honnth and Hans Joas eds., *Communicative Action: Essays on Jürgen Habermas's The Theory of Communicative Action*, translated by Jeremy Gaines and Doris L. Jones, London: Polity Press, 1991.

Kahler, Miles, "Legalization as Strategy: The Asia-Pacific Case", in Christian Brütsch and Dirk Lehmkuhl eds., *Law and Legalization in Transnational Relations*, London: Routledge, 2007.

Lee, Daniel, "The Society of Society: The Grand Finale of Niklas Luhmann", *Sociological Theory*, Vol. 18, No. 2 (Jul. 2000).

Lempert, Richard, "The Autonomy of Law: Two Visions Compared", in Gunther Teubner ed., *Autopoietic Law: A New Approach to Law and Society*, Berlin, New York: de Gruyter, 1988.

Lettvin, J; Maturana; Humberto; McCulloch, W.; Pitts, W., "What the Frog's Eyes Tells the Frog's Brain", *Proceedings of Institute of Radio Engineers*, Vol. 47, No. 11, 1959.

Luhmann, Niklas, "Politische Verfassungen im Kontext Des Gesellschaftssystems" (I, II), *Der Staat*, Vol. 12, No. 1, 1973.

Luhmann, Niklas, "Differentiation of Society", *Canadian Journal of Sociology*, Vol. 2, No. 1 (Winter 1977).

Luhmann, Niklas, "Die Einheit des Rechtssystems", *Rechtstheorie* 14 (1983).

Luhmann, Niklas, "Die Codierung des Rechtssystem", *Rechtstheorie* 17 (1986).

Luhmann, Niklas; Fuchs, Stephan, "Tautology and Paradox in the Self-Descriptions of Modern Society", *Sociological Theory*, Vol. 6, No. 1, 1988.

Luhmann, Niklas, "Verfassung als evolutionäre Errungenschaft", *Rechtshistorisches Journal* 9 (1990).

Luhmann, Niklas, "Operational Closure and Structural Couple: The Differentiation of the Legal System", *Cardozo Law Review*, Vol. 13, No. 5 (January 1992).

Luhmann, Niklas, "Paradoxy of Observing System", *Cultural Critique*, No. 31, Part II (Autumn 1995).

Luhmann, Niklas, "Quod Omnes Tangit: Remarks on Jürgen Habermas's Legal Theory", in Michel Rosenfeld and Andrew Arato eds. , *Habermas on Law and Democracy: Critical Exchanges*, Berkeley: University of California Press, 1998.

Luhmann, Niklas, "Die Rückgabe des zwölften Kamels", *Zeitschrift für Rechtssoziologie* 21 (2000), Heft 1.

Luhmann, Niklas, "Zur Komplexität von Entscheidungssituationen", *Soziale Systeme* 15 (2009), Heft 1.

McCarthy, Thomas, "Complexity and Democracy: Or the Seducements of System Theory", in Axel Honnth and Hans Joas eds. , *Communicative Action: Essays on Jürgen Habermas's The Theory of Communicative Action*, translated by Jeremy Gaines and Doris L. Jones, London: Polity Press, 1991.

Nassehi, Armin, "Luhmann und Husserl", in Oliver Jahraus, Armin Nassehi u. a. (Hrsg.), *Luhmann Handbuch: Leben-Werk-Wirkung*, Stuttgart: Verlag J. B. Metzler, 2012.

Parsons, Talcott, "Some Fundamental Categories of the Theory of Actions: A General Statement", in Talcott Parsons and Edward Shils, *Toward a General Theory of Action*, Cambridge: Harvard University of Press, 1962.

Parsons, Talcott, "On the Concept of Political Power", *Proceedings of the American Philosophical Society*, Vol. 107, No. 3 (Jun. 1963).

Parsons, Talcott, "On the Concept of Influence", *The Public Opinion Quarterly*, Vol. 27, No. 1 (Spring 1963).

Parsons, Talcott, "Social Interaction", in David. L. Sills ed. , *International Encyclopedia of the Social Sciences*, Vol. 7, The Macmillan Company & The Free Press, 1968.

Perry, Stephen, "Hart's Methodological Positivism", in Jules Coleman ed. , *Hart's Postscript: Essays on the Postscript to the Concept of Law*, Oxford: Oxford University Press, 2001.

Pound, Roscoe, "Law in Books and Law in Action", *American Law Review*, Vol. 44, No. 12, 1910.

Raz, Joseph, "Legal Principles and the Limit of Law", *The Yale Law Journals*, Vol. 81, No. 5, 1972.

Raz, Joseph, "Authority, Law and Morality", in Joseph Raz, *Ethics in the Public*

Domain: Essays in the Morality of Law and Politics, Oxford: Clarendon Press, 1994.

Rottleuthner, Hubert, "A Purified Sociology of Law: Niklas Luhmann on the Autonomy of the Legal System", *Law & Society Review*, Vol. 23, No. 5, 1989.

Schulte, Martin, "Niklas Luhmann und das Selbstbeschreibung und Fremdbeschreibung des Rechtssystem", in Gunter Runkel & Günter Burkart (Hrsg.), *Funktionssysteme der Gesellschaft: Beiträge zur Systemtheorie von Niklas Luhmann*, VS Verlag für Sozialwissenschaften, 2005.

Taekke, Jesper; Paulsen, Michael, "Luhmann and the Media: An Introduction", *MedieKultur: Journal of Media and Communication Research*, Vol. 26, No. 49, 2010.

Vanderstraeten, Raf, "Observing Systems: a Cybernetic Perspective on System/Environment Relations", *Journal for the Theory of Social Behavior*, Vol. 31, No. 3, 2001.

Vanderstraeten, Raf, "Parsons, Luhmann and the Theorem of Double Contingency", *Journal of Classical of Sociology*, Vol. 12, No. 1, 2002.

后 记

本书可以看作是2012年出版、2017年再版的《当代中国法治的分析与建构》一书所展开研究的延续。《当代中国法治的分析与建构》是根据本人博士论文修改而成的,虽然该书对中国法律转型的基本判断没有变化,同时本书中各个篇章所讨论的问题仍然处于该书的理论框架之内,但按照现在的眼光回望,这本写作于笔者而立之年的作品,仍然遗留了不少遗憾。这本书试图将当代中国法治转型放到中国社会转型的宏大语境中进行思考,因此也希望在社会理论的眼光下观察和打量围绕中国法治转型的种种概念和理论,并通过引入卢曼的社会系统理论的分析框架来澄清其中的混乱之处。当时我就意识到,卢曼的理论对于理解中国法律的转型乃至整个中国社会的演化具有不可估量的启发意义。但该书第一稿(博士论文)写成之时,笔者接触和阅读卢曼著作尚浅,虽然一直努力研读卢曼的德文原著,并且确实从中获益匪浅,但对卢曼学说的整体面貌仍然不得不大量借助于二手文献的研究。这不能不说是一种遗憾。正如卢曼的学生艾斯波西托(Elena Esposito)教授曾经告诉我的,理解卢曼理论最好的途径仍然是直接阅读卢曼的原著。同时,《当代中国法治的分析与建构》的主要任务是形成最基础的判断和分析,并在此基础上形成一个基础性的理论框架。如何在这个理论框架的基础上，对一些更具体的问题做出进一步的分析和阐述，是需要后续的研究进一步深化和具体化的。正因如此，该书2017年修订的时候，笔者对该书的结构做了一些调整，并增添了"论指导性案例的效力"一章以充实之。

本书收入的论文乃是这种不断自我修正和自我发展之最新努力的一部分，是笔者这些年在这两个方面所做持续努力和改进的最新成果。笔者在与傅郁林教授的一次交流中，曾说自己最近十多年所有的作品和思考，其实都是对同一个主题和同一本书的反复修改和不断推进，尝试各种可能的分析角度和可能性，说的大概也就是这个意思。在《当代中国法治的分析与建构》初版完成之后近十年的时间里，我又翻译了卢曼生前出版的最后一部作品《社会的社会》（70万字左右），同时也系统地阅读了卢曼的许多其他德文原著，例如《社会中的法》《法律系统的分出》《法社会学》《偶联性与法律》《社会系统》《法律系统与法教义学》《社会的政治》《政治社会学》《生态沟通》《对现代社会的观察》《风险社会学》《权力》《信任》等著作，也进一步系统收集和阅读了不少卢曼研究的二手文献，同时也通过各种机会和途径与国内外研究卢曼的专家和学者交流请教，深刻地体会到了卢曼对现代性问题思考的广博和深刻。在这个过程中，我结合当前中国法治转型中正在发生的一些比较重要的改革与发展，比如包含案例指导制度改革在内的司法改革，以及中国法理学领域正在热烈讨论的一些具体问题，比如社科法学与法教义学围绕法学学科属性、法理学学科属性的讨论等，借助于卢曼的理论眼光和概念工具，也做了一些相对来说更为细致的分析与思考。例如，2014年所谓社科法学与法教义学争论的三场会议，笔者都是亲历者，当时笔者在《当代中国法治的分析与建构》一文中引介的卢曼所揭示的现代法律的"运作封闭性"与"认知开放性"的概念，成为这场争论中非常重要的一个理论分析的框架。在这场争论热度稍有降温时,笔者发表的两篇文章《中国本土化法教义学理论发展的反思与展望》和《法教义学与法学研究的本土化》可以看作是借助卢曼的理论眼光与概念工具对这场影响深远争论的观察和反思。另外,我也借助于卢曼"结构耦合"的概念对中国宪法学领域中规范宪法学与政治宪法学之间的热烈争论做出了我的观察和反思(《宪法的社会学启蒙》)。卢曼的世界社会的概念也启发了我对法律全球化问题的观察(《法律全球化的政治效应:国际关系的法律化》)。

在这个过程中,我愈加深刻地体会到卢曼曾经揭示的一个现象的复杂面向,那就是在社会转型期间,尤其是在社会的各个功能子系统分出的相当长一个时间段内,社会语义与社会结构之间的脱节和重塑的现象。卢曼在研究欧洲社会中各个功能子系统从整全社会中分出的过程时反复指出,随着传统旧欧洲的阶层分化社会秩序的瓦解,作为该社会秩序之形而上学基础的本体宇宙论也失去了说服力,因此导致了大量以此为基础而凝结起来的语义学也逐渐失效和被废弃。随着各个功能系统的分出,以及随之而产生的各个功能系统自我观察与异己观察的产生,在各个功能系统内部又逐渐出现了自身的反思理论,以及由之而来的新的语义学。但这个过程本身牵涉甚广,并非一朝一夕所能够完成,实际上则耗费了前后约两三百年的光景。尤其是,新的语义学的确立并非"突变式"的,而是一个相当缓慢和复杂的演变过程。旧的语义学虽然逐渐失去了说服力,但由于并没有及时出现新的语义学,因此仍然被继续使用。很多时候,旧概念的旧含义虽然已经失去了现实的说服力和可靠性,已经不再适合于描述和观察现代生活,但基于惯性或其他各种复杂的原因,仍然被继续使用,并在使用的过程中,新的含义逐渐附着于其中,并最终产生了新的含义与用法。在这个过程中,如下这种危险也显而易见,即由于并未出现适合替代的新概念,以至于旧概念变成了巴什拉所谓的"认识论的障碍"。例如,卢曼曾经指出,法律渊源的概念来源于旧欧洲的本体论自然法理论,但仍然塑造了现代人对法律效力的理解。此外,自然法与实证主义的争论,以及概念法学与利益法学的争论,也都可以被看作是从旧欧洲的语义学范式向现代功能分化社会中法律系统的自我反思的理论转化的复杂过程。

卢曼关于社会转型时期社会结构与语义学变迁的观察和分析,特别深刻地启发了我对当下中国法理学领域各种争论的观察和反思。正如我在《托依布纳对系统论法学的创新与贡献》一文开头所描述的,当代中国正处于百家争鸣的时代,各种法理学流派"你方唱罢我登场",真是一派热闹景象。我们发现了许多特别有意义的现象,其中一种情况是,许多论者敏锐地感受和发现了许多全新的现象,但却苦于找不到合适的概念来进行表达,或者只能选择某些不那么恰当的概念勉强地进行表达。由于不能清晰地表达自己的生活感受与经验观察,最终导致了某种理论的偏执,从而使得研究不再导向透彻的解释和自我理解,而变成某种诗意的同气相求和立场的自我强化。当前围绕着法教义学与社科法学、政治宪法学与规范宪法学等问题所展开的争论,日益有滑向这个方向的可能性。另外一种常见的现象是,由于中国法律与社会的演化和转型的内部因素和外部环境,并不同于欧洲法律与社会的转型,尤其是自鸦片战争以来的中国近代史所形成的特殊历史效果,一直无法得到有效和透彻的解释,因此许多人会倾向于把欧洲法律与社会转型的现状看作是中国法律与社会转型的未来。同时也有许多人倾向于用中国传统的概念和语义学来观察当代中国法律与社会的转型,从而形成完全相反的观察角度和思考方向。从社会系统理论的眼光来看,这些观察和思考可能都缺乏一个相对比较科学和系统的社会演化的理论框架。任何法律与社会的转型，都必须借助自身所特有的内部条件和外部环境，以及对历史中出现的各种具体偶然因素的运用，从而向未来的未知世界非目的论式地演化发展。当下对中国法律与社会的许多理论思考和分析，同时受到了中国传统的旧语义学与欧洲传统的旧语义学的复杂影响，这又进一步造成了概念的混乱与失效。

如果我们放宽视域，把目光从法律理论领域转向更为广阔的政治、经济、教育、艺术等领域，往往也能够看到类似的概念混乱。社会的复杂性和信息的混乱与变化多端，让人有一种欲说还休的纠结与不甘。理解自己，理解我们所生存的这个时代，变成了一种非常迫切却又非常困难的事情。例如，就流行音乐来说，最近20多年，中国流行音乐似乎突然丧失了观察和表达当代中国人生活与情绪的能力。同样的情况也不同程度地存在于小说与诗歌领域。目前的状况似乎比以往都更为复杂，整个时代的精神氛围与20世纪80年代的启蒙和90年代围绕经济市场化改革的争论都不相同，人们基于各自的感受和观察角度，选择了各种各样的观察角度和表达方式，但似乎都似是而非，远不足以表达我们当下的生活与感受，也不太能够帮助我们理解我们所生活的这个时代和世界本身。我并不认为当下小说、诗歌，甚至流行音乐的萎靡不振，仅仅是因为互联网等技术因素所带来的冲击，而是这个时代的人们突然失去了表达自身感受、描述社会变迁、理解自己生活的语言形式和概念工具。简而言之，我们目前所处的情况是，各种旧词汇和旧结构不断地被侵蚀而不敷其用，但由于新的理论、新的意义、新的概念用法仍未确立，因此这些旧理论、旧概念和旧意义就不得不继续被不那么得心应手地使用着，继续勉强地维持着。

必须承认的是，以笔者目前的积累和准备，仍然没有能力全面系统地处理当代中国社会演化的问题，同时也仍然无法全面系统地研究和开发出卢曼社会系统理论的资源。因此,本书仍然是在有限的能力范围之内,主要选取当代中国法律与社会演化的某几个切面和特殊问题,以及卢曼社会系统理论中系统论法学的那部分,进行有限度的研究和理论资源的开发。这是笔者未来更宏大研究主题和项目的一个先行准备的部分。笔者希望,本书的研究能够有助于读者从这些局部研究中窥见当代中国社会演化过程中的某些比较重要的面向和特征。当然,必须说明的是,未来这项更宏大的研究主题和项目未必要由笔者来完成。能够为未来集大成者的工作做一些早期的准备和提示,已经是研究者一项莫大的荣耀。

在这个初步的研究过程中,笔者比较深切的一个体会是,目前法律理论研究中普遍存在着只注重思考方向,而不注重基本概念界定的问题。一门学科成熟的标志,都是对本学科基本概念和基本方法论反思的深度,而这又与对本学科核心和基础概念的理解和界定紧密相关。基本概念的清晰度和深度决定了理论自身的生命力。很大程度上,学科范式的更替与发展,都是通过基本概念的演化所推动的。如果忽略了对基本概念做出足够清晰准确的界定与分析,而仅仅满足于一些模糊而具体的意象和思路,则理论分析和思考往往只能停留在社会现象的浅表层,只能够图一时热闹,最终变成理论泡沫而随风消逝。因此,本书的研究,相当重视基本概念的界定和反思,希望能够为今后更为系统和深刻的系统性研究提供比较坚实的概念工具和方法论框架。这既体现在本书对法理学学科中的一些基本概念的持续关注与比较深入的分析和反思,同时也体现在引介卢曼系统论法学的学术思想资源时,特别注重对诸如双重偶联性、复杂性、结构耦合等基础性概念的内涵、外延、词源及其演化、理论意蕴等方面的细致分析与考察。

令笔者特别感到欣慰的是,至少在法理学的学科领域内,尤其是在更为年轻一代学者的法理学研究中,注重对本学科中基本概念做出更精确的理解和反思的研究已经出现,并渐成气候。最近这十多年,中国法理学研究逐渐分化出不同的方法论研究进路和派别,例如法教义学、社科法学、社会理论法学、政治宪法学、规范宪法学,并且各个研究进路和派别相对来说,都比较注重各自方法论层面的反省,从而突破了"高阶版本议论文"的窠臼;但各个不同研究进路和派别的研究者又共同关注对学科本身而言非常重要的一些共同的基本概念和问题,同时也都带着学科反思的角度对这些概念展开了各自的研究。问题意识的趋近性,以及对一些重要概念和问题判断的"共识"与"分歧",构成了最近发生的一些或大或小的学术对话的基调,也构成了本书讨论法理学学科属性等具体问题的知识语境。本书所有文章所展开的分析和反思,就是在这些严肃的思考和有分量的对话与争论的智识语境之中产生的。这是一种严肃探讨学科基础问题的友好的智识争论语境,对我来说,有幸参与到这些深层次和基础性的理论对话之中,是一种理论研究者的幸福。对参与争论的不同学术观点表示赞同、有所保留或有所修正的赞同、批判性的赞同、同情性的批判等,这不过都是笔者对他们理论工作及其成果表达严肃之敬意的一种方式。在此也向曾经启发和指教过我的所有师友表示诚挚的感谢。

本书的出版,受北京航空航天大学基本科研业务费"法学理论的性质与学科定位问题研究"(批准号:YWF-19-BJ-W-40)的支持,在此表示感谢。本书所收集的多数作品,都曾经发表在不同的法学学术刊物上,因此,笔者也特别感谢当年合作的刊物编辑的邀请、催促、惠正,以及同意将这些文章汇集在一起出版。尤其要感谢如下这些法学学术刊物:《中外法学》《法商研究》《环球法律评论》《法学家》《政治与法律》《华东政法大学学报》《暨南学报》《江汉论坛》《中共浙江省委党校学报》《求是学刊》《南京大学法律评论》《清华大学法律评论》等。也感谢商务印书馆和白中林兄的信任,这是我在商务印书馆出版的第二部作品,倍感荣幸。特别感谢我的导师高鸿钧教授长期以来的关怀和悉心教导。台湾东吴大学法律学系张嘉尹教授是慕尼黑大学法学博士,长期以来一直从事德国法理学研究,也是汉语法学界系统论法学最早一批开拓者之一。我与张嘉尹教授最近几年在法理学学术交流中多次相遇,每次张老师都给我很多鼓励和具体研究的建议。张老师这次慷慨应允为本书作序,提携后进,令人感动。宾凯兄是国内卢曼系统论法学的开拓者之一,他主译的《法社会学》是目前大陆地区最可靠的卢曼著作译本,最近几年趁开会的机会,我们也有很多深入的交流,彼此视为卢曼研究的知己,也感谢宾凯兄为本书作序,与我相唱和。最后也再次感谢本书责任编辑王静女士专业和出色的编辑工作,让人感受到商务印书馆的深厚传统与传承。

图书在版编目(CIP)数据

法律系统的自我反思：功能分化时代的法理学 / 泮伟江著 .—北京：商务印书馆，2020
ISBN 978-7-100-18776-3

Ⅰ.①法… Ⅱ.①泮… Ⅲ.①法理学 Ⅳ.① D903

中国版本图书馆 CIP 数据核字（2020）第 125120 号

权利保留，侵权必究。

法律系统的自我反思
—— 功能分化时代的法理学

泮伟江　著

商　务　印　书　馆　出　版
（北京王府井大街 36 号　邮政编码 100710）
商　务　印　书　馆　发　行
南京鸿图印务有限公司印刷
ISBN 978-7-100-18776-3

2020 年 9 月第 1 版	开本 880×1240　1/32
2020 年 9 月第 1 次印刷	印张 14⅜

定价：76.00 元